Funktionstrennung in ERP-Systemen

Petra Maria Asprion

Funktionstrennung in ERP-Systemen

Konzepte, Methoden und Fallstudien

Mit einem Geleitwort von
Prof. Dr. Dr. h.c. Gerhard Knolmayer

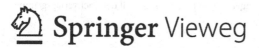 Springer Vieweg

RESEARCH

Petra Maria Asprion
Freiburg, Deutschland

Inauguraldissertation zur Erlangung der Würde eines Doctor rerum oeconomicarum der Wirtschafts- und Sozialwissenschaftlichen Fakultät der Universität Bern. Die Fakultät hat diese Arbeit am 20.09.2012 auf Antrag der beiden Gutachter Prof. Dr. Dr. h.c. Knolmayer und Prof. Dr. Heinzl als Dissertation angenommen, ohne damit zu den darin ausgesprochenen Auffassungen Stellung nehmen zu wollen.

ISBN 978-3-658-00036-3   ISBN 978-3-658-00037-0 (eBook)
DOI 10.1007/978-3-658-00037-0

Die Deutsche Nationalbibliothek verzeichnet diese Publikation in der Deutschen National-bibliografie; detaillierte bibliografische Daten sind im Internet über http://dnb.d-nb.de abrufbar.

Springer Vieweg
© Springer Fachmedien Wiesbaden 2013

Springer Vieweg ist eine Marke von Springer DE. Springer DE ist Teil der Fachverlagsgruppe Springer Science+Business Media
www.springer-vieweg.de

Geleitwort

Mit der zunehmenden Aufmerksamkeit, die verschiedene Gesichtspunkte der Corporate Governance finden, wächst auch die Bedeutung Interner Kontrollsysteme. Diese sollen u.a. gewährleisten, dass Jahresabschlüsse vertrauenswürdig sind und helfen, fehlerhafte und/oder dolose Handlungen zu verhindern oder zumindest zu entdecken.

Ein Internes Kontrollsystem umfasst zahlreiche Kontrollen, von denen jene der Funktionstrennung („Segregation of Duties", SoD) eine der wichtigsten ist. Bilden Unternehmen in ERP-Systemen compliance-relevante Aktivitäten ab, so kann es sinnvoll sein, ergänzend zu ohnehin vorhandenen Funktionalitäten der ERP-Systeme eine auf SoD-Kontrollen spezialisierte Software einzusetzen. Solche Software-Produkte sind seit einigen Jahren erhältlich; neuerdings werden SoD-Kontrollmechanismen auch als Komponenten umfangreicher Softwareprodukte vertrieben.

SoD-Software, welche zur Automatisierung und Steuerung von SoD-Kontrollen eingesetzt wird, ist eine Komponente des Internen Kontrollsystems. Dies impliziert, dass sichergestellt werden muss, dass die Mechanismen der SoD-Software nicht umgangen werden können. Daher sollten spätestens zu Beginn der Post-Implementierungsphase Prozesse etabliert sein, die gewährleisten, dass die SoD-Software routinemäßig und ausnahmslos eingesetzt wird. Eine solche Softwarenutzung kann als (fortgeschrittene) Assimilation bezeichnet werden.

Im Rahmen ihrer Studie geht Petra Asprion davon aus, dass SoD-Software nur dann den geforderten Wirkungsgrad erreicht, wenn die Software im Sinne einer routinemäßigen und ausnahmslosen Nutzung im Unternehmen assimiliert ist. Für Unternehmen, welche bereits SoD-Software anwenden, stellt sie die Frage nach dem Reifegrad der Assimilation und den die Assimilation beeinflussenden Indikatoren. Diese Fragestellung hat u.a. deshalb besondere Bedeutung, weil in vielen Unternehmen Initiativen zur Automatisierung von SoD-Kontrollen geplant sind.

Die vorliegende Arbeit befasst sich mit einem bisher kaum erforschten, neuartigen und schwer zugänglichen Themengebiet der Wirtschaftsinformatik: der Umsetzung, der Sicherstellung und dem Nachweis von compliance-relevanten (SoD-)Kontrollen mit Hilfe von Softwarelösungen. Erstmals wird die Thematik von SoD-Kontrollen in Zusammenhang mit Compliance-Anforderungen und

ERP-Systemen systematisch untersucht. Petra Asprion legt eine umfassende
Übersicht zu den in diesem Themengebiet entwickelten Konzepten und Methoden vor. Ergänzend führte sie eine umfangreiche empirische Untersuchung mit
dem Ziel durch, Indikatoren für die Assimilation von SoD-Software zu bestimmen. Die Fallstudien beinhalten viele lesenswerte Detailinformationen zur besonderen Problematik des Einsatzes von compliance- und kontrollorientierten
Softwarelösungen.

Vergleichbare Analysen fehlen in der Literatur; erst die langjährigen Erfahrungen von Frau Asprion als IT-Prüferin einer etablierten Prüfungsgesellschaft
machten eine fundierte Bearbeitung dieses Themas möglich. Man darf anneh-
men, dass sich viele Ergebnisse auch auf andere compliance-relevante Softwarelösungen übertragen lassen. Insofern liefert die vorliegende Arbeit wichtige Bau-
steine für die weitere Diskussion zur Berücksichtigung der Assimilation von
Softwareprodukten und zur Rolle von IT-Lösungen zur Unterstützung der Corporate Governance. Die Lektüre des Buches kann allen mit Fragen der Corporate
Governance in Theorie und Praxis befassten Personen wertvolle Einblicke ver-
mitteln.

Bern   Prof. Dr. Dr. h.c. Gerhard Knolmayer

Danksagung

Diese Arbeit wurde von 2008 bis 2011 am Institut für Wirtschaftsinformatik der Wirtschafts- und Sozialwissenschaftlichen Fakultät der Universität Bern durchgeführt.

Zuerst möchte ich mich bei Prof. Dr. Dr. h.c. Gerhard Knolmayer für die Möglichkeit zur Promotion und für seine exzellente Unterstützung bedanken; seine Diskussionsbereitschaft und seine wertvollen fachlichen, nicht selten kritischen Hinweise haben mich stets aufs Neue herausgefordert, noch intensiver zu forschen.

Weiterhin gilt mein Dank Prof. Dr. Armin Heinzl für die Übernahme des Zweitgutachtens. Ich möchte mich auch bei all jenen bedanken, die mich unterstützt haben, sei es mit Daten zu Ihren Unternehmen, mit Interviews, mit Rückmeldungen zu den Interviews und sonstigen Informationen, die wichtig und hilfreich waren, um diese Untersuchung durchzuführen. Herzlichen Dank auch an meinen Kollegen von der Berner Fachhochschule, Dr. Konrad Walser, für seine vielen Hinweise und das Korrekturlesen.

Großer Dank gebührt auch meinem Mann, sein Verständnis für die zeitlichen Einschränkungen gab mir den notwendigen Freiraum zur Anfertigung dieser Arbeit.

Freiburg   Dr. Petra Maria Asprion

Inhaltsüberblick

Inhaltsverzeichnis

Hinweis:
Aus Gründen der Lesefreundlichkeit wird auf eine geschlechtsspezifische Differenzierung verzichtet. Dieselben Aussagen gelten uneingeschränkt auch in der weiblichen Form.

Abbildungsverzeichnis

Tabellenverzeichnis

Abkürzungsverzeichnis

ACM	Association for Computing Machinery
AICPA	American Institute of Certified Public Accountants
AMEX	American Stock Exchange, ehemaliger Name der Wertpapierbörse NYSE Amex in New York
ANSI	American National Standards Institute
APAG	Abschlussprüferaufsichtsgesetz
AS2	Auditing Standard No. 2
AS5	Auditing Standard No. 5
BDSG	Bundesdatenschutzgesetz
BEHG	Bundesgesetz über die Börsen und den Effektenhandel (Schweiz)
Big4	Big4-(Wirtschaftsprüfungs)gesellschaften
BilKoG	Bilanzkontrollgesetz
BilMoG	Bilanzrechtsmodernisierungsgesetz
BilReG	Bilanzrechtsreformgesetz
BMI	Bundesministerium des Inneren
BörsG	Börsengesetz
CCM	Continuous Controls Monitoring
CEO	Chief Executive Officer
CESR	Committee of European Securities Regulators
CFO	Chief Financial Officer
CGEIT	Certified in the Governance of Enterprise IT
CIO	Chief Information Officer
CISA	Certified Information Systems Auditor
CISM	Certified Information Security Manager
CMM(I)	Capability Maturity Model (Integration)
CMS	Compliance Management System
COBIT	Control Objectives for Information and Related Technology
COSO	Committee of Sponsoring Organizations of the Treadway Commission
CRISC	Certified in Risk and Information Systems Control
DAC	Deferred Acquisition Costs / Discretionary Access Control
DSAG	Deutschsprachige SAP-Anwendergruppe

DSG	Schweizer Datenschutzgesetz
EACM	Enterprise Application Controls Management
EHS	Environment, Health and Safety
ERP	Enterprise Resource Planning
ERP GC	Enterprise Resource Planning (ERP) General Controls
ERP GA	Enterprise Resource Planning (ERP) Application Controls
FASB	Financial Accounting Standards Board
FDA	Food and Drug Administration Policy Guides (FDA)
GAAP	Generally Accepted Accounting Principles
GoBS	Grundsätze ordnungsgemäßer DV-gestützter Buchführungs-systeme
GRC	Governance, Risk and Compliance
HGB	Handelsgesetzbuch
HR	Human Resources
IC(s)	Internal Control(s)
ICFR	Internal Controls over Financial Reporting
IDW	Institut der Wirtschaftsprüfer in Deutschland
IEC	International Electrotechnical Commission
IFAC	International Federation of Accountants
IKS	Internes Kontrollsystem
IS	Informantionssysteme/Information Systems
ISACA	Information Systems Audit and Control Association
ISO	International Organization for Standardization
ISR	Information Systems Research
IT	Informationstechnik
ITAC	IT Application Controls
ITGC	IT General Controls
ITGI	IT Governance Institut
ITIL	IT Infrastructure Library
Jhd(s)	Jahrhundert(s)
KMU	Kleine und mittlere Unternehmen
KonTraG	Gesetz zur Kontrolle und Transparenz im Unternehmens-bereich
KPMG	Wirtschaftsprüfungsgesellschaft (eine der Big-4)
NASDAQU	National Association of Securities Dealers Automated Quota-tions (größte elektronische Börse in den USA)
NDAC	Non-discretionary Access Control
NIST	National Institute of Standards and Technology

NYSE	New York Stock Exchange (Größte Wertpapierbörse der Welt)
OECD	Organization for Economic Cooperation and Development
OGC	Office of Governance Commerce
OR	Obligationenrecht
PCAOB	Public Company Accounting Oversight Board
PIP	Post-Implementierungsphase
PMO	Project Management Officer
PWC	PriceWaterhouseCoopers
RACI CHART	Responsible, Accountable, Consulted und Informed (Technik zur Analyse und Darstellung von Verantwortlichkeiten)
RE	Role Engineering
Rel.	Relevanz
RBAC	Role-based Access Control
REACH	Registration, Evaluation, Authorisation and Restriction of Chemicals
RFID	Radio-Frequency Identification
RISK IT	Risk IT Management
SAP	Softwarehersteller, gleichzeitig Produktname für ERP-Systeme
SEC	Securities and Exchange Commission
SEI	Software Engineering Institute
SERVQUAL	Servqual (Kunstwort aus Service und Qualität) ist ein standardisiertes Verfahren zur Messung der Qualität von Dienstleistungen
SOA	Service-oriented Architecture
SoD	Segregation/Seperation of Duties/Functions
SOX	Sarbanes-Oxley Act
TOE (Framework)	Technology-Organization-Environment Framework"
ValIT	Referenzmodell zur Messung und Steuerung des Wertbeitrags der IT
VDSG	Verordnung zum Schweizer Datenschutzgesetz
WI	Wirtschaftsinformatik

1 Einführung

In diesem Kapitel werden die Relevanz des Forschungsthemas, die damit verknüpften Ziele, die zur Lösung der Forschungsfragen als geeignet angesehenen Forschungsmethoden sowie der angestrebte Ablauf des Forschungsprozesses dargestellt.

1.1 Relevanz

Heutzutage sind Unternehmen mit einer Vielzahl von Verpflichtungen konfrontiert, deren Einhaltung als „Corporate Compliance" bezeichnet wird; wobei die Vorgaben verpflichtend, unternehmensextern (z.B. Gesetze, Regulierungen, Vorschriften) ausgelöst, oder freiwillig, vom Unternehmen selbst (z.B. interne Richtlinien, Anweisungen, Verträge) festgelegt sein können. Bei externen Vorgaben kommt der faktischen Nachweisbarkeit, dem sog. Compliance-Nachweis, eine besondere Bedeutung zu (vgl. Hauschka, 2007, S. 1-27; Jäger et al., 2009, S. 57).

Zur Sicherstellung der Corporate Compliance soll ein unternehmensweites „Internes Kontrollsystem" (IKS) gewährleisten, dass Bilanzen und Jahresabschlüsse vertrauenswürdig sind, sowie fehlerhafte und dolose Handlungen verhindert oder zumindest entdeckt werden (z.B. Mittermair/Löffler, 2000, S. 14; Horváth, 2003; Ruud/Jenal, 2005; Treuhand-Kammer, 2006). Mit Inkrafttreten des „Sarbanes-Oxley Act" (SOX) im Jahr 2002, mussten Unternehmen erstmals das Vorhandensein eines effizienten IKS aufgrund von gesetzlichen Anforderungen nachweisen. Inzwischen gilt der SOX als Vorreiter für zahlreiche ähnliche Gesetze und als Treiber für eine immer noch stattfindende IKS-Professionalisierung: „… it has changed the landscape for internal controls, auditing, and management accountability in thousands of companies all over the world" (Rikhardsson et al., 2006, S. 2).

Ein IKS besteht aus zahlreichen internen Kontrollen. Diese sollen risikobehaftete Aktivitäten durch geeignete Maßnahmen steuern (COSO, 1994, S. 3; KPMG, 2006; Dörner et al., 2007, S. 1340 ff). Eine der wichtigsten internen Kontrollen ist die Funktionstrennung („Segregation/Seperation of Duties", oder abgekürzt SoD). SoD-Kontrollen können vielgestaltig eingesetzt werden und wirken, indem mehrere Personen an einem Vorgang arbeitsteilig involviert werden und damit eine Art gegenseitige Überwachung stattfindet (COSO, 1994,

S. 4, 51; Menzies, 2006, S. 93 f); statt Personen können auch intelligente Agenten (z.B. Maschinen, Programme) beteiligt werden. Nichtvorhandene SoD-Kontrollen in Unternehmen gelten als Risiko: „Nonexistent or ineffective controls,
such as poor segregation of duties in sensitive areas, that offer temptations to
steal or to conceal poor performance" (COSO, 1994, S. 25; vgl. auch Menzies,
2006, S. 93 f). Demzufolge indizieren SoD-Kontrollen ein effektives IKS. Falls
Unternehmen den Anforderungen des SOX unterliegen, müssen sie das Vorhandensein von SoD-Kontrollen im Rahmen der Jahresabschluss-/IKS-Prüfung sogar explizit nachweisen (Menzies, 2006, S. 103 f; Tarantino, 2006, S. 228).

SoD-Kontrollen können manuell gestaltet werden, indem Aktivitäten auf unterschiedliche Personen aufgeteilt werden (z.B. mittels verbindlichen Unter-
schriftenregelungen) und geeignete Kontrollinstanzen die Einhaltung der Aufteilung überprüfen. Für Aktivitäten, die in „Enterprise-Resource-Planning"
(ERP)-Systemen abgebildet sind, stehen meist (teil)automatisierte SoD-Kontrollmechanismen zur Verfügung (vgl. etwa Asprion, 2009; Bone, 2009; Carlson,
2009). Der Automatisierungsgrad ist von den funktionellen Optionen der jeweiligen ERP-Systeme abhängig.

Bilden Unternehmen in ERP-Systemen compliance-relevante Aktivitäten ab,
kann es sinnvoll sein, ergänzend zu den ohnehin vorhandenen ERP-System-
Funktionalitäten eine auf SoD-Kontrollen spezialisierte Software einzusetzen.
Eine solche „SoD-Software", auch als „Access Control Software" bezeichnet,
ist seit einigen Jahren erhältlich; neuerdings werden spezialisierte, ergänzende
SoD-Kontrollmechanismen auch öfter als Komponenten von Softwareprodukten
unter der Bezeichnung „Governance, Risk and Compliance (GRC)" Suite/Soft-
ware/Platform vertrieben (vgl. Abschnitt 2.3.4.4). Im weiteren Verlauf wird die
Bezeichnung „SoD-Software" stellvertretend für die vielfältigen Produkt- und
Komponentennamen verwendet.

SoD-Software, welche zur Automatisierung und Steuerung von SoD-Kontrollen eingesetzt wird, ist Teil eines IKS und somit anteilig am Nachweis der Corporate Compliance beteiligt. Dies impliziert, dass die Software unter „compli-
ance-robusten" Bedingungen implementiert und betrieben werden muss; es muss
also sichergestellt sein, dass es unmöglich ist, die Mechanismen der SoD-Software (bei Bedarf, auch im „Notfall") zu umgehen. Demgemäß sollten bereits mit
der Implementierung, spätestens jedoch zu Beginn der Post-Implementierungsphase (PIP), Prozesse und Aktivitäten etabliert sein, welche gewährleisten, dass
die SoD-Software routinemäßig und ausnahmslos eingesetzt wird. Eine solche
routinemäßige und ausnahmslose Softwarenutzung, auch bei neuen Projekten
und Prozessen, kann als (bereits fortgeschrittene) Assimilation bezeichnet wer-

den (Purvis et al., 2001, S. 121), wobei differenziert werden kann zwischen einem kontinuierlichen oder stockenden Assimilationsprozess und dem Zeitpunkt der vollzogenen Assimilation (Status quo post).

Zusammenfassend bedeutet dies, dass SoD-Kontrollen und eine den Automatisierungsgrad erhöhende SoD-Software in Zusammenhang mit ERP-Systemen wesentliche Elemente eines unternehmensweiten IKS bilden können. Es wird davon ausgegangen, dass die Effizienz und Effektivität von SoD-Software nur dann den erforderlichen Wirkungsgrad erreicht, wenn die Software assimiliert ist, d.h. routinemäßig und ausnahmslos genutzt wird. Die relativ neuen SoD-Softwareprodukte haben inzwischen eine gewisse Marktreife erreicht und sind in einigen Unternehmen bereits in der PIP. Für diese Unternehmen kann die Frage nach (dem Status) der Assimilation der SoD-Software gestellt werden. Die Frage erhält besonderes Gewicht, wenn bedacht wird, dass in vielen Unternehmen Umsetzungsinitiativen zur Automatisierung von SoD-Kontrollen geplant sind (Rendemann, 2010, S.11 ff). Auch aus einer wissenschaftlichen Perspektive ist die Assimilationsfrage relevant, da trotz der zunehmenden Bedeutung von SoD-Software, keine wissenschaftlichen Beiträge bekannt sind, welche die Assimilation entsprechender Produkte untersuchen (Kumar et al., 2008, S. 228). Hingegen sind zur Assimilation von ERP-Systemen zahlreiche Studien verfügbar (z.B. Olfman/Pitsatorn, 2000; Gallivan, 2001a, 2001b; Purvis et al., 2001; Edmondson, 2002; Boudreau/Seligman, 2003; Gattiker/Goodhue, 2005; Ke/Wei, 2007; Liang et al., 2007; Kouki et al., 2007, Kouki et al., 2009; Yamauchi/Swanson, 2010). Es wird davon ausgegangen, dass diese Publikationen zumindest als Orientierungsrahmen für die Untersuchung der Assimilation von SoD-Software herangezogen werden können.

1.2 Zielsetzung

Das Forschungsprojekt soll Erklärungsmuster für die Assimilation von SoD-Software liefern. Es wird somit ein behavioristisches Erkenntnisziel verfolgt: Erklärungsmuster und -modelle sind unentbehrlich für die Gestaltung von Informationssystemen (IS). Sie können sowohl zur Anleitung, Verbesserung und Überprüfung der Validität von IS beitragen, als auch andere, ähnlich gelagerte Situationen ex post erklären und/oder ex ante prognostizieren (Hein, 1996). Demgemäß kann davon ausgegangen werden, dass die Ergebnisse, zumindest teilweise, auch auf andere compliance-relevante Softwareprodukte übertragbar sind. Um Erklärungsmuster für die Assimilation von SoD-Software herauszuarbeiten, soll folgende Frage beantwortet werden:

„Welche Indikatoren sind ausschlaggebend
für die Assimilation von SoD-Software?"

Diese Frage impliziert auch die diametrale Suche nach Faktoren, welche eine
Assimilation beeinträchtigen und infolgedessen den Einsatz einer SoD-Software
als compliance-unterstützendes IKS-Element verhindern können.

1.3 Forschungsmethode

Unter Wissenschaftlern herrscht ein reger Diskurs bezüglich der beiden Forschungsparadigmen Rigorosität und Relevanz (z.B. Benbasat/Weber, 1996;
Heinzl, 2001; Heinzl et al., 2001; Kock et al., 2002, S. 331; Dubé/Paré, 2003;
Rosemann/Vessey, 2008, S. 2; Lee/Hubona, 2009; Österle et al., 2010). Wobei
Rigorosität primär die Erweiterung von bereits validiertem Wissen auf Grundlage von Forschungstheorien und -methoden repräsentiert, während Relevanz an
der „Verwertbarkeit" der Ergebnisse, auch außerhalb der akademischen Gemeinschaft, in der Praxis, gemessen wird.

In der angelsächsisch geprägten „Information Systems Research" (ISR) steht
die Rigorosität („rigor") von Forschung im Vordergrund, während in der
deutschsprachigen „Schwesterdisziplin" der Wirtschaftsinformatik (WI) die Forschung stärker an der Relevanz („relevance") orientiert ist (z.B. Goeken, 2003;
Frank, 2006; Lange, 2006; Wilde/Hess, 2007; Becker et al., 2009); die Grenzen
sind allerdings fließend und neuerdings zeigt es sich, dass auch in der ISR verstärkt relevanz-orientiert geforscht wird (Österle et al., 2010, S. 2). Ob ein Forschungsprojekt paradigmisch nach Rigorosität, Relevanz oder pluralistisch
durchgeführt wird, ist abhängig von der Fragestellung und Zielsetzung (z.B. eher
grundlagen- oder anwendungsorientiert), aber auch vom Forschungsinteresse der
beteiligten Forscher. Als ideal gilt die Verknüpfung der beiden Paradigmen: Die
Rigorosität wird berücksichtigt, indem die Entwicklung oder Erweiterung von
neuen Theorien etwa auf Grundlage von vorhandenen Theorien angestrebt wird,
während die Relevanz dadurch sichergestellt wird, dass die Verwendbarkeit der
Forschungsergebnisse, auch außerhalb der akademischen Gemeinschaft, möglich
ist (Österle et al., 2010, S. 2).

In diesem Forschungsprojekt wird eine solche Verknüpfung angestrebt: Die
Relevanz soll durch eine umfangreiche Recherche und Aufbereitung der SoD-
Compliance-Thematik, insbesondere für SoD in ERP-Systemen aufgezeigt werden, sowie durch eine empirische Untersuchung, deren Ergebnisse in Erklärungsmuster für die Praxis münden. Ersteres ist ein zentrales Anliegen des For-

schungsprojektes, da verfügbare Informationen zu SoD und SoD-Software breit gestreut, überwiegend praxisorientiert, wenig systematisch und kaum theoretisch fundiert vorhanden sind. Die Forschungsresultate sollen eine Gesamtschau über das Themengebiet liefern und sind somit für die Praxis von großer Bedeutung. Die Ergebnisse werden zudem als Grundlage für den theoretisch empirischen Teil des vorliegenden Forschungsprojektes dienen: Um die Anforderungen der wissenschaftlichen Rigorosität zu erfüllen, wird auf Grundlage von anerkannten Theorien, Propositionen und Hypothesen ein Forschungsmodell entwickelt, mit welchem die Assimilation von SoD-Software untersucht und gegebenenfalls erklärt werden kann. Die Intention hierbei ist, vorhandene theoretische Modelle für den „Sonderfall" SoD-Software zu bestätigen, zu erweitern oder zu falsifizieren.

Zur Klärung und Auswahl der Forschungsmethode gehört die Auseinandersetzung mit den geltenden Forschungsparadigmen der jeweiligen Forschungsdisziplin. In der ISR, aber auch in der Forschung zur WI sind im Prinzip zwei komplementäre Forschungsparadigmen von Bedeutung: Zum einen das verhaltenswissenschaftliche (behavioristische) Paradigma („Behavioral Science"), welches versucht, reale Phänomene zu erklären (z.B. die Ausgestaltung und Wirkung von IS auf Unternehmen/Märkte). Zum anderen das gestaltungsorientierte (konstruktivistische) Paradigma („Design Science"), welches versucht, nützliche IT-Lösungen in Form von Modellen, Methoden und/oder Systemen zu entwickeln/evaluieren (Hevner et al., 2004; Becker/Pfeiffer, 2006; Becker et al., 2009). Für beide Paradigmen stehen zahlreiche Forschungsmethoden zur Verfügung, welche je nach Untersuchungsobjekt, Forschungskontext und -frage auch kombiniert angewandt werden können (z.B. Lamnek 2005, S. 11 ff; Kelle, 2008, S. 227 f, 282 f). Zu berücksichtigen ist hierbei, dass jede Methode Stärken und Schwächen hat (Markus/Robey 1988; Galliers, 1991, S. 327; Frank et al., 1999; Fettke/Loos, 2004; Becker et al., 2009, S. 5 f). Die Fragestellung dieses Forschungsprojektes zielt darauf ab, Erklärungsmuster und wenn möglich, Handlungsempfehlungen zur Assimilation von SoD-Software zu entwickeln. Da dies ein real zu untersuchendes Phänomen ist, bietet es sich an, mit Methoden des behavioristischen Paradigmas zu arbeiten.

Sowohl für konstruktivistisch als auch für behavioristisch orientierte Forschungen sind empirische Methoden, welche nach quantitativen und qualitativen Ansätzen zu differenzieren sind, verfügbar: Werden Ergebnisse in Form von numerischen Ausprägungen (z.B. Überprüfung statistischer Zusammenhänge, Quantifizierung von Sachverhalten) angestrebt, bieten sich quantitative Ansätze (z.B. Feldexperiment, Laborexperiment, Simulation) sowie standardisierte Befragungsformen und statistische Prüfverfahren an (Bortz/Döring, 2001, S. 137 ff; Wilde/Hess, 2007). Dagegen dienen qualitative Ansätze dazu, Erklärungen auf Fragen nach dem „Wie?" und „Warum?" zu suchen (Yin 2009, S. 8) oder eine Theoriebildung/-erweiterung zu erreichen (z.B. Eisenhardt 1989; Flick et al., 2008, S. 106; Yin, 2009, S. 35).

Im Gegensatz zu quantitativen werden bei der Anwendung von qualitativen Methoden meist nur sehr wenige, gezielt selektierte Untersuchungsobjekte berücksichtigt; demgemäß spielen Maße und metrische Messniveaus nur eine untergeordnete Rolle. Zur Auswertung der Daten werden typischerweise keine statistischen, sondern interpretative Analysen angewandt (z.B. Benbasat et al., 1987; Dubé/Paré, 2003; Göthlich, 2003; Lamnek 2005, S. 3 ff). Miles/Huberman (1994) empfehlen die qualitative Methode, wenn das Forschungsansinnen ein tiefergehendes Verständnis von Zusammenhängen ist und wenn der situative Kontext des Untersuchungsobjektes von Relevanz ist (vgl. auch Mayring, 2002, S. 38 ff).

Die Forschungsfrage und die damit verknüpften Untersuchungsobjekte prädestinieren die Anwendung einer qualitativen Forschungsmethode: Zum einen wird ein tiefergehendes Verständnis und, daraus resultierend, die Erforschung von Zusammenhängen für spezifische, eher seltene und komplexe Situationen angestrebt, nämlich die Assimilation von SoD-Software in Unternehmen, die anspruchsvollen regulatorischen Anforderungen unterliegen. Zum anderen sollen vorhandene Theorien, insbesondere aus der Assimilationsforschung, angewandt werden, um eine Theoriebestätigung oder -erweiterung für den besonderen Fall von SoD-Software zu erreichen. Für Letzteres bietet sich die Anwendung von Fallstudien an, da diese sich am potenziellen Untersuchungsobjekt orientieren und für die Exploration von Zusammenhängen gut geeignet sind (Gassmann, 1999, S. 11).

Die Anwendung von Fallstudien kann auch mit der Unerforschtheit des Forschungsfeldes begründet werden: Eine Literaturrecherche ergab, dass es in Zusammenhang mit Assimilation von SoD-Software keine Untersuchungen oder sonstige Daten mit erforschten Zusammenhängen gibt. Damit fehlt die Grundlage für eine (quantitative) statistische Erhebung. Die Unerforschtheit der SoD-Software-Assimilation wird als Forschungslücke betrachtet, welche durch ein theoretisch fundiertes, exploratives Vorgehen und den Einsatz von Fallstudien geschlossen werden kann.

Um dem Anspruch der Rigorosität gerecht zu werden, wird zur Durchführung der Fallstudien ein möglichst theoriebasiertes Forschungsmodell entwickelt: In einem ersten Schritt wird eine Literaturanalyse durchgeführt, die explorierten Infomationen werden systematisch aufgearbeitet. Die literaturbezogene Aufbereitung von SoD im Kontext von Corporate und IT Compliance repräsentiert den relevanzbezogenen Beitrag des Forschungsprojektes und leitet die Selektion der Referenztheorien für die empirische ringerositätsbezogene Untersuchung sowie die Entwicklung eines theoretischen Bezugsrahmens. Letzteres kann sowohl deduktiv erfolgen, indem aus Referenztheorien und früheren Studien Konstrukte oder Indikatoren abgeleitet werden, als auch induktiv, indem Erfahrungswissen eingebracht wird (die Autorin war einige Jahre als Beraterin für ERP-Systeme und als IT-Auditor tätig). Der theoretische Bezugsrahmen wiederum determiniert das Design des Forschungsmodells und die Ableitung von Hypothesen, dazugehörigen Indikatoren sowie deren Operationalisierung. Das Forschungsmodell wiederum soll als Grundlage für die empirische Untersuchung dienen und in ihrem Verlauf getestet, bei Bedarf inkrementell angepasst sowie abschließend entweder angenommen oder abgelehnt werden.

Die Entwicklung des Forschungsmodells repräsentiert einen wichtigen Teil des gesamten Projektes. Das Vorgehen ist in Abbildung 1 veranschaulicht.

Die Entwicklung des Forschungsmodells ist zudem eingebettet in einen strukturierten Forschungsprozess, welcher in Abbildung 2 visualisiert ist. Das Ziel des Forschungsprozesses ist es, durch die Verknüpfung der inhaltlichen Themenbereiche mit den jeweiligen Prozessschritten eine hohe Transparenz sowie Qualität und Validität des Forschungsprojektes zu gewährleisten.

Zusammenfassend ging es in diesem ersten Kapitel um die Erläuterung der Relevanz und Aktualität des Themas, um die Formulierung der Zielsetzung und der Forschungsfrage, um eine begründete Selektion und Skizzierung der in Frage kommenden Forschungsmethoden, um die Festlegung der Vorgehensweise zur Entwicklung eines Forschungsmodells (vgl. Abbildung 1) sowie um die Strukturierung des Forschungsprozesses (vgl. Abbildung 2).

Für den weiteren Verlauf sind folgende Inhalte vorgesehen: In Kapitel 2 werden die konzeptionellen Grundlagen zur Funktionstrennung, die Bedeutung von Corporate Compliance und ihr Einfluss auf die IT Compliance untersucht. Mit diesem Kapitel soll das Prinzip von SoD durchdrungen und im Kontext von (IT-) Compliance-Anforderungen dargestellt werden.

Basierend auf den Erkenntnissen aus Kapitel 2 werden in Kapitel 3 anerkannte theoretische Grundlagen selektiert. Ziel dieses Kapitels ist es, Propositionen aufzustellen und Hypothesen zu entwickeln, welche zur Erklärung der Assimilation von SoD-Software in Frage kommen. Hierfür soll ein theoretischer Bezugsrahmen zusammengestellt werden, welcher theoriebasierte Konstrukte und Indikatoren für die Modellbildung liefert.

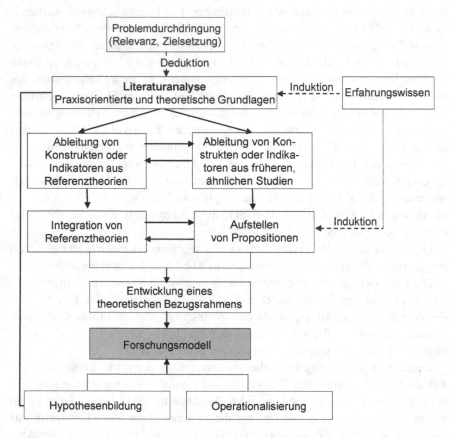

Abbildung 1:   Vorgehen zur Entwicklung des Forschungsmodells (In Anlehnung an Heinzl, 2008).

In Kapitel 4 wird das Design der empirischen Untersuchung entwickelt. Hierfür werden methodische Grundlagen im Kontext der empirischen Forschung analysiert und daraus resultierend das weitere Vorgehen festgelegt. Von diesem wiederum sind die Kriterien zur Datenerhebung und -analyse sowie zur Selektion der zu untersuchenden Objekte abhängig.

Kapitel 5 beinhaltet die detaillierte Darstellung der untersuchten Fallstudien, die Diskussion und Bewertung der Ergebnisse sowie, daraus abgeleitet, ein Erklärungsmodell für die Assimilation von SoD-Software.

Im letzten Kapitel 6 erfolgen eine abschließende Zusammenfassung sowie ein
Ausblick auf weiterführende Forschungsaktivitäten.

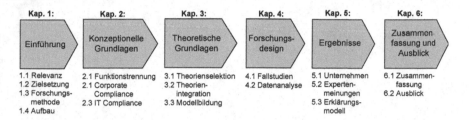

Abbildung 2:   Strukturierter Forschungsprozess.

2 Grundlagen

In diesem Kapitel werden grundlegende Aspekte in Zusammenhang mit SoD und SoD-Kontrollen dargestellt. Die Auswahl wird von der Frage nach Erklärungsmustern zur Assimilation von SoD-Software geleitet: Zuerst werden Prinzip und Bedeutung von SoD bzw. SoD-Kontrollen untersucht und möglichst mit Beispielen veranschaulicht. Ausgehend von der Annahme, dass die Assimilation von SoD-Software eng mit unternehmensbezogenen Compliance-Anforderungen verknüpft ist, werden im Anschluss als relevant erachtete Aspekte zu Compliance und, darauf aufbauend, zu IT Compliance betrachtet. Vertieft erläutert werden zudem die Bereiche ERP-Compliance und im Besonderen SoD-Compliance.

2.1 Funktionstrennung

Dieser Abschnitt dient der Orientierung und Klärung des Prinzips der Funktionstrennung (SoD). Einführend werden anhand von ausgewählten Definitionen unterschiedliche Auffassungen zum Begriff sowie einige entwicklungshistorische Meilensteine der Funktionstrennung dargestellt. Darauf aufbauend werden zum einen die generelle Bedeutung der Funktionstrennung und zum anderen praxisnahe Beispiele aus der Perspektive von Fachabteilungen (des Business) und von IT-Abteilungen erläutert.

2.1.1 Begriff und Bedeutung

Im deutschsprachigen Raum wird Funktionstrennung synonym zu den Begriffen Rechtetrennung, 4-Augen-Prinzip und Mehr-Augen-Prinzip verwendet; in den letzten Jahren wird jedoch in einschlägigen Publikationen immer häufiger die englischsprachige Bezeichnung „Segregation/Seperation of Duties", oder abgekürzt SoD, verwendet. Eine Google-Recherche ergab 2.350.000 Treffer für „Segregation of duties", 275.000 Treffer für „Separation of duties", 102.000 Treffer für „4-Augen-Prinzip", 78.000 Treffer für „Vier-Augen-Prinzip", 45.700 Treffer für „Funktionstrennung", 2.250 Treffer für „Rechtetrennung" und 1.070 Treffer für „Mehr-Augen-Prinzip" (Stichtag 2011-05-30). Es muss jedoch berücksichtigt werden, dass die englische Bezeichnung einen größeren Sprachraum umfasst, demgemäß mehr Publikationen und folglich mehr „Google-Treffer" zu finden sind. Aus diesem Grund wird in dieser Arbeit überwiegend der Terminus „Segre-

gation of Duties" bzw. die Abkürzung SoD verwendet. Der Begriff Funktions-
trennung/Segregation of Duties wird sowohl in der Betriebswirtschaftslehre (als
Prinzip), in der Wirtschaftsinformatik (als Prinzip und Methode) als auch in der
Informatik (als Methode und technische Taxonomie) definiert. Im Folgenden
werden ausgewählte Definitionen aus diesen Disziplinen aus dem deutschsprachigen und angelsächsischen Raum erläutert.

In der betriebswirtschaftlichen Fachliteratur wird Funktionstrennung meist
mit der Rechnungslegung und Jahresabschlussprüfung eines Unternehmens verbunden. Bezogen auf die deutsche Gesetzgebung definieren Lück/Jahns (1998,
S. 287) Funktionstrennung als „Grundsatz für die Ausgestaltung eines Internen
Kontrollsystems. Die zu ihrer Einrichtung erforderlichen organisatorischen Regelungen sollen den Grundsätzen der Zweckmäßigkeit und der Wirtschaftlichkeit
(Grundsätze ordnungsgemäßer Buchführung) entsprechen und eine Arbeitsteilung herbeiführen, welche den Kontrollbedürfnissen Rechnung trägt". Die Definition zielt auf die „Kontrollbedürfnisse" von Unternehmen ab, die nach der
deutschen Rechtsauffassung arbeiten. Diese müssen demnach selbst entscheiden,
welche Kontrollbedürfnisse sie generell haben und ob und wie sie diese mittels
Arbeitsteilung umsetzen und sicherstellen. In dem in Deutschland relevanten
Prüfungsstandard PS261 (IDW PS261, 2006, S. 1441) wird Funktionstrennung
als eine (zu prüfende) Kontrollaktivität definiert, mittels der Unternehmen
sicherstellen sollen, dass

1) genehmigende,

2) verwaltende und

3) ausführende Tätigkeiten

von unterschiedlichen Personen durchgeführt werden; welche Tätigkeiten dies
im Einzelnen sind, wird nicht näher erläutert. Im international etablierten
„COSO Report" wird SoD wie folgt umschrieben: "Duties are divided, or segregated, among different people to reduce the risk of error or inappropriate actions" (COSO, 1994, S. 51). Mit dieser Beschreibung wird akzentuiert, dass mit
der Trennung von „Duties" eine Reduktion von Risiken erreicht werden soll.

In der WI wird Funktionstrennung häufig in Zusammenhang mit ERP-Systemen betrachtet. Ferraiolo et al. (1992, S. 17) beschreiben SoD sowohl aus Sicht
der Betriebswirtschaft als auch der IT: „Although more of a policy than a mechanism, separation of related duties is used in deterring fraud within financial
systems. Such duties can include authorising, approving and recording transactions, issuing or receiving assets, and making payments. Separation of related

duties refers to the situation where different users are given distinct, but often interrelated tasks such that a failure of one user to perform as expected will be detected by another. For separation of related duties to be effective, computer capabilities must be partitioned. These capabilities must be accessible only to users or processes associated with specific tasks". Diese weitreichende Beschreibung begründet den Einsatz von SoD (deterring fraud within financial systems), benennt unvereinbare Funktionen (z.B. authorising, approving and recording transactions), beschreibt Praxis-Situationen (different users are given distinct, but often interrelated tasks) und empfiehlt zur Umsetzung und Sicherstellung die Unterstützung der IT (computer capabilities must be partitioned). Das IT Governance Institute umschreibt SoD wie folgt: „The basic concept underlying segregation of duties is that no employee or group should be in a position both to perpetrate and to conceal errors or fraud in the normal course of their duties. In general, the principal incompatible duties to be segregated are:

■   Authorization or approval of related transactions affecting those assets

■   Custody of assets

■   Recording or reporting of related transactions" (ITGI, 2006, S. 121).

Mit dieser Beschreibung wird die prinzipielle, arbeitsteilige Ausrichtung von SoD akzentuiert, welche es erfordert, dass unvereinbare Aufgaben identifiziert und separiert werden; es soll keinem Mitarbeiter möglich sein, kriminelle Handlungen zu begehen oder zu verschleiern.

In Zusammenhang mit ERP-Systemen ist die Bedeutung von SoD-Kontrollen unbestritten und in den letzten Jahren (mit Inkrafttreten des SOX) erlebten diese eine Art Renaissance. Lehnert/Bonitz (2009, S. 106 f) umschreiben Funktionstrennung als „ ... Trennung von Funktionen, welche im betrieblichen Ablauf durch verschiedene Personen im Rahmen der ihnen zugewiesenen Aufgaben wahrzunehmen sind. Im betriebswirtschaftlichen Berechtigungskonzept wird die Abbildung dieser Trennung im IT-System vorgegeben. Sie bewirkt, dass jeder Geschäftsvorfall, welcher eine Verbindlichkeit Dritten gegenüber oder gegenüber Mitgliedern der Organisation schafft oder Pflichten Dritten gegenüber berührt, nicht durch einen Funktionsträger alleine ausgeführt werden kann. Darüber hinaus müssen Funktionen getrennt werden, welche durch die Art der Aufgabe dies erforderlich machen, wie z.B. die Berechtigungsadministration von der Benutzeradministration zu trennen ist". Mit dieser Definition zielen Lehnert/ Bonitz auf inhärente Berechtigungskonzepte in ERP-Systemen ab und zeigen auf, dass aus dem Einsatz dieser Konzepte zusätzliche administrative Aufgaben resultieren (z.B. Zugriffsrechteadministration getrennt von der Benutzeradministration). Linkes/Off (2006, S. 86) definieren SoD explizit in Zusammenhang mit den ERP-Systemen der SAP und fordern die Einhaltung des Minimalprinzips: „Durch die Trennung von Funktionen und Transaktionen sollen den Nutzern von SAP-Systemen nach Möglichkeit die Berechtigungen gezielt nach dem Minimalprinzip vergeben werden, ohne dass den einzelnen Mitarbeitern Berechtigungen zur Ausübung ihrer täglichen Arbeit fehlen". Das Minimalprinzip („Least Privilege") ist ein anerkanntes Konzept der Berechtigungsvergabe und postuliert, dass grundsätzlich nur die Berechtigungen vergeben werden, welche ein Mitarbeiter für seinen Arbeitsauftrag benötigt und nicht mehr (Ferraiolo et al., 1992, S. 17; IDW FAIT1, 2002, Tz. 84).

Die Bedeutung von SoD kann auch „historisch" belegt werden: Bereits lange vor dem Computerzeitalter wurde das SoD-Prinzip in der Armee, der öffentlichen Verwaltung und in Unternehmen eingesetzt (Huber, 1992; Li et al., 2007). Brauch/Fritzsche (1992, S. 60) führen an, dass die Funktionstrennung „seit Beginn dieses Jahrhunderts ein wesentlicher Punkt der herrschenden Organisationslehre" ist. In Zusammenhang mit Computertechnologien wurde das SoD-Prinzip laut Schaad (2003, S. 99) erstmals von Saltzer/Schroeder (1975) aufgenommen, indem sie „separation of privilege" als generelles Designprinzip für den Schutz von Informationen in Computersystemen diskutieren. Eine Dekade später beschreiben Clark/Wilson (1987, S. 186) SoD als „the heart of fraud and error control" sowie als Instrument „to enforce commercial security policies related to data integrity". Ting (1988) und Baldwin (1990) diskutieren SoD im Kontext von Datenbanken und Datenbanksicherheit. Clark/Wilson (1988) entwickeln statische und dynamische Designtypen für SoD, welche auch heutzutage noch Grundlage für die technische Gestaltung von SoD in betriebswirtschaftlichen Applikationen sind (Schaad, 2003; ITIC, 2004, vgl. hierzu auch Zugriffskontrollmodelle (Abschnitt 2.3.3.3.2)).

In den letzten Jahren erlebte die Diskussion um und die Forderung nach SoD-Kontrollen eine Renaissance (Tarantino, 2006, S. 228; Jaeger, 2008; Menzies et al., 2008; Wolf/Gehrke, 2009). Diese wurde primär ausgelöst durch fraudulente Handlungen in Unternehmen aller Größenklassen und unabhängig von den jeweiligen nationalen Regulierungen. Es gab Skandale in den USA (z.B. Enron, Worldcom, United Airlines) und in Europa (z.B. Bank Baring (GB), Société Générale (F), Parmalat (I), Bawag (A), Flowtex (D), Siemens (D)). Zwei spektakuläre Betrugsfälle können direkt mit mangelnden SoD-Kontrollen in Zusammenhang gebracht werden: Im Jahr 1995 gelang es bei der britischen Bank Baring einem einzigen Mitarbeiter (Nick Leeson), risikoreiche Milliardentransfers freizugeben und die resultierenden Verluste jahrelang zu verschleiern; dies führte schließlich zum Bankrott der renommierten Bank (Brauchli et al., 1995). Ein ähnlicher Fall ist der Skandal bei der Bank Société Générale im Jahr 2008: Auch dort gelang es einem einzigen Mitarbeiter (Jérôme Kerviel) risikoreiche, zum Teil fingierte Spekulationsgeschäfte durchzuführen, woraus der Bank Milliardenverluste entstanden. In beiden Fällen konnte nachgewiesen werden, dass die vorhandenen Kontrollmechanismen umgangen werden konnten, zumindest die SoD-Kontrollen waren unzureichend. Der aktuellste Fall ist wohl der Handelsskandal in London, in den die größte Schweizer Bank, die UBS, verwickelt ist: Ein einzelner Mitarbeiter (Kweku Adoboli) ist angeklagt, zwischen 2008 und 2011 der UBS mit nicht genehmigten Transaktionen einen Verlust von rund 1,7 Milliarden Euro eingebracht zu haben. Der Mitarbeiter soll mit nicht autorisierten Geschäften den Milliardenverlust ausgelöst haben (NZZ, 2011; NZZ, 2012). Es überrascht deshalb nicht, dass in dem im Jahr 1998 publizierten "Framework for International Control Systems in Banking Organisations" SoD-Kontrollen als eines von fünf typischen Kontrollproblemen in Banken beschrieben werden: „The absence or failure of key control structures and activities, such as segregation of duties, approvals, verifications, reconciliations, and reviews of operating performance. Lack of segregation of duties in particular has played a major role in the significant losses that have occurred at banks" (Basel, 1998, S. 6).

Als Folge der Häufung von fraudulenten Handlungen, insbesondere auch in Zusammenhang mit Bilanzfälschungen, trat im Jahr 2002 der SOX in Kraft (vgl. Abschnitt 2.2.2). SOX-pflichtige Unternehmen mussten nun die Effizienz ihres IKS und somit auch ihrer SoD-Kontrollen nachweisen und dies von externen Prüfungsorganen (zertifizierte Abschlussprüfer/Wirtschaftsprüfer) bestätigen lassen. Diese im Hinblick auf SoD gestiegenen Anforderungen lösten eine starke Nachfrage nach SoD-Software aus. Als Folge orientierten sich viele Hersteller von SoD-Software, aber auch von anderen Compliance-Produkten, an den Anforderungen des SOX (z.B. Bagranoff/Henry, 2005; Rowland, 2007, S. 4; Heiser et al., 2008); teilweise werden IT-gestützte Lösungen unter Bezeichnungen wie „Sarbanes-Oxley Software" oder „SOX Compliance Software" vertrieben (z.B. Bagranoff/Henry, 2005; Caldwell/Eid, 2006; Tarantino, 2006, S. 139 f.; Caldwell/Van Decker, 2008; Heiser, 2010; vgl. auch Abschnitt 2.3.4.4).

Mit der aufkommenden Nachfrage nach SoD-Software wurden solche Produkte verstärkt entwickelt und vermarktet (vgl. Abschnitt 2.3.4.4). Die beiden größten ERP-Software-Anbieter Oracle und SAP akquirierten schon bald nach

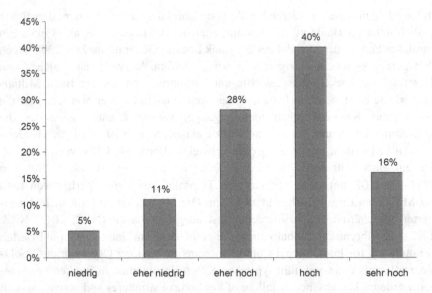

Abbildung 3:   Effektivität der Funktionstrennung (Menzies et al., 2008, S. 25).

Inkrafttreten des SOX kleinere Softwareunternehmen, welche mehr oder weniger reife SoD-Lösungen entwickelt hatten (z.B. MacDonald et al., 2006; SAP, 2006; Oracle, 2007; Proctor/MacDonald, 2007; vgl. generell zu Akquisitionen in Zusammenhang mit Compliance/SoD-Software Wagner et al., 2007). Zwischenzeitlich wurden von den großen ERP-Anbietern SoD-Softwareprodukte in die Angebotspalette zu ERP-Systemen integriert; sie werden als Teilkomponente von „GRC-Software" angeboten (z.B. von SAP als Komponente „Access Control" oder „Access Risk Management" (SAP, 2011g)).

Die Bedeutung von SoD-Kontrollen kann auch aus einer Studie aus dem Jahr 2007 entnommen werden (Menzies et al., 2008): Bei 200 Unternehmen in Deutschland wurden Chief Executive Officer (CEO), Chief Financial Officer (CFO) und andere verantwortliche Akteure zum Thema „Management der Funktionstrennung" befragt, mit dem Ergebnis, dass 84% der Befragten die Effektivität der Funktionstrennung zur Bekämpfung von Betrugsfällen als „eher hoch" bis „sehr hoch" einstufen (vgl. Abb. 3).

Die hohe Einstufung resultiert sicher auch daraus, dass SoD-Kontrollen mit Hilfe von arbeitsteiligen Maßnahmen äußerst effektiv für unterschiedlichste Aufgabenstellungen eingesetzt werden können. Handkehrum können fehlende oder unzureichende SoD-Kontrollen zahlreiche Risiken auslösen, da nicht nur (unabsichtliche) Fehler begünstigt werden (z.B. die Erhöhung von Krediten ohne Zweitsignatur), sondern vorsätzliche und kriminelle Handlungen oft erst ermöglicht oder verschleiert werden können (vgl. Huber, 1992; Li et al., 2007; Coderre, 2009a, S. 22). Folglich gelten SoD-Kontrollen als wichtige Instrumente zur Prävention und Entdeckung von Fehlern und Missbrauch (Huber, 1992; COSO 1994, S. 25; Li et al., 2007; Menzies et al., 2008, S. 24 ff; Coderre, 2009a, S. 22), aber auch als Mittel gegen Betrug, Korruption und Wirtschaftskriminalität (Rang, 2001; IDW PS261, 2006, Rn. 52; Willems, 2007; Menzies et al., 2008, S. 24 f; Coderre, 2009a; BMI, 2010).

Werden SoD-relevante Aktivitäten in ERP-Systemen abgebildet, können diese über Berechtigungsvergabe(restriktionen) präventiv separiert werden (vgl. Abschnitt 2.3.3.3.3). Ergänzende detektivische Maßnahmen können zudem mit Hilfe von systemtechnischen Überwachungsmechanismen realisiert werden (z.B. Protokollierungsdateien, welche SoD-Verstöße anzeigen und/oder nachvollziehen lassen (Hack, 2008)).

Das Prinzip von SoD-Kontrollen ist in der Theorie einfach: Es werden Mechanismen der Arbeitsteilung eingesetzt, indem als risikoreich geltende Aufgaben mehreren Personen zugewiesen werden. Dadurch soll zum einen eine (gegenseitige) Kontrolle gewährleistet werden und zum anderen ausgeschlossen werden, dass unvereinbare Aufgaben von einer Person ausgeführt werden können. Huber (1992) vergleicht dies mit dem Prinzip der Gewaltenteilung, der Trennung von Legislative und Exekutive. Ähnlich formuliert es Gschrei (2006, S. 85), für den SoD-Kontrollen Schlüsselkontrollen sind, welche sicherstellen, dass „der Grundsatz der unvereinbaren Funktionen und Aufgaben" oder auch „der Grundsatz der Unterteilung der Arbeitsabläufe" eingehalten wird.

Die Trennung der unvereinbaren Aufgaben kann sowohl personen-, gruppen-, abteilungs- als auch bereichsbezogen erfolgen, wobei die personenbezogene Funktionstrennung weniger effektiv als die abteilungs- oder bereichsbezogene Trennung angesehen wird (Huber, 1992; Gschrei, 2006). Demzufolge sollten nie Aufgaben eines Geschäftsvorfalls von nur einer Person durchgeführt werden (Huber, 1992; vgl. auch Hare, 2005, 2009a, 2009b; Gschrei, 2006, S. 85 ff). In diesem Sinn müssen z.B. Einkauf und Zahlungsausgang oder auch Lagerbuchhaltung und -verwaltung arbeitsteilig getrennt werden (Euler, 1992, S. 23). Als eine Teilmenge von SoD gilt das 4-Augen-Prinzip, ein zweistufiges Verfahren, welches verlangt, dass ein Vorgang von einer zweiten Person kontrolliert und unterschrieben wird (vgl. Huber, 1992; Macharzina/Oesterle, 2002, S. 1059; Beispiele zum 4-Augen-Prinzip vgl. Reichart, 2006).

2.1.2   Kritische Konstellationen

Es existieren keine Referenzmodelle, Standards oder (allgemein anerkannte) Regeln, welche sich explizit mit SoD bzw. SoD-Kontrollen auseinandersetzen (Gehrke, 2010). Exemplarische Beispiele zu inkompatiblen SoD-Konstellationen finden sich gestreut in Zusammenhang mit unternehmensspezifischen Prozessen meist in Publikationen zur Betriebswirtschaftslehre, zu ISR, zur WI-Forschung sowie in Unterlagen von Wirtschaftsprüfungs- und Beratungsunternehmen, von regierungsnahen und berufsständischen Institutionen, von Softwareherstellern, aber auch in diversen Internet-Foren und Blogs. Prüfungs- und Beratungsgesellschaften verfügen meist (aus ihren Erfahrungen) über qualitativ anspruchsvolles Material (z.B. Deloitte, 2010); jedoch sind diese Informationen kostenpflichtig und vom Risikoverständnis des Anbieters geprägt: „A wide variety of approaches can be seen when reviewing and evaluating conflict matrices from each of the Big Four firms ... At many audit firms, a firm wide standard conflict matrix did not even exist prior to Sarbanes-Oxley" (Hare, 2009a, S. 46). Zu den „Big four/Big4-firms" zählen die vier größten, international tätigen Wirtschaftsprüfungsgesellschaften. Das sind (in der Reihenfolge ihrer Erlöse (im Jahr 2010)) PWC, Deloitte, Ernst & Young und KPMG (Accountant Finder, 2010).

Es gibt auch zahlreiche frei verfügbare und „unabhängige" Empfehlungen und Beispiele. Diese bieten insgesamt einen guten Überblick zur Thematik; ihr exemplarischer Charakter sollte jedoch immer berücksichtigt werden. In der Praxis kommen Unternehmen meist nicht umhin, basierend auf einer Risikoanalyse und -bewertung, geeignete, unternehmensspezifische SoD-Richtlinien und -Regeln zu erarbeiten. Im Folgenden werden ausgewählte Beispiele, in der Reihenfolge des Publikationsdatums und strukturiert nach „Geschäftsprozessen" und „IT-Prozessen", dargestellt.

2.1.2.1   Geschäftsprozesse

Für Geschäftsprozesse („Business Processes") finden sich einige Beispiele von risikorelevanten Prozessen und Aufgaben, welche mit SoD mitigiert werden können. So fokussieren Brauch/Fritzsche (1992) auf die Prozesse (Stellen) des Bestellwesens und der Produktion und spezifizieren fünf mit Risiken behaftete Stellenpaare, die mittels Funktionstrennung separiert werden sollten (vgl. Tabelle 1). Die Aufzählung ist exemplarisch, zeigt aber, dass SoD schon auf der Ebene von Stellen(beschreibungen) berücksichtigt werden kann/sollte. Brauch/Fritzsche nehmen insgesamt eine kritische Haltung zur Funktionstrennung ein und begründen dies mit Fällen, bei denen SoD kontraproduktiv wirkt.

Tabelle 1: Unvereinbare Stellen nach Brauch/Fritsche (1992).

Stelle 1	Stelle 2
Bedarfsträger	Einkäufer
Einkäufer	Rechnungsprüfer
Fertiger	Qualitätssicherer
Fertiger	Beständedisponent
Verkäufer	Rechnungssteller

Sie schlagen vor, bei nicht standardisierten Produkten und/oder Leistungen aus Praktikabilitätsgründen auf SoD zu verzichten; ob dies mit den heutigen Compliance-Anforderungen noch kompatibel ist, ist zu bezweifeln und muss im Einzelfall geprüft und entschieden werden.

Huber widerspricht im selben Jahr (1992) dem Vorschlag von Brauch/Fritzsche und fordert, dass das „Prinzip der Gewaltenteilung" ausnahmslos eingehalten wird – auch bei vermeintlich kontraproduktiven Konstellationen. Huber stellt einige Beispiele von kritischen SoD-Kontrollen auf der Ebene von Aktivitäten dar (vgl. Tabelle 2). Auch diese Aufzählung ist exemplarisch aufzufassen, zeigt aber, dass SoD auf verschiedenen Ebenen betrachtet werden sollte und dass im prozessualen Fluss auch Fälle mit mehr als zwei Akteuren berücksichtigt werden sollten (vgl. Tabelle 2, Zeile 4).

Tabelle 2: Unvereinbare Aktivitäten nach Huber (1992).

Aktivität 1	Aktivität 2	Aktivität 3
Kassenanweisungsbefugnis	Kassenführung	
Genehmigung von Entgeltänderungen	Lohn- und Gehaltsabrechnung	
Kontoführung	Kontoabstimmung	
Handel, Abwicklung bei Wertpapiergeschäften	Verbuchung bei Wertpapiergeschäften	Kontrolle bei Wertpapiergeschäften
Einkauf	Rechnungsprüfung	
Programmierung (IT)	Operating (IT)	

Tabelle 3:   Unvereinbare Konstellationen nach COSO (2006b).

Segregation of Duties – Examples
Cash Payments
Access to Inventory
Access to Purchases
Access to Fixed Assets
Managing development of new software in a more complex environment
Managing implementation of new software in a more complex environment

Die referenz- und richtlinienartige Publikation des „Committee of Sponsoring Organizations of the Treadway Commission" (COSO) (COSO, 2006b, S. 60 ff) beinhaltet konkrete Empfehlungen zu SoD-Kontrollen vor allem für kleine und mittlere Unternehmen (KMU); Tabelle 3 beinhaltet risikoreiche und somit SoD-relevante Aufgaben; diese sind prinzipiell auch für große Firmen von Bedeutung.

In einer ebenfalls richtlinienartigen Publikation des „IT Governance Institut" (ITGI, 2006, S. 124) wird eine exemplarische SoD-Matrix für einen „Purchase-to-pay"-Prozess (Bestellabwicklung von der Bedarfsanforderung über die faktische Bestellung, den Wareneingang bis zum Rechnungseingang) dargestellt, mit dem Hinweis, dass analoge Matrizen für alle Prozesse des Unternehmens erstellt werden sollten (vgl. 2.2.3.3.3 und Tabelle 4).

Beispiele von nicht vereinbaren Aufgaben des Rechnungswesens und der Jahresabschlussprüfung sowie zur Lohn- und Gehaltsbuchhaltung erläutern Jäger et al. (2009, S. 153 ff). Ebenfalls Fälle des Rechnungswesens, jedoch fokussiert auf „Fraud"-Konstellationen schildert Coderre (2009b, S. 173 ff).

Explizit für Kredit- und Finanzdienstleistungsinstitute werden im "Framework for International Control Systems in Banking Organisations" (Basel, 1998, S. 17) exemplarische Beispiele zu kritischen SoD-Konstellationen dargestellt (vgl. Tabelle 5).

Tabelle 4: Purchase-to-pay Segregation of Duties Matrix (ITGI, 2006, S. 124).

	Create and maintain vendor records	Approve/Release purchase orders	Process goods receipt	Process vendor invoices	Cash payment processing	Release blocked invoices	Enter vendor debit memos
Create and maintain vendor records		X	X	X			
Approve/Release purchase orders			X	X			
Process goods receipt				X			
Process vendor invoices						X	X
Cash payment processing							X
Release blocked invoices							
Enter vendor debit memos							

X – Combination of these functions may indicate an incompatible function.

Tabelle 5: Unvereinbare Konstellationen für Kredit-/Finanzdienstleister (Basel, 1998, S. 17).

Aktivität 1	Aktivität 2
Front office control	Back office control
Approval of the disbursement of funds	Disbursement of funds
Responsibility for customer accounts	Responsibility for proprietary accounts
Execution of transactions in the "banking" books	Execution of transactions in the "trading" books
Informally providing information to customers about their positions	Providing marketing to the same customers as providing information.
Assessing the adequacy of loan documentation and monitoring the borrower after loan origination.	Monitoring the borrower after loan origination.
Any other areas where significant conflicts of interest emerge and are not mitigated by other factors	

Zusammenfassend sind für Geschäftsprozesse zahlreiche Beispiele zu kritischen SoD-Konstellationen zu finden. Die dargestellten Prozesse und/oder Aktivitäten reichen jedoch über eine vermittelnde exemplarische Orientierung nicht hinaus. Bis auf wenige (unvollständige) Ausnahmen fehlt zudem in den meisten der beschriebenen Fälle die Darlegung des Risikos, welches mittels SoD-Kontrollen verringert/vermieden werden soll. Des Weiteren wäre es nützlich, potenziell kompensierende Kontrollmaßnahmen zu erfahren, für den Fall, dass SoD nicht umgesetzt werden kann.

2.1.2.2 IT-Prozesse

Für Prozesse und Aktivitäten der IT finden sich ebenso wie für Geschäftsprozesse nur einige wenige Beispiele, welche konkrete IT-bezogene Risiken in Zusammenhang mit SoD-Kontrollen explizieren. Beispielsweise präsentiert Savage (2007) risikorelevante IT-Rollen und Aktivitäten in einer „Roles vs. Activities Matrix"; in dieser werden IT-Rollen unvereinbaren IT-Aufgaben gegenübergestellt (vgl. Tabelle 6).

Die von Savage hervorgehobenen SoD-Konstellationen zeigen zu potenziellen IT-Rollen, wie z.B. der des Security Officer (Spalte 8), welche Aktivitäten nicht mit dieser Rolle verknüpft sein dürfen (z.B. Test Updates – Database, Test Updates – Application, Implement Updates – Database, Implement Updates – Application). Auch für diese Tabelle gilt, dass die Beispiele nur exemplarisch sind und unternehmensspezifisch geprüft und angepasst werden müssen.

Das Lehrbuch zum „Certified Information Systems Auditor" (CISA, 2010, S. 115) beinhaltet eine rollenbezogene Aufstellung von kritischen IT-Konstellationen, welche mittels SoD kompensiert werden können; Tabelle 7 zeigt in Form einer „Segregation of Duties Control Matrix" unvereinbare Rollenverbindungen.

Im Web 2.0 finden sich auch auf einigen Internet-Foren, Blogs und sonstigen Diskussionsnetzwerken SoD-Matrizen für unternehmensspezifische Situationen und Prozesse (z.B. SARC, 2010; SoD-Forum, 2010; SOX-Forum, 2010); dieses (frei verfügbare) Material ist jedoch meist ohne Autorenhinweis und von unterschiedlichster, in jedem Fall unverbindlicher Qualität. Damit eignet es sich zur groben Orientierung; es muss aber immer unternehmenssituativ überprüft und

Tabelle 6: IT-bezogene „Roles versus Activities Matrix" (Savage, 2007).

	Database Administrator Staging	Database Administrator Production	System Administrator Staging	System Administrator Production	Manager	Programmer	Security Officer	User
Uses Application	X	X	X	X	X	X	X	
Receives Updates – Database		X				X		
Receives Updates – Application				X		X		
Initiates Change								
Authorizes Change	X	X	X	X	X			
Test Updates – Database		X	X	X	X	X	X	X
Test Updates – Application	X	X		X	X	X	X	X
Implement Updates – Database	X		X	X	X	X	X	X
Implement Updates – Application	X	X	X		X	X	X	X
Access to Source Code		X		X			X	X
Administrative Access – Database O/S-Staging		X	X	X	X	X		X
Administrative Access – Database O/S-Production	X		X	X	X	X		X
Administrative Access – Application O/S-Staging	X	X		X	X	X		X
Administrative Access – Application O/S-Production	X	X	X		X	X		X
Administrative Access – Staging Database		X	X	X	X			X
Administrative Access – Staging Application	X	X		X	X			X
Administrative Access – Production Database	X		X	X	X	X		X
Administrative Access – Production Application	X	X	X		X	X		X
Monitors Changes and Security Events – Database	SO	SO						X
Monitors Changes and Security Events – Application			SO	SO				X
Test Updates – Database		X				X		
Test Updates – Application				X		X		
Implement Updates – Database								
Implement Updates – Application	X	X	X	X		X		
Access to Source Code		X	X	X	X	X	X	X
Administrative Access – Database O/S-Staging	X	X		X	X	X	X	X

X: Combination of these functions may indicate an incompatible function.

SO: X – if not also monitored by the security officer

Tabelle 7:   IT-bezogene SoD Control Matrix (CISA, 2010, S. 115).

	Control Group	System Analyst	Application Programmer	Help Desk and Support Manager	End User	Data Entry	Computer Operator	Database Administrator	Network Administrator	System Administrator	Security Administrator	System Programmer	Quality Assurance
Control Group		X	X	X		X	X	X	X	X		X	
System Analyst	X			X	X		X				X		X
Application Programmer	X			X	X	X	X	X	X	X	X	X	X
Help Desk and Support Manager	X	X	X		X	X		X	X	X		X	X
End User		X	X	X			X	X	X			X	X
Data Entry	X		X	X			X	X	X	X	X	X	
Computer Operator	X	X	X		X	X		X	X	X	X	X	
Database Administrator	X		X	X	X	X	X		X	X		X	
Network Administrator	X		X	X	X	X	X	X					
System Administrator	X		X	X		X	X	X				X	
Security Administrator		X	X			X	X					X	
System Programmer	X		X	X	X	X	X	X		X	X		X
Quality Assurance		X	X		X							X	

X – Combination of these functions may create a potential control weakness.

angepasst werden. Tabelle 8 zeigt als exemplarisches Beispiel eine in dieser Art häufiger zu findende SoD-Matrix, welche einen Mix aus unvereinbaren fachabteilungs- und IT-relevanten Prozessen und Aktivitäten darstellt. Wiederum ist anzumerken, dass bei den Beispielen Hintergrundinformationen fehlen, z.B. die Begründung der damit verbundenen Risiken.

Tabelle 8:   SoD-Matrix (In Anlehnung an SOX-Forum, 2010).

	Accounts Payable	Check Generation	Accounts Receivable	Cash Receipts	ABAP Development	Transport control
Accounts Payable		X				
Check Generation	X		X			
Accounts Receivable		X		X		
Cash Receipts			X		X	
ABAP development				X		X
Transport control					X	

X – Combination of these functions may create a potential control weakness.

In dem für IT-Governance-Prozesse international etablierten Referenzmodell COBIT 4.1 (COBIT, 2007) finden sich nur wenig konkrete Hinweise zu IT-relevanten SoD-Konstellationen (vgl. Abschnitt 2.2.3.3.2). Jedoch enthalten die auf COBIT referenzierenden „COBIT Control Practices" (ITGI, 2007b) einige Beispiele, welche in Form von „Risk Drivers" und „Control Practices" dargestellt sind. Tabelle 9 zeigt IT-Prozesse, für die als „Control Practice" SoD-Kontrollen empfohlen werden.

Tabelle 9:   SoD-relevante „Control Practices" nach ITGI (2007b).

COBIT Referenzprozesse mit SoD als potenzielle Kontrollen		Quelle
PO4	Define the IT Processes, Organisation and Relationships	ITGI, 2007b, S. 33
AI4	Enable Operation and Use	ITGI, 2007b, S. 80
AI6	Manage Changes	ITGI, 2007b, S. 86
AI7	Install and Accredit Solutions and Changes	ITGI, 2007b, S. 95
DS5	Ensure Systems Security	ITGI, 2007b, S. 116
DS11	Manage Data	ITGI, 2007b, S. 34
DS13	Manage Operations	ITGI, 2007b, S. 144

Zusammenfassend dienen obige Beispiele als erste Orientierung zu kritischen SoD-Konstellationen; die Perspektive der Autoren (z.B. unternehmens-, prozess- oder aufgabenbezogen, oder nur auf bestimmte Risiken und Kontrollziele fokussiert) ist unterschiedlich und auf den ersten Blick nicht immer erkennbar, zudem erhebt keines der Beispiele Anspruch auf Vollständigkeit. Dies bedeutet, dass für jede exemplarische Konstellation unternehmenssituativ geprüft werden muss, ob diese Gültigkeit besitzt und SoD eine angemessene Kontrolle ist. Die Anmerkungen zur "Segregation of Duties Control Matrix" (Tabelle 7) verdeutlichen dies: „The segregation of duties controls matrix is not an industry standard, but a guideline indicating which positions should be separated and which require compensating controls when combined. The matrix illustrates potential segregation of duties issues and should not be viewed or used as an absolute; rather, it should be used to help identify potential conflicts so proper questions may be asked to identify compensating controls" (CISA, 2010, S. 114).

Im Kontext von ERP-Systemen unterstreicht Proctor (2008, S. 3) ebenfalls die situative Individualität von Unternehmen: „There is no acceptable number of SOD conflicts that could be described as typical for every organization because that number is dependent on many factors, including the number of people provisioned in the ERP system and the complexity of their financial systems. Also, there is no concrete definition to determine what represents appropriate risk with respect to SOD conflicts; thus, organizations must analyze what is acceptable in their specific situation, and then they must negotiate with their auditors from a defensible position to address audit findings". In diesem Sinn können die Beispiele zwar als Orientierungshilfe dienen, aber nur mit der Einschränkung, dass es sich hierbei um nicht belegte Sichtweisen und Empfehlungen von einzelnen Autoren und/oder Interessengruppen handelt.

2.2 Compliance

Dieser Abschnitt dient zur Klärung des Begriffs und der Bedeutung von Compliance bzw. Corporate Compliance. Anhand von ausgewählten Definitionen werden unterschiedliche Auffassungen sowie die besondere Rolle von compliance-relevanten Institutionen dargestellt. Darauf aufbauend wird exemplarisch der US-amerikanische SOX als weltweit ausstrahlendes Gesetz im Hinblick auf SoD-Anforderungen diskutiert. Abschließend wird die Umsetzung und Sicherstellung von SoD-Compliance erläutert, indem das Unterstützungspotenzial der unternehmensinternen Compliance-Organisation und -Kultur sowie das von Referenzmodellen aufgezeigt werden.

2.2.1   Begriff und Bedeutung

Der Begriff „Compliance" wird etymologisch von „to comply with" abgeleitet, was sinngemäß „sich vorschriftsmäßig verhalten" bedeutet (Büchel, 1995, S. 22; auch Buff, 2000, S. 11 f.). Die Bedeutung von Compliance kann nach Fachdisziplinen differenziert werden: So wird Compliance in Medizin und Psychologie als „Bereitschaft des Patienten zur Mitarbeit bei diagnostischen und therapeutischen Maßnahmen" interpretiert (Dullinger, 2001, S. 24). In der Betriebswirtschaftslehre werden unter Compliance Maßnahmen verstanden, welche sicherstellen, dass sich Unternehmen (als soziales System) und die einzelnen Mitarbeiter rechtskonform verhalten (Buff, 2000). Seit einigen Jahren werden im betriebswirtschaftlichen Kontext häufiger die Begriffspaare „Corporate Compliance" oder „Enterprise Compliance" verwendet, um den Unternehmens(Enterprise)-Bezug sowie den Unterschied zu anderen Fachdisziplinen zu akzentuieren (Brückle, 2005; Hauschka, 2007; Rodewald/Unger, 2007; Jäger et al., 2009, S. 25). Eine ebenfalls neuere Begriffskombination ist „Global Corporate Compliance"; damit wird auf multinationale Unternehmen gezielt, welche in mehreren Rechtsräumen operieren und Rechtsordnungen zahlreicher Staaten berücksichtigen müssen (Steinmeyer/Späth, 2010, S. 179 ff). Einen zu Compliance kongruenten Begriff gibt es im Deutschen nicht; dafür ist das angelsächsische „Compliance" im deutschen Sprachraum so präsent, dass es den Mitarbeitern inzwischen „locker von der Zunge" geht, auch wenn der Begriff kaum übersetzbar ist (Amann, 2010; vgl. auch Pfeiffer, 2009). Im weiteren Verlauf dieser Arbeit wird ausschließlich die unternehmens- und mitarbeiterbezogene Ausprägung, die (Global) Corporate Compliance, diskutiert; zur Vereinfachung wird jedoch die Kurzbezeichnung „Compliance" verwendet, mit Ausnahme von Zitaten, in denen Autoren eine andere Bezeichnung nutzen.

In der betriebswirtschaftlichen Fachliteratur gibt es zahlreiche Definitionen, welche umschreiben, wie Compliance in Relation zu Gesetzen und sonstigen Vorschriften aufzufassen ist: Die COSO definiert Compliance knapp als „Having to do with conforming with laws and regulations applicable to an entity" (COSO, 1994, S. 119, vgl. auch Abschnitt 0), wobei unter „laws" gesetzliche (hoheitliche) Vorschriften und unter „regulations" auch freiwillige (nicht hoheitliche) Regeln subsumiert sind. Etwas konkreter definieren Jäger et al. (2009, S. 57, unter Verweis u.a. auf Hauschka, 2004, 2007 und Schneider/Schneider, 2007) Compliance als „die Gesamtheit aller zumutbaren Maßnahmen, die das regelkonforme Verhalten eines Unternehmens, seiner Leitungs- und Aufsichtsorgane sowie seiner Organisationsmitglieder im Hinblick auf alle gesetzlichen

Ge- und Verbote begründen". Diese Definition zielt wie die der COSO auf die Einhaltung von Gesetzen ab, jedoch ist unklar, was genau unter „regelkonformem Verhalten" zu verstehen ist und ob dies auch freiwillig einzuhaltende Regeln einschließt. Der explizite Hinweis auf die „Zumutbarkeit der Maßnahmen" eröffnet einen weiten Interpretations- und Gestaltungsspielraum in Bezug auf das regelkonforme Verhalten.

Thelesklaf (2001, S. 447) definiert Compliance weitreichender als „alle freiwilligen, aufsichtsrechtlich und gesetzlich vorgeschriebenen Maßnahmen zur Schaffung höherer Transparenz und Kontrollierbarkeit der Verhaltensweisen eines Unternehmens und der Mitarbeiter und Mitarbeiterinnen"; damit wird explizit auch die Freiwilligkeit eingeführt. Ähnlich wie Thelesklaf beschreibt Menzies (2006, S. 2) Compliance weitreichend als „Einhaltung von gesetzlichen Bestimmungen, regulatorischen Standards und die Erfüllung weiterer wesentlicher Anforderungen der Stakeholder"; als Stakeholder werden individuelle Personen, Gruppen oder Organisationen bezeichnet, welche (berechtigte) Ansprüche und Anforderungen an ein Unternehmen richten können. Laut Menzies (2006, S. 2) kann Compliance als eine Art „Leitkonzept" betrachtet werden, welches dazu beiträgt, dass „die Beständigkeit des Geschäftsmodells, das Ansehen in der Öffentlichkeit und die finanzielle Situation eines Unternehmens verbessert wird". Herzog (2009, S. 29) definiert Compliance über das gesetzeskonforme Verhalten hinaus und postuliert Compliance als Steuerungsinstrument, um „Normenanforderungen aus den Beziehungsverhältnissen zwischen der Unternehmung und seinen Stakeholdern, wie z.B. Gesetzgeber, Behörden, Aufsicht, Kapitalmarkt, Kunden Lieferanten" zu erfüllen. In diese Richtung geht auch die Interpretation von Roth (2009), die Compliance u.a. als Verhaltenskonzept definiert, welches weit über die Einhaltung von Gesetzen hinausreicht, eine ethische Dimension beinhaltet und dementsprechend auch sog. „Soft Laws" berücksichtigt (z.B. OECD-Richtlinien, Empfehlungen des Basler Ausschusses für Bankenaufsicht).

Wohl nicht zuletzt um die umfangreiche und zum Teil widersprüchliche Thematik zu simplifizieren, wird Compliance häufig themenspezifisch kategorisiert. Kategorien bilden z.B. gesetzliche und/oder regulierende Anforderungen (z.B. „SOX Compliance", „BilMoG Compliance", „Kartellrechtliche Compliance"), branchenspezifische Anforderungen (z.B. „FDA Compliance", „Healthcare Compliance", „REACH Compliance") oder auch unternehmensinterne Bereiche (z.B. „HR Compliance", „IT Compliance", „Trade Compliance") (vgl. hierzu etwa CO-Online, 2010; Volz, 2010). Manche der Kategorien, wie z.B. IT Compliance, können in Subkategorien unterteilt werden (z.B. „Data Compliance", „E-Compliance", „ERP-Compliance"). Zu Subkategorien, wie z.B. ERP-Compliance können Subklassen gebildet werden (z.B. „Access Control Compliance", „Business Process Compliance", „SoD-Compliance"). Abbildung 4 zeigt eine exemplarische Visualisierung der unterschiedlichen, potenziellen Compliance-(Sub)-Kategorien und -klassen. Jede Subkategorie und -klasse kann z.B. spezifische Perspektiven, Anforderungen, Umsetzungsszenarien, Prozeduren und Richtlinien beinhalten. So finden sich zu „IT Compliance" zahlreiche Beiträge, welche die Thematik aus unterschiedlichsten Perspektiven analysieren und mit Lösungen unterstützen (z.B. Rath, 2007; Egger/Schöler, 2008; Klotz, 2009; Mossanen/Amberg, 2009; Kissinger, 2010).

Die Kategorisierung in Teilbereiche bedeutet zwar einerseits eine gewisse Limitierung, ermöglicht zugleich aber eine Exploration von Besonderheiten und eine zielgerichtete Entwicklung von Maßnahmen. Die Gefahr hierbei ist, dass einzelne Bereiche ein „Eigenleben" entwickeln und nicht in ein unternehmensweites Gesamt-Compliance-Konzept integrierbar sind. Zudem sollte berücksichtigt werden, dass Sub-Kategorien gegenüber anderen dominanter sein können und dass typischerweise eine bidirektionale Abhängigkeit zwischen den Kategorien besteht: SOX-Compliance-Anforderungen beeinflussen z.B. die IT-Compliance-Anforderungen und somit auch ERP- und SoD-Compliance-Anforderungen. Die IT Compliance wiederum dominiert die sich wechselseitig beeinflussenden Kategorien der ERP- und IT-bezogenen SoD-Compliance.

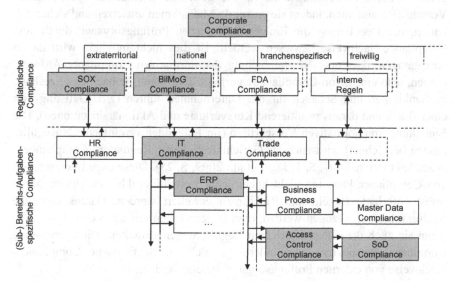

Abbildung 4:   Exemplarische Compliance-Kategorien.

Im Hinblick auf die Untersuchung der Assimilation von SoD-Software werden Aspekte der ERP-Compliance und SoD-Compliance als besonders relevant erachtet und aus diesem Grund in den Abschnitten 2.3.3 und 2.3.4 detailliert erläutert.

Die zahlreichen Compliance-Kategorien deuten bereits die Vielschichtigkeit der Compliance im betriebswirtschaftlichen Kontext an: Im Wesentlichen geht es jedoch um unternehmensinterne Maßnahmen zur Schaffung höherer Transparenz und Kontrollierbarkeit der Verhaltensweisen der Leitungs- und Führungsorgane sowie der Mitarbeiter eines Unternehmens; wobei unterschieden werden kann zwischen Leitungsorganen, welche unternehmensleitende und -gestaltende Tätigkeit ausüben, und Führungsorganen, welche primär mit der Führung der Mitarbeiter betraut sind. Die Gesamtheit der unternehmensweiten Compliance-Aktivitäten sollte eine Art Leitkonzept sein, welches dazu beiträgt, „die Beständigkeit des Geschäftsmodells, das Ansehen in der Öffentlichkeit und die finanzielle Situation eines Unternehmens" (Menzies, 2006, S. 2) zu gewährleisten, zu verbessern und/oder wiederherzustellen.

Die Bedeutung von Compliance-Anforderungen

Compliance-Anforderungen können durch ihre Reichweite definiert werden: Eng gefasst müssen Unternehmen die für sie geltenden normativen (gesetzlichen) Vorschriften einhalten, indem sie passende Maßnahmen umsetzen und sicherstellen. In der Regel muss die Einhaltung externen Prüfungsorganen durch sog. Compliance-Nachweise bewiesen werden; ist dies nicht möglich, wird davon ausgegangen, dass eine Nichteinhaltung der normativen Compliance-Anforderungen, also eine „Non-Compliance" vorliegt. Dies kann, je nach Gesetzeslage, zu Sanktionen und Schäden für das Unternehmen führen (z.B. Delisting von einer Börse und daraus resultierend Kursverluste und Aktionärsirritationen). Die Einhaltung von normativen Vorschriften (im Folgenden vereinfacht als Regulierungen bezeichnet) wird auch als Gerichtsfestigkeit („Regulatory Compliance") bezeichnet (Irion, 2007, S. 1; Jäger et al., 2009, S. 25). Diese enge Interpretation von Compliance kann um nicht hoheitliche, freiwillige, d.h. von Unternehmen selbst auferlegte Regeln und Richtlinien erweitert werden. Daraus kann die Schlussfolgerung gezogen werden, dass Unternehmen nur dann compliant sind, wenn sie auch die selbst auferlegten Regulierungen einhalten. Diese erweiterte Compliance-Perspektive muss allerdings nicht durch faktische Compliance-Nachweise von externen Prüfungsorganen belegt werden.

Tabelle 10: Compliance-Vorschriften für deutsche Unternehmen.

Unternehmensbezogene Compliance-Vorschriften am Beispiel Deutschland
Börsennotierte Unternehmen
Kapitalmarktrecht (Insiderhandel, Ad-Hoc Publizität)
Banken und Finanzdienstleistungsunternehmen
Geldwäscheprävention
Mindestanforderungen an das Risikomanagement (MaRisk)
International framework for liquidity risk measurement, standards and monitoring (Basel III)
Produzierendes Gewerbe
Produkthaftung
Sicherheitsstandards
Normen (DIN, ISO; IEC)
Produzierendes Gewerbe, Energieversorger, Chemieunternehmen
Umweltrecht
EG-Verordnung zur Registration, Evaluation, Authorisation of CHemicals (REACH)
Pharma-Unternehmen (Healthcare)
Heilmittelwerbegesetz
Arzneimittelrecht
Arzneimittel- und Wirkstoffherstellungsverordnung

    Wichtige Compliance-Vorschriften, welche für alle Unternehmen, unabhängig von ihrer Rechtsform in vielen Ländern der Welt gelten, sind Buchführungs-, Bilanzvorschriften, Steuer-, Datenschutz-, Wettbewerbs-, Kartellrechte sowie Korruptions- und Diskriminierungsverbote (Steinmeyer/Späth, 2010, S. 175). Tabelle 10 beinhaltet exemplarisch Compliance-Vorschriften für deutsche Unternehmen, wobei ausdrücklich darauf hingewiesen wird, dass es der Sorgfaltspflicht eines jeden Unternehmens obliegt, zu prüfen, welchen Vorschriften es unterliegt (Steinmeyer/Späth, 2010, S. 175; auch Volz, 2010, S. 273f).

    Die in der Geschäftswelt relevanten Regulierungen können nationale, branchen- und/oder geschäftsfeldbezogene, aber auch extraterritoriale Geltungsbereiche haben (Volz, 2010, S. 225 ff). Nationale Regulierungen berühren z.B. die Rechnungslegung, die Abschlussprüfung, die Berufsgruppe der Abschlussprüfer, Börsenmodalitäten und den Datenschutz. In Deutschland werden compliancerelevante Vorschriften durch zahlreiche Gesetze festgelegt, z.B. durch das Handelsgesetzbuch (HGB), durch das Gesetz zur „Kontrolle und Transparenz im Unternehmensbereich" (KonTraG), durch das „Bilanzrechtsmodernisierungsgesetz" (BilMoG), das „Bilanzrechtsreformgesetz" (BilReG), das „Bundesdatenschutzgesetz" (BDSG) sowie das „Börsengesetz" (BörsG). Für Abschlussprüfer in Deutschland sind besonders das „Bilanzkontrollgesetz" (BilKoG) und das „Abschlussprüferaufsichtsgesetz" (APAG) relevant.

In der Schweiz sind insbesondere das „Obligationenrecht" (OR), welchem bezüglich IKS und Risikobeurteilungen im Jahr 2008 neue Paragraphen hinzugefügt wurden, das Schweizer Datenschutzgesetz (DSG) und die zugehörige Verordnung (VDSG) sowie das „Bundesgesetz über die Börsen und den Effektenhandel" (BEHG) von Bedeutung. Nationale Regulierungen mit extraterritorialer Reichweite sind Börsengesetze: Unternehmen, deren Wertpapiere an einer Börse gelistet sind, sind an die für die jeweilige Börse geltenden Vorschriften gebunden (z.B. BörsG (Deutschland), BEHG (Schweiz), SOX (USA)) und unterliegen damit den Direktiven und der Aufsicht der zuständigen Behörden. Für die US-amerikanischen Börsen (z.B. AMEX, NASDAQ, NYSE) ist dies die „Securities and Exchange Commission" (SOX, 2002, S. 20 (Section 106 (a) (1)). Unternehmen, die an mehreren Börsen gelistet sind, unterliegen somit unterschiedlichen Vorschriften und sind jeweils anderen Aufsichtsorganen unterstellt. Branchenbezogene Regulierungen gibt es in fast jeder Branche; internationale Reichweite hat z.B. das „International framework for liquidity risk measurement, standards and monitoring" abgek. Basel III; dieses für Kredit- und Finanzdienstleistungsanbieter verpflichtende Dokument hat auch immense Auswirkungen auf andere Branchen und Unternehmen (in ihrer Rolle als Darlehensnehmer).

Die Frage nach den geltenden und verpflichtenden Regulierungen ist besonders für multinationale Unternehmen schwierig zu beantworten: Schmidt (2007) behauptet, dass mehr als 25.000 Regeln existieren, zu denen sich Unternehmen compliant verhalten sollen/können. Lickel (2007) wiederum hat allein für die USA seit 1981 mehr als 118.000 neu beschlossene Regulierungen identifiziert. Anand (2007, S. 1) spricht in diesem Zusammenhang von einer multi-regulation Compliance und empfiehlt den US-amerikanischen SOX als eine Art „Benchmark" einzusetzen und dies auch im Hinblick auf IT-relevante Compliance-Anforderungen. Im „regulatorischen Dschungel" (Büchler, 2007) kann die Annäherung an einen Benchmark durchaus sinnvoll sein, sofern gewährleistet werden kann, dass damit auch andere (regulatorische) Anforderungen weitgehend abgedeckt sind (vgl. Kregel, 2005; Hurley, 2005 oder auch Waibel, 2006). Durch seine Vorreiterrolle, aber auch wegen seiner weitreichenden extraterritorialen Wirkung und nicht zuletzt wegen den anspruchsvollen Kontrollanforderungen gilt der SOX als eine Art Benchmark: Sind Unternehmen nach den Anforderungen des SOX compliant, ist die Wahrscheinlichkeit hoch, dass sie auch in Bezug auf andere (weniger anspruchsvolle) rechnungslegungsrelevante Regulierungen compliant sind; dies begründet die exemplarische Betrachtung des SOX im folgenden Abschnitt 2.2.2.

Unternehmen müssen klären, welche regulatorischen Anforderungen für sie verpflichtend sind und welche sie freiwillig einhalten wollen. Die Differenzierung nach gesetzlichen oder freiwilligen Regeln hat Auswirkungen: Die aus gesetzlichen Vorschriften abgeleiteten Maßnahmen, meist in Form von internen Kontrollen, unterliegen in der Regel einer Nachweispflicht, d.h. externe Prüfungsorgane kontrollieren und bestätigen die Einhaltung der Vorschriften, in der Regel im Rahmen der Jahresabschlussprüfung. Für eine solche Prüfung müssen angemessene Compliance-Nachweise, z.B. als Elemente eines IKS, vorhanden sein. Hierfür können Verfahren und Dokumente in unterschiedlichster Ausprägung beweiskräftig sein (z.B. Bewilligungen (in Form von digitalen Signaturen, Abstimmungsberichten, Protokollierungsdateien, Testberichte). Viele der Nachweise können manuell, aber auch automatisiert, teilweise auch mittels SoD-Software erstellt werden.

Als Resultat seiner Prüfungsaktivitäten formuliert der Prüfer ein Gesamturteil über das IKS (z.B. Pfaff, 2008, S. 8 f) und reicht das Ergebnis an die gesetzlich festgelegten Stellen weiter. Kann ein Unternehmen die Existenz eines effizienten IKS nachweisen, gilt es gemäß den (für dieses Unternehmen geltenden) Vorschriften als „compliant". Falls ein Unternehmen die erforderlichen Compliance-Nachweise nicht erbringen kann, kommen (je nach regulatorischen Vorschriften) Offenlegungspflichten zum Tragen; je nach Situation meldet auch der externe Prüfer Verstöße an die zuständigen Behörden. Die Offenlegung von Compliance-Defiziten kann zu erheblichen (Reputations)Schäden führen und finanzielle Einbußen zur Folge haben (Leone, 2005; Tarantino, 2006, S. 121; Steinmeyer/ Späth, 2010, S. 178 ff). Erweitert ein Unternehmen den Rahmen der gesetzlich vorgeschriebenen um freiwillige Verpflichtungen (z.B. gemäß den Forderungen von Menzies (2004, S. 2), Roth (2009, S. 5f)), gelten hierfür keine Nachweis- und Offenlegungspflichten, aber auch für diese Aktivitäten kann die Generierung von Compliance-Nachweisen und die Involvierung externer Prüfungsorgane sinnvoll sein (z.B. die Überprüfung des Compliance-Management-Systems gemäß dem IDW EPS 980, vgl. auch Abschnitt 2.2.3.1).

Die Bedeutung von regierungsnahen und berufsständischen Institutionen

In Zusammenhang mit Compliance-Anforderungen sollte auch die Bedeutung von regierungsnahen und berufsständischen Institutionen beachtet werden: Häufig sind diese am Entstehungsprozess von Gesetzen und Vorschriften beteiligt und/oder engagieren sich (für ihre Mitglieder) bei der Interpretation. Die meist unabhängigen und von zahlreichen Experten unterstützten Institutionen geben ihre Empfehlungen typischerweise in Form von Referenzmodellen, Standards und sog. „White Papers" weiter. In Bezug auf den SOX ist z.B. das „Public Company Accounting Oversight Board" (PCAOB) maßgeblich; es überwacht die Prüfungsgesellschaften und Prüfer, entwickelt Prüfungsstandards (PCAOB, 2004; PCAOB, 2007) und zahlreiche richtungsweisende Informationen (z.B. PCAOB, 2010a, 2010b). Zur Umsetzung des SOX werden Referenzmodelle wie z.B. der COSO Report empfohlen (SEC, 2003, 2004). Weitere einflussreiche Institutionen mit internationaler Reichweite sind die „International Federation of Accountants" (IFAC) (Berufsgruppenverband für Finanz-/Buchhaltungsberufe) sowie auf nationaler Ebene das „Financial Accounting Standards Board" (FASB) für US-amerikanische Rechnungslegungsvorschriften (z.B. die US-GAAP), oder das „Committee of European Securities Regulators" (CESR) für Aufsichtsstandards der Europäischen Union. Auch die national organisierten berufsständischen Verbände der Wirtschaftsprüfer, z.B. das „Institut der Wirtschaftsprüfer in Deutschland" (IDW) oder die „Schweizerische Treuhand-Kammer" publizieren richtungsweisende Referenzen.

Für Aktivitäten, welche aus dem Einsatz von IT resultieren, gibt es ebenfalls Institutionen, die Standards, Referenzmodelle und sonstige richtungsweisende Informationen bereitstellen. International bedeutend sind Normierungsorganisationen, so etwa die „International Organization for Standardization" (ISO) sowie die „International Electrotechnical Commission" (IEC); beide stellen Standards für unterschiedlichste IT-, Elektrik- und Elektronik-Anwendungen zur Verfügung. Weitere, compliance- und/oder governance-orientierte Institutionen sind die „Information Systems Audit and Control Association" (ISACA) sowie das mit der ISACA eng verbundene „IT Governance Institut" (ITGI); beide Institutionen beschäftigen sich mit IT Governance und stellen unter anderem Referenzmodelle wie COBIT, ValIT, RiskIT sowie spezifisch für SOX, die „IT Control Objectives for Sarbanes-Oxley" (ISACA, 2011a) zur Verfügung. Zu nennen sind auch das "Office of Governance Commerce" (OGC) und das "Software Engineering Institute (SEI)". Das OGC verantwortet die „IT Infrastructure Library" (ITIL) und das SEI verschiedene Referenzmodelle unter der Bezeichnung „Capability Maturity Model Integration" (CMMI). Neben diesen gibt es auch nationale Institute, deren Ergebnisse international bedeutend sind, z.B. das „National Institute of Standards and Technology" (NIST) oder das „American National Standards Institute" (ANSI); diese beiden Einrichtungen verantworten z.B. das „Role-based Access Control Model" (vgl. Abschnitt 2.3.3.3.2). Die Aufzählung der Institutionen ist exemplarisch, da diese, vor allem aber auch die von ihnen verantworteten Publikationen, einer hohen Dynamik unterworfen sind (vgl. zu Institutionen auch Amberg et al., 2010).

Zusammenfassend müssen Unternehmen spezifisch die Reichweite von Gesetzen/Regulierungen und die daraus resultierenden Anforderungen klären. Auch Kenntnisse über einflussreiche und richtungsweisende Institutionen und die zur Verfügung stehenden Standards und Referenzmodelle (vgl. Abschnitt 2.2.3.3) können dazu beitragen, die Umsetzung von Compliance-Anforderungen zu unterstützen und sicherzustellen.

2.2.2   Sarbanes-Oxley Act

Im Kontext mit dem Nachweis von Compliance wird häufig das US-amerikanische Börsenaufsichtsgesetz „Public Company Accounting Reform and Investor Protection Act of 2002" (SOX, 2002), bekannter als „Sarbanes-Oxley Act" oder kurz SOX, angeführt. Der SOX ist seit dem 15. April 2004 rechtsgültig für Unternehmen, deren Wertpapiere an US-Börsen gehandelt werden. Für US-Unternehmen mit kleineren Bilanzvolumina (non-accelerated filers) und Nicht-US-Unternehmen (foreign private issuers) ist der SOX seit dem 15. Juni 2006 verpflichtend (SEC, 2005). Die SEC veröffentlicht alle SOX-pflichtigen Unternehmen auf ihrer Website (SEC, 2008). Die extraterritoriale Wirkung des Gesetzes wird teilweise kritisiert, da SOX-Vorschriften im Widerspruch zu nationalen Gesetzen stehen können (Bühler/Schweizer, 2002). Dennoch hat sich der SOX als „de facto standard for the world" (Pitt Harvey, Vorstand der SEC von 2001-2003, zitiert in Anand (2007)) durchgesetzt und das, obwohl das Gesetz bei seiner Inkraftsetzung kritisiert wurde als „American-based overreaction to Enron-type scandals" (Tarantino, 2006, S. XII). Trotz Kritikern, welche den SOX als schädlich für Unternehmen (Stadtmann/Wissmann, 2005) und/oder für zu ambitiös hielten (Wallison, 2004; Knolmayer, 2007), gilt der SOX inzwischen international als etabliert und als Maßstab für anspruchsvolle Compliance-Anforderungen (Anand, 2007; Caldwell et al., 2008; Kumar et al., 2008).

Caldwell et al. (2008, S. 1) sprechen von einem „SOX ´knock-on effect", welcher Unternehmen veranlasst, den SOX ohne obligatorischen Zwang freiwillig umsetzen (Bigler, 2004; Ritzmann/Egger, 2007; am Beispiel der SBB Schweiz). Waibel (2006, S. 106) stellt bereits im Jahr 2006 fest, dass mit der Etablierung des SOX divergierende, nationale Regulierungen zumindest in den USA, in UK, der EU und auch in der Schweiz einander bemerkenswert stark angenähert wurden; es können sogar viele Übereinstimmungen festgestellt werden (vgl. hierzu auch von der Crone/Roth, 2003; Bigler, 2004; Ritzmann/Bigle, 2005; Anand, 2007; CM, 2007, 2008; Fischer/Lander, 2009).

Als Folge von exorbitanten Bilanzfälschungsskandalen (z.B. Enron, Worldcom) geschaffen, nimmt der SOX inzwischen eine gewisse internationale Vorreiterrolle, im Hinblick auf rechnungslegungsrelevante, gesetzlich verpflichtende Compliance-Anforderungen ein. Die Einhaltung der Vorschriften wird von der US-amerikanischen Aufsichtsbehörde „Securities and Exchange Commission" (SEC) überwacht. Zur Koordination und Aufsicht, insbesondere auch der neu festgelegten Vorschriften für externe Prüfungsorgane, wurde das bereits erwähnte PCAOB etabliert, welches unter anderem SOX-relevante Prüfungsstandards entwickelt und publiziert.

Mit dem SOX „... soll ein wirksamer Beitrag zur Bekämpfung der Wirtschaftskriminalität und Wiederherstellung des Vertrauens der Investoren in die amerikanische Rechnungslegung und Überwachung geleistet werden" (Bertschinger/Schaad, 2002, S. 883; vgl. auch Lanfermann/Maul, 2003). Das essentielle Gebot des SOX ist zum einen die Offenlegung der unternehmerischen Tätigkeiten und zum anderen die nachweisbare Effizienz der „Internal Controls over Financial Reporting" (ICFR). Diese Effizienz muss von den Leitungsorganen des SOX-pflichtigen Unternehmens bewertet und bestätigt sowie von den Abschlussprüfern, als beauftragte externe Prüfungsorgane, attestiert werden.

Die Renaissance von SoD kann mit dem Inkrafttreten und der Etablierung des SOX und dem „SOX 'knock-on effect'" in Verbindung gebracht werden: Zum Nachweise der Effizienz der ICFR können SoD-Kontrollen von großer Relevanz sein; demgemäß müssen diese compliance-robust etabliert und nachgewiesen sein/werden. In den zum SOX assoziierten Prüfungsstandards werden SoD-Kontrollen sogar explizit gefordert (vgl. Abschnitt 2.2.2.2).

Zusammenfassend hat sich der SOX als eine Art Benchmark für anspruchsvolle Compliance-Anforderungen etabliert. Auch die Renaissance von SoD kann dem SOX zugeschrieben werden. Mit der freiwilligen Einhaltung von SOX-spezifischen Vorschriften signalisieren Unternehmen einen hohen Reifegrad ihrer Kontrollmechanismen, zumindest im Bereich von finanzrelevanten Aktivitäten. Im Folgenden werden IT- bzw. SoD-relevante Sektionen des SOX, assoziierte Prüfungsstandards sowie daraus resultierende SoD-Anforderungen erläutert.

2.2.2.1   Relevante Sektionen

Die Auswirkungen des SOX werden von der Maturität des (im Unternehmen vorhandenen) IKS bestimmt; dies gilt auch für die Prozesse und Aktivitäten der IT bzw. des IT-Managements (z.B. Chan, 2004; Blum, 2005; de Lange/Randall, 2005; Knolmayer/Wermelinger, 2006; ITGI 2006; Bone, 2009; Mossanen/Amberg, 2009; Spears, 2009). Hinsichtlich der IT und des IT-Managements sind in erster Linie die Sektion 302 „Corporate Responsibility for Financial Reports" (SOX, 2002, Section 302) und die Sektion 404 „Management Assessment of Internal Controls" (SOX, 2002, Section 404) relevant.

Sektion 302 verlangt, dass Jahresabschlussberichte („financial reports") eine Effektivitätsbeurteilung der ICFR beinhalten und dass diese Beurteilung sowohl von den Leitungsorganen (CEO und CFO) als auch vom Abschlussprüfer (als Prüfungsorgan) bestätigt wird. Die Leitungsorgane sind verantwortlich für effektive ICFR und verpflichtet, entdeckte Defizite nach „Significant Deficiency" (ernstes Defizit) und „Material Weakness" (gesteigertes, signifikantes Defizit) zu bewerten. In Kombination können mehrere „Significant Deficiencies" zur „Material Weakness" führen; diese wird umschrieben als „a reasonable possibility that a material misstatement of the registrant's annual or interim financial statements will not be prevented or detected on a timely basis" (SEC, 2007b, S. 1; die SEC erläutert „Significant Deficiencies" und „Material Weakness" ausführlich, vgl. Hierzu SEC, 2007a, 2007b; auch PWC, 2005b, S. 9)). Werden „Significant Deficiencies" oder eine "Material Weakness" festgestellt, sind diese der SEC offenzulegen; bei schwerwiegenden Fällen sogar als „Ad-hoc"-Information. Unternehmen, bei denen eine „Material Weakness" diagnostiziert wird, werden von der SEC veröffentlicht.

Für die börsennotierten Unternehmen ist eine solche Offenlegung äußerst imageschädlich und kann zu erheblichen Irritationen führen (Leone, 2005; Hammersley et al., 2007), unter Umständen auch zu Rechtsstreitigkeiten mit Aktionären (Tarantino, 2006, S. 121). Zudem kann die SEC, abhängig von der Schwere der Kontrolldefizite, Maßnahmen ergreifen, welche von Auflagen bis hin zu einer Börsen-Dekotierung reichen können. Der essentielle Anspruch der Sektion 302 ist eine persönliche Bestätigung der Leitungsorgane, dass die unternehmensweiten ICFR effektiv sind; mit dieser Signatur wird die persönliche Verantwortung und Haftung der Leitungsorgane manifestiert. Diese Manifestation soll Leitungsorgane zwingen, die Umsetzung und Sicherstellung von Compliance-Maßnahmen in ihrem Unternehmen zu unterstützen (z.B. PWC, 2005a; Goeken/Johannsen, 2007, S. 15; Caldwell/van Decker, 2008). Ein wesentlicher Unterschied des SOX zu vergleichbaren Gesetzen dürfte die Höhe des Strafmaßes sein, welches bei Nichteinhaltung der Vorschriften vorgesehen sind (z.B. Individualhaftung der Leitungsorgane, hohe Auflagen und Sanktionen für externe Prüfungsgesellschaften (vgl. auch Bertschinger/Schaad, 2002)).

Sektion 404 verlangt einen „Internal Control Report", [which] „ (1) state the responsibility of management for establishing and maintaining an adequate internal control structure and procedures for financial reporting; and (2) contain an assessment, as of the end of the most recent fiscal year of the issuer, of the effectiveness of the internal control structure and procedures of the issuer for financial reporting". Der im Rahmen der Jahresabschlussprüfung durch die Leitungsorgane bestätigte Report muss Hinweise enthalten, welches Referenzmodell (z.B. COSO Report, Turnbull Guidance) genutzt wurde (vgl. Menzies, 2006, S. 7). Zur Sicherstellung der „internal control structure" muss ein unternehmensweites IKS etabliert sein; die Gestaltung des IKS und der darin enthaltenen ICFR ist beliebig, es können manuelle oder automatisierte Kontrollen verwendet werden und diese können sowohl detektivisch als auch präventiv ausgeprägt sein (SEC, 2007a, S. 15). In der von der SEC publizierten Interpretation zu Sektion 404 wird die Gestaltung der notwendigen ICFR erläutert: „A control consists of a specific set of policies, procedures, and activities designed to meet an objective. A control may exist within a designated function or activity in a process. A control's impact on ICFR may be entity-wide or specific to an account balance, class of transactions or application. Controls have unique characteristics – for example, they can be: automated or manual; reconciliations; **segregation of duties**; review and approval authorizations; safeguarding and accountability of assets; preventing or detecting error or fraud. Controls within a process may consist of financial reporting controls and operational controls" (SEC, 2007a, S. 15). Mit dieser Erläuterung werden potenzielle (SoD-)Kontrolltypen konkretisiert; über die Einsatzmöglichkeiten und Relevanz der einzelnen Kontrolltypen finden sich im SOX jedoch keine Anhaltspunkte.

In der Sektion 404 werden zudem die Aufgaben der registrierten Prüfungsgesellschaften bzw. der Abschlussprüfer beschrieben: Diese müssen die in Sektion 302 geforderte Bewertung der Leitungsorgane einer Prüfung, „in accordance with standards" unterziehen und die Richtigkeit der Angaben bestätigen. Eine entscheidende Rolle zur Unterstützung, aber auch zur Überwachung der Prüfungsgesellschaften und Abschlussprüfer hat das PCAOB: Es definiert Prüfungsstandards, Empfehlungen und Interpretationen und ist berechtigt, die Prüfungsgesellschaften zu überwachen und bei Fehlleistungen Sanktionen zu verhängen (Bertschinger/Schaad, 2002).

Zusammenfassend bildet die Sektion 302 die Grundlage für die Verantwortung, Haftung und damit Motivation der Leitungsorgane, die Maturität des unternehmensweiten IKS und der darin enthaltenen Kontrollen voranzutreiben und zu überwachen. In Sektion 404 wird eine „adequate internal control structure" verlangt, mit „segregation of duties" als möglichem Kontrolltyp. Zudem sind Anforderungen für die die Einhaltung des SOX prüfenden und bestätigenden Prüfungsgesellschaften/Abschlussprüfer beschrieben. Das Besondere daran ist, dass letztere die ICFR-Bewertung der Leitungsorgane „in accordance with standards" prüfen müssen; hier wird die wichtige Rolle der externen Prüfungsorgane als abschließende und bewertende Instanz deutlich.

2.2.2.2 Prüfungsstandards

SOX-pflichtige Unternehmen müssen die Effektivität ihrer IKS und der ICFR durch externe Prüfungsorgane bewerten und bestätigen lassen. Als Orientierungsrahmen stehen den Prüfern (und auch den zu prüfenden Unternehmen) die vom PCAOB verantworteten Prüfungsstandards „Auditing Standard No. 2" (AS2) (PCAOB, 2004) und „Auditing Standard No. 5" (AS5) (PCAOB, 2007) sowie ergänzende Interpretationen zur Verfügung. Da der AS2 detaillierter ist und davon ausgegangen werden kann, dass viele Unternehmen ihre Entscheidungen bezüglich der Gestaltung von ICFR auf Grundlage des älteren AS2 getroffen haben, werden im Folgenden beide Prüfungsstandards im Hinblick auf SoD-Anforderungen untersucht. Ziel ist es, die Bedeutung von SoD-Kontrollen und daraus resultierend auch von SoD-Software beurteilen zu können.

Der AS2, auf dessen Grundlage viele Unternehmen ihre ICFR realisiert haben, war bis zur Veröffentlichung des AS5 Grundlage für die Interpretation der Anforderungen des SOX. Konkrete Hinweise zu SoD finden sich unter „Evaluating Management's Assessment Process". Dort wird gefordert, dass externe Prüfer evaluieren müssen, dass die ICFR demgemäß gestaltet sind, dass sie „... prevent or detect fraud, including who performs the controls and the related segregation of duties" (PCAOB, 2004, A-24). Dies verdeutlicht, dass SoD-Kontrollen an vielen Stellen eingesetzt werden können, insbesondere dort, wo „Fraud"-Risiken vermutet werden. Weiterhin wird im AS2 akzentuiert, dass ein Nachweis in Bezug auf die Ausführung („who performs … the related segregation of duties") vorhanden sein muss, d.h. in Unternehmen müssen Nachweise erstellt und bereitgehalten werden. SoD ist im AS2 auch als Beispiel für "Significant Deficiencies" aufgeführt, mit dem Hinweis, dass diese in Kombination eine „Material Weakness" auslösen können (PCAOB, 2004, S. 268).

Im aktuelleren AS5 zielen die Ausführungen verstärkt auf präventive Maßnahmen ab. Hinweise, welche Defizite „Significant Deficiencies" oder "Material Weakness" auslösen können, werden nicht thematisiert. Im Wesentlichen wird betont, dass Prüfer Sicherheit („reasonable assurance") darüber erlangen müssen, dass rechnungslegungsbezogene Aussagen („financial statement assertions") durch effiziente ICFR vertrauenswürdig sind: „... the auditor should evaluate whether the company's controls sufficiently address identified risks of material misstatement due to fraud and controls intended to address the risk of management overriding other controls" (PCAOB, 2007, S. 402). Ein Hinweis bezüglich „risk of overriding other controls" kann als Empfehlung für die Verwendung von SoD-Kontrollen aufgefasst werden, da sich SoD-Kontrollen, durch die Aufteilung von Aufgaben, besonders eignen, das sog. „Management Override" zu verhinden. In diesem Zusammenhang ist auch die Vorbildfunktion der Leitungs- und auch Führungsorgane von Relevanz (vgl. hierzu auch COSO, 1994, S. 80; COSO, 2006b, S. 5 (für KMU)).

IM AS5 wird SoD nicht explizit erwähnt; dies kann damit zusammen hängen, dass der AS5 im Vergleich zum Vorgänger AS2 einen stärker akzentuierten „Risk Oriented Approach" hat und inhaltlich auf einen höheren Abstraktionsgrad abzielt (Caldwell/Van Decker, 2008). Für den Prüfer (und somit auch für das zu prüfende Unternehmen) resultiert daraus ein etwas größer Interpretations- und Gestaltungsspielraum. Interessanterweise wird im AS5 darauf hingewiesen, dass kleinere, weniger komplexe Unternehmen bei Bedarf anstatt SoD auch alternative Kontrollen verwenden können (PCAOB, 2007, S. 412). Daraus lässt sich wiederum interpretieren, dass SoD-Kontrollen (auch) für große Unternehmen essentiell sind und die Ausführungen im AS2 bezüglich SoD weiterhin eine gewisse Gültigkeit besitzen. Dies wird auch durch eine als „Interpretation" deklarierte Publikation des SEC (SEC, 2007a) deutlich, in welcher SoD-Kontrollen explizit als Gestaltungsvariante von ICFR erläutert werden und in Analogie zum AS2 inadäquate SoD als potenzielle „Significant Deficiencies" angeführt werden, die in Kombination mit anderen eine „Material Weakness" verursachen können.

Zusammenfassend bieten die beiden Prüfungsstandards in Bezug auf SoD wenige konkrete Hinweise. Es wird aber deutlich, dass SoD-Kontrollen wichtig sind nicht vernachlässigt werden dürfen. Mangelnde oder ineffektive SoD-Kontrollen gelten als potenzielle Auslöser für „Significant Deficiencies" oder in Kombination mit anderen, für „Material Weakness". Für Prüfer, welche „reasonable assurance" über die „Financial Statement Assertions" erlangen müssen, sind SoD-Kontrollen jedenfalls prüfungsrelevant.

2.2.2.3 Bedeutung von SoD

Da die für den SOX relevanten Prüfungsstandards AS2 und AS5 viel Interpreta-
tionsspielräume lassen und insbesondere die Umsetzung und Sicherstellung von
SoD-Kontrollen unscharf bleibt, werden im Folgenden Untersuchungen zu Ursachen von „Significant Deficiencies" und „Material Weakness" erläutert.

Bace et al. (2005) analysieren die erste Berichtsperiode nach Inkrafttreten des
SOX (2004-11-15 bis 2005-04-30) nach „Material Weakness"-Ursachen mit dem
Resultat, dass SoD-Defizite in zwei Bereichen auftraten: Zum einen als größtes
Einzelproblem unter „People Issues" mit anteiligen 14% und zum anderen im IT-
Umfeld, mit 3% Anteil an den Gesamtdefiziten (vgl. Abb. 5).

Types of Material Weakness	(N=276) in %
Accounting Policies	43
Financial Procedures	17
Aggregation of two or more deficiencies	14
People Issues (incl. SoD)	14
Internal Controls	6
IT (incl. SoD)	3
Other	3

Abbildung 5:   Ursachen für „Material Weakness" (In Anlehnung an Bace et al., 2005).

Zu einem ähnlichen Ergebnis kommen auch Ge/McVay (2005, S. 156 f), die
herausfinden, dass unzureichende SoD-Kontrollen häufig (Mit-)Verursacher von
„Material Weakness" sind. Hermanson et al. (2007, S. 21) analysieren Ursachen
für „Material Weakness" in Zusammenhang mit IT-Aktivitäten und kommen zu
dem Ergebnis, dass sowohl mangelhafte Zugriffskontrollen als auch SoD „Material Weakness" (mit-)auslösten: „Employees often had access to systems, programs, and data outside of their assigned responsibilities, including the ability to
initiate transactions inconsistent with their job responsibilities. Such instances
were clear violations of proper segregation of duties". Die in Abbildung 6 aufge-
listeten IT-bezogenen Auslöser für „Material Weakness" verdeutlichen, dass Zugriffskontrollen („Access Controls") (72 Nennungen, teilweise auch SoD) an
erster Stelle stehen und zusammen mit SoD („Segregation of Duties") insgesamt
87 Nennungen (von 254) verursachen; insgesamt sind bei rund einem Drittel der
festgestellten „Material Weakness" unzureichende Zugriffs- und SoD-Kontrollen
(mit)verantwortlich.

Types of IT-related Material Weakness	(N=254) in %
Access Controls (partially SoD)	72
Change Controls	32
Documentation	18
Spreadsheet Controls	16
Disaster Recovery Plan	15
Segregation of Duties	15
Application Controls	7
Other	79

Abbildung 6:   Ursachen für „Material Weakness" (vgl. Hermanson et al., 2007, S. 20).

Hermanson et al. (2007, S. 22) schildern in Zusammenhang mit der Untersuchung eine typische Situation: „The Company's Director of Information Technology serves as the Company's computer network administrator, possessing the
highest level of security access over the Company's computer network. He also
provides database support, including the electronic translation of data provided
to the Company by its ceding companies, to the Company's Reinsurance Administration Actuary and Chief Actuary. Under the COSO Standards, this lack of
segregation of duties is defined as a material weakness".

Die Untersuchungen in Bezug auf die auslösenden Ursachen von „Significant
Deficiencies" und „Material Weakness" zeigen, dass SoD-Kontrollen nicht selten (Mit)Verursacher sind. Interessant sind in diesem Zusammenhang auch sog.
Beobachtungsergebnisse, welche das PCAOB zum Stand der Umsetzung von
SOX im Jahr 2009 veröffentlichte (PCAOB, 2009); in diesen Berichten wird bemängelt, dass Abschussprüfer in Bezug auf SoD-Kontrollen (noch immer) unzureichend prüfen (PCAOB, 2009, S. 8). Daraus kann letztlich geschlossen werden,
dass SoD-Kontrollen in vielen Unternehmen auch im Jahr 2009 noch nicht adäquat umgesetzt sind und SoD-Defizite nur wegen zu geringer Prüfungen nicht
aufgedeckt wurden. Des Weiteren kann daraus abgeleitet werden, dass SoD-
Kontrollen bei SOX-pflichtigen Unternehmen eine hohe Priorität besitzen sollten
und das PCAOB sich der in Unternehmen vorhandenen Mängel sehr wohl bewusst ist (auch wenn SoD nicht explizit im aktuellen AS5 nicht explizit erwähnt
wird).

Zusammenfassend kann SoD und den damit zusammenhängenden Kontrollen
eine signifikante Bedeutung zum Nachweis eines effizienten IKS zugesprochen
werden. Nicht vorhandene oder inadäquate SoD-Kontrollen können „Significant

Weakness" oder sogar eine „Material Weakness" auslösen. Aktuelle Untersuchungen und Beobachtungsergebnisse des PCAOB zeigen, dass Unternehmen
bei der Umsetzung und Sicherstellung von SoD-Kontrollen noch Defizite aufweisen. Folglich könnte der Einsatz von SoD-Software eine sinnvolle Maßnahme sein und in den nächsten Jahren noch an Bedeutung gewinnen.

2.2.3   Umsetzung und Sicherstellung

Die Umsetzung und Sicherstellung von Compliance ist von externen und internen Faktoren abhängig. Gesetze und Regulierungen sind wesentliche externe
Treiber und bestimmen die erforderlichen Maßnahmen; aus der Nichteinhaltung
von externen Anforderungen resultiert das Risiko „non-compliant" zu sein. Externe Einflussfaktoren können aber auch (inter)kulturelle Besonderheiten und
shareholder-spezifische Erwartungen sein; diese werden im Rahmen dieses Forschungsprojektes jedoch nicht explizit untersucht, da eine schwache Wirkung
bezüglich der Assimilation von SoD-Software vermutet wird.

Unternehmensinterne Faktoren sind primär organisatorischer/struktureller Natur: Für die Umsetzung und Sicherstellung von SoD-Kontrollen ist primär die
Maturität der im Unternehmen (vorhandenen) Compliance-Organisation und damit verbunden, die Compliance-Kultur entscheidend. Nicht zuletzt tragen auch
die Leitungsorgane der IT- und/oder Informatik-Abteilungen eine hohe Verantwortung (vgl. Abschnitt 2.3.2), da sie in der Rolle des Prüfobjektes für die Erfüllung der IT-spezifischen Compliance-Anforderungen verantwortlich sind. Zudem kann die IT in der Rolle als Lösungsanbieter einen wichtigen Beitrag
leisten, indem sie die Nutzung von Referenzmodellen (vgl. Abschnitt 2.2.3.3)
forciert und/oder compliance-unterstützende (SoD-)Software zur Verfügung
stellt (vgl. hierzu Abschnitt 2.3.4.4). In den folgenden beiden Abschnitten werden die Einflüsse der Compliance-Organisation und -Kultur im Hinblick auf den
Einsatz und die Assimilation von SoD-Software untersucht.

2.2.3.1   Compliance-Organisation

Wie die Organisation von Compliance geregelt wird, ist primär von der Größe,
Struktur und der Branchenzugehörigkeit eines Unternehmens abhängig (z.B.
Chenhall, 2003; Lampert, 2007, §9 Rn. 1ff; vgl. zu Besonderheiten der Pharma-
branche siehe auch Herzog, 2009). In Zusammenhang mit der Organisation von
Compliance betont Herzog (2009) die enge Verbindung zwischen der „Normen-
welt" und der Organisationsstruktur eines Unternehmens und zieht Parallelen
zum theoretischen Konstrukt des situativen Ansatzes (Kieser, 2006, S. 215 ff;

Wolf, 2008, S. 148 ff): Die externe, z.B. durch Gesetze, Regulierungen und Technologien beeinflusste und die interne, z.b. durch Branchenzugehörigkeit, Aufbau-, Ablauforganisation und Prozesse beeinflusste Unternehmensumwelt prädestinieren das Verhalten der Leitungs- und Führungsorgane sowie das der Mitarbeiter. Für die Praxis bedeutet dies, dass unternehmensextern und -intern ausgelöste Compliance-Anforderungen in jedem Unternehmen spezifisch interpretiert und demgemäß auch umgesetzt und sichergestellt werden müssen, also situativ.

Die Organisation von Compliance wird von den Leitungs- und Führungsorganen geprägt, da diesen die Verantwortung der Umsetzung und Erfüllung von (zumindest externen) Compliance-Anforderungen obliegt (COSO, 1994, S. 6, 84). Zur Umsetzung und Sicherstellung von compliance-relevanten Anforderungen ist die Etablierung einer robusten Compliance-Organisation erforderlich, welche sich durch folgende Elemente auszeichnet (vgl. Lampert, 2007, §9 Rn. 1ff; Baumöl, 2009):

■ Compliance ist in die Unternehmensabläufe eingebunden und organisatorisch bei der Unternehmensleitung verankert, z.B. durch entsprechende Stabstellen.

■ Die Funktion eines Compliance-Verantwortlichen (z.B. Compliance-Manager; Chief Compliance Officer) ist institutionalisiert.

■ Spezifische Prozesse zur Umsetzung und Sicherstellung von Compliance-Anforderungen sind vorhanden, z.B.
  – Öffentlichkeitsarbeit („Mission Statements"),
  – Mitarbeiterhandbuch/Verhaltenskodizes („Code of Conduct"),
  – Mitarbeiterausbildungen zu Compliance,
  – Beratungsangebote zu Compliance-Fragestellungen,
  – Arbeitsrechtliche Sanktionierung von Verstößen,
  – Kontrollmechanismen zur Überwachung und Einhaltung von Compliance.

■ Compliance-Anforderungen werden durch IT-Lösungen unterstützt.

Baumöl (2009, S. 107) akzentuiert besonders das letzte Element der technologischen Möglichkeiten und empfiehlt z.B. die Etablierung eines IT-gestützten Führungsinformationssystems, um zu gewährleisten, „dass die richtigen Informationen zur richtigen Zeit am richtigen Ort sind".

Das IDW hat mit dem „EPS 980" (IDW EPS 980, 2010) einen Prüfungsstandard für Compliance-Management-Systeme (CMS) entworfen. Der künftige Prüfungsstandard soll unter der Bezeichung IDW PS 980 ab Oktober 2011 zur Anwendung kommen. Gemäß EPS 980 sollte ein CMS folgende Elemente beinhalten:

- **Compliance-Kultur**: Diese bildet die Grundlage für die Angemessenheit und Effektivität der gesamten Compliance-Aktivitäten eines Unternehmens; die Kultur wird durch die Grundeinstellungen und Verhaltensweisen der Leitungsorgane und des Führungspersonals, dem „Tone at the Top" geprägt (vgl. Abschnitt 2.2.3.2). Die Compliance-Kultur beeinflusst auch die Bereitschaft der Mitarbeiter zu regelkonformem Verhalten und damit auch zur Umsetzung und Sicherstellung von Compliance-Anforderungen.

- **Compliance-Ziele**: Diese dienen als Grundlage für die Beurteilung von Compliance-Risiken. Mit der Definition der Ziele soll auch die Festlegung der compliance-relevanten Bereiche und der einzuhaltenden Regeln erfolgen.

- **Compliance-Organisation**: Diese soll ein integraler Bestandteil der Unternehmensorganisation sein und beinhaltet die Festlegung von Rollen und Verantwortlichkeiten, der Aufbau- und Ablauforganisation sowie die dafür erforderlichen Ressourcen.

- **Compliance-Risiken**: Diese geben den Handlungsrahmen für den Umgang mit compliance-relevanten Risiken vor und müssen systematisch analysiert, bewertet und dokumentiert werden.

- **Compliance-Programm**: Dieses beinhaltet konkrete Handlungsanweisungen, Grundsätze und Maßnahmen zur Vermeidung von Compliance-Verstößen.

- **Compliance-Kommunikation**: Diese dient als flankierendes Programm um mittels Kommunikationsmaßnahmen die Mitarbeiter, aber auch sonstige Stakeholder über das Compliance-Programm (inkl. Rollen und Verantwortlichkeiten) zu informieren.

- **Compliance-Überwachung und -Verbesserung**. Beides dient als flankierendes Programm und beinhaltet definierte Maßnahmen und Verfahren zur Überwachung des gesamten CMS und der kontinuierlichen Verbesserung.

Zur Sicherstellung einer effektiven Compliance-Organisation sollten periodisch CMS-Prüfungen durchgeführt werden (Miras, 2010, S. 554 f). Hierfür können z.b. der „Australian Standard on Compliance Programs" (AS3806-2006, 2006) oder (im deutschsprachigen Raum) ab Oktober 2011 der IDW PS 980 eingesetzt werden. Compliance-Prüfungen sind freiwillig und gelten als „zusätzliches Zeugnis der Unternehmensleitung, dass das Compliance nicht nur ein ‚Lippenbekenntnis' ist" (Miras, 2010, S. 554).

Zusammenfassend weisen die auf dem EPS 980 basierenden Elemente eine angemessene Compliance-Organisation aus und können als Orientierungsrahmen zur Umsetzung und Sicherstellung dienen. Das nicht oder nur rudimentäre Vorhandensein solcher oder ähnlicher Elemente in einem Unternehmen kann bedeuten, dass dieses möglicherweise nicht in der Lage ist, Compliance-Anforderungen und damit auch SoD-Kontrollen angemessen zu organisieren. Folglich können Einsatz und Assimilation von SoD-Software nur limitiert unterstützt werden.

2.2.3.2   Compliance-Kultur

Die Elemente einer angemessenen Compliance-Organisation zeigen den Einfluss der Leitungs- und Führungsorgane für die Umsetzung und Sicherstellung von Compliance. Wohl auch deshalb gilt Compliance als Führungsinstrument (Hausmaninger et al., 1995; Dullinger, 2001, S. 29) oder als Führungskontrollinstrument (Büchel, 1995; Buff, 2000; Roth, 2009). Das Verhalten und Engagement der Leitungs- und Führungsorgane wird im angelsächsischen Raum als „Tone at the Top" umschrieben: „The chief executive officer is ultimately responsible and should assume 'ownership' of the system. More than any other individual, the chief executive sets the „Tone at the Top" that affects integrity and ethics and other factors of a positive control environment. In a large company, the chief executive fulfils this duty by providing leadership and direction to senior managers and reviewing the way they're controlling the business. Senior managers, in turn, assign responsibility for establishment of more specific internal control policies and procedures to personnel responsible for the unit's functions" (CO-SO, 1994, S. 6).

Im deutschsprachigen Raum wird der „Tone at the Top" häufig mit Compliance-Kultur gleichgesetzt (IDW EPS 980, 2010, S. 5; Buhleier, 2010, S. 16); das Verhalten der Leitungs- und Führungsorgane ist hierbei immer zentral (z.B. Chenhall, 2003; Menzies, 2004, S. 7, 84, 340; ITGI, 2006, S. 23; Quarase, 2006; IDW EPS 980, 2010, S. 5). So zeigt Menzies (2004, S. 84, 118) anhand von unternehmensinternen Initiativen, welche zur Erfüllung der SOX-Compliance durchgeführt wurden, dass die Akzeptanz und damit die Bereitschaft der Mitarbeiter, Compliance-Maßnahmen umzusetzen und einzuhalten wesentlich durch den „Tone at the Top" beeinflusst wird (vgl. auch Bruinsma/Wemmenhove, 2009). Dieser Effekt kann auch für die Assimilation von SoD-Software relevant sein.

Unabhängig davon, wie engagiert Leitungs- und Führungsorgane Compliance-Aktivitäten unterstützen, obliegt ihnen die Verantwortung für die Sicherstellung und Durchsetzung (COSO, 1994, S. 6, 84; Buff, 2000, S. 25; Brückle, 2005; Baumöl, 2009; Rath/Sponholz, 2009; Roth 2009; S. 1 ff). Beispiele für mangelnde Führungs- und Verantwortungsübernahme im Hinblick auf die Sicherstellung von Compliance sind zahlreich. Besonders plakativ im Kontext von SoD ist der bereits erwähnte Fall der französischen Bank Société Générale, in welchem unzulässige spekulative Transaktionen lange unentdeckt blieben und der Bank dadurch großer finanzieller sowie reputativer Schaden entstand. Als eine der Hauptursachen wurde mangelndes Führungsverhalten, auch in Zusammenhang mit Compliance-Aufgaben, genannt (z.B. Larsen/Mai, 2008; Steinberg, 2008; Financial Times, 2008). Anhand dieses Beispiels betont Roth (2009, S. 9) die besondere Verantwortung der Leitungsorgane, deren Vorbildfunktion und Verpflichtung, dass die „auf dem Papier verankerten Werte tatsächlich im Unternehmen gelebt werden" (siehe hierzu auch Bardy, 2010, S. 14 f). Roth (2009, S. 9) leitet aus dem Vorbild der Leitungsorgane das Verhalten der Mitarbeiter im Kontext der Sicherstellung von Compliance ab: „Ohne eine individuelle und wahrhaftig gelebte Vorbildfunktion gibt es kein gesundes und funktionierendes Kontrollumfeld und wird sich der Mitarbeiter, welcher sich an Vorgaben hält, als der Dumme fühlen und innerlich kündigen".

Eine Studie aus dem Jahr 2008 zeigt, dass bei 74% der untersuchten Unternehmen die messbare Vorbildfunktion der Leitungsorgane (Führungskräfte und Managementebene) essentiell für die Verankerung von Compliance und damit verknüpften Maßnahmen ist (Kienbaum, 2008). Für die Umsetzung und Sicherstellung von SoD-Maßnahmen, aber auch die Assimilation von SoD-Software ist es folglich wichtig, dass die Leitungsorgane SoD als Kontrollmechanismus ernst nehmen und dies nicht, wie z.B. bei der Société Générale, vernachlässigen. Dementsprechend müssen sie SoD-Kontrollen in ihrem Arbeitsumfeld zulassen und Überwachungsaktivitäten vorsehen; ggf. auch durch zusätzliches Personal. Mit diesem Kontext ist auch die Thematik des „Management Override" (vgl. Abschnitt 2.2.2.2) relevant (vgl. auch AICPA, 2005).

Zusammenfassend wird die Compliance-Kultur entscheidend durch das Verhalten und die Vorbildfunktion, dem „Tone at the Top", der Leitungs- und Führungsorgane geprägt. Diese müssen Compliance und die damit verknüpften Maßnahmen und (SoD-)Kontrollen ernst nehmen, Ressourcen bereitstellen und auch in ihrem Umfeld Kontrollmaßnahmen zulassen, um u.a. vorzuleben, dass ein „Management Override" nicht unterstützt wird. Für die Assimilation von SoD-Software bedeutet dies, dass die Unterstützung der Leitungs- und Führungsorgane wohl ein wesentlicher Indikator für den Erfolg ist.

2.2.3.3   Referenzmodelle

Zur Unterstützung der Umsetzung und Sicherstellung von Compliance werden meist etablierte Referenzenmodelle verwendet. Die zentrale Eigenschaft von Referenzmodellen („frameworks") ist die intendierte Wiederverwendung von bereits anerkanntem Wissen und Methoden (Fettke/vom Brocke, 2008). Referenzmodelle sowie Standards (Normen) basieren meist auf verdichteten „Best Practices". Dies bedeutet, dass die Inhalte auf konsolidierten Erfahrungen von Unternehmen, Praktiker-Experten und Wissenschaftlern aufbauen (Goeken/ Johannsen, 2007, S. 47 ff; vgl. auch Baumöl, 2008). Referenzmodelle und Best Practices können, sofern sie einen gewissen Durchdringungsgrad erreichen, ein „de facto" Standard werden, während Standards als „de jure" gelten, da diese von offiziellen Normungsgremien (z.B. ISO, IEC) erstellt und publiziert werden.

Unternehmen, welche sich an Referenzmodelle, Standards und Best Practices anlehnen, sind wahrscheinlich schneller und kostengünstiger compliant, als solche, welche mit intern entwickelten Prozeduren arbeiten: „The value of using standards lies in not having to reinvent the wheel, which saves resources, but the biggest value lies in using the best practice of others to one's own benefit" (Oud, 2005, S. 1; vgl. auch Goeken/Johannsen, 2007, S. 47 ff). Zudem kann die Nutzung von Referenzmodellen und Standards auch interne und externe Prüfungen vereinfachen (Simmons, 1997; Fox, 2004; Oud, 2005; Rechtman, 2006; Taubenberger, 2008). Für Compliance-Anforderungen dienen Referenzmodelle und Standards als Orientierungsrahmen zur Umsetzung und Sicherstellung von internen Kontrollen. Sie sind meist generisch, d.h. branchenunabhängig, nicht auf eine spezifische Regulierung ausgerichtet und basieren inhaltlich auf einem hohen Abstraktionsgrad (Fettke/vom Brocke, 2008). Für Unternehmen bedeutet dies, dass sie trotz des Einsatzes von Referenzmodellen nicht umhinkommen, sich mit der Thematik auseinanderzusetzen, um die abstrakten Empfehlungen situativ angemessen interpretieren zu können, um daraus resultierend wiederum Aktivitäten zu entwickeln (vgl. auch Taubenberger, 2008).

Die Referenzmodelle COSO Report (für betriebswirtschaftliche Prozesse) und „Control Objectives for Information and Related Technology" (COBIT) (für Prozesse der Informatik) haben sich inzwischen international zur methodischen Unterstützung der Umsetzung und Sicherstellung von Compliance-Anforderungen etabliert (Fox, 2004; Oud, 2005; Menzies, 2006, S. 106; COBIT, 2007, S. 7; Taubenberger, 2008). Für die Umsetzung und Sicherstellung von anspruchsvollen Compliance-Anforderungen bietet es sich wegen der Vorbildfunktion des SOX zudem an, die „IT Control Objectives for Sarbanes-Oxley" zu berücksichtigen. In den folgenden Abschnitten werden diese drei Referenzen insbesondere im Hinblick auf SoD-Kontrollen untersucht.

2.2.3.3.1 COSO Report

Das vom COSO im Jahr 1992 erstmals publizierte und im Jahr 1994 erweiterte „Internal Control – Integrated Framework" (COSO Report, COSO, 1994) liefert gewissermaßen eine Metastruktur für ein IKS. Der COSO Report wird häufig nur mit „COSO" (die Bezeichnung der publizierenden Institution) abgekürzt; zur Unterscheidung zu COSO (als Commision/Institution) wird in dieser Dokumentation, in Analogie zum COSO selbst und dem PCAOB, die Kurzform „COSO Report" verwendet (vgl. auch COSO, 1994, S. 7; PCAOB, 2007, S. 398).

COSO Report ist ein etabliertes Referenzmodell zur Dokumentation, Analyse und Gestaltung eines IKS mit einer Fokussierung auf die Prozesse und Aufgaben der Finanzberichterstattung. Im COSO Report wird das Konzept der „Internal Controls" und ein damit verknüpfter prozess- und risikoorientierter Prüfungsansatz (COSO-based Auditing) präzisiert. Die zentrale Komponente des COSO Report stellt der „COSO Cube" (vgl. Abb. 7) dar, mit welchem die Mehrdimensionalität eines IKS visualisiert wird (vgl. auch Westhausen, 2005).

Mit Inkrafttreten des SOX im Jahre 2002 hat der COSO Report eine außergewöhnliche Renaissance erlebt, da dieser als Methode zur Umsetzung und Sicherstellung der SOX-Anforderungen bezüglich eines IKS (Sektion 404) von der SEC explizit empfohlen wurde (SEC, 2003, 2004). Des Weiteren basiert der SOX-relevante Prüfungsstandard AS2 (vgl. Abschnitt 2.2.2.2) auf den Kontrollelementen des COSO Report: „COSO report ... provides a suitable and available framework for purposes of management's assessment. For that reason, the performance and reporting directions in this standard are based on the COSO framework" (PCAOB, 2004, S. 157). Obwohl die Empfehlungen aus dem COSO Report zuweilen als veraltet angesehen werden (Leech, 2003), haben in den USA

Abbildung 7:   Kontrollelemente des COSO Report (COSO, 1994, S. 19).

etwa zwei Drittel der börsennotierten Unternehmen ihr IKS darauf aufgebaut (Bardy, 2010, S. 5). Auch außerhalb der USA wird der COSO Report eingesetzt, ein weiterer Anstieg der Nutzung darf erwartet werden (Westhausen, 2005).

Die erste Veröffentlichung des COSO Report im Jahr 1992 bestand aus vier Bänden, im Jahr 1994 wurde ein fünfter Band hinzugefügt; eine neue Version des COSO Report ist in Vorbereitung. Im Jahr 2006 wurde ergänzend die „Guidance for Smaller Public Companies" (COSO, 2006a, 2006b, 2006c) veröffentlicht; diese beinhaltet im Hinblick auf SoD einige zusätzliche Hinweise (vgl. Tabelle 3). Der COSO Report bietet eine Metastruktur, eine Art Gerüst für die Umsetzung und Sicherstellung eines unternehmensweiten IKS. Bereits im einführenden „Executive Summary" wird SoD als Gestaltungsvariante für Kontrollen eingeführt: „Control activities are the policies and procedures that help ensure management directives are carried out. ... They include a range of activities as diverse as approvals, authorizations, verifications, reconciliations, reviews of operating performance, security of assets and **segregation of duties**" (COSO, 1994, S. 4). Gemäß dem COSO Report ist ein IKS ein Prozess, welcher von den Leitungs- und Führungsorganen und von Mitarbeitern ausgeführt wird, um Unternehmensziele zu erreichen: Im Vordergrund stehen dabei „Effectiveness and efficiency of operations", „Reliability of financial reporting" und „Compliance

with applicable laws and regulations" (COSO, 1994, S. 3). Die damit verknüpften und sich gegenseitig beeinflussenden Elemente sind (vgl. Abb. 7):

1) „Control Environment",

2) „Risk Assessment",

3) „Control Activities",

4) „Information and Communication",

5) „Monitoring".

Die mit den Kontrollelementen verknüpften Maßnahmen sind typischerweise
unternehmensindividuell und werden von der Art und Weise geprägt, wie Prozesse und Aktivitäten in Unternehmen (formal) gestaltet und strukturiert sind
(COSO, 1994, S. 4). Im Folgenden werden die fünf Kontrollelemente auf potenzielle Auswirkungen im Hinblick auf SoD und die Assimilation von SoD-Software untersucht.

1) „**Control Environment**": Dieses Element gilt als Fundament für die vier weiteren und repräsentiert die Compliance-Kultur eines Unternehmens in Form von
Corporate Governance- und Ethik-Regeln sowie dem „Tone at the Top": „The
Control Environment sets the tone of an organization, influencing the control
consciousness of its people. It is the foundation for all other components of internal control, providing discipline and structure" (COSO, 1994, S. 4). SoD wird
explizit mitdem Hinweis auf potenzielle Betrugsfälle (Fraud) erläutert: „Nonexistent or ineffective controls, such as poor **segregation of duties** in sensitive
areas, that offer temptations to steal or to conceal poor performance" (COSO,
1994, S. 25). Somit sind SoD-Kontrollen nicht nur eine Gestaltungsvariante für
interne Kontrollen, sondern nicht vorhandene oder ineffektive SoD-Kontrollen
stellen ein Risiko dar. Dieser Hinweis verdeutlicht die grundlegende Relevanz
von SoD-Kontrollen und damit auch von SoD-Software.

2) „**Risk Assessment**": Dieses Kontrollelement soll sicherstellen, dass ein konti-
nuierlicher Prozess der Risikobeurteilung vorhanden ist. Ineffiziente SoD-Kontrollen werden explizit in Zusammenhang mit "Managing Change" am Beispiel
von „Corporate Restructurings" erwähnt: „Restructurings – resulting, for example, from a leveraged buyout, or from significant business declines or cost-reduc-
tion programs – may be accompanied by staff reductions and inadequate supervision and **segregation of duties**" (COSO, 1994, S. 45). Dieser Hinweis ver-

deutlicht die Relevanz von SoD-Kontrollen in Zusammenhang mit Restrukturierungen; da diese in Unternehmen heute vielenorts zum „Tagesgeschäft" gehören,
sollten wohl auch entsprechende SoD-Kontrollen routinemäßig vorhanden sein.

3) „Control Activities": Dieses Kontrollelement soll sicherstellen, dass die zum
Erreichen der gesetzten Unternehmens- und Prozessziele erforderlichen Kontrollaktivitäten ausgeführt werden. SoD wird neben anderen optionalen Kontroll-
varianten angeführt, z.B. „Top Level Reviews", „Direct Functional or Activity
Management", „Information Processing", „Physical Controls" und „Performance
Indicators" (COSO, 1994, S. 49). Die Bedeutung von SoD-Kontrollen wird exemplarisch beschrieben: „Duties are divided, or segregated, among different
people to reduce the risk of error or inappropriate actions. For instance, responsibilities for authorizing transactions, recording them and handling the related
asset are divided. A manager authorizing credit sales would not be responsible
for maintaining accounts receivable records or handling cash receipts. Similarly,
salespersons would not have the ability to modify product price files or commission rates" (COSO, 1994, S. 51).

Explizit werden zudem SoD-Kontrollen für KMU erläutert: „An appropriate
segregation of duties often appears to present difficulties in smaller organizations, at least on the surface. Even companies that have only a few employees,
however, can usually parcel out their responsibilities to achieve the necessary
checks and balances. But if that is not possible – as may occasionally be the case
– direct oversight of the incompatible activities by the owner-manager can provide the necessary control. For example, it is not uncommon, where there is a
risk of improper cash payments, for the owner-manager to be named the only
authorized check signer, or to require that monthly bank statements be delivered
unopened directly to him or her for review of paid checks" (COSO, 1994, S. 56).
Dieser Hinweis verdeutlicht die Notwendigkeit von SoD-Kontrollen in KMU;
notfalls müssen die Eigner selbst eine Kontrollfunktion einnehmen.

Seit dem Jahr 2006 ist eine richtlinienartige, auf den COSO Report assoziierte
Publikation speziell für KMU verfügbar (COSO, 2006a, 2006b, 2006c). Diese
enthält explizit Hinweise zu SoD: „ ... the challenges surrounding segregation of
duties are more fully recognized and the discussion and examples of related controls more fully developed ..." (COSO, 2006b, S. 102). Die Notwendigkeit von
SoD-Kontrollen wird akzentuiert: „Segregation of duties is not an end in itself,
but rather a means of mitigating a risk inherent in processing. When developing
or assessing controls that address risks to reliable financial reporting in a company with limited ability to segregate duties, management should consider

whether other controls satisfactorily address these risks and are applied conscientiously enough to reduce risk to an acceptable level" (COSO, 2006b, S. 5). Falls nicht ausreichend Mitarbeiter für eine adäquate SoD-Umsetzung/Sicherstellung vorhanden sind, sollen kompensierende Maßnahmen etabliert werden.

Die Sicherstellung von SoD-Kontrollen wird exemplarisch erläutert: „Appropriate segregation of duties is achieved when one or more employees or functions acts as a check and balance on the activities of another, such that no one individual has control over conflicting phases of a transaction or activity" (COSO, 2006b, S. 13).

4) „**Information and Communication**": Dieses Kontrollelement soll unter anderem effektive interne und externe Kommunikationswege gewährleisten: „All personnel must receive a clear message from top management that control responsibilities must be taken seriously. They must understand their own role in the internal control system, as well as how individual activities relate to the work of others. They must have a means of communicating significant information upstream. There also needs to be effective communication with external parties, such as customers, suppliers, regulators and shareholders" (COSO, 1994, S. 59). SoD wird zwar nicht explizit erwähnt, die Ausführungen können jedoch auf alle Informationen übertragen werden, welche in Zusammenhang mit SoD generiert werden: Die Anforderungen in Bezug auf die Datenqualität (z.B. „appropriate", „timley", „current", "accurate", „accessible") sind auch für SoD-Kontrollen valide.

5) „**Monitoring**": Dieses Kontrollelement soll die Effektivität und die Qualität des IKS und der internen Kontrollen kontinuierlich gewährleisten: „This is accomplished through ongoing monitoring activities, separate evaluations or a combination of the two. Ongoing monitoring occurs in the course of operations. It includes regular management and supervisory activities, and other actions personnel take in performing their duties. The scope and frequency of separate evaluations will depend primarily on an assessment of risks and the effectiveness of ongoing monitoring procedures. Internal control deficiencies should be reported upstream, with serious matters reported to top management and the board" (COSO, 1994, S. 69). SoD wird in diesem Element zwar nicht explizit erwähnt, die Ausführungen sind jedoch auf SoD-Kontrollen übertragbar: Um die Effektivität sicherzustellen müssen diese überwacht werden, z.B. durch „ongoing activities" oder „separate evaluations". Ein Hinweis auf die Vorteilhaftigkeit von kontinuierlichen Überwachungsroutinen bietet die folgende Aussage: „Since se-

parate evaluations take place after the fact, problems will often be identified more quickly by the ongoing monitoring routines" (COSO, 1994, S. 70). Dies kann als Empfehlung für automatisierte Lösungen, wie z.B. SoD-Software, interpretiert werden.

Neben den fünf Kontrollelementen werden im COSO Report auch die beiden Bereiche „Limitations of Internal Control" und „Roles and Responsibilities" erläutert. Zu „Limitations of Internal Control" werden Grenzen von internen Kontrollen aufgezeigt: „Internal control, no matter how well designed and operated, can provide only reasonable assurance to management and the board of directors regarding achievement of an entity's objectives. The likelihood of achievement is affected by limitations inherent in all internal control systems. These include the realities that human judgment in decision-making can be faulty, and that breakdowns can occur because of such human failures as simple error or mistake. Additionally, controls can be circumvented by the collusion of two or more people, and management has the ability to override the internal control system" (COSO, 1994, S. 79). SoD wird hier zwar nicht explizit erwähnt, die Ausführungen sind jedoch auf SoD-Kontrollen übertragbar: Die Umgehung von SoD-Kontrollen, z.B. durch Kollaboration, im Sinne von betrügerischen Absprachen von zwei oder mehr Personen, aber auch durch ein „Management Override" (vgl. auch vgl. Abschnitt 0) macht eine SoD-Kontrolle unwirksam (vgl. auch Coderre, 2009a, S. 29). Hier wird der Nutzen einer SoD-Software besonders deutlich, da damit SoD-Kontrollen (in IT-Systemen) mittels Zugriffsmechanismen automatisiert werden können, was die Möglichkeiten der Kollaboration erheblich verringert.

Im Abschnitt „Roles and Responsibilities" werden unternehmensinterne Verantwortlichkeiten und die Bedeutung der externen Prüfungsorgane aufgezeigt: „Everyone in an organization has some responsibility for internal control. Management, however, is responsible for an entity's internal control system. The chief executive officer is ultimately responsible and should assume „ownership" of the control system. ... Financial and accounting officers are central ... Similarly, internal auditors contribute to the ongoing effectiveness of the internal control system, but they do not have primary responsibility for establishing or maintaining it. The board of directors and its audit committee ... A number of external parties, such as external auditors, often contribute to the achievement of the entity's objectives and provide information useful in effecting internal control" (COSO, 1994, S. 83).

Neben diesen Akteuren wird auch jeder einzelne Mitarbeiter in der Verantwortung gesehen: „Internal control is, to some degree, the responsibility of everyone in an entity and therefore should be an explicit or implicit part of everyone's job description" (COSO, 1994, S. 89). Dies wird zum einen damit begründet, dass jeder Mitarbeiter, zumindest indirekt, die Effektivität von Kontrollen beeinflussen kann und zum anderen, dass auch jeder Mitarbeiter in der Verantwortung steht, Fehlleistungen (z.B. Verletzungen gegen den „Code of Conduct", Richtlinien oder sogar illegale Handlungen) an eine hierarchisch höhere Instanz zu melden. In der Verantwortung der Leitungsorgane liegt es wiederum, eine entsprechende Kultur zu schaffen, in der dies möglich ist: „Internal control relies on checks and balances, including **segregation of duties**, and on employees' not „looking the other way". Personnel should understand the need to resist pressure from superiors to participate in improper activities, and channels outside of normal reporting lines should be available to permit reporting of such circumstances" (COSO, 1994, S. 89). Diese Erläuterungen zielen auf verantwortliche Leitungs- und Führungsorgane (vgl. Abschnitt 2.2.3.1) sowie auf eine tragfähige Compliance-Kultur (vgl. Abschnitt 2.2.3.2) ab.

In dem im Jahr 1994 ergänzten "Reporting to External Parties" wird der Umgang mit Kontrolldefiziten detailliert: „Deficiencies in the way that authority and responsibility are assigned to employees in accounting, custodial and asset management functions may affect the entity's ability to achieve its financial reporting objectives. Such deficiencies, therefore, should usually be considered in reporting on internal control. Matters to consider include the adequacy of the work force and whether employees are deployed to promote **segregation of incompatible duties**" (COSO, 1994, S. 130). Dieser Hinweis verdeutlicht, dass SoD-Defizite (die Auswirkungen auf rechnungslegungsbezogene Aussagen haben könnten) im „reporting on internal control" offengelegt werden müssen; je nach geltender Regulierung müssen Verstöße auch extern bei den entsprechenden Behörden (für SOX z.B. dem SEC) gemeldet werden.

Zusammenfassend werden im COSO Report (und in den ergänzenden Publikationen COSO, 2006a, 2006b, 2006c) die Sinnhaftigkeit und Erfordernis von SoD-Kontrollen sowie die Verantwortung der Leitungs- und Führungsorgane aufgezeigt. Zudem wird verdeutlicht, dass auch KMU von SoD-Kontrollen profitieren und diese nicht umgehen sollten. Gemäß der generischen Auslegung des Referenzmodells sind die Ausführungen eher abstrakt und beinhalten insbesondere zur Umsetzung und Sicherstellung von SoD-Kontrollen wenig Konkretes. Zudem werden Prozesse/Aktivitäten in Zusammenhang mit IT und IT-Management vernachlässigt: „COSO does not provide a great deal of guidance to assist companies in the design and implementation of IT controls" (ITGI, 2006, S. 12; siehe hierzu auch Blum, 2005, S. 29; Bone, 2009). Dies bedeutet, dass für IT-spezifische Konstellationen andere Referenzmodelle, wie z.B. COBIT, hinzuge-zogen werden müssen. Grundsätzlich ist der COSO Report geeignet, um ein ein-heitliches (Begriffs-)Verständnis zu SoD(-Kontrollen) innerhalb eines Unterneh-mens her- zustellen und grundlegende SoD-Anforderungen klarzustellen. Nicht zuletzt können damit unterschiedliche Erwartungen verschiedener Stakeholder gebündelt und Missverständnisse zwischen unterschiedlichen Interessengruppen (z.B. Gesetzgeber, Prüfungs- und Leitungs-/Führungsorgane, aber auch Mitarbei-tende von Unternehmen) vermieden werden (COSO, 1994, S. 3). An dieser Stel-le soll auf den einführenden Hinweis im COSO Report (COSO, 1994, S. 6) ver-wiesen werden, welcher besagt, dass auch ein auf Grundlage des Reports ent-wickeltes IKS keine Garantie für die Vermeidung von Fehlleistungen und Unter-nehmenszusammenbrüchen ist.

2.2.3.3.2 COBIT

Seit seiner erstmaligen Publikation im Jahr 1993 hat sich COBIT kontinuierlich weiterentwickelt und ist inzwischen als Referenzmodell für IT Governance inter-national anerkannt und etabliert (vgl. etwa Bitterli, 2006, S. 9; Anand, 2007; COBIT, 2007, S. 25; Taubenberger, 2008). Im Gegensatz zu anderen IT-spezifi-schen Referenzmodellen (z.B. „IT Infrastructure Library" (ITIL), „Capability Maturity Model (Integration)" (CMM(I)) oder Standards (z.B. ISO/IEC 19770, ISO/IEC 20000, ISO/IEC 2700x) erhebt die aktuelle Version von COBIT den Anspruch, alle wesentlichen Prozesse und damit verknüpften Aufgaben und Kontrollziele einer IT-Organisation zu berücksichtigen (Fox, 2004, siehe auch COBIT, 2007, S. 5 f).

COBIT wird in der aktuellen Version 4.1 vom ITGI, einer Schwesterorganisa-tion der ISACA, verwaltet; die Einführung einer neuen Version 5.0 ist für das Jahr 2012 in Planung. Im COBIT-Referenzmodell werden wesentliche Aspekte von Sicherheits- und Kontrollanforderungen aus zahlreichen anderen Referenzen der IT integriert, es kann in beliebigen Unternehmen angewandt werden (Bitterli, 2006, S. 13 f). COBIT referenziert ausdrücklich den COSO Report (z.B. ITGI, 2006, S. 22) und gilt als sinnvolle Ergänzung zur Erfassung der Besonderheiten der IT. Eines der zentralen Ziele von COBIT ist die angemessene Umsetzung von regulatorischen Anforderungen (COBIT, 2007, S. 9).

Flankierend zu COBIT verantwortet das ITGI bzw. die ISACA eine Vielzahl von Publikationen zu IT Governance und Compliance (vgl. ISACA, 2011a), unter anderem auch die "COBIT Control Practices" (ITGI, 2007b), in denen einige exemplarische Risikosituationen und potenzielle Kontrollaktivitäten bezüglich SoD erläutert werden. Des Weiteren sind für spezifische Regulierungen assoziierte Referenzen verfügbar, z.B. „IT Control Objectives for Sarbanes-Oxley" (ITGI, 2006), diese werden in Abschnitt 2.2.3.3.3 detailliert erläutert.

COBIT (2007, S. 15) unterscheidet drei Ebenen:

1) **„Executive Management"**: Auf dieser Ebene sind die Aufgaben und Entscheidungen der obersten Leitungsorgane für die Belange der IT abgebildet, z.B. in Bezug auf die Unternehmensziele, den Abgleich derselben mit der IT-Strategie und die Gestaltung des Kontrollumfelds. Im Hinblick auf SoD können dies z.B. freigegebene Richtlinien und Verantwortungen sein.

2) **„Business Processes"**: Auf dieser Ebene sind die Geschäftsprozesse ("Business Processes") und sog. Applikationskontrollen („IT Application Controls" (ITAC)) abgebildet. Die Entscheidungsbefugnis und Verantwortung für die ITAC unterliegt den Fachabteilungen. SoD ist eine potenzielle Gestaltungsvariante für ITAC.

3) **„IT Services"**: Mit dieser Ebene sind IT-bezogene Dienstleistungen/Services sowie generelle Kontrollen („IT General Controls", (ITGC)) verknüpft. Den ITGC werden gemäß COBIT (2007, S. 15) das „Systems Development", das „Change Management", die „Security" und die „Computer Operations" zugeordnet. SoD wird für diese Ebene nicht expliziert, dennoch ist anzunehmen, dass SoD-Kontrollen auch im Rahmen der „IT Services" relevant sind, z.B. in Zusammenhang mit dem „Change Management", in Analogie zum Beispiel aus dem COSO Report in Bezug auf Restrukturierungen.

Charakteristisch für COBIT ist die Prozessorientierung. Die IT-Belange werden in 34 Prozessen abgebildet, von denen ausgegangen wird, dass sie für den Erfolg eines IT-Managements entscheidend sind (Bitterli, 2006, S. 18). Die 34 Prozesse sind in vier Domänen gruppiert: „Plan and Organise" (PO), „Acquire and Implement" (AI), „Deliver and Support" (DS), „Monitor and Evaluate" (ME). Jeder der 34 Prozesse besteht aus den Elementen „Process Description", „Control Objectives", „Management Guidelines" und „Maturity Model".

Abbildung 8 zeigt die vier Domänen mit den jeweils zugeordneten Prozessen, wobei zu beachten ist, dass der Prozess „PO4 – Define the IT Processes, Organi-

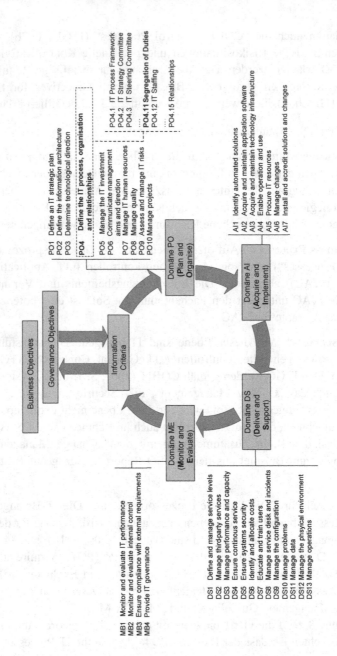

Abbildung 8:   COBIT Domänen und Prozesse (In Anlehnung: COBIT, 2007, S. 26).

sation and Relationships" und die zugehörende Komponente „Control Objectives" explizit hervorgehoben sind, weil „Segrgation of Duties" eines von fünfzehn „Control Objectives" des Prozesses PO4 ist.

Wegen seiner Bedeutung für SoD wird im Folgenden der Prozess PO4 exemplarisch erläutert; die anderen 33 Prozesse sind analog aufgebaut.

1) **„Process Description"**: Der Prozess PO4 beginnt mit der Beschreibung der Prozessziele: „An IT organisation is defined by considering requirements for staff, skills, functions, accountability, authority, roles and responsibilities, and supervision. This organisation is embedded into an IT process framework that ensures transparency and control as well as the involvement of senior executives and business management. A strategy committee ensures board oversight of IT, and one or more steering committees in which business and IT participate determine the prioritisation of IT resources in line with business needs. Processes, administrative policies and procedures are in place for all functions, with specific attention to control, quality assurance, risk management, information security, data and systems ownership, and **segregation of duties**" (COBIT, 2007, S. 41). Diese Ausführungen decken zahlreiche Aktivitäten einer IT-Organisation ab: Die Planung der Ressourcen und zugehörigen Aufgaben, der IT-Prozesse, welche in einem transparenten „IT process framework" eingebettet sein sollten sowie die Rolle der Leitungs- und Führungsorgane. Zudem sollten sowohl „Strategy Committees" als auch (mehrere) „Steering Committes" die Aktivitäten der IT unterstützen. Die explizite Nennung von SoD ist ein Indiz für die Bedeutung dieser Kontrolle: SoD benötigt ebenso wie Risikomanagement oder Informationssicherheit „specific attention". Für die Umsetzung von SoD bedeutet dies, dass effektive Prozesse, administrative Richtlinien („Policies") und Verfahrensanweisungen vorhanden sein müssen. Diese hervorgehobene Positionierung von SoD soll das Interesse der Leitungs- und Führungsorgane für SoD-Kontrollen sowie SoD-Software fördern.

2) Unter „**Control Objectives**" werden die zugehörigen fünfzehn Kontrollziele beschrieben und unter anderem in PO11 auch „Segregation of Duties" (vgl. Abb. 8): „Implement a division of roles and responsibilities that reduces the possibility for a single individual to compromise a critical process. Make sure that personnel are performing only authorised duties relevant to their respective jobs and positions" (COBIT, 2007, S. 44 f). Diese Anforderung akzentuiert die besondere Bedeutung von festgelegten Rollen und Verantwortlichkeiten; diese sollen gewährleisten, dass einzelne Personen nur die für sie autorisierten Aktivitäten ausführen

können. Sind diese Aktivitäten in ERP-Systemen abgebildet, kann die Zuordnung von Rollen und damit verknüpften Zugriffsrechten zumindest teilweise automatisiert werden; diese Aktivität wird von SoD-Software explizit unterstützt.

3) **"Management Guidelines"**: In diesem Element werden drei IT-managementrelevante Aktivitäten (a-c) subsumiert:

a) Unter „From Inputs-Outputs To" werden Prozesse und zugehörige Aktivitäten angeführt, welche dem Prozess PO4 Informationen liefern (vgl. Abb. 9) müssen, oder Prozesse, die von PO4 beliefert werden (vgl. Abb. 10).

Prozess	Input-Aktivitäten für PO4
PO1	Strategic and tactical plans
PO7	IT human resources policy and procedures, IT skills matrix, job descriptions
PO8	Quality improvement actions
PO9	IT-related risk remedial action plans
ME1	Remedial action plans
ME2	Report on effectiveness of IT controls
ME3	Catalogue of legal and regulatory requirements related to IT service delivery
ME4	Process framework improvements

Abbildung 9: PO4: „From Inputs"-Prozesse und Aktivitäten (COBIT, 2007, S. 45).

Output-Aktivitäten für PO4	Prozess
IT process framework	ME4
Documented system owners	AI7 & DS6
IT organisation and relationships	PO7
IT process framework, documented roles and responsibilities	ALL
Document roles and responsibilities	PO7

Abbildung 10: PO4: „Outputs To"-Prozesse/Aktivitäten (COBIT, 2007, S. 45).

Für SoD-Kontrollen bedeuten die Input/Output-Aktivitäten, dass die daraus resultierenden Informationen sowohl bei der Planung, Realisierung als auch Sicherstellung von SoD-Kontrollen von Bedeutung sind und berücksichtigt werden müssen.

b) Im „RACI Chart" (Abb. 11) werden Zuständigkeiten, unter anderem (in der letzten, grau markierten Zeile) für SoD dargestellt. Generell beschreibt ein RACI-Chart, welche Personen zuständig („**R**esponsible") sind, wer konsultiert („**C**onsulted") und informiert („**I**nformed") werden sollte und wer die Letztverantwortung („**A**ccountable") trägt.

Functions / Activities	CEO	CFO	Business Executive	CIO	Business Process Owner	Head Operations	Chief Architect	Head Development	Head IT Administration	PMO	Compliance, Audit, Risk and Security
Establish IT organisational structure, including committees and linkages to the stakeholder and vendors	C	C	C	A		C	C	C	R	C	I
Design an IT Process framework	C	C	C	A		C	C	C	R	C	C
Identify system owners		C	C	A	C	R	I	I	I	I	I
Identify data owners		I	A	C	C	I	R	I	I	I	C
Establish and implement IT roles and responsabilities, including supervision and **segregation of duties**		I	I	A	I	C	C	C	R	C	C

Abbildung 11: PO4: RACI-Chart (COBIT, 2007, S. 45).

Die Zuständigkeiten für SoD sind in der letzten Zeile von Abbildung 11 ersichtlich: Der „Head of IT Administration" ist verantwortlich, der „Chief Executive Officer" (CIO) trägt die Letztverantwortung und Mitarbeiter in relevanten Rollen sollten entweder konsultiert oder informiert werden. Die Bezeichnungen und aufgabenspezifische Ausprägung der jeweiligen Rollen sind unternehmensindividuell. Das RACI-Chart ist als Bezugsgröße für die Anzahl und Art der zu beteiligenden Akteure gedacht. Die explizite Nennung von „Segregation of Duties" zeigt wiederum die Bedeutung von SoD und das erforderliche Vorhandensein von Unternehmensstrukturen (vgl. hierzu auch Abschnitt 2.2.3.1 zu Compliance Organisation).

c) Unter dem Element „Goals and Metrics" werden IT-bezogene Ziele, Prozesse und Aktivitäten sowie geeignete Messgrößen angeführt. Unter anderem werden SoD-Konflikte als Messindikatoren empfohlen: „Number of conflicting responsibilities in the view of segregation of duties" (COBIT, 2007, S. 45).

4) Im „**Maturity Model**" werden Maturitätsgrade für den Prozess PO4 festgelegt, welche „satisfies the business requirement for IT of being agile in responding to the business strategy whilst complying with governance requirements and providing defined and competent points of contact" (COBIT, 2007, S. 46); die Maturitätsgrade reichen von 0 (nicht existent) bis 5 (optimiert). In Bezug auf SoD-Kontrollen sowie Einsatz und Assimilation von SoD-Software könnten SoD-bezogene Maturitätsgrade bestimmt werden, die Hinweise zum Status der Assimilation liefern würden.

Zusammenfassend werden SoD-Kontrollen in COBIT im Wesentlichen im Prozess PO4 abgebildet; SoD bedarf „specific attention to control" und ist für alle IT-Prozesse und Aktivitäten von Relevanz. Das RACI-Chart gibt Hinweise bezüglich der festzulegenden Rollen und Zuständigkeiten. Die Qualität der Umsetzung und Sicherstellung von SoD kann z.B. durch die Anzahl der SoD-Konflikte gemessen werden; hierzu könnte der Einsatz von SoD-Software zweckmäßig sein, z.B. zur Analyse der SoD-Konflikte in ERP-Systemen. Die vorgeschlagenen Indikatoren des „Maturity Model" könnten auch zur Statusbestimmung einer SoD-Software-Assimilation verwendet werden. Gemäß der generischen Auslegung von COBIT sind die Ausführungen jedoch auf einem hohen Abstraktionsgrad. Dennoch kann COBIT dazu dienen, ein einheitliches (Begriffs-)Verständnis innerhalb der IT herzustellen und grundlegende SoD-Anforderungen klarzustellen (COBIT, 2007, S. 10). Nicht zuletzt können damit unterschiedliche Erwartungen, insbesondere zwischen Business und IT geklärt werden (COBIT, 2007, S. 6, 8, 10, 30).

2.2.3.3.3   IT-SOX-Referenzmodell

Das ITGI publiziert im Jahr 2004 als Reaktion auf die Compliance-Anforderungen des SOX erstmals die „IT Control Objectives for Sarbanes-Oxley" (ITGI, 2004), eine Art „IT-SOX-Referenzmodell". Diese Referenz soll Unternehmen bei der Umsetzung und Sicherstellung der SOX-Anforderungen im IT-Umfeld unterstützen. Im Jahr 2006 wurde bereits eine zweite Version, welche bis dato gesammelte SOX-Erfahrungen berücksichtigt, publiziert (ITGI, 2006, S. 9 f); in dieser Version sind auch weitreichende Informationen zu SoD-Kontrollen enthalten. Da der SOX aufgrund seiner Vorbildfunktion häufig exemplarisch angewandt wird, erscheint es sinnvoll, das IT-SOX-Referenzmodell in die Serie der untersuchten Modelle aufzunehmen. Es wird davon ausgegangen, dass die SOX-spezifischen Empfehlungen auch für andere (anspruchsvolle) regulatorische Anforderungen valide oder zumindest von Interesse sind. Im Folgenden werden wesentliche Elemente der Referenz erläutert, insbesondere im Hinblick auf SoD-Kontrollen im IT-Umfeld und den Einsatz von SoD-Software.

Die Struktur des „IT-SOX-Referenzmodells" ist analog zu den Elementen des COSO Reports, die IT-spezifischen Anforderungen wiederum werden in Form von „IT Control Objectives", analog zu COBIT, dargestellt. Zu Beginn werden Elemente einer angemessenen IT-Governance-Struktur beschrieben: „The IT governance structure should be designed so that IT adds value to the business and IT risks are mitigated. This also includes an IT organization structure that supports **adequate segregation of duties** and promotes the achievement of the organization's objectives" (ITGI, 2006, S. 16). Der frühe Hinweis auf SoD verdeutlicht auch in dieser Referenz die Bedeutung von SoD-Kontrollen. Analog zu den Kontrollelementen des COSO Report werden im IT-SOX-Referenzmodell Anforderungen zur IT formuliert:

1) „**Control Environment**": Wie im COSO Report gilt dieses Element als Fundament für die vier weiteren Kontrollelemente und repräsentiert die IT-Kultur sowie den Einfluss des „Tone at the Top". Es werden sechs Kontrollaspekte (a-f) und damit verknüpfte Kontrollziele hervorgehoben:

a) „IT is often mistakenly regarded as a separate organization of the business and thus a separate control environment" (ITGI, 2006, S. 23). Im Hinblick auf die Assimilation von SoD-Software könnte die Etablierung eines SoD-Verantwortlichen eine zentrale Rolle spielen, um die Zusammenarbeit zwischen dem Business und der IT („Business-IT Alignment") zu verbessern (vgl. Asprion, 2009). Aber auch der „Tone at the Top", z.B. spürbar durch das Engagement der Leitungs- und Führungsorgane in Bezug auf eine SoD-Software, kann entscheidend zur Assimilation beitragen.

b) „IT is complex, not only with regard to its technical components but also in how those components integrate into the organization's overall system of internal control" (ITGI, 2006, S. 23). Im Hinblick auf Einsatz und Assimilation von SoD-Software könnte relevant sein, inwieweit eine Integration (z.B. bei

heterogenen ERP-Systemen und darin abgebildeten SoD-Kontrollen) realisiert werden kann, wie die Software generell in die Systemlandschaft eingebunden ist und welche Bereiche oder Systeme ausgenommen wurden; hierfür
könnte z.B. die Systemdokumentation analysiert werden.

c) „IT can introduce additional or increased risks that require new or enhanced
control activities to mitigate successfully" (ITGI, 2006, S. 23). Im Hinblick
auf Einsatz und Assimilation von SoD-Software könnte die Rolle der IT als
Lösungsanbieter (vgl. Abschnitt 2.3.2.2) relevant sein, z.b. kann davon ausgegangen werden, dass die Zufriedenheit der Nutzer davon abhängt, wie
kompetent und schnell Probleme in Zusammenhang mit einer neuen SoD-
Software von der IT gelöst werden können.

d) „IT requires specialized skills that may be in short supply" (ITGI, 2006,
S. 23). Im Hinblick auf Einsatz und Assimilation von SoD-Software könnte
der Umgang mit personellen Ressourcen relevant sein, hierzu gehört die Dokumentation der Verantwortlichkeiten (z.b. in Form eines RACI-Chart (vgl.
Abb. 11)) sowie „SoD-adäquate" Aus- und Weiterbildungsmöglichkeiten für
die Mitarbeiter.

e) „IT may require reliance on third parties where significant processes or IT
components are outsourced" (ITGI, 2006, S. 23). Im Hinblick auf SoD und
die Assimilation von SoD-Software könnte z.B. die Problemlösungskompetenz von beauftragen Service-Unternehmen („Third Parties") relevant sein.

f) „Ownership of IT controls may be unclear, especially for application controls" (ITGI, 2006, S. 23). Im Hinblick auf Einsatz und Assimilation von
SoD-Software könnte relevant sein, inwieweit „Ownerships" für SoD-Kontrollen etabliert sind; dies kann wiederum durch ein RACI-Chart dokumentiert sein.

2) **„Risk Assessment"**: Mit diesem Kontrollelement wird ein „IT planning subcommittee of the company's overall Sarbanes-Oxley steering committee" mit
folgenden Zuständigkeiten gefordert:

a) „Oversight of the development of the IT internal control strategic plan, its
effective and timely execution/implementation, and its integration with the
overall Sarbanes-Oxley compliance plan". Im Hinblick auf Einsatz und Assimilation von SoD-Software könnte relevant sein, wo und inwieweit die Software berücksichtigt ist.

b) „Assessment of IT risks, e.g., IT management, data security, program change
and development." (ITGI, 2006, S. 23). Im Hinblick auf Einsatz und Assimilation von SoD-Software könnten die Umsetzung und kontinuierliche Sicher-

stellung der dargestellten Aspekte relevant sein, da diese die Stabilität und Sicherheit der Software prägen.
Auf der Ebene der Fachabteilungen werden für die dort angesiedelten Prozesse folgende IT-Kontrollziele formuliert (ITGI, 2006, S. 24):

- „Formal risk assessments built throughout the systems development methodology",

- „Risk assessments built into the infrastructure operation and change process",

- „Risk assessments built into the program change process".

Im Hinblick auf Einsatz und Assimilation von SoD-Software sollte z.B. untersucht werden, ob auf Fachabteilungs- und Prozessebene formale Risikobeurteilungen für sämtliche SoD-bezogenen Aktivitäten durchgeführt werden.

3) „**Control Activities**": In diesem Kontrollelement werden generelle IT-Kontrollen (ITGC) und applikationsspezifische IT-Kontrollen (ITAC) (ITGI, 2006, S. 10) erläutert. SoD wird als ITGC dargestellt: „In the IT environment, the **segregation of functions** is historically considered and tested as a critical component of IT general controls. For example, companies implement controls that restrict to authorized individuals the ability to migrate programs to production. Likewise, companies usually **segregate duties** over requesting and granting access to systems and data" (ITGI, 2006, S. 121). Im Hinblick auf ITAC wird auf nicht autorisierte Aktivitäten hingewiesen, welche es zu verhindern oder zu entdecken gibt: „When configured appropriately, or used in combination with other manual controls, application controls support the completeness, accuracy, authorization and existence of processing transactions (ITGI, 2006, S. 24). Für finanzrelevante Prozesse (z.B. "Financial Statement Close Cycle", „General Ledger", „Sales",„Purchasing",„Inventory") werden explizit SoD-relevante ITAC aufgeführt (ITGI, 2006, S. 88 f). Es wird jedoch betont, dass die Identifizierung von Prozessen und Aktivitäten, welche mittels SoD-Kontrollen kompensiert werden können, auf der Ebene der ITAC schwierig ist. Begründet wird dies damit, dass mit der Abbildung von finanzrelevanten Prozessen in ERP-Systemen die ursprünglich vorgesehene „natürliche" Trennung von kritischen Prozessen aufgehoben wurde: „ERP systems have shifted the emphasis to user empowerment, enabling users to have access across business functions, or, alternatively, to handle physical assets and record their movements directly into the computing and accounting systems. The notion of segregation of duties control needs to be

developed to include a risk management perspective and a tradeoff balance" (ITGI, 2006, S. 122). Dies bedeutet, dass für SoD-Kontrollen und somit auch für SoD-Software die Etablierung von effektiven ITGC und ITAC essentiell ist. Zur Untersuchung des Assimilationsstatus von SoD-Software könnte die Dokumentation der SoD-Kontrollen analysiert werden, wohl wissend, dass dies in Bezug auf ERP-Systeme keine triviale Aufgabe ist.

4) **„Information and Communication"**: In diesem Kontrollelement wird die IT, als wichtiger Lieferant von finanz- und somit compliance-relevanten Daten hervorgehoben. Dementsprechend sollten mit IS-Unterstützung erstellte Daten folgende Anforderungen erfüllen: „Appropriate", „Timely", „Current", „Accurate" und „Accessible" (ITGI, 2006, S. 25). Im Hinblick auf Einsatz und Assimilation von SoD-Software ist somit entscheidend, dass die von der Software produzierten Daten diesen Anforderungen auch genügen.

5) **„Monitoring"**: In diesem Kontrollelement wird die Überwachung der unterschiedlichen IT-Aufgaben hervorgehoben. „Monitoring, which covers the oversight of internal control by management through continuous and point-in-time assessment processes, is becoming increasingly important to IT management" (ITGI, 2006, S. 26). Als typische Maßnahmen gelten:

■ „Defect identification and management – Establishing metrics and analyzing the trends of actual results against those metrics can provide a basis for understanding the underlying reasons for processing failures. Correcting these causes can improve system accuracy, completeness of processing and system availability" (ITGI, 2006, S. 26). Im Hinblick auf Einsatz und Assimilation von SoD-Software sollten effiziente Messindikatoren vorhanden sein (vgl. auch COBIT Prozess PO4 – „Goals and Metrics"); deren Ergebnisse müssen regelmäßig überprüft werden, auch dahingehend, ob bei negativen Ausschlägen entsprechende Maßnahmen eingeleitet werden.

■ „Security monitoring – Building an effective IT security infrastructure reduces the risk of unauthorized access. Improving security can reduce the risk of processing unauthorized transactions and generating inaccurate reports, and should result in a reduction of the unavailability of relevant systems if applications and IT infrastructure components have been compromised" (ITGI, 2006, S. 26). Im Hinblick auf Einsatz und Assimilation von SoD-Software sollte überwacht werden, ob effiziente Mechanismen etabliert sind und ob die kontinuierliche Überwachung sichergestellt ist.

Zusammenfassend wird im IT-SOX-Referenzmodell die Notwendigkeit von SoD-Kontrollen im Umfeld der IT aufgezeigt. Assoziiert auf die fünf Kontrollelemente des COSO Report werden SOX-relevante „Control Objectives", auch für SoD-Anforderungen, hervorgehoben. Zu SoD sind einige explizite Hinweise vorhanden, zudem können die generell gehaltenen Ausführungen SoD-spezifisch interpretiert werden. In Analogie zum COSO Report und zu COBIT ist die Referenz zudem geeignet, ein einheitliches Begriffs- und Anforderungsverständnis innerhalb der IT herzustellen und dies insbesondere in Bezug auf den SOX und die damit verknüpften SoD-Anforderungen.

2.3 IT Compliance

Dieser Abschnitt dient zur Klärung des Begriffs IT Compliance und des Bedeutung. Nach der einführenden Erläuterung des Begriffs werden Auswirkungen und Anforderungen zu IT Compliance erläutert. Des Weiteren werden die Teilbereiche ERP und SoD-Compliance diskutiert.

2.3.1 Begriff und Bedeutung

Das Begriffspaar „IT Compliance" wird in Zusammenhang mit der Nutzung von Informationstechnologie in Unternehmen verwendet. IT Compliance gilt als Teilkomponente der Corporate Compliance (vgl. Abb. 4). Als Spezialisierung des Compliance-Begriffs kann mit IT Compliance ein Zustand bezeichnet werden, in welchem alle für die IT eines Unternehmens relevanten Regulierungen eingehalten werden (Klotz, 2009, S. 6). In COBIT (2007, S. 161 ff) werden die zugehörigen Aktivitäten und der daraus resultierende Zustand im Prozess „ME3 – Ensure Compliance With External Requirements" beschrieben: „Effective oversight of compliance requires the establishment of a review process to ensure compliance with laws, regulations and contractual requirements. This process includes identifying compliance requirements, optimising and evaluating the response, obtaining assurance that the requirements have been complied with and, finally, integrating IT's compliance reporting with the rest of the business".

IT Compliance spielt durch den pervasiven Einsatz der IT eine immer wichtigere Rolle: In jedem (großen) Unternehmen werden compliance-relevante, aber auch sonstige Geschäftsprozesse mit IT unterstützt: „Business and financial processes are routinely handled by some form of enabling technology automation, including the chart of accounts, sales, receivables, payables, invoices, work-in-

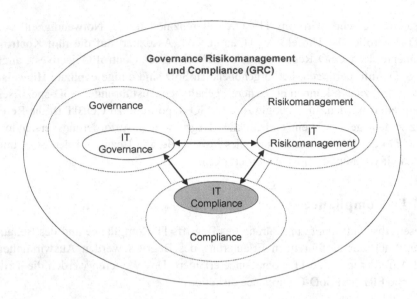

Abbildung 12:   Bezüge der IT Compliance (in Anlehnung an Klotz, 2009, S. 11).

process, inventory, plant, and equipment. It is a rare company that is not using technology automation, even if it is outsourced, in almost every facet of its business and financial processes" (Hurley, 2005, S. 31). Infolgedessen müssen die IT und die damit verknüpften Prozesse und Aktivitäten bei der Umsetzung und Sicherstellung von Compliance-Maßnahmen berücksichtigt werden (z.B. PWC, 2005b, S. 23 ff; ITGI, 2006, S.12 ff; Menzies, 2006, S. 106; Goeken/Johannsen, 2007, S. 15; Kissinger, 2010).

Abbildung 12 zeigt Relationen und bidirektionalen Abhängigkeiten in Form einer Triade aus Governance, Risikomanagement und Compliance (abgekürzt GRC). Diese für Unternehmen geltenden Zusammenhänge können auf die Prozesse und Aktivitäten der IT und des IT-Managements transformiert werden: Als jeweilige Teilmengen des unternehmensweiten GRC-Konzeptes sind das IT Risikomanagement auf IT-Risiken, die IT Governance auf die Prozesse und Aktivitäten der IT und die IT Compliance auf die internen und externen regulatorischen Anforderungen, welche die IT betreffen, konzentriert. Die drei Konstrukte beeinflussen sich wechselseitig. Im Ergebnis erfährt die GRC-Trias im IT-Bereich eine Spezialisierung und muss mit den unternehmensweiten, generellen GRC-Aktivitäten koordiniert werden (Klotz, 2009, S. 10; vgl. auch Teuteberg, 2009).

Die besondere Rolle der IT in Zusammenhang mit Compliance wird dadurch deutlich, dass die IT aus zwei komplementären Perspektiven betrachtet werden kann: Zum einen als Träger von Compliance-Anforderungen, als sog. Prüfobjekt, und zum anderen als Lösungsanbieter, beispielsweise, indem durch die IT automatisierte Softwarelösungen zur Verfügung gestellt werden, mittels denen Compliance-Anforderungen organisiert werden können (Asprion/Knolmayer, 2008; Asprion/Knolmayer, 2009; Klotz, 2009, S. 7).

2.3.2   IT-Rollen

In diesem Abschnitt werden die zwei komplementären Rollen der IT diskutiert. Zuerst wird die Rolle der IT als Betreiber von unterschiedlichen Dienstleistungen und somit auch als Prüfobjekt im Rahmen von Compliance-Prüfungen erläutert. Im Anschluss daran wird die Rolle des Lösungsanbieters, z.B. als Implementierer von SoD-Software, untersucht.

2.3.2.1   Die IT als Prüfobjekt

Die Rolle der IT als Prüfobjekt wird durch die für ein Unternehmen geltenden Regulierungen, deren Auswirkungen auf die IT sowie zu ergreifende Maßnahmen geprägt: „Regulatory compliance has become a critical element in IT decisions in the same way that ebusiness, client/server, ERP, service-oriented architecture (SOA), cloud computing and other major technological innovations have in recent years" (Caldwell et al., 2008, S. 4). Die IT muss flexibel auf die Zunahme von Regulierungen reagieren (können) und in der Lage sein, erforderliche Maßnahmen umzusetzen und sicherzustellen. Da compliance-spezifische Anforderungen schwierig umzusetzen und sicherzustellen sein können, wird der IT sogar „Sabotagepotenzial" (Cannon/Growe, 2004) zugesprochen. Dies kann an den aus dem SOX resultierenden Anforderungen bezüglich SoD-Kontrollen nachvollzogen werden (vgl. Abschnitt 2.2.2.3). Je nach regulatorischen Anforderungen an ein Unternehmen können sich die IT-Compliance-Anforderungen im Vergleich zwischen Unternehmen stark unterscheiden: Um auf multiple regulatorische Anforderungen (mit überschaubaren Kosten) reagieren zu können, empfehlen Caldwell et al. (2008, S. 4) „a single set of controls", welche die meisten regulatorischen Anforderungen abdecken können; hier kann die Nutzung von Referenzmodellen sinnvoll sein (Caldwell et al., 2008, S. 4, vgl. auch Abschnitt 2.2.3.3).

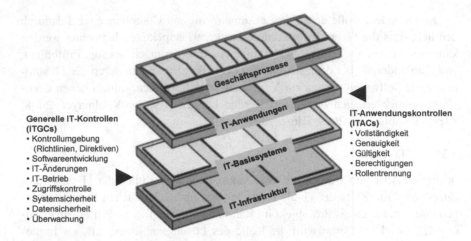

Abbildung 13: Zuordnungsebenen für IT-Kontrollen (In Anlehnung an Bitterli et al., 2010, S. 2).

Im Schweizer Prüfungsstandard PS890 (2007, S. 11) wird die Bedeutung der IT als Prüfobjekt wie folgt definiert: „Kontrollen im Informatikbereich sind umso wichtiger, je stärker der Rechnungslegungs- und Berichterstattungsprozess von Informatik-Systemen abhängig ist und je höher das Risiko ist, dass Fehler ihre Ursache im Aufbau von und Umgang mit Informatik-Systemen haben könnten". IT-Kontrollen müssen und können demnach in unterschiedlichsten Bereichen angesiedelt werden. Zur Veranschaulichung und Systematisierung von Kontrollaktivitäten bietet sich das von der „Treuhand-Kammer Schweiz" entwickelte vierstufige Modell an, welches IT-Kontrollen auf die Ebenen IT-Infrastruktur, IT-Basissysteme, IT-Anwendungen und Geschäftsprozesse abbildet (Bitterli et al., 2010, S. 2). Abbildung 13 zeigt die vier Ebenen, wobei jede Ebene für bestimmte Prozesse, abhängige Ressourcen und Verantwortungen steht.

Die oberste Ebene der Geschäftsprozesse beinhaltet essentielle, für die Durchführung der unternehmerischen Tätigkeiten erforderliche (Geschäfts-)Prozesse und Aktivitäten; diese sind typischerweise nach Fachbereichen aufgeteilt und verantwortet. Eine Ebene tiefer befinden sich die IT-Anwendungen mit den automatisierten Teilen der Geschäftsprozesse; diese können z.B. in ERP- oder sonstigen Systemen abgebildet sein. Darunter befindet sich die Ebene der IT-Basissysteme, dies können z.B. technisch-orientierte Plattformen, sog. Middleware, aber auch Basiskomponenten von integrierten Anwendungen (z.B. SAP ERP Basis, Oracle ERP Basis), aber auch Datenbanksysteme sein. Auf der untersten

Ebene befindet sich die IT-Infrastruktur (z.B. Hardware, sog. Midrange-Systeme, Server, Netzwerkkomponenten, technische Überwachungssysteme). Prinzipiell sollen IT-Kontrollen parallel, einander ergänzend oder alternativ auf allen Ebenen platziert werden. Kontrollen auf der Ebene der Geschäftsprozesse fallen in die Verantwortung der Fachbereiche, wobei Überlappungen mit IT-Aufgaben möglich sind. In Abbildung 13 werden IT-Kontrollen in „Generelle IT-Kontrollen" (ITGCs) und „IT-Anwendungskontrollen" (ITACs) unterteilt. Diese Kategorisierung ist identisch mit der Systematik in COBIT (2007, S. 15), dort werden ITGC definiert als „controls embedded in IT processes and services", dies sind Kontrollen, welche typischerweise den beiden Ebenen IT-Infrastruktur und IT-Basissysteme zugeordnet werden können. Diese Art von Kontrollen sind im Gegensatz zu den ITAC meist applikationsunabhängig (z.B. Richtlinien bezüglich IT-Änderungen, IT-Betrieb, Zugriffskontrollen, System-, Datensicherheit). Die applikationsabhängigen ITAC werden in COBIT (2007, S. 15) als „Controls embedded in business process applications" definiert; hierzu zählen Kontrollen, welche der Ebene von IT-Anwendungen zugeordnet werden. Wichtige Kontrollobjekte sind die Vollständigkeit („Completeness"), Genauigkeit („Accuracy") und Gültigkeit („Validity") der in Applikationen verarbeiteten Informationen, dazu zählen auch Berechtigungen („Authorisations") und Rollentrennungen (SoD). In COBIT (2007, S. 15) wird davon ausgegangen, dass die Gestaltung und Etablierung von automatisierten Kontrollen in der Verantwortung der IT liegen. Während des Einsatzes teilen sich dann die Verantwortlichkeiten: Die IT verantwortet (nur) die ITGC, während die ITAC in der Verantwortung der Fachabteilungen und dort bei den Prozessverantwortlichen („Process Owners") liegen. Dies kann gelegentlich zu Irritationen führen, z.B. bei Zuständigkeiten für SoD-Kontrollen (Asprion, 2009).

Zusammenfassend verursachen die pervasive Nutzung der IT und die Zunahme von regulatorischen Anforderungen, dass die IT, zumindest in großen Unternehmen, ein zentrales Prüfobjekt ist, das vermutlich künftig noch an Bedeutung gewinnen wird. Demgemäß ist es erforderlich, dass die IT (als Organisation) gewährleisten kann, dass sie systematisch auf allen Ebenen (IT-Infrastruktur, IT-Basissysteme, IT-Anwendungen) effektive IT-Kontrollen, sowohl ITGC als auch ITAC, etabliert hat und nachweisen kann. Standards und Referenzmodelle werden als sinnvolle Instrumente zur Unterstützung der Umsetzung und Sicherstellung von IT-Kontrollen angesehen.

2.3.2.2   IT als Lösungsanbieter

Aus Perspektive von Compliance-Anforderungen ist die Rolle der IT als Lösungsanbieter dadurch geprägt, dass (voll)automatisierte Lösungen zu eben diesen Anforderungen verfügbar sind. Mit welcher Intensität IT-Lösungen eingesetzt werden (können), ist abhängig von situativen Rahmenbedingungen. Diese
werden u.a. prädestiniert durch Größe, Branche, Struktur und Kultur eines Unternehmens, aber auch durch Faktoren wie die Durchdringung der IT, die Maturität von (vorhandenen) IT-Artefakten und die generellen (Kontroll-)Bedürfnisse
sowie den „Risk Appetite" eines Unternehmens (z.B. Hurley, 2005, S. 31; PWC,
2005a, S. 16; RiskIT, 2009, S. 17f). In der Praxis herrscht ein gewisser Nachhol-
bedarf an IT-gestützten Lösungen, denn obwohl die Berücksichtigung von Compliance-Anforderungen schon seit einigen Jahren zum unternehmerischen Alltag
gehören, werden daraus resultierende Aktivitäten größtenteils manuell durchgeführt (z.B. Bace/Rozwell 2006; Agrawal et al., 2006; Klein Aguilar, 2009;
KPMG, 2009, S. 5; Teuteberg, 2009).

Viele Autoren, welche die Möglichkeiten der IT-Unterstützung im Hinblick
auf Compliance-Anforderungen untersuchen, kommen zum Ergebnis, dass Unternehmen vom gezielten Einsatz von IT-Lösungen profitieren (z.B. Wefers,
2004; Bace et al., 2005; Bagranoff/Henry, 2005; Blum, 2005; Business Wire,
2005; Laursen, 2005; Markham/Hamerman, 2005; Agrawal et al., 2006; Bace/
Rozwell, 2006; Caldwell/Eid, 2006; Hamerman, 2006; Tarantino, 2006, S. 139 f;
Dunn, 2007; Irion, 2007; Pareek, 2007; Heiser et al., 2008; Caldwell/Proctor,
2009; Carlson, 2009; Amberg, 2010). Die Vorteilhaftigkeit wird außerordentlich
vielfältig dargestellt und durch diverse Studien und Whitepapers belegt (z.B.
Bace et al., 2005; Hurley, 2005; Liebenau/Kärrberg, 2006, Harrison, 2007; PWC,
2007b; Kissinger, 2010). Ausnahmslos zeigen die Beiträge, dass sich Effektivität, aber auch Effizienz von compliance-bezogenen Aktivitäten durch automatisierte Prozesse und spezialisierte Software-Lösungen verbessern lassen.

Kurz nach dem Inkrafttreten des SOX wurden IT-Lösungen zur Abwicklung
von SOX-Compliance-relevanten Aktivitäten, sog. „Sarbanes-Oxley Software"
große Aufmerksamkeit zuteil (Bagranoff/Henry, 2005). Die Potenziale der Automatisierung und besonders die damit möglichen Effektivitäts- und Effizienzvorteile wurden teilweise euphorisch beschrieben. Dementsprechend sahen wohl
auch Entscheider in Unternehmen große Chancen in der Nutzung von Softwarelösungen. Im Jahr 2005 wurden in einer Studie 180 „Senior Finance Executives"
befragt; von diesen bewerteten 75 % die Automatisierung von Compliance als

Tabelle 11: Priorisierte Investitionsbereiche (KPMG, 2009, S. 13 (Ausschnitt)).

Erlöse / Fragen	Less than $250 million	$250 million to $1 billion	$1 billion to $5 billion	$5 billion or more	All respondents
Closer cooperation between IT, internal audit, risk manage-	50 %	66 %	55 %	56 %	57 %
Consolidation and standardization of business processes	48 %	55 %	59 %	57 %	57 %
More process and control automation	65 %	48 %	43 %	43 %	46 %
Improved documentation of controls and processes	65 %	48 %	43 %	43 %	46 %
Better tools/technology to automate and simplify	39 %	36 %	41 %	40 %	39 %

„top or moderate priority". Nahezu die Hälfte der an der Umfrage beteiligten Unternehmen gab an, Compliance Software in den Bereichen Sicherheit („Security") und Zugriffsrechte/-berechtigungen („Access Controls") einsetzen zu wollen (Business Wire, 2005).

Eine Studie aus dem Jahr 2009 (KPMG, 2009), an der über 1000 Experten teilnahmen, kam zu einem ähnlichen Resultat: Nach den Prioritäten der Investitionen (in Zusammenhang mit dem unternehmensinternen IKS) für die nächsten 12 Monate befragt, antworteten 46% der Befragten mit „More process and control automation" sowie 39% mit „Better tools/technology to automate and simplfy compliance monitoring and enforcement".

Tabelle 11 beinhaltet die prozentuale Verteilung der Antworten gruppiert nach Unternehmenserlösen. In derselben Studie gaben die Teilnehmer eine Einschätzung der Verteilung von manuellen und automatisierten Kontrollen in ihrem Unternehmen ab. Tabelle 12 zeigt, dass die Automatisierung in den befragten Unternehmen noch nicht allzu weit fortgeschritten ist. Die meisten Nennungen liegen in den Bereichen 20 % automatisiert und 80 % manuelle Kontrollen (grau markierte Zeile). Hier werden künftige Anforderungen für die IT in der Rolle des Lösungsanbieters deutlich, zumal ein Ergebnis der Studie besagt, dass „leading

Tabelle 12: Manuelle vs. automatisierte Kontrollen (KPMG, 2009, S. 5).

	Less than $250 million	$250 million to $1 billion	$1 billion to $5 billion	$5 billion or more	All respondents
100 % Automated	0 %	0 %	1 %	0 %	0 %
90 % Automated vs. 10 % Manual	7 %	1 %	2 %	6 %	4 %
60 % Automated vs. 40 % Manual	4 %	11 %	3 %	9 %	6 %
50 % vs. 50%	7 %	9 %	13 %	9 %	10 %
40 % Automated vs. 60 % Manual	15 %	26 %	27 %	24 %	24 %
20 % Automated vs. 80 % Manual	65 %	50 %	53 %	52 %	53 %
100 % Manual	2 %	3 %	2 %	2 %	2 %

companies tend to have a higher percentage of automated controls than respondents from other organizations, perhaps contributing to their ability to test more controls at a lower cost and in fewer hours". (KPMG, 2009, S. 3).

Für die IT als Lösungsanbieter gibt es (mindestens) zwei interessante Aufgabenfelder: Zum einen können „Schätze gehoben" werden, indem (optionale) Kontrollmechanismen in bereits vorhandenen IT-Lösungen aktiviert werden. Zum anderen können neue IT-Lösungen, wie etwa SoD- oder Risikomanagement-Software eingesetzt werden (Asprion/Knolmayer, 2009). Am naheliegendsten erscheint eine Aktivierung von optionalen Kontrollmechanismen in (im Unternehmen bereits vorhandenen) IT-Lösungen: „Many accounting software packages come with a variety of built-in application controls, which can improve consistency of operation and processing results, automate reconciliations, facilitate reporting of exceptions for management review, and support proper segregation of duties" (COSO, 2006b, S. 8). Eine der ersten Maßnahmen könnte die systematische Inbetriebnahme von (noch) nicht angewandten Kontrollmechanismen in ERP-Systemen sein (z.B. Asprion/Knolmayer, 2009; Bone, 2009, Carlson, 2009; SAP, 2011a).

Die SAP ERP-Komponente „Financials" bietet beispielsweise „umfangreiche Funktionen zur Sicherstellung der dauerhaften Einhaltung gesetzlicher Vorschriften" (SAP, 2011a), auch eine Verringerung der IT- und Prüfungskosten wird in Aussicht gestellt. Laut SAP können Dokumentations-, Überprüfungs-, Risikovermeidungs- und Freigabeverfahren im Zusammenhang mit den Sektionen 302, 404 und 409 des SOX sowie „Fast Close" und „Whistleblowing-Anforderungen" (SOX Sektion 301) verwaltet werden. Im Detail wird für diese IT-Lösung folgender Funktionsumfang aufgeführt:

- „Projektorganisation für Dokumentation, Test und Freigabe in Bezug auf interne Kontrollen,

- Testverfahren auf Grundlage des Rahmens für das Risikomanagement, welcher vom Committee of Sponsoring Organizations of the Treadway Commission (COSO) festgelegt wurde,

- Workflow-Verfahren, welche Tests und Freigaben beschleunigen,

- Analysen der Funktionstrennung auf Objektebene,

- Berechtigungsverwaltung,

- automatische Regelerstellung und –verwaltung,

- Simulation und proaktive Einhaltung relevanter Bestimmungen,

- Risikovermeidung und Problemlösung,

- Auswertungen von Analysen mit unterschiedlichem Detaillierungsgrad und Berichterstellung in Echtzeit,

- Managementberichte" (SAP, 2011a).

Das Beispiel zur SAP-ERP-System-Komponente „Financials" zeigt, dass es sinnvoll sein kann, vorhandene IT-Lösungen (auch nachträglich) nach potenziellen Kontrolloptionen zu untersuchen und diese ggf. zu aktivieren. Limitierend ist zu berücksichtigen, dass solche Kontrollmechanismen für sich alleine oft nicht ausreichen, um erforderliche Compliance-Anforderungen zu erfüllen. Dies trifft, je nach Kontrollbedürfnis, auch für SoD-Kontrollen zu: „Leading ERP systems allow segregation of duties, but the process is not straightforward ... systems inflexibility and inadequate security and control features can pose significant technical challenges" (Kumar et al., 2008, S. 241). Für solche Fälle, wenn Standardfunktionalitäten in Softwarelösungen unzureichend ausgeprägt sind, können spezialisierte Lösungen, wie z.B. SoD-Software, ergänzende Funktionen liefern. SoD-Software ist für unterschiedlichste compliance-relevante Bedürfnisse einsetzbar, zur Entscheidungsfindung sollte deshalb eine Analyse des faktischen Bedarfs, auch an Automatisierung, durchgeführt werden. Welche Lösungen geeignet sind, ist wie bereits erwähnt, abhängig von situativen Rahmenbedingungen und (Kontroll-)Bedürfnissen. Es empfiehlt sich, die Selektion von Compliance- bzw. SoD-Software auf Grundlage eines unternehmensspezifischen Anforderungskataloges durchzuführen (Menzies, 2004, S. 194).

Zur Integration solcher spezifischen Lösungen gibt es zwei „klassische" Ansätze: Zum einen der Einsatz von spezialisierten, „best of breed" Lösungen, welche typischerweise über Schnittstellen miteinander verbunden werden und zum anderen der Einsatz einer „integrativen Compliance-Technologie" (z.B. „Governance-Risk-Compliance(GRC)-Anwendungen") mit weitreichenden Funktionalitäten und der Option, vorhandene Insellösungen abzulösen. Bei der ersten Variante kann die Integration und Überwachung der Applikationen und Schnittstellen aufwendig werden, während bei der zweiten Variante zu beachten ist, dass „große Lösungen" auch entsprechend weitreichende Risiken mit sich bringen und zudem umfangreiche Integrationsmaßnahmen erfordern (Menzies, 2004, S. 194f; vgl. auch Asprion/Knolmayer, 2008). Ob die Maturität der umfassenden und relativ neuen GRC-Lösungen den Anforderungen und Erwartungen der Käufer entspricht, bleibt dahingestellt und ist sicher individuell zu prüfen (Mitchell, 2007).

Als Lösungsanbieter besetzt die IT eine doppelte Rolle: In einer Rolle werden IT-gestützte, compliance-relevante Lösungen zur Verfügung gestellt und in der anderen ist die IT (mit diesen Lösungen) wiederum Prüfobjekt, da auch für diese Lösungen angemessene und effiziente IT-Kontrollen vorhanden sein und nachgewiesen werden müssen (Asprion/Knolmayer, 2009). Trotz dieser auf den ersten Blick komplizierten Rollenaufteilung ist die IT-gestützte Abwicklung von Kontrollen in vielen Fällen sinnvoll: Der Vorteil von automatisierten Lösungen liegt primär darin, dass diese, wenn sie „compliance-sicher" implementiert und betrieben werden, im Verhältnis zu manuellen Kontrollen einen geringerem Aufwand erfordern (z.B. COSO, 2006b, S. 8; ITGI 2006, S. 24; Asprion/Knolmayer, 2009). Insbesondere im Bereich von Identity-, Zugriffs- und SoD-Management ist der Einsatz von automatisierten Kontrollen sinnvoll und ratsam: „These solutions serve as an external IT audit function. They're evidence of a financial control support infrastructure going forward – delivering consistently and repeatedly" (Bace et al., 2005, S. 4). Automatisierte Lösungen sind auch sinnvoll, weil die manuelle Abwicklung häufig nicht zu effektiven Compliance-Nachweisen führt (vgl. hierzu z.B. die Fälle von SOX-Kontrolldefiziten in Zusammenhang mit „Access Controls" und SoD in Abschnitt 2.2.2.3).

Zusammenfassend spielt die IT als Lösungsanbieter eine entscheidende Rolle bei der Automatisierung und effektiven Abwicklung von compliance-relevanten Maßnahmen. Zum einen durch Aktivierung von optionalen Kontrollmechanismen (in bereits vorhandenen) IT/ERP-Lösungen und zum anderen durch die Bereitstellung von spezialisierter Software, wie z.B. SoD-Software.

2.3.3 ERP-Compliance

Dieser Abschnitt befasst sich mit dem Begriff und der Bedeutung von ERP-Compliance. Es werden einige wichtige Kriterien zur Umsetzung und Sicherstellung sowie fundamentale Konzepte in Zusammenhang mit SoD-Kontrollmechanismen erläutert und im Hinblick auf ihren potenziellen Einfluss bezüglich Einsatz und Assimilation von SoD-Software untersucht.

2.3.3.1 Begriff und Bedeutung

Das Begriffspaar „ERP-Compliance" wird in Zusammenhang mit ERP-Systemen und regulatorischen Anforderungen verwendet, häufig findet sich auch in einem ähnlichen Kontext das Begriffspaar „ERP Governance". ERP-Compliance kann als eine Teilkomponente der unternehmensweiten IT Compliance aufgefasst werden (vgl. Abb. 4). Als Spezialisierung des IT-Compliance-Begriffs kann ERP-Compliance als ein Zustand bezeichnet werden, in welchem alle für die ERP-Systeme eines Unternehmens relevanten Regulierungen eingehalten werden (vgl. auch z.B. Addison, 2001, Fitz-Gerald/Carroll, 2003, ITGI, 2006, S. 12 ff, O'Dean, 2008, Phelan, 2008).

ERP-Systeme integrieren unternehmerische Tätigkeiten in einem IS und können gegliedert werden nach Aufgabenkategorien (z.B. Administration (Datenhaltung für Geschäftsprozesse, -vorfälle), Disposition (Automatisierung von Routinevorgängen), Information (Kennzahlenbildung), Analyse und Auswertungen) oder nach Einsatzbereichen (z.B. Rechnungs- und Finanzwesen, Einkauf, Fertigung, Vertrieb, Personal). Die organisatorische Integration wird über die Abbildung von Geschäftsprozessen erreicht, welche in der Regel über Abteilungsgrenzen hinausreichen. Ein wesentliches Merkmal von ERP-Systemen ist die gemeinsame Datenhaltung in einer einzigen Datenbank; dies wird auch als minimaler Integrationsumfang angesehen (Gronau/Eggert, 2010). Die gemeinsame Datenhaltung soll u.a. gewährleisten, dass Informationen aus unterschiedlichsten Bereichen transparent und direkt verfügbar sind (Dunn, 2007). Ein weiteres Merkmal von ERP-Systemen ist deren weitgehende Proprietarität; in der Regel stammen die Systeme von einem einzelnen Anbieter, woraus eine nicht zu unterschätzende Anbieterabhängigkeit resultiert. Der Markt für große, komplexe ERP-Systeme wird von den beiden Anbietern Oracle und SAP beherrscht, diesen beiden Unternehmen wird eine Monopolstellung zugeschrieben (z.B. CW, 1992; Zeitler, 2009; Kurzidim, 2010). SAP gilt mit dem gleichnamigen ERP-System als Marktführer. Insgesamt ist der ERP-System-Markt übersichtlich: Eine Untersuchung aus dem Jahr 2010 (Panorama Consulting, 2010) zeigt, dass es in Bezug auf ERP-Installationen (nur) drei dominierende Anbieter gibt: SAP (31%), Oracle (25%) und Microsoft (15%); die restlichen Anteile (29%) teilen sich zahlreiche kleine Anbieter. Angesichts der außerordentlichen Marktposition und der großen Verbreitung wird im Folgenden primär das ERP-System der SAP exemplarisch betrachtet.

ERP-Systeme werden seit Mitte der 90er Jahre eingesetzt und sind in vielen Unternehmen, Organisationen und Behörden inzwischen unverzichtbar. Nur wenigen IT-Innovationen wird ein so großer Einfluss auf Unternehmen und ihre Geschäftsprozesse zugeschrieben wie ERP-Systemen (Davenport et al., 2004). Der pervasive Einsatz von ERP-Systemen (zumindest in großen Unternehmen) bringt es mit sich, dass damit auch compliance-relevante Geschäftsprozesse abgewickelt werden. Demgemäß müssen für ERP-Systeme, aber auch für die damit verknüpfte Infrastruktur und Organisation angemessene und effiziente Compliance-Nachweise erstellt werden (vgl. auch Abschnitt 2.3.2). Um etwa SOX-Compliance nachweisen zu können, sind insbesondere Kontrollen für die Prozesse des Rechnungs- und Finanzwesens relevant, da die aus diesen Prozessen generierten Informationen in die Bilanz und Jahresabschlussberichte einfließen. Somit müssen für diese Prozesse und damit verknüpften Aktivitäten angemessene Compliance-Nachweise vorhanden sein (z.B. Best, 2000; Little/Best, 2003; Cannon/Growe, 2004; Fox, 2004; Elmes et al., 2005; ITGI, 2006, S. 12 ff; Rath, 2007; Mossanen/Amberg, 2009; Rath/Sponholz, 2009, S. 21 ff), dies betrifft auch den Nachweis von SoD-Kontrollen (Hendrawirawan et al., 2007).

Zusammenfassend steht ERP-Compliance für eine Spezialisierung des Compliance-Begriffs und kann als Zustand bezeichnet werden, in welchem alle für die ERP-Systeme und die darin abgebildeten Prozesse und Aktivitäten eines Unternehmens relevanten Regulierungen eingehalten werden. Da compliance-relevante Informationen aus in ERP-Systemen abgebildeten Prozessen generiert werden, gelten ERP-Systeme und damit auch die IT, als wichtige Prüfobjekte, welche adäquate Kontrollen ausprägen und nachweisen müssen.

2.3.3.2 Umsetzung und Sicherstellung

Um Compliance für ERP-Systeme sicherzustellen, müssen effektive Kontrollen für die Ebene der IT-Anwendungen vorhanden sein und nachgewiesen werden (vgl. Abschnitt 2.3.2). Die Kontrollen können in Analogie zu den COBIT-Kontrollkategorien (ITCG und ITAC) eingeteilt werden:

1) „ERP General Controls" (ERP GC), welche applikationsunabhängig sind und auf organisatorische und technische Prozesse/Aktivitäten rund um ERP-Systeme abzielen (analog zu den ITGC in COBIT (2007, S. 15), vgl. auch Abschnitt 2.2.3.3.2).

2) „ERP Application Controls" (ERP AC), welche abhängig von der jeweiligen Applikation sind und primär geschäftsprozessbezogene Kontrollen umfassen (analog zu den ITAC in COBIT (2007, S. 15), vgl. Abschnitt 2.2.3.3.2).

Die beiden Kontrollkategorien stehen in bidirektionaler Beziehung und sind eng miteinander verknüpft, da geschäftsprozessbezogene ERP AC von der effizienten Umsetzung und Sicherstellung der ERP GC abhängig sind (Asprion/Knolmayer, 2009); ERP GC wiederum können als Teilmenge der ITGC angesehen werden. Im Folgenden werden die beiden Kontrollkategorien detaillierter erläutert.

Zu 1): „ERP General Controls" (ERP GC):
Die applikationsunabhängigen ERP GC zielen auf ERP-System-bezogene, organisatorische Prozesse und Aktivitäten ab und sind primär Kontrollen für die IT-Infrastruktur und IT-Basissysteme. ERP GC können z.B. aus den COBIT ITGC (vgl. Abschnitt 2.2.3.3.2) abgeleitet und auf ERP GC transformiert werden (vgl. Tabelle 13).

Tabelle 13: „Generic ERP GC" versus „SAP ERP GC".

ITGC (COBIT, 2007)	Generic ERP GC	SAP ERP GC
Systems Development	ERP Systems Development	Change Control Management
Change Management	ERP Change Management	Transport Systemsystem
Security	ERP Security	Zugriffsmanagement
Computer Operations	ERP Computer Operations	SAP Solution Manager

Vergleiche zwischen den aus COBIT ableitbaren „Generic ERP GC" (vgl. Tabelle 13, Spalte 2) und den „SAP ERP GC" (vgl. Tabelle 13, Spalte 3) zeigen, dass die Kontrollen von SAP ERP zwar einer anderen, „proprietären" Bezeichnung folgen, grundsätzlich jedoch vorhanden sind, allerdings mit den besonderen Funktionalitäten des Herstellers (vgl. auch Asprion/Knolmayer, 2009). Für die IT in der Rolle als Lösungsanbieter (Abschnitt 2.3.2.2) bedeutet dies, dass existierende ITGC unter Umständen mit ERP GC harmonisiert werden müssen. Für die IT in der Rolle als Prüfobjekt (Abschnitt 2.3.2.1) bedeutet dies, dass sowohl für die ITGC als auch die ERP GC wirksame Compliance-Nachweise etabliert werden müssen.

Zu 2): „ERP Application Controls" (ERP AC):
Die ERP AC sollen helfen, geschäftsprozessbezogene Risiken zu verhindern oder zumindest zu reduzieren. Eine Voraussetzung hierfür ist, dass die Prozessverantwortlichen in den Fachbereichen um die Risiken ihrer Aktivitäten wissen und, falls diese in einem ERP-System abgebildet sind, mögliche (automatisierbare) Kontrollmechanismen kennen, diese bei Bedarf aktivieren (lassen) und, falls dies unmöglich ist, mit kompensierenden (manuellen) Kontrollen arbeiten (zur Verantwortung der Fachbereiche und Prozessverantwortlichen siehe auch COBIT, 2007, S. 15). Die Aktivierung und/oder Implementierung von (optionalen) ERP AC sollte demnach von den Fachbereichen initiiert werden. ERP AC können auch aus den COBIT ITAC (vgl. Abschnitt 2.2.3.3.2) abgeleitet werden; sie sind vergleichbar mit den „Generic ERP AC" (vgl. Tabelle 14, Spalte 1 und 2).

Der Abgleich zwischen den in COBIT empfohlenen „Generic ERP AC" (vgl. Tabelle 14, Spalte 1) und den „SAP ERP GC" (vgl. Tabelle 14, Spalte 2) zeigt, dass die SAP ERP GC nicht 1:1 vorhanden sind; es fehlen die beiden Kontrollziele „Vollständigkeit" und „Genauigkeit".

Tabelle 14: „Generic ERP AC" versus „SAP ERP AC".

ITAC (COBIT, 2007) sind analog zu Generic ERP AC	SAP ERP AC
Vollständigkeit („Completeness")	Nicht explizit, aber diverse Kontrollen vorhanden (z.B. Ablaufkontrollen, Reportkontrollen)
Genauigkeit („Accuracy")	
Gültigkeit („Validity")	
Berechtigungen („Authorisations")	Berechtigungen („Authorisations")
Rollentrennungen (SoD)	Rollentrennungen (SoD)

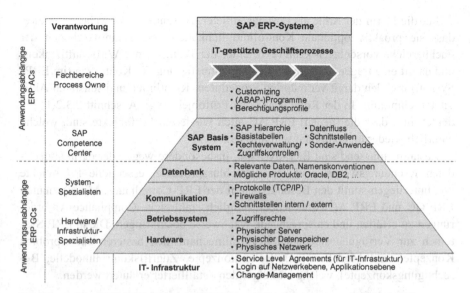

Abbildung 14: SAP ERP GC und SAP ERP AC (In Anlehnung an Herzig, 2008).

Die in SAP verfügbaren ERP AC werden nach inhärenten und konfigurierbaren sowie nach Ablauf-, Report- und Zugriffskontrollen kategorisiert. Abbildung 14 veranschaulicht ERP AC (im oberen Bereich) und ERP GC (im unteren Bereich) für SAP ERP-Systeme. Die Abbildung beinhaltet die verantwortlichen Bereiche und Akteure (linke Säule) sowie die mit ERP-System-Komponenten (Hardware, Betriebssystem, Kommunikation, Datenbank, SAP Basis System) verbundenen technisch/organisatorischen Elemente und Funktionen.

Um SoD in ERP-Systemen zu realisieren und hinreichende Compliance-Nachweise liefern zu können, eignet sich besonders die zu den ERP AC gehörende Rechteverwaltung mit den zugehörigen Zugriffskontrollen. Diese basieren typischerweise auf etablierten, fundamentalen Konzepten (vgl. Abschnitt 2.3.3.3), welche die entsprechenden Mechanismen, auch für SoD, vorhalten. Zugriffskontrollen können auch angewandt werden, um Daten eines ERP-Systems zu schützen; z.B. können Datenzugriffe nur nach einer dedizierten Rechtevergabe und -prüfung erfolgen. Reichen die vorgehaltenen ERP AC und Nachweismöglichkeiten für aufwändige und/oder differenzierte SoD-Anforderungen nicht aus, kann (ergänzende) Software eingesetzt werden (vgl. bezüglich SoD-Software vgl. Abschnitt 2.3.4.4).

Für die IT (in der Rolle als Lösungsanbieter, Abschnitt 2.3.2.2) bedeutet dies, dass sie proaktiv optionale Kontrollmöglichkeiten den Verantwortlichen der Fachbereiche vorschlagen kann (evtl. unter der Prämisse der Wirtschaftlichkeit) und damit eine tragende Rolle bei der Implementierung der Kontrollen (im ERP-System) und den damit verknüpften Prozeduren, Richtlinien und sonstigen Aktivitäten einnimmt. In der Rolle der IT als Prüfobjekt (vgl. Abschnitt 2.3.2.1) bedeutet dies, dass die (neuen) ERP AC auch wiederum Prüfobjekte sind, welche natürlich wiederum compliant sein müssen.

Zusammenfassend sind ERP-Systeme, insbesondere wegen der darin abgebildeten Rechnungswesen- und Jahresabschlussprozesse, essentielle Prüfobjekte und unterliegen somit den Besonderheiten der ERP-Compliance. Mit effizienten ERP GC und ERP AC ist es jedoch möglich, zahlreiche Compliance-Anforderungen zu erfüllen und entsprechende Nachweise beizubringen. Die in ERP-Systemen zur Verfügung stehenden Kontrollmechanismen basieren auf erprobten Konzepten und Modellen (z.B. Rollenkonzepte. Zugriffskontrollmodelle, Berechtigungskonzepte), welche im Folgenden detaillierter erläutert werden.

2.3.3.3   Fundamentale Konzepte

Die in ERP-Systemen verfügbaren Kontrollmechanismen basieren auf etablierten Konzepten. Zur Umsetzung von SoD-Anforderungen sind vor allem Rollenkonzepte (Logik zur Zusammenfassung, Kategorisierung und Zuordnung von Aufgaben/Funktionen zu Mitarbeitern/Nutzern), Zugriffskontrollmodelle (Logik, um Zugriffsrechte für Rollen/Aktivitäten systemtechnisch zu realisieren) und Berechtigungskonzepte (ERP-spezifische Logik, um prinzipielle Rollen- und Zugriffskonzepte abzubilden) relevant. Im Folgenden werden diese Konzepte im Hinblick auf SoD-Kontrollen und wo sinnvoll, auch auf Einsatz und Assimilation von SoD-Software untersucht.

2.3.3.3.1   Rollenkonzepte

Rollen können für unterschiedliche Sachverhalte eingesetzt werden (Biddle/Thomas, 1966; Kirn, 1996; Weinert, 2004, S. 404 f; Macharzina/Wolf, 2010, S. 636 ff). In Unternehmen besitzen Rollen eine Analogie zur Stellenbeschreibung; beide werden zur Beschreibung einer gewissen Aufgabenbündelung angewandt (Walther, 2005, S. 6 ff; Macharzina/Wolf, 2010, S. 638 ff). Aufgabenorientierte Rollen lehnen sich meist an der (horizontalen) Ablauforganisation (Prozesse) von Unternehmen an (z.B. Pugh/Hickson, 1973; Blohm, 1977; Esswein, 1993; Weinert, 2004, S. 404 f; Linkes/Off, 2006, S. 212 ff; Macharzina/ Wolf, 2010, S. 636 ff).

Für ERP-Systeme können basierend auf aufgabenorientierten Rollen sog. berechtigungsorientierte Rollen (in SAP ERP auch als Profile bezeichnet) gestaltet werden; diese werden ERP-Nutzern oder Nutzergruppen zugeordnet (z.B. Atluri/ Huang, 1996; Cichocki et al., 1997; Grefen et al., 1999; Linkes/Off, 2006, 212 ff; Lehnert/Bonitz, 2009, S. 145 ff; Tsolkas/Schmidt, 2010, S. 10 ff; Chuprunov, 2011; S. 145 ff). Methodisch werden in ERP-Systemen schützenswerte Elemente mit gezielten Zugriffsrechten (Recht1, Recht2, usw.) versehen und diese werden dedizierten Rollen (Rolle1, Rolle2, usw.) zugeordnet (z.B. Linkes/Off, 2006, 205 ff; Lehnert/Bonitz, 2009, S. 163 ff; Tsolkas/Schmidt, 2010, S. 41 ff; Chuprunov, 2011; S. 145 ff). Die Rollen wiederum können einzeln oder in Sammelrollen gebündelt, an ausgewählte Nutzer (Nutzer1, Nutzer2, usw.) oder Nutzergruppen vergeben werden (vgl. Abb. 15). Zur Realisierung nutzen ERP-Systeme die Logik von Zugriffskontrollmodellen (vgl. Abschnitt 2.3.3.3.2) und stellen zur Umsetzung und Sicherstellung (proprietäre) Berechtigungskonzepte zur Verfügung (vgl. Abschnitt 2.3.3.3.3).

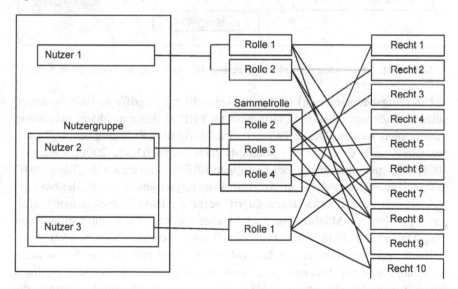

Abbildung 15: Berechtigungsorientierte Zugriffe (In Anlehnung an Walther, 2005, S. 10).

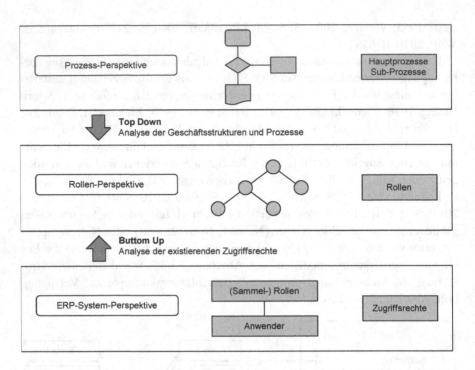

Abbildung 16:   Methoden des Role Engineering (In Anlehnung an Vogel, 2006, S. 180).

Um (aufgabenorientierte) Rollen für kontrollierte Zugriffe in ERP-Systemen nutzen zu können, müssen diese in eine für ERP-Systeme nutzbare Taxonomie transformiert werden. Dieser Prozess wird häufig als „Role Engineering" (RE) bezeichnet (z.B. Coyne, 1995; Schimpf, 2000; Coyne/Davis, 2008; Vanamali, 2008). RE kann unabhängig vom jeweiligen ERP-System entweder „Top-Down" (abhängig von den Stellen der Aufbau-/Ablauforganisation) oder „Bottom-Up" (geleitet von bereits vorhandenen Zugriffsrechten z.B. in ERP-Systemen) erfolgen (vgl. Abb. 16). Möglich sind auch hybride Ansätze, d.h. Kombinationen von „Top-Down" und „Bottom-Up" (vgl. auch Tsolkas/Schmidt, 2010, S. 169).

Beim Top-Down-Ansatz werden Rollen basierend auf den Geschäftsprozessen (Haupt- und Sub-Prozesse) unter Federführung der Fachbereiche („Business driven") gebildet (Vanamali, 2008), während beim Bottom-Up-Ansatz die Rollenbildung auf bereits vorhandenen IT-spezifischen Quellen basiert („IT driven"); auf diese kann (evtl. mittels „Data Mining") zugegriffen werden (z.B. Vogel, 2006; Vanamali, 2008). Welche Vorgehensweise situativ sinnvoll ist, hängt von der Zielsetzung der RE-Aktivitäten ab: Der Top-Down-Ansatz eignet sich besonders, wenn Compliance-Anforderungen zu erfüllen sind und Management-direktive Vorgaben (schnell) umgesetzt werden sollen, während der Bottom-Up-Ansatz sich anbietet, wenn z.b. aus dem operativen Geschäft heraus eine Vereinfachung der Rollenorganisation angestrebt wird, um Administrationsaufwand zu reduzieren; Voraussetzung dafür ist jedoch, dass gewisse Rollen-/Berechtigungsstrukturen vorhanden sind (Vogel, 2006).

Für SoD-Kontrollen eignet sich Top-Down als Ansatz besser, da die mit SoD zu steuernden Risiken geschäftsprozessorientiert sind und das Wissen um Risiken und das Übernehmen von Verantwortung aus den Fachbereichen kommt bzw. kommen sollte (vgl. Abschnitt 2.2.3.3.2; zu Rollen Business und IT). Zudem sind für SoD-Kontrollen Verantwortlichkeiten wichtig (vgl. COBIT, Abschnitt 2.2.3.3.2, auch Abb. 11); dies kann der Bottom-Up-Ansatz, welcher seine Ergebnisse aus „alten" IT-spezifischen Quellen speist, möglicherweise nicht leisten. Folglich erscheint der Top-Down-Ansatz, ggf. auch eine hybride Form zwischen Top-Down- und Bottom-Up, im Hinblick auf SoD-(Re)Organisationen und somit bezüglich Einsatz und Assimilation einer SoD-Software sinnvoller.

In der Praxis wird RE zur Implementierung eines ERP-Systems sowie auch im laufenden Betrieb und zur Sanierung von vorhandenen Rollen- und Berechtigungsstrukturen angewandt. Grundsätzlich sollte die Komplexität der erforderlichen RE-Aktivitäten, insbesondere auch bei der Sanierung von Rollen- und Berechtigungsstrukturen, nicht unterschätzt werden: „Because of the manual maintenance of authorisations in applications and systems without the consideration of the business content in the authorisation models for years, in a lot of cases the authorisations are too comprehensive and users are assigned access rights they are not supposed to have. If these cases of inaccurancy are not corrected, the new role based authorisation model is as weak as the old one" (Vogel, 2006, S. 181; vgl. auch Vanamali 2008; Constantinescu, 2009).

Eine Besonderheit beim RE ist die Regelung der Verantwortlichkeiten. Laut Vogel (2006, S. 179) gibt es weder für das initiale noch für das kontinuierliche RE (in der Betriebsphase) ein einheitliches Vorgehensmodell. Unklarheiten von Verantwortlichkeiten und mögliche Kommunikationsprobleme, besonders auch im kontinuierlichen Betrieb sind deshalb nicht auszuschließen (vgl. Kampman, 2007; Scherrbacher, 2008, S. 70). Aus diesem Grund betont Kampman (2007), dass sowohl das initiale als auch das kontinuierliche RE Aufgaben im Verantwortungsbereich der Fachbereiche sind und zwar auch dann, wenn die eigentliche Abwicklung durch Mitarbeiter der IT erfolgt.

Als Instrument zum Management von (aufgabenbezogenen) Rollen kann der Einsatz einer Rollenmanagementsoftware („role management software") sinnvoll sein (für eine Übersicht vgl. Kampman, 2007). Solche Softwareprodukte unterstützen SoD-Anforderungen jedoch meist nur rudimentär, teilweise gibt es jedoch überlappende Funktionalitäten zu SoD-Software (Kampman, 2007; BHOLD, 2009). Als Lieferant von aufgabenbezogenen Rollen kann Rollenmanagementsoftware jedoch eine sinnvolle Ergänzung zu SoD-Software sein, zumal die meisten Produkte Möglichkeiten zum Datenaustausch bieten und es sich abzeichnet, dass die Anbieter von Rollenmanagementsoftware ihre Produkte auch im Hinblick auf SoD-Funktionalitäten weiterentwickeln (BHOLD, 2009).

Zusammenfassend stellen Rollenkonzepte die Grundlage für berechtigungsorientierte Rollen und eignen sich, organisationale Aufgaben zu bündeln und sie somit für ERP-Systeme nutzbar zu machen. Zur Transformation von Rollen in ERP-spezifische Strukturen kann auf Methoden des RE zurückgegriffen werden; je nach Situation entweder mittels Top-Down- oder Bottom-Up-Ansatz. Methoden des RE sind auch zur Sanierung von existierenden Rollenkonzepten und somit auch zur Sanierung von SoD-konfliktbehafteten Rollen geeignet; für diese Konstellation scheint der Top-Down-Ansatz besonders geeignet. Auch der Einsatz einer Rollenmanagementsoftware kann, als Ergänzung zu SoD-Software, sinnvoll sein.

2.3.3.3.2 Zugriffskontrollmodelle

Die Realisierung von Kontrollen in Applikationssystemen erfolgt meist über sog. Zugriffskontrollmodelle („Access Control Models" (ACMs)). Es gibt unterschiedliche ACMs, am bekanntesten dürften wohl das „Discretionary Access Control" (DAC), das „Non-discretionary Access Control" (NDAC), das „Mandatory Access Control" (MAC) und das „Role-based Access Control" (RBAC) sein (z.B. Joshi et al., 2001; Schaad, 2003, S. 26 f; Hu et al., 2006b, S. 6 ff). System- und Softwarehersteller haben ACMs adaptiert. Sie haben sie für eigene Lösungen erweitert, teilweise patentieren lassen und vermarkten daraus resultierende Produkte (z.B. IBM mit Tivoli, Sybase mit NIST).

Für ERP-Systeme hat sich das RBAC-Modell durchgesetzt, welches auch die beiden ERP-Anbieter Oracle und SAP nutzen (Novell, 2007; Oracle, 2009). Die Verbreitung wird mit den inhärenten, weitreichenden Möglichkeiten des RBAC-Modells begründet (z.B. Gallaher et al., 2002, S. 2-1; Proctor/MacDonald, 2005; Li et al., 2007; Vanamali, 2008). So kann z.B. mittels RBAC realisiert werden, dass Nutzer einen sehr geringen (den geringst möglichen) Rechtumfang erhalten, was auch mit „Principle of least privilege" umschrieben wird (vgl. Ferraiolo et al., 1992, S. 17; ITIC, 2004, S. 46 f; Chuprunov, 2011; S. 221). Nicht zuletzt beinhaltet das RBAC-Modell auch Taxonomien zur hierarchischen Rollenverwaltung und spezifische SoD-Kontrollmechanismen. Dadurch eignet sich RBAC zur Umsetzung und Sicherstellung von Compliance-Anforderungen (z.B. Gallaher et al., 2002, S. 2-1; Vanamali, 2008). Wegen seiner Bedeutung für ERP-Systeme und auch für Compliance- und SoD-Anforderungen wird im Folgenden das RBAC-Modell detaillierter erläutert.

Das RBAC-Modell wird vom „National Institute of Standards and Technology" (NIST) sowie vom American National Standards Institute (ANSI) verwaltet und kontinuierlich weiterentwickelt; das Modell ist inzwischen ein Standard unter der Bezeichnung „ANSI INCITS 359-2004" und als Taxonomie für die Realisierung von Zugriffskontrollen international etabliert. Die Bedeutung des Modells wird durch die Vielzahl von Beiträgen zur Entwicklung und zu spezifischen Ausprägungen akzentuiert (z.B. Sandhu, 1988, 1990, 1998; Nash/Poland, 1990; Nyanchama/Osborn, 1991; Ferraiolo/Kuhn 1992; Ferraiolo et al., 1995, 2001, 2007; Guiri, 1995; Sandhu et al., 1996, 2000; Ramaswamy/Sandhu, 1998; ITIC 2004; Ferraiolo et al., 2007).

In seiner aktuellen Version wird das RBAC-Modell durch fünf Kernelemente („Core RBAC"), welche eine einfache Berechtigungslogik, ohne SoD-Mechanismus abbilden, repräsentiert (ITIC, 2004, S. 3 f; Tsolkas/Schmidt, 2010, S. 70 ff). Die Elemente des Core-RBAC haben folgende Ausprägungen:

1) „Anwender": Repräsentiert ERP-System-Anwender; dies können Personen, aber auch andere intelligente Agenten (z.B. Maschinen) sein, denen spezifische „Rollen" pro „Sitzung" zugeordnet werden.

2) „Rollen": Repräsentiert die Verknüpfung von „Rechte" zu „Anwender" in Abhängigkeit einer bestimmten „Sitzung".

3) „Sitzung": Repräsentiert die Zuordnung von „Anwender" zu „Rollen", welche während einer „Sitzung" zur Verfügung stehen.

4) „Rechte": Repräsentiert Genehmigungen, welche „Anwender" benötigen, um „Aktivitäten", die durch „Objekte" geschützt sind, auszuführen.

5) „Aktivitäten": Repräsentiert systemabhängige, beliebige Ressourcen, welche „Anwender" aufrufen und/oder ausführen dürfen.

6) „Objekte": Repräsentiert Entitäten, welche abhängig von „Aktivitäten" unterschiedlichste Optionen/Informationen enthalten können.

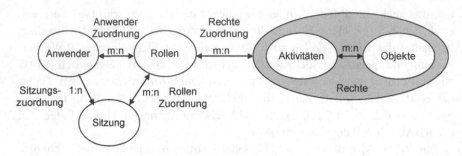

Abbildung 17: Core RBAC (In Anlehnung an ITIC, 2004, S. 4).

Abbildung 17 zeigt die Elemente des RBAC-Modells. Mit dem Core RBAC können noch keine spezifischen Compliance- oder SoD-Anforderungen realisiert werden; dies ist mit den erweiterten Ausprägungen „Hierarchical RBAC" und „Constrained RBAC" möglich, wobei „Hierarchical RBAC" „Core RBAC" einschließt und „Constrained RBAC" das „Hierarchical RBAC" ergänzt (ITIC, 2004, S. 5 f; vgl. auch Tsolkas/Schmidt, 2010, S. 75 ff):

7)   „Hierarchical RBAC": Repräsentiert eine Rollenhierarchie, welche es erlaubt, „Rollen" hierarchisch zu kategorisieren sowie eine zu vererben (von übergeordneten an darunter liegende „Rollen"). Mit diesem Konstrukt kann die Anzahl „Rollen" und somit die Komplexität erheblich reduziert werden; dies wiederum wirkt sich positiv auf die Transparenz und Nachvollziehbarkeit aus.

8)   „Constrained RBAC": Damit werden mittels Restriktionen SoD-spezifische Zugriffskontrollen mit zwei besonderen Ausprägungen abgebildet:
     –   „Static Separation of Duties": Rollenkombinationen werden zum Zeitpunkt des Anlegens der Rollenzuordnung geprüft; falls „Rollen" zu „Anwender" zugeordnet werden, die mit anderen bereits zugeordneten „Rollen" eine unzulässige Kombination bilden, wird das Zuordnen der neuen „Rolle" verweigert. Damit kann sichergestellt werden, dass keine SoD-Konflikte auftreten.
     –   „Dynamic Separation of Duties": Rollenkombinationen werden nicht zum Zeitpunkt des Anlegens, sondern erst während der Sitzung geprüft. Damit kann sichergestellt werden, dass keine SoD-Konflikte während einer Sitzung auftreten. Es ist erlaubt, dass unvereinbare Rollen dem Anwender zugeordnet werden, sie dürfen jedoch nicht gleichzeitig in einer Sitzung verwendet werden.

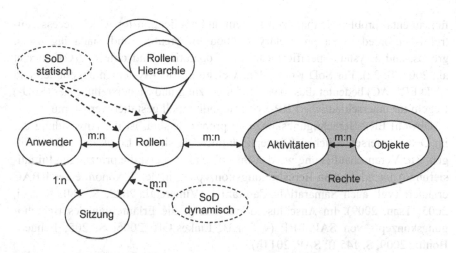

Abbildung 18: Core RBAC mit Ergänzungen (In Anlehnung an ITIC, 2004, S. 9 f).

Abbildung 18 veranschaulicht das Core-RBAC-Modell mit den beiden SoD-spezifischen Ergänzungen.

Zusammenfassend gibt es verschiedene Zugriffskontrollmodelle, als Standard hat sich RBAC-Modell etabliert. RBAC-fähige (ERP-)Systeme sind mit wirksamen SoD-Mechanismen ausgestattet. Mit RBAC können Rollen- und Rechtevergaben verwaltet werden. In Bezug auf (SoD-)Compliance-Anforderungen sind besonders die Elemente „Hierarchical RBAC", welche eine hierarchische Rollenverwaltung und Vererbung erlauben, sowie „Constrained RBAC", welche explizite SoD-Kontroll-Mechanismen bereitstellen, von Bedeutung.

2.3.3.3.3 Berechtigungskonzepte

Die Realisierung von Zugriffskontrollen in ERP-Systemen erfolgt über Zugriffskonzepte. Im Kontext von SAP ERP-Systemen wird häufig die Bezeichnung Berechtigungs- oder Rechtekonzept oder auch Berechtigungswesen (engl. „authorisation concepts") verwendet. Die Konzepte basieren primär auf aufgaben- und berechtigungsorientierten Rollen sowie auf der Taxonomie des RBAC (Görtz/ Hesseler, 2007, S. 163; Haggard/Smith, 2008). Sie sind ERP-System-spezifisch, proprietär ausgeprägt und können nicht durch „systemfremde" Systematiken ersetzt werden (Wortmann/Winter, 2007). Die Proprietärität kann besonders bei weitreichenden, heterogenen ERP-Systemen problematisch sein, da die Kontrollen (ERP AC) der jeweiligen ERP-Systeme zueinander inkompatibel sind (z.B. Gallaher et al., 2002, S. 22; Kern et al., 2002; Rupprecht/Wortmann, 2006). „The

fundamental problem is that each system and application for which access control is enforced has a proprietary method for creating and managing users,
groups, and a system specific meaning of operations and objects" (Gallaher et
al., 2002, S. 22). Für SoD-Kontrollen, welche in ERP-Systemen abgebildet sind
(SoD ERP AC) bedeutet dies, dass die Umsetzung und Sicherstellung der (SoD-)
Regeln für unterschiedliche ERP-Systeme individuell gestaltet werden muss.

Obwohl ERP-Berechtigungskonzepte proprietär sind, ist die Anwendung der
im Detail unterschiedlichen Konzepte ähnlich, da sie der Logik des RBAC folgen. Zur Veranschaulichung werden im Folgenden zuerst die prinzipielle Initiali-
sierung/Anwendung von Berechtigungskonzepten, in der Taxonomie des RBAC
erläutert (vgl. auch Samarati/de Capitani di Vimercati; 2002, S. 180; Musaji,
2005; Tsan, 2009). Im Anschluss daran erfolgt die Erläuterung des Berechti-
gungskonzepts von SAP ERP (vgl. z.B. Linkes/Off, 2006, S. 205; Lehnert/
Bonitz, 2009, S. 145 ff; SAP, 2011b).

Prinzipiell beinhalten ERP-Berechtigungskonzepte einen Mechanismus zur
Steuerung der Rechtevergabe und -prüfung, mit dem Ziel, ERP-inhärente Objekte (z.B. Programm-, Datenaufrufe/-veränderungen) vor unberechtigtem Zugriff
zu schützen. Bezugnehmend auf solche Konzepte kann ein Administrator den
ERP-System-Nutzern Rechte zuteilen und entziehen. RBAC-fähige-Konzepte
bieten den Rahmen für die Organisation der RBAC-Objekte „Anwender", „Sitzung", „Rollen" und „Rechte" mit den jeweiligen Ausprägungen und Beziehungen. Im Grundsatz kann die Initialisierung/Anwendung eines Berechtigungskonzeptes in folgende Schritte zerlegt werden: In einem ersten Schritt müssen
berechtigungsorientierte „Rollen" und damit verknüpfte „Rechte" definiert werden; hierbei kann möglicherweise auf (vorhandene) aufgabenorientierte Rollen
(z.B. aus Organisationsdiagrammen, Stellenbeschreibungen) zurückgegriffen
werden (vgl. Tsan, 2009). Es gilt zu beachten, dass „Rechte" ein m:n-Konstrukt
darstellen, welches aus „Aktivität" mit einer m:n-Beziehung zu „Objekte" besteht; je nach „Aktivität" können in „Objekte" unterschiedliche Attribute gebündelt und kombinierbar sein (z.B. Datenattribute (lesen, schreiben, ausführen),
Identitäten, Identifikatoren) (Tsolkas/Schmidt, 2010, S. 13 f). Dieser relativ
komplexe Schritt muss sowohl zur Initialisierung als auch kontinuierlich, bei jed-
weden organisatorischen Veränderungen durchgeführt werden und beinhaltet
auch die Berücksichtigung von unzulässigen Rollenkombination: Werden nur
SoD-konfliktfreie „Rollen" erstellt und kombiniert, ergeben sich auch keine
SoD-Konflikte. In einem zweiten Schritt müssen die mit „Rollen" verknüpften
„Rechte" in maschinenlesbarer Form, d.h. in die jeweilige ERP-Taxonomie,
transformiert werden. Bei diesem Schritt bieten ERP-Systeme meist proprietäre

Mechanismen zur Unterstützung an. In einem abschließenden Schritt können die (SoD-konfliktfreien) „Rollen" an „Anwender" vergeben werden. Hierbei ist zu beachten, dass „Rollen" gemäß der RBAC-Taxonomie eine hierarchische Struktur haben, vererbt werden können und zum anderen, dass dem Objekt „Anwender" eine oder mehrere „Rollen" zugeordnet werden können. Dieses in drei Schritte unterteilte Vorgehen kann auf alle RBAC-basierenden ERP-Berechtigungsvergaben übertragen werden, wobei zu berücksichtigen ist, dass ERP-Systeme zur Vereinfachung in der Regel ein Set von Referenzrollen bereitstellen (vgl. für SAP ERP-Systeme: Lehnert/Bonitz, 2009, S. 184 f; vgl. für Oracle ERP-Systeme Deloitte/ISACA, 2010).

Im Vergleich zum prinzipiellen Vorgehen unterscheidet sich die Initialisierung und Anwendung eines SAP-ERP-Berechtigungskonzeptes durch spezifische Bezeichnungen, durch eine Vielzahl von Referenzrollen sowie der Möglichkeit einen sog. Profilgenerator einzusetzen (Frick et al., 2007, S. 330; SAP, 2011e). Im Einzelnen bietet das SAP-ERP-Berechtigungskonzept einen Rahmen, um Rollen abzubilden, welche Grundlage für das Design und die Entwicklung von Berechtigungen sind (vgl. Linkes/Off, 2006, S. 205; Lehnert/Bonitz, 2009, S. 145, 163). Analog zur RBAC-Logik besitzen Rollen eine vererbbare, hierarchische Struktur und bestehen aus Berechtigungen (in der RBAC-Logik „Rechte"), welchen Berechtigungsobjekte (in der RBAC-Logik „Aktivitäten") mit dazugehörenden Berechtigungsfeldern (in der RBAC-Logik „Objekte") zugeordnet werden können. Rollen können in SAP ERP in Form von Einzelrollen, Sammelrollen oder als manuelle, generierte und/oder Sammelprofile vorhanden sein. Einem Nutzer (in der RBAC-Logik „Anwender") können eine oder mehrere Rollen (in unterschiedlichen Formen) zugeordnet werden. Abbildung 19 veranschaulicht modellhaft die Elemente des SAP-ERP-Berechtigungskonzeptes.

In SAP ERP sind zwei, auch gemischt anwendbare Vorgehensweisen zur Initialisierung des Berechtigungskonzeptes vorhanden: Zum einen können einzelne Berechtigungen (mit Berechtigungsobjekten und -feldern) in Einzelrollen und, falls erforderlich, in Sammelrollen zusammengefasst werden. Zum anderen kann mit Hilfe des Profilgenerators eine automatische oder manuelle Generierung von „Profilen" (in Analogie zu Rollen) durchgeführt werden; einzelne Profile können wiederum in sog. Sammelprofilen (in Analogie zu Sammelrollen) zusammengefasst werden oder auch zu Sammelrollen hinzugefügt werden. (Lehnert/Bonitz, 2009; S. 164 ff; SAP, 2011b).

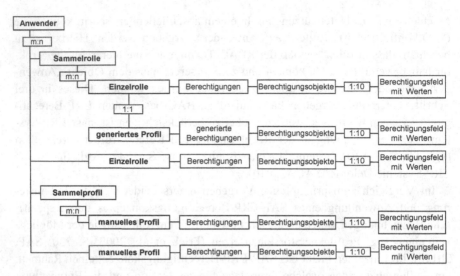

Abbildung 19: Elemente des SAP-ERP-Berechtigungskonzeptes (in Anlehnung an SAP 2011b).

Abbildung 20 zeigt exemplarisch und modellhaft an einigen wenigen Aktivitäten (in der SAP-Taxonomie sind dies Transaktionen) und damit verknüpften Berechtigungsobjekten die unzähligen Kombinationsmöglichkeiten des SAP-ERP-Berechtigungskonzeptes: Es können Einzelrollen generiert werden und diese können zu Sammelrollen (gleichartige Funktionen) und Sammelrollenverbänden (Funktionen-Verbände) zusammengefasst werden; alle Verknüpfungen können in unterschiedlichsten Kombinationen Anwendern und/oder Anwendergruppen zugeordnet werden.

Um den Umgang mit der Komplexität der Zugriffsrechtevergabe zu erleichtern, sind in SAP ERP verschiedene vordefinierte Referenzrollen/-profile verfügbar. Diese können als Vorlage für unternehmensindividuelle Rollen verwendet werden und den Rollenentwicklungsprozess verkürzen (SAP, 2011d), wobei hierbei jedoch das Risiko abgewogen werden muss, dass Referenzrollen/-profile womöglich unternehmensspezifische Rollen nur unzureichend abbilden. Sie können z.B. zu viele Rechte beinhalten, was wiederum zu compliance-relevanten Konflikten führen kann (z.B. Verletzung des Prinzips der minimalen Rechtevergabe („Least Privilege") und von SoD). Zu allgemeinen Grundsätzen bei der SAP ERP Zugriffsrechtevergabe vgl. auch DSAG (2009, S. 26 f).

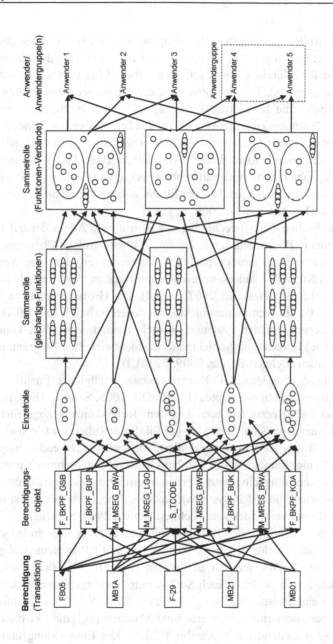

Abbildung 20: Komplexität des SAP-ERP-Berechtigungskonzeptes (in Anlehnung an Virsa, 2006).

Die mit Rollen verknüpften Berechtigungen können für unterschiedlichste Aktivitäten vergeben werden. In der Regel erfolgt eine Vergabe für sog. Transaktionen die für zahlreiche Einzelaufgaben stehen. Eine Vergabe kann aber auch für Berichte (Reports), Tabellen, Programme, Web-basierte Anwendungen sowie organisatorische und funktionale Elemente erfolgen (z.b. für einen bestimmten Mandanten, Buchungskreis) (SAP, 2011d, 2011c). Aktivitäten können aus einer oder mehreren Transaktionen bestehen (jede Transaktion wird mit einem eindeutigen Transaktionscode identifiziert; z.B. FB05, MB1A, F-29). Sie werden über Berechtigungsobjekte mit maximal zehn Berechtigungsfeldern (SAP, 2011d) geschützt; jedes Berechtigungsfeld steht für ein einzeln zuordenbares, spezifisches Zugriffsrecht (Lehnert/Bonitz, 2009; S. 158 ff).

Die spezifischen Zugriffsrechte legen z.B. fest, wie Anwender auf Daten zugreifen dürfen (z.B. anlegen, lesen, ändern, löschen), welche Obergrenzen gelten (z.B. für Speicherplatz, Druckkapazitäten, Datenmengen) oder wie Werte eingeschränkt werden (z.B. Länderkennzeichen von Kunden, Auftragsvolumen, Rechnungsbeträge) (Görtz/Hesseler, 2007, S. 164). Die Größenordnung in SAP ERP umfasst ca. 1.000 Berechtigungsobjekte, mit denen mehr als 100.000 Transaktionen mit diversen Rechten gesteuert werden können; zusätzlich können auch (beliebig viele) Berechtigungsobjekte aus eigenentwickelten Programmen aufgenommen werden (Lehnert/Bonitz, 2009; S. 161 f).

Für weniger komplexe SoD-Konstellationen genügt die Funktionalität des SAP ERP-Berechtigungskonzeptes (Linkes/Off, 2006, S. 86 f). Die Operationalisierung von SoD-Kontrollen kann aus dem Rollenkonzept abgeleitet werden: Prinzipiell macht es Sinn, nur SoD-konfliktfreie Rollen/Profile und Sammelrollen bzw. Profile zu erstellen und diese Anwendern/Anwendergruppen zuzuweisen. Falls dies unmöglich ist (z.B. bei kleineren Unternehmen) müssen kompensierende Kontrollen eingesetzt werden (meist sind dies organisatorische Maßnahmen außerhalb des ERP-Systems), wobei solche Lösungen meist mit einem höheren Aufwand verbunden sind (Lehnert/Bonitz, 2009; S. 364 f).

Um mit SoD-konfliktfreien Rollen arbeiten zu können, müssen Informationen vorhanden sein, welche vorgeben, welche der in ERP-Systemen abgebildeten Aktivitäten mit SoD-Kontrollen zu belegen sind. Hierfür können sog. Risiko-Kontrollmatrizen, in welchen auch SoD-Kontrollen eingetragen sind, verwendet werden (für eine Beispielmatrix vgl. Menzies, 2004, S. 217), oder auch spezifische aufgaben- oder rollenorientierte SoD-Matrizen (vgl. die Beispiele zu kritischen SoD-Konstellationen in Abschnitt 2.1.2). Die Entwicklung und Wartung einer SoD-Matrix ist eine organisatorische Aufgabe, die außerhalb der ERP-Funktionalität liegt. Für komplexere Ansprüche, z.B. auch wenn eine SoD-Matrix in Form einer Datenbanklösung erforderlich ist oder wenn umfangreiche Risikoanalysen benötigt werden, empfehlen Lehnert/Bonitz (2009; S. 366 ff) die Anwendung von zusätzlicher SoD-Software (z.B. für SAP ERP-Systeme „Access Control" bzw. „Access Risk Management"(SAP, 2011g)).

Im Hinblick auf Compliance-Anforderungen sind neben einem effektiven Zugriffsmanagement, welches durch inhärente ERP-Berechtigungskonzepte (ERP AC) vorgegeben wird, auch die Konzepte ergänzende, flankierende organisatorische Kontrollmaßnahmen (ERP GC) zu etablieren. Die deutschsprachige SAP Anwendergruppe (DSAG) empfiehlt folgende ERP GC für SAP ERP (DSAG, 2009, S. 27); die Vorschläge sind auch für Nicht-SAP-ERP-Systeme zweckmäßig:

■ Ein dokumentiertes Berechtigungskonzept.

■ Eine Dokumentation für „Kritische Berechtigungen", insbesondere auch für Restriktionen, unter denen sie vergeben werden.

■ Definierte und wirksame Prozesse zur Ausprägung von Berechtigungsgruppen und zur Prüfung von Berechtigungen in Programmen.

■ Vorhandensein eines Konzeptes zur Benutzung eines „Notfallnutzers".

■ Vorhandensein einer Organisation, welche gewährleistet, dass
  – die Anwender-/Nutzer- und Berechtigungsverwaltung durch angemessene Autorisierung der dafür vorgesehenen Mitarbeiter erfolgt; insbesondere unter Einhaltung der Funktionstrennung,
  – die Anwender-/Nutzer- und Berechtigungsverwaltung regelmäßig überwacht und die Prozesse dazu geprüft und optimiert werden,
  – sicherheitskritische Funktionen restriktiv und kontrolliert vergeben werden,
  – universelle Referenzprofile (z.B. Implementierung) gelöscht oder durch unternehmensspezifische Berechtigungen abgelöst werden.

In der Praxis zeigt sich, dass die Aufwendungen für die Initialisierung eines ERP-Berechtigungskonzeptes häufig unterschätzt werden: Für das „Teilprojekt Berechtigungen" kann der Aufwand bei 10 bis 15% der Gesamtaufwendungen einer ERP-System-Einführung liegen. Werden zu wenig Ressourcen in ein (neues) Berechtigungskonzept investiert, hat dies meist zur Folge, dass bereits relativ kurz nach Inbetriebnahme Modifikationen vorgenommen werden müssen (Musaji, 2005; vgl. auch Vanamali, 2008). Umfangreichere nachträgliche Modifikationen sind wegen der Komplexität des Berechtigungskonzeptes nicht zu empfehlen und gelten als Risiko: „One of the major risks ... is that role modification causes a ripple effect to many users with many different jobs" (Tsan, 2009, S. 1). Lehnert/Bonitz (2009, S. 30) weisen zudem darauf hin, dass nachträgliche Modifikationen und daraus resultierende Wartungskosten erheblich über den Kosten des Erstaufwandes liegen können.

Bei vorhandenen ERP-Berechtigungskonzepten wurde festgestellt, dass in der Vergangenheit oft nicht genügend in die Entwicklung von Rollen investiert wurde und/oder das Unternehmen zu umfangreiche, häufig nicht stellen-/aufgabenbezogene Rollen verwenden (Vanamali, 2008; vgl. auch Musaji, 2005 (zu Neuimplementierungen)). Dies hat auch Einfluss auf SoD-Kontrollen: Sind (Sammel-)Rollen zu umfangreich, ist die Gefahr von unzulässigen Aufgaben und Funktionen in einer Rolle(nkombination) groß. In solchen Fällen müssen Rollen nachträglich verändert; meist verkleinert werden; sind viele Rollen davon betroffen, muss unter Umständen eine Neukonzeption des Berechtigungskonzeptes erfolgen (vgl. Abschnitt 2.3.4.3).

Zusammenfassend bieten ERP-Berechtigungskonzepte im Prinzip ausreichende Mechanismen um Zugriffskontrollen, auch bezüglich SoD-Anforderungen, abzubilden. Die Konzepte sind proprietär, aber vergleichbar, da die meisten auf der Logik des RBAC basieren; im Einzelfall muss die Logik jedoch auf unterschiedliche ERP-Systeme angepasst werden. Im Hinblick auf SoD haben rollenbasierte Konzepte den Vorteil, dass SoD-Kontrollen über SoD-konfliktfreie (Sammel-)Rollen abgebildet werden können. Insgesamt spiegelt sich die Komplexität von ERP-Systemen auch in den dazugehörigen Berechtigungskonzepten wieder: Es besteht sowohl die Gefahr der Unterschätzung des Aufwandes bei der Initialisierung und Anwendung, als auch die einer gewissen Intransparenz. Um Compliance-Anforderungen zu erfüllen, sind deshalb nicht selten RE- und/oder SoD-Sanierungskonzepte erforderlich.

2.3.4   SoD-Compliance

Dieser Abschnitt dient zur Klärung des Begriffs und der Funktion von SoD-Compliance; es werden Ansätze zur Umsetzung und Sicherstellung beschrieben sowie Konzepte zur Sanierung von SoD-Kontrollen; diese werden verglichen und zu einem neuen integrativen Ansatz kombiniert. Abschließend werden SoD-Softwareprodukte mit ihren zentralen Funktionen betrachtet.

2.3.4.1 Begriff und Bedeutung

Das Begriffspaar „SoD-Compliance" wird seit einigen Jahren in Zusammenhang mit Compliance, insbesondere auch mit Bezügen und Hinweisen zu SOX-Anforderungen, verwendet. Eine eindeutige terminologische Definition zu SoD-Compliance findet sich in der Fachliteratur jedoch nicht. Im Folgenden wird deshalb eine Begriffsklärung aus vorhandenen Publikationen abgeleitet („definition by implication").

SoD-Compliance kann als Teilkomponente von Corporate Compliance kategorisiert werden, enger gefasst als Teilkomponente von IT Compliance, im Speziellen von ERP-Compliance und noch spezifischer von „Access Control Compliance" (vgl. Abb. 4). Als Teilkomponente von Corporate Compliance, in Analogie zu ERP-Compliance, kann SoD-Compliance als Zustand bezeichnet werden, in welchem alle für ein Unternehmen relevanten Regulierungen, welche auch SoD-Anforderungen und -Kontrollen tangieren, eingehalten werden.

Wie bereits erläutert, zielen SoD-Kontrollen auf die Steuerung und Überwachung von ausgewählten Risiken, was durch eine Trennung/Aufteilung von Aufgaben/Funktionen realisiert wird. Sind in einem Unternehmen keine, zu wenige und/oder ineffektive SoD-Kontrollen vorhanden, können daraus, je nach unternehmensspezifischer Situation, mannigfache Risiken resultieren. Ohne risikokompensierende Maßnahmen indiziert dieser Zustand ein Kontrolldefizit, was wiederum ein ineffizientes IKS bedeutet. Dies hat zur Folge, dass Unternehmen im Eintrittsfall durch diese Risiken geschwächt werden oder gar Bankrott gehen. Je nach geltender Regulierung kann dies auch zu Reputationsschäden oder sonstigen Sanktionen führen; im Hinblick auf SOX-Anforderungen kann z.B. eine „Material Weakness" ausgelöst werden (vgl. Abschnitt 2.2.2.3).

Als Teilkomponente von ERP-Compliance kann SoD-Compliance als Spezialisierung angesehen werden. Wiederum abhängig von den geltenden Regulierungen, sollten/müssen alle risikorelevanten Aktivitäten, welche in ERP-Systemen abgebildet sind, dokumentiert und mit effektiven Kontrollen verknüpft sein. Im Falle von SoD wird dies im Rahmen von ERP-Compliance-Maßnahmen, mittels ERP AC, konkret mittels proprietären Zugriffskontrollmechanismen und/oder spezialisierter SoD-Software realisiert. Zudem sind die ERP GC unter Umständen auf SoD-spezifische Anforderungen angepasst. Alle Maßnahmen werden periodisch überwacht und können als Compliance-Nachweise dienen.

Zusammenfassend steht SoD-Compliance für eine Spezialisierung der (ERP-) Compliance. SoD-Compliance kann in diesem Kontext als Zustand bezeichnet werden, in welchem die SoD-relevanten Aktivitäten (die in einem ERP-System

abgebildet sind) mit SoD-Kontrollen belegt sind und effizient, möglichst automatisiert, überwacht und mit Compliance-Nachweisen belegt werden.

2.3.4.2   Umsetzung und Sicherstellung

Um SoD-Compliance im Umfeld von ERP-Systemen umzusetzen und sicherzustellen, müssen effektive (SoD-)Kontrollmaßnahmen vorhanden sein und nachgewiesen werden. Wie dies erreicht werden kann, welche Charakteristika und
Messkriterien sinnvoll sind, ist in der Fachliteratur nur an Hand von wenigen
ausgewählten Fällen beschrieben; meist in Form einer SoD-Sanierung (vgl. auch
Abschnitt 2.3.4.3). Im Folgenden werden deshalb Optionen zur Umsetzung und
Sicherstellung von SoD-Compliance basierend auf Corporate-Compliance-An-
sätzen erläutert (vgl. Abschnitt 2.2.3).

Eine Möglichkeit zur Umsetzung von SoD-Compliance ist der Aufbau von
CMS-analogen Strukturen und Kontrollen (vgl. Abschnitt 2.2.3.1); hierfür können CMS-Elemente auf SoD-Belange transformiert werden. In Analogie zu den
CMS-Elementen nach Lampert (2007, §9 Rn. 1ff) und Baumöl (2009) sollten
folgende SoD-Elemente vorhanden sein:

- SoD ist unternehmensweit als Kontrollmechanismus etabliert, in ERP-gestützten Prozessen abgebildet und bei den Leitungs- und Führungsorganen
  bekannt.

- Die Funktion eines SoD-Verantwortlichen ist institutionalisiert (vgl. hierzu
  auch Asprion (2009) und die Rolle des SoD-Managers).

- Es sind Prozesse zur Umsetzung der SoD-Compliance vorhanden, wie z.B.
  - Handbücher/Verhaltenskodizies mit Hinweisen zu SoD,
  - Mitarbeiterausbildungen zu SoD-Compliance,
  - Beratungsangebote zu SoD-Compliance-Fragestellungen,
  - Arbeitsrechtliche Sanktionierung von Verstößen,
  - Kontrollmechanismen zur Überwachung/Einhaltung von SoD-Com-
    pliance.

- SoD-Compliance-Anforderungen werden durch SoD-Software gesteuert.

Auch die Empfehlungen des IDW EPS 980 (2010) bzw. des IDW PS 980 zur
Umsetzung und Sicherstellung eines CMS können in SoD-Kontrollziele transformiert und entsprechend als SoD-Compliance-Nachweise eingesetzt werden:

■ **SoD-Kultur** gibt den Orientierungsrahmen für die gesamten SoD-Aktivitäten vor und wird durch die Grundeinstellungen und Verhaltensweisen der Leitungs- und Führungsorgane geprägt. Diese Kultur beeinflusst die Bereitschaft der Mitarbeiter zu SoD-regelkonformen Verhalten und damit zur Umsetzung und Einhaltung von SoD-Anforderungen.

■ **SoD-Ziele** bilden die Grundlage für die Zuordnung von Kontrollen zu Risiken. Hierzu gehören z.b. die Festlegung von SoD-relevanten Bereichen, Prozessen und Aufgaben/Funktionen, die damit verknüpften einzuhaltenden Regeln sowie die Definition des Umgangs mit Ausnahmen.

■ **SoD-Organisationsprozesse** als integraler Bestandteil der Unternehmensorganisation. Hierzu gehören z.b. die Festlegung der Rollen und Verantwortlichkeiten, der Aufbau- und Ablauforganisation des gesamten SoD-Managements sowie die dafür erforderlichen Ressourcen.

■ **SoD-Risiken** geben einen Handlungsrahmen für eine systematische Vorgehensweise zur Identifizierung, Analyse und Bewertung von operativen Risiken vor.

■ **SoD-Programm** enthält konkrete Handlungsanweisungen; z.B. zu treffende Maßnahmen um Compliance-Verstöße zu vermeiden/zu berichten.

■ **SoD-Kommunikation** als flankierender Prozess, um z.B. Mitarbeiter und ggf. auch Dritte über SoD-spezifische Aktivitäten (inkl. Rollen und Verantwortlichkeiten) zu informieren.

■ **SoD-Überwachung und Verbesserung** als flankierendes Programm mit Maßnahmen, welche die Effektivität des gesamten SoD-CMS überwachen, Mängel beseitigen und Verbesserungen einleiten.

Eine weitere Möglichkeit oder Ergänzung wäre der Einsatz von Reifegradmodellen. Gehrke (2010) hat ein „Reifegradmodell für die Funktionstrennung in betriebswirtschaftlicher Standardsoftware" entwickelt. Das Modell erlaubt es, die Qualität von SoD-Kontrollen in Applikationssystemen, insbesondere in ERP-Systemen zu messen. Die Idee von Reifegradmodellen ist es, Charakteristika eines bestimmten Anwendungsbereiches in ein Bewertungsschema einzuordnen (Debreceny, 2006). Beispielsweise ist jedem der 34 Prozesse in COBIT (vgl. Abschnitt 2.2.3.3.2) ein Reifegradmodell zugeordnet. In der Praxis könnte ein SoD-Reifegradmodell eingesetzt werden, um SoD-Compliance nachzuweisen, aber auch als Messkriterium zum Status der Assimilation einer SoD-Software.

Zusammenfassend können zur Umsetzung und Sicherstellung von SoD-Compliance verschiedene bereits existierende Methoden angewandt werden. Eine Möglichkeit könnte der Aufbau von CMS-analogen Strukturen und Kontrollen, z.B. in Analogie zu den CMS-Elementen von Lampert (2007, §9 Rn. 1ff) und Baumöl (2009), oder zu den Empfehlungen des IDW EPS 980 (2010) / PS 980 sein. Eine weitere Option ist die SoD-spezifische Anpassung von Reifegradmodellen, in Analogie zu Gehrke (2010). Das Vorhandensein solcher Elemente kann einen gewissen Reifegrad von SoD anzeigen; der Reifegrad kann auch ein Indikator für den Assimilationsstatus von SoD-Software sein.

2.3.4.3   Sanierungskonzepte

Zur Umsetzung und Sicherstellung von SoD-Compliance ist es erforderlich, die existierenden SoD-Kontrollen und die damit verknüpften Prozesse und Aktivitäten zu überprüfen und bei Bedarf zu sanieren. Auslöser für eine Sanierung sind in vielen Fällen entdeckte SoD-Defizite. Diese können durch gestiegene Compliance Anforderungen entstehen und/oder durch im Zeitablauf „verwahrloste", kaum noch wartbare und aktuellen Ansprüchen genügende (ERP-)Rollen- und Berechtigungskonzepte. Weitere Gründe für eine SoD-Sanierung können Verbesserungs- und Kostensenkungspotenziale sein, welche durch die verstärkte Nutzung von (ERP-)Standardfunktionalitäten und/oder durch den Einsatz einer SoD-Software realisiert werden sollen. Zudem kann eine SoD-Software-Implementierung kann auch eine (vorgängige) SoD-Sanierung auslösen.

Zur Durchführung einer SoD-Sanierung gibt es keine etablierten Vorgehenskonzepte und -methoden: „Segregation of duties (SoD) is one of the primary means to prevent fraud and there is little consensus about best practices related to SoD" (Hare, 2009a, S. 45). Die in Abschnitt 2.2.3.3 beschriebenen Referenzmodelle geben zwar Hinweise zur Relevanz von SoD-Kontrollen, aber nicht zum Umgang mit SoD-Defiziten und deren Sanierung. Ähnlich verhält es sich mit Rollen- und ERP-Berechtigungskonzepten; diese liefern zwar Grundlagen zur Gestaltung von Rollen und Zugriffsrechten, aber keine Hinweise zur SoD-Sanierung.

Methodische Ansätze zur SoD-Sanierung finden sich in Beiträgen von Proctor/MacDonald (2005), welche weitreichende Best Practices empfehlen, von Proctor (2008), der eine SoD-Sanierung in vier Phasen zusammenfasst, von Adolphson/Greis (2009) und Hare (2009b, S. 220 ff), welche Teilaspekte aus der Sicht von externen Prüfungsorganen beschreiben sowie von Wolf/Gehrke (2009), die nur Aktivitäten zur Identifikation von SoD-Konflikten modellieren.

In den folgenden Abschnitten werden diese Ansätze, nach inhaltlicher An-schlussfähigkeit geordnet und im Hinblick auf ihr Potenzial zur Unterstützung sowohl bei der SoD-Software-Implementierung, als auch bei einer SoD-Sanie-rung ohne SoD-Software untersucht und kommentiert.

2.3.4.3.1 Life Cycle Approach

Dieser Ansatz soll SoD-Compliance durch die Umsetzung eines „Life Cycle Approach" gewährleisten. Proctor/MacDonald (2005) behaupten, dass SoD-Compliance durch zehn "Best Practices", welche sie als „Life Cycle Approach" bezeichnen, erreicht werden kann. Diese zehn Best Practices müssen in Unter-nehmen in irgendeiner Form existieren; im Falle einer notwendigen SoD-Sanie-rung bieten die einzelnen Elemente einen Orientierungsrahmen. Jede der Best Practices besteht in der Praxis aus einem unternehmenssituativ geprägten Set von Prozessen, Aktivitäten und Regeln. Abbildung 21 visualisiert die zehn Best Prac-tices prozessual und systematisiert nach Relevanz. Im Folgenden werden die zehn Elemente detailliert erläutert:

1. „Process Mapping": Dient zur Sicherstellung der Dokumen-tation über alle ERP-gestützten Prozesse und Aktivitäten so-wie den damit verknüpften Kontrollen und Verantwortlichkei-ten. Die Dokumentation ist Voraussetzung für die Identifika-tion von Risiken. Im Rahmen einer SoD-Sanierung sollte ein bereits existieren-des „Process Mapping" überprüft und bei Bedarf aktualisiert werden. Wird eine SoD-Sanierung durch SoD-Software unterstützt, kann das „Process Mapping" als Grundlage zur Validierung der mit der SoD-Software gelieferten „Best Prac-tice"-SoD-Matrizen dienen (vgl. auch Abschnitt 2.3.4.4).

2. „Risk Assessment": Basierend auf dem „Process Mapping" werden mit dieser „Best Practice" risikorelevante Prozesse, Aktivitäten und Informationen identifiziert und priorisiert; die Effektivität der verknüpften Kontrollen wird bewertet und getestet. Daraus könnte eine SoD-Matrix resultieren, auch wenn sie von Proctor/-MacDonald nicht so benannt wird. Das Ergebnis ist eine Liste von Risiken mit zugehörigen (SoD-)Kontrollen sowie potenziellen Kontrolldefiziten. Im Rahmen einer SoD-Sanierung sollte ein bereits existierendes „Risk Assessment" über-prüft und bei Bedarf aktualisiert werden. Wird eine SoD-Sanierung durch eine SoD-Software unterstützt, können „Best Practice"-SoD-Matrizen als Ausgangs-

punkt für ein „Risk Assessment" dienen und bei Bedarf kann eine vorhandene SoD-Matrix damit abgeglichen und konsolidiert werden.

3. „Role and Rule definition": Basierend auf den Ergebnissen des „Risk Assessment" werden mit dieser „Best Practice" die in ERP-Systemen vorhandenen Rollen, die Verantwortlichkeiten, Freigabeverfahren und Ausnahmeregelungen überprüft. Im Rahmen einer SoD-Sanierung sollten existierende Rollenkonzepte und die damit verknüpften Prozesse und Aktivitäten systematisch analysiert und bei Bedarf überarbeitet werden. Wird eine SoD-Sanierung durch SoD-Software unterstützt, können gewisse Funktionen die Überarbeitung von Rollen beeinflussen; unter Umständen ist es sinnvoll, eine Rollenmanagementsoftware einzusetzen (vgl. Abschnitt 2.3.3.3.1).

4. „User Authentication": Damit wird sichergestellt, dass die Prozesse/Aktivitäten der Nutzerautorisierung effizient implementiert sind. Die Prozesse/Aktivitäten der Nutzerautorisierung sind nicht direkt mit einer SoD-Sanierung verknüpft, gelten aber als Voraussetzung für effiziente (SoD-)Kontrollen. SoD-Kontrollen sind unwirksam, wenn Nutzer sich selbst Rollen zuordnen und/oder entfernen können und/oder mit zwei oder mehr Nutzerkennungen arbeiten dürfen. Im Rahmen einer SoD-Sanierung sollten existierende Prozesse/Aktivitäten überprüft und bei Bedarf überarbeitet werden. Wird eine SoD-Sanierung durch eine SoD-Software unterstützt, ist eine effiziente Nutzerautorisierung auch für die SoD-Software zu gewährleisten.

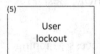

5. „User lockout": Diese „Best Practice" soll gewährleisten, dass angemeldete ERP-Nutzer und unbeaufsichtigte Terminals nach effizienten Regeln gehandhabt werden (z.B. beim Fehlen von Aktivitäten erfolgt nach einer bestimmten Zeitspanne eine automatische Sperrung). Die damit verbundenen Prozesse sind nicht direkt mit einer SoD-Sanierung verknüpft, sind aber Voraussetzung für effiziente (SoD-) Kontrollen (z.B. könnten Nutzer über unbeaufsichtigte Terminals Aktivitäten auslösen, welche einen SoD-Konflikt verursachen). Im Rahmen einer SoD-Sanierung, unabhängig ob mit oder ohne SoD-Software, sollten ergänzend die existierenden Regeln und Aktivitäten überprüft und bei Bedarf überarbeitet werden.

6. „Authorization": Diese „Best Practice" soll sicherstellen, dass die Zugriffsmechanismen und Berechtigungskonzepte von ERP-Systemen auch plattformübergreifend effektiv sind und Kontrolldefizite erkannt und durch angemessene Maßnahmen kompensiert werden. Zudem muss gewährleistet sein, dass die von den ERP-Lieferanten zur Verfügung gestellten Updates und Empfehlungen für Zugriffsmechanismen berücksichtigt werden. Im Rahmen einer SoD-Sanierung sollten existierende Berechtigungskonzepte und die damit verknüpften Prozesse und Aktivitäten überprüft und bei Bedarf überarbeitet werden. Wird eine SoD-Sanierung durch eine SoD-Software unterstützt, können gewisse Funktionen die Überarbeitung von Berechtigungskonzepten vereinfachen und beschleunigen.

7. „Logging": Mit dieser „Best Practice" soll gewährleistet werden, dass alle Rollen- und Zugriffsaktivitäten protokolliert und sicher aufbewahrt werden. Werden die Aktivitäten außerhalb eines ERP-Systems durchgeführt, muss ein Protokollabgleich erfolgen. Die damit verbundenen Aktivitäten sind nicht direkt mit einer SoD-Sanierung verknüpft, aber Voraussetzung für effiziente und nachvollziehbare Berechtigungsprozesse und sollten als Compliance-Nachweise vorgehalten werden. Im Rahmen einer SoD-Sanierung, unabhängig ob mit oder ohne SoD-Software, müssen als ergänzende Maßnahme die existierenden Regeln und Aktivitäten überprüft und bei Bedarf überarbeitet werden.

8. „Ongoing Role Maintenance": Diese „Best Practice" soll sicherstellen, dass vorhandene Rollen und Regeln parallel zu Änderungsanforderungen kontinuierlich weiterentwickelt werden und einem effizienten „Change Management", auch in Bezug auf SoD-Konflikt-Prüfungen, unterliegen. Zu beachten sind auch „cross application processes" und daraus resultierende, potenzielle Risiken. Im Rahmen einer SoD-Sanierung müssen ergänzend die existierenden SoD-relevanten Regeln/Aktivitäten überprüft und bei Bedarf überarbeitet werden.

9. „Auditing": Diese „Best Practice" dient der Sicherstellung von periodischen und/oder kontinuierlichen Prüfungen der verwendeten SoD-Matrizen. Die Aktivität erfordert eine Abstimmung mit den (externen) Prüfungsorganen (Hare, 2009b, S. 221). Wird eine SoD-Sanierung durch SoD-Software unterstützt, muss auch die Prozedur angepasst werden: Mitgelieferte „Best Practice"-SoD-Matrizen

können entweder mit bereits existierenden SoD-Matrizen abgeglichen werden
oder (nach einer Validierung) die bereits existierenden ersetzen.

10. „Monitoring": Mit dieser „Best Practice" soll gewährleistet werden, dass risikorelevante Aktivitäten, welche in einem
ERP-System durchgeführt werden, kontinuierlich überwacht
werden, um z.b. bei suspekten Aktivitäten oder in (vermuteten) Betrugsfällen ermitteln zu können. Im Rahmen einer SoD-Sanierung, unabhängig ob mit oder ohne SoD-Software, müssen die existierenden Aktivitäten
überprüft und bei Bedarf überarbeitet werden. Wird eine SoD-Sanierung durch
eine SoD-Software unterstützt, stehen meist umfassende Monitoring-Funktionen
zur Verfügung, die je nach Bedarf präventiv und/oder detektivisch eingesetzt
werden können.

In Abbildung 21 sind die Best Practices des „Life Cycle Approach" visualisiert
und nach Relevanz gruppiert (die Nummerierung ist analog zu Proctor/Mac-
Donald (2005)).

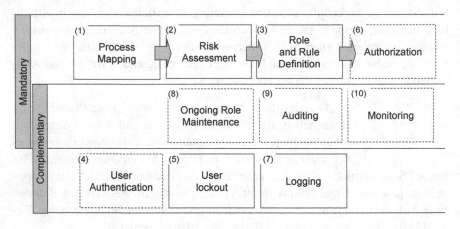

Abbildung 21: „Life Cycle Approach" (In Anlehnung an Proctor/MacDonald, 2005).

Die meisten der Best Practices ((1), (2), (3), (6), (8), (9) und (10)) werden für
eine SoD-Sanierung als obligatorisch („Mandatory") eingestuft und müssen in
irgendeiner Form vorhanden sein; von diesen wiederum sind einige nur voneinander abhängig ausführbar (die mit Pfeilen verbundenen Best Practices (1), (2),
(3) und (6)) während andere ((8), (9) und (10)) nicht voneinander abhängig sind
und nicht nur als „Mandatory", sondern auch als „Complementary" eingestuft

werden. Die Best Practices (4), (5) und (7) sind punktiert umrandet, da sie (nur) als „Complementary" eingestuft werden, d.h. sie sind zwar für eine nachhaltige SoD-Compliance (nach der Sanierung) relevant, müssen aber nicht direkt mit einer SoD-Sanierung in Verbindung gebracht werden.

Zusammenfassend stellen die zehn Best Practices kein geschlossenes Vorgehensmodell zur SoD-Sanierung dar. Vielmehr bilden sie ein Set von notwendigen Aktivitäten, eine Art Orientierungsrahmen, dessen Vorhandensein SoD-Compliance sicherstellen soll. Konkrete Umsetzungshinweise oder Qualitätsanforderungen (z.B. in Form von Reifegraden) werden nicht beschrieben. Im Hinblick auf eine SoD-Sanierung und die nachhaltige Sicherstellung der SoD-bezogenen Zugriffsrechte werden einige der Best Practices als obligatorisch ((1), (2), (3), (6)), einige zwar als obligatorisch, aber nicht direkt mit einer SoD-Sanierung verknüpft ((8), (9), (10)) und einige als komplementär ((4), (5), (7)) eingestuft.

2.3.4.3.2 Four-Phase Process

Der Ansatz soll laut Proctor (2008) SoD-Compliance durch die Anwendung von „Gartner's four-phase process" sicherstellen. Voraussetzung ist der Einsatz von SoD-Software und die Verwendung der mitgelieferten „Best-Practice"-SoD-Matrizen. Der aus vier Elementen bestehende Prozess beinhaltet ein Set von unternehmenssituativ geprägten Aktivitäten und Regeln (vgl. Abb. 22).

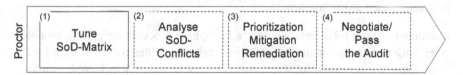

Abbildung 22: „Four-Phase Process" (In Anlehnung an Proctor, 2008).

Die vier Elemente des SoD-Sanierungsprozesses im Detail:

1. „Tune the Out-of-the-Box Rule Set": Abstimmung (Tuning) der „Best Practice"-SoD-Matrizen einer SoD-Software. Als Ergebnis werden unternehmensspezifische SoD-Matrizen erwartet.

2. „Run the Rules to Identify Current Conflicts": Analyse der aktuellen SoD-Konflikte im ERP-System, auf Basis der abge-

stimmten SoD-Matrizen und mit Hilfe der Funktionen der SoD-Software; dies ist ein iterativer Prozess der mehrere Monate dauern kann und auch nach einer SoD-Sanierung periodisch (z.B. monatlich, vierteljährlich) wiederholt werden kann/muss. Die Ergebnisse werden den Verantwortlichen (z.B. dem „Prozess/Data Owner", oder Linienverantwortlichen) mitgeteilt.

(3)
Prioritization
Mitigation
Remediation

3. „Engage the Business to Address Medium- and High-Risk Conflicts": Auf Grundlage der Ergebnisse aus Phase (2) werden für aufgedeckte SoD-Konflikte Sanierungs- und Kompensationsmöglichkeiten priorisiert, festgelegt (z.B. Rollen-, Berechtigungskonzeptanpassungen oder kompensierende Kontrollen) und durchgeführt. Betriebsstörungen sollten durch die Sanierungsmaßnahmen möglichst vermieden werden; ungelöste SoD-Konflikte sollten von den Verantwortlichen bestätigt werden.

(4)
Negotiate/
Pass
the Audit

4. „Present Evidence to the Auditors to Pass the Audit": Die Aktivitäten und Ergebnisse der Phasen (1) bis (3) werden für externe Prüfungsorgane aufbereitet; Artefakte, welche Vorgehensweisen und Entscheidungen rechtfertigen, werden bereitgestellt (z.B. Ergebnis der SoD-Analyse, Dokumentation der Bewertung der einzelnen Risiken, Dokumentation der kompensierenden Kontrollen, Compliance-Nachweise der sanierten Rollen mit SoD-Konflikten) und bilden eine wichtige Informationsquelle für die externen Prüfungsorgane. Ziel ist es, die externe Prüfung erfolgreich abzuschließen.

Zusammenfassend fokussiert „Gartner's four-phase process" die „Kernelemente" einer SoD-Sanierung für die in ERP-Systemen abgebildeten Prozesse und zwar unter Einsatz einer SoD-Software. Auf die Beschreibung von komplementären Maßnahmen, wie z.B. die Best Practices (4), (5), (7), (8), (9), (10) des „Life Cycle Approach" wird verzichtet.

Somit sind die „Kernelemente" einer SoD-Sanierung:

1)   Validierung von „Best Practice"-SoD-Matrizen, eine einmalige Aktivität, welche eine (nicht beschriebene) Risikoanalyse und -bewertung voraussetzt.

2)   Iterative SoD-Risikoanalyse (abhängig vom Funktionsumfang der SoD-Software) sowie die Beschreibung der zugehörigen organisatorischen Aktivitäten.

3)   Angemessene "Mitigation"- und „Remediation"-Aktivitäten.

4) Präparation und Verwendung der Auswertungen zur Abstimmung mit den externen Prüfungsorganen.

Die Phasen (3) und (4) werden periodisch durchgeführt und sind auch für den kontinuierlichen Betrieb nach einer SoD-Sanierung relevant. Insgesamt kann der Ansatz als Teil-Vorgehensmodell für eine SoD-Sanierung für ERP-Systeme, unter Einsatz einer SoD-Software, angesehen werden. Teil-Vorgehensmodell deshalb, weil das Ziel, SoD-Compliance (für ERP-Systeme) durch externe Prüfungsorgane bestätigen zu lassen, wohl ohne die Berücksichtigung von komplementären Maßnahmen nicht erreicht werden kann.

2.3.4.3.3 SOD Conflicts Identification Method

Dieser Ansatz fokussiert auf die automatische Identifizierung von SoD-Konflikten, als wichtige Teilaufgabe im Rahmen einer SoD-Sanierung. Wolf/Gehrke (2009) präsentieren eine aus sechs Elementen bestehende „SOD Conflicts Identification Method" (vgl. Abb. 23); die Methode wird als Komponente eines „Continuous Compliance Monitoring Frameworks" deklariert. Die Fokussierung auf einen kleinen Teilbereich ermöglicht unter Umständen vertiefte Einsichten.

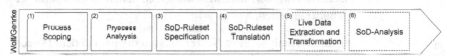

Abbildung 23: „SOD Conflicts Identification Method" (Anlehung an Wolf/Gehrke, 2009, S. 349).

Die sechs Elemente der „SOD Conflicts Identification Method" nachfolgend im Detail:

Die beiden ersten Elemente sind vorbereitend durchzuführen:

1. „Process Scoping": Identifikation der zu analysierenden SoD-relevanten Prozesse; diese bilden den Geltungsbereich für die anschließenden Phasen einer SoD-Sanierung.

2. „Process Analysis": Analyse der im „Process Scoping" definierten SoD-relevanten Prozesse und Abhängigkeiten (z.B. Identifikation der relevanten (ERP-)Systeme für eine SoD-Sanierung).

Die folgenden Elemente sind für jeden der identifizierten Prozesse durchzuführen:

(3)
SoD-Ruleset
Specification

3. „SOD-Ruleset Specification": Definition einer unternehmensspezifischen SoD-Matrix; dies geschieht durch Analyse von Prozessen mit der Überlegung, ob ohne SoD ein Risiko vorliegt; eine Priorisierung auf Basis einer Risikobewertung kann sinnvoll sein. ERP-System-abhängige Details (z.b. die taxonomische Spezifikation der Transaktionscodes und Berechtigungsobjekte des jeweiligen ERP-Systems) werden (noch) nicht berücksichtigt.

(4)
SoD-Ruleset
Translation

4. „SOD Ruleset Translation": Transformation der unter (3) „SOD-Ruleset Specification" definierten SoD-Matrix auf taxonomische, systemspezifische Anforderungen (taxonomische Spezifikation).

(5)
Live Data Extraction
and
Transformation

5. „Live Data Extraction and Transformation": Standardisierte Extraktion der relevanten Daten aus den ERP-Systemen und Transformation in ein Subsystem, welches es ermöglicht, das Datenextrakt der unternehmensspezifischen SoD-Matrix gegenüberzustellen.

(6)
SoD-Analysis

6. „SoD-Analyse": Pro Nutzer müssen die gemäß dem Berechtigungskonzept zugeordneten Rechte gegen die Einträge der SoD-Matrix analysiert werden. Das Verfahren und die Ergebnisse sind abhängig von den (technischen) Möglichkeiten des Subsystems, mit dem die Analyse durchgeführt wird.

Zusammenfassend präsentieren Wolf/Gehrke (2009) ein Vorgehensmodell ohne Anwendung einer SoD-Software, dafür aber mit Unterstützung eines sog. Subsystems mit Analysemöglichkeiten. Im Vergleich zu Proctor (2008), dessen Ansatz auf der Anwendung einer SoD-Software basiert und auch Folgemaßnahmen nach der Identifikation von SoD-Konflikten enthält, fokussieren Wolf/Gehrke ausschließlich auf Aktivitäten zur Identifikation von SoD-Konflikten. Folglich eignet sich das im Hinblick auf eine SoD-Sanierung unvollständige Modell nur für exakt diesen Teilbereich. Für eine SoD-Sanierung müsste das Modell erweitert werden. Es fehlt eine Risikoanalyse (diese ist vage in Element (3) angedeutet), wie sie z.B in der Best Practice (2) bei Proctor/MacDonald (2005) vorgesehen ist. Des Weiteren fehlen Reaktionen auf die Ergebnisse der SoD-Analyse (z.B. Phasen (3) und (4) bei Proctor, 2008) und auch Hinweise auf Voraussetzungen und flankierende Aktivitäten (analog zu den Elementen (4), (5), (7), (8), (9), (10) von Proctor/MacDonald (2008)).

2.3.4.3.4 SOD Road Map

Dieser Ansatz beschreibt eine SoD-Sanierung aus Perspektive von externen Prüfungsorganen. Adolphson/Greis (2009, S. 41) präsentieren eine aus fünf Elementen bestehende „SOD Road Map" (vgl. Abb. 24), jedoch mit dem Hinweis: „There is no prescribed road map or universal method for remediating conflicts. Each scenario is unique, depending on the degree of complexity and extent of the conflicts in a given environment". Die „SoD Road Map" beinhaltet analog zum Modell von Wolf/Gehrke (2009) Elemente zur Identifikation von SoD-Konflikten, beschreibt aber auch die Kompensation („Mitigation") und Beseitigung („Remediation") von SoD-Defiziten (analog zur Phase (3) von Proctor, 2008).

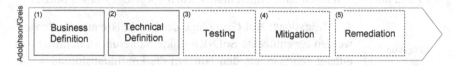

Abbildung 24: „SoD Road Map" (in Anlehnung an Adolphson/Greis, 2009, S. 40).

Die fünf Elemente der „SOD Road Map" im Detail:

(1) Business Definition
1. „Business Definition": Identifikation der zu analysierenden SoD-relevanten Prozesse; diese bilden den Orientierungsrahmen für die anschließenden Phasen der SoD-Sanierung; hierzu gehört u.a. die Definition einer unternehmensspezifischen „Conflict Matrix" durch Analyse von Prozessen. Taxonomische ERP-System abhängige Details werden (noch) nicht berücksichtigt. Dieses Element gilt als erfolgskritisch, da Unternehmen dazu tendieren, „taking on too many conflict pairings that do not meet the threshold level of risk" (Adolphson/Greis, 2009, S. 40).

(2) Technical Definition
2. „Technical Definition": Transformation der unter „SOD-Ruleset Specification" definierten SoD-Matrix auf taxonomische, systemspezifische Anforderungen. Dies erfolgt mittels Zuordnung der Prozesse und Aktivitäten zu den Programmen/Aktivitäten der korrespondierenden ERP-Systeme (taxonomische Spezifikation). Adolphson/Greis haben hierfür die Frage formuliert: „Which applications are able to execute

the defined sensitive transactions and how are they executed in the system?" und weisen darauf hin, dass diese Aufgabe häufig unterschätzt wird: „While this mapping task may appear to be simple, this step is often where many companies encounter problems due to lack of understanding of the potential ways a transaction could be executed in a particular application" (Adolphson/Greis (2009, S. 41).

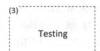 3. „Testing": Pro Nutzer müssen die zugeordneten Rechte gegen die Einträge der SoD-Matrix analysiert werden. Adolphson/Greis lassen offen, wie die Analyse durchgeführt werden soll (z.B. mittels eines Subsystems (analog zu Wolf/Gehrke, 2009) oder einer SoD-Software (analog zu Proctor, 2008), weisen aber darauf hin, dass die Analysen nach unterschiedlichen Kriterien (z.B. Nutzer-, Rollen- oder Prozessbezogen) erstellt werden sollten und die Ergebnisse den Prüfungsorganen und unter Umständen auch Aufsichtsbehörden vorgelegt werden müssen.

 4. „Mitigation": Auf Grundlage der Ergebnisse aus der Phase 3 werden für entdeckte SoD-Konflikte Sanierungen definiert und durchgeführt, indem den Nutzern die konfliktauslösenden Zugriffsrechte entzogen werden und verbleibende Konflikte durch kompensierende Kontrollen überwacht werden. Welche Maßnahmen zum Einsatz kommen, hängt von situativen Bedingungen ab, im einfachsten Fall können bereits existierende Kontrollen angewandt werden (Beispiele dazu geben Adolphson/Greis, 2009, S. 41).

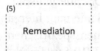 5. „Remediation": Aufgedeckte Konflikte, die in Phase 4 kompensiert werden konnten, werden nun dauerhaft eliminiert. Die Maßnahmen können äußerst weitreichend sein und weiterführende Projekte auslösen, wie z.B. umfangreiche Überarbeitungen oder Neugestaltungen von (existierenden) Rollen- und Berechtigungskonzepten, die Neugestaltung von (existierenden) Prozessen (process redesign) oder die Selektion/Implementierung von Compliance Software (z.B. SoD-Software, Rollenmanagementsysteme, GRC-Systeme).

Zusammenfassend präsentieren Adolphson/Greis (2009) ein Vorgehensmodell, welches mit dem Modell von Proctor (2008) vergleichbar ist, jedoch ohne den expliziten Einsatz einer SoD-Software. Das Modell fokussiert analog zu Proctor auf die wesentlichen Elemente einer SoD-Sanierung und verzichtet auf die Beschreibung von komplementären Maßnahmen. Die wesentlichen Elemente einer

SoD-Sanierung sind nach diesem Modell (1) die „Business Definition", eine wohl einmalige Aktivität, welche eine (nicht beschriebene) Risikoanalyse und -bewertung voraussetzt, (2) die „Technical Definition", welche für die Transformation der SoD-Matrix auf taxonomische, systemspezifische Anforderungen steht, (3) das „Testing", welches sich mit Analyse und Abgleich der vergebenen Zugriffsrechte und der SoD-Matrix befasst, sowie die beiden Phasen (4) „Mitigation" und (5) „Remediation", welche für kompensierende Maßnahmen, aber auch die dauerhafte Eliminierung der SoD-Konflikte stehen. Grundsätzlich kann die „SoD Roadmap" von Adolphson/Greis (2009) als Teil-Vorgehensmodell betrachtet werden, welches die wesentlichen Aktivitäten für eine SoD-Sanierung beinhaltet. Ähnlich wie bei Proctor (2008) fehlen jedoch einige wichtige Elemente, z.B. eine Risikoanalyse (analog zur Phase (2) von Proctor/MacDonald, 2005) oder auch die Berücksichtigung von komplementären Maßnahmen.

2.3.4.3.5 Risk Assessment Methodology

Analog zur „SOD Road Map"-Methode von Adolphson/Greis (2009) beschreibt auch die „Risk Assessment Methodology" eine SoD-Sanierung aus der Perspektive externer Prüfungsorgane. Hare (2009b) präsentiert ein aus sechs Phasen bestehendes Modell (vgl. Abb. 25) und geht davon aus, dass bereits eine validierte SoD-Matrix existiert. Der Schwerpunkt dieser Methode liegt auf dem „Risk Assessment", d.h. auf der Erhebung und Bewertung von Risiken, welche mit SoD-Kontrollen gesteuert werden können. Abweichend von den Ansätzen von Wolf/Gehrke (2009) und Adolphson/Greis (2009), welche die Erstellung einer SoD-Matrix beinhalten, startet die „Risk Assessment Methodology" erst, nachdem eine möglichst weitreichende „Best Practice"-SoD-Matrix erstellt wurde. Hare fordert eine „most comprehensive conflict matrix", um die Gefahr eines unvollständigen „Risk Assessments" zu verringern. Die Herkunft der SoD-Matrix ist nicht näher erklärt, sie kann z.B. von Wirtschaftsprüfungs- oder Beratungsgesellschaften stammen, oder auch aus einer SoD-Software; in jedem Fall sollte die Matrix von Experten validiert sein.

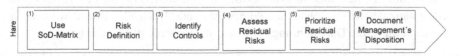

Abbildung 25: „Risk Assessment Methodology" (In Anlehnung an Hare, 2009b).

Die sechs Elemente der „Risk Assessment Methodology" im Detail:

1. Anwendung einer „most comprehensive conflict matrix": Diese von Experten validierte Matrix dient als Ausgangspunkt für das „Risk Assessment".

2. „Most comprehensive definition of risk for each conflict": Für jeden in der SoD-Matrix enthaltenen potenziellen Konflikt wird eine Risikobewertung durchgeführt. Die Bewertung sollte konservativ erfolgen, d.h. es sollten eher (zu) hohe Risiken veranschlagt werden, um zu vermeiden, dass eine zu niedrige Bewertung der Risiken zur Inakzeptanz (z.B. bei externen Prüfungsorganen) der Ergebnisse führt. Für diese Aktivität wird die Konsultierung von erfahrenen Experten empfohlen.

3. „Identify any controls that would mitigate some or all of the risks for each conflict": Für Risiken, welche in Phase 2 mit einer relevanten Risikostufe bewertet wurden, werden existierende Kontrollen evaluiert und es werden, falls keine vorhanden sind, kompensierende Kontrollen („Mitigation Controls") eingesetzt. Hare (2009b, S. 221) umschreibt diesen Vorgang als „an art, not a science, and this process takes people from various disciplines in order to be successful".

4. „Assess the residual risk": Verbliebene Risiken („Residual Risks"), für die keine „Mitigation Controls" vorhanden sind, werden explizit evaluiert und dokumentiert.

5. „Prioritize the risks with a residual risk rating": „Residual Risks" werden auf der Grundlage einer vereinbarten Skala priorisiert; solche mit hoher Priorität werden anschließend bevorzugt bearbeitet, indem Maßnahmen zur Kompensation der Risiken definiert werden. Dies kann z.B. durch ein SoD-Sanierungsprojekt unter Einsatz einer SoD-Software erfolgen. Dadurch kann für den Anfang die Akzeptanz des Risikos ohne eine kompensierende Kontrolle erreicht werden, in diesem Fall ist die Durchführung der Phase 6 außerordentlich wichtig.

6. „Management's disposition of the residual risk should be documented": Hier erfolgt die Dokumentation der mit dem Leitungs- und Führungsorganen getroffen Vereinbarungen zu

„Residual Risks". Damit wird die Letztverantwortung im Hinblick auf die verbliebenen Risiken klar zugewiesen.

Als Reaktion auf ein solches „Risk Assessment", als solitäres Projekt oder als
Teilprojekt einer SoD-Sanierung, können laut Hare sehr aufwendige Aktivitäten
(meist nur als gesonderte Projekte realisierbar) in Betracht kommen: Im Hinblick
auf ERP-Systeme können dies z.b. Änderungen bei den generellen Sicherheits-
mechanismen (z.b. Vergabe der Nutzerrechte) oder bei den Berechtigungskonzepten (z.b. Entzug von Nutzerrechten) sein. Möglicherweise müssen auch
Geschäftsprozesse angepasst werden. Bei Kontrollen reicht das Spektrum von
Änderungen, der Implementierung von neuen, zusätzlichen Kontrollen und/oder
Testzyklen bis hin zur Automatisierung von Kontrollen. Nicht zuletzt kann auch
der Einsatz und die Assimilation einer spezifischen (SoD) Software ausgelöst
werden.

Zusammenfassend präsentiert Hare ein Vorgehensmodell zur Erhebung und
Bewertung sowie zum Umgang mit Risiken, welche mit Hilfe von SoD-Kontrollen gesteuert werden können/sollen. Das Vorgehen ist abhängig von der Qualität
einer SoD-Matrix, deren Erstellung nicht als Teil des Modells geführt wird. Im
Hinblick auf eine SoD-Sanierung wird nur der Teilbereich des „Risk Assessment" abgedeckt, dieser jedoch mit relevanten Details aus der Sicht eines externen Prüfers. Die Elemente sind (2) die Bewertung und der Abgleich von Risiken
auf der Grundlage einer (1) validierten SoD-Matrix, (3) die Identifizierung von
existierenden Kontrollen, (4), (5) der Umgang mit „Residual risks" sowie (6) die
Dokumentation der Verantwortlichkeiten in Bezug auf die verbliebenen Risiken.

2.3.4.3.6 Methodenvergleich und Integration

Die fünf untersuchten Methoden unterscheiden sich zum einen im Umfang der
einer SoD-Sanierung zurechenbaren Aktivitäten (teilweise sind auch nur Aus-
schnitte herausgearbeitet) und zum anderen im Detaillierungsgrad der einzelnen
Aktivitäten (woraus eine Gewichtung ableitbar ist) sowie darin, ob die Elemente
entweder prozessual abhängig oder solitär sind.

Abbildung 26 visualisiert die Methoden und verdeutlicht mit den grau markierten Elementen die Gemeinsamkeiten der Methoden, nämlich eine SoD-Matrix. Diese wird entweder vorausgesetzt oder im Rahmen des Sanierungsprozes-
ses erarbeitet und validiert. Die Prozesspfeile mit den darin eingebetteten Elementen verdeutlichen die prozessuale Abhängigkeit der jeweiligen Elemente,
während die zehn Elemente in der Box solitär bearbeitet werden können, obwohl

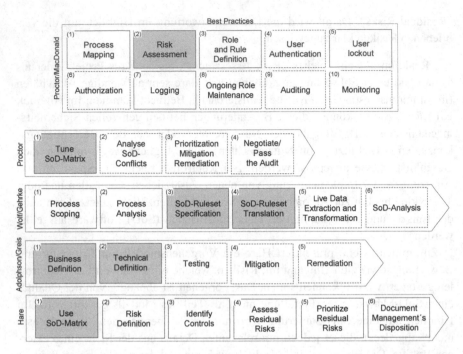

Abbildung 26: SoD-Sanierung – Methodenvergleich.

auch bei diesen über die aufsteigende Nummerierung eine gewisse Reihenfolge
empfohlen wird. Die mit Strichen umrandeten Elemente akzentuieren deren Bedeutung für die nachhaltige Sicherstellung von SoD-Compliance: Auch nach
einer SoD-Sanierung sollten die damit verknüpften Aktivitäten periodisch überprüft und bei Bedarf angepasst werden. Die Aktivitäten der Elemente, die nicht
mit Strichen umrandet sind, können als außerordentliche Aktivitäten aufgefasst
werden, im Kontext von spezifischen (Sanierungs-)Projekten; dennoch sollten
auch die Aktivitäten dieser Elemente in ein definiertes „Monitoring" eingebettet
sein. Im Vergleich zu den prozessualen Methoden sind die zehn Best Practices
von Proctor/MacDonald (2005) allesamt, wenn auch mit unterschiedlicher Priorität, für eine SoD-Sanierung essentiell: Entweder um die Sanierung durchzuführen (obligatorische Elemente (1), (2), (3), (6)) oder um die Sicherstellung der
SoD-Compliance nach der Sanierung zu gewährleisten (komplementäre Elemente (4), (5), (7), (8), (9), (10)).

Um ein möglichst umfassendes Vorgehensmodell einer SoD-Sanierung zu erhalten und zudem die Sicherstellung der Ergebnisse nach einer Sanierung zu gewährleisten, bietet es sich an, die einzelnen Methoden zu einem integrativen
Vorgehensmodell zu kombinieren: Obwohl nur aus vier Elementen bestehend,
umfasst Proctors (2008) Ansatz einen weitgehend kompletten SoD-Sanierungsprozess, wohl auch deshalb, weil die einzelnen Elemente weit gefasst sind und
Aktivitäten zusammenfassen, die andere Autoren auf mehrere Elemente auftei-
len. Proctor's Prozess beginnt mit (1) dem „Tuning" einer existierenden „Best
Practice"-SoD-Matrix, baut darauf (2) die Analyse der SoD-Konflikte auf,
schließt daran (3) die Bewertung/Priorisierung und Reaktion auf die Ergebnisse
an („Mitgation", „Remediation") und (4) endet mit einer erfolgreichen externen
Prüfung. Um den SoD-Sanierungsprozess in Bezug auf vorbereitende Maßnahmen zu vervollständigen, ist es zweckmäßig, die Elemente (1) und (2), welche
für Definition und Analyse der für die SoD-Sanierung relevanten Prozesse stehen, von Wolf/Gehrke (2009) voranzustellen.

Um SoD-relevante Risiken nicht nur in Abhängigkeit von einer generischen
(extern erstellten) SoD-Matrix zu erhalten, sollte die Best Practice (2), welche
das „Assessment" der Risiken beinhaltet, von Proctor/MacDonald (2005) vor der
Analyse der SoD-Konflikte durchgeführt werden. Um den Detaillierungsgrad zu
erhöhen, bietet es sich zudem an, das Element (2) nach dem „Risk Assessment"
sowie die Elemente (3) bis (6) von Hare (2009b) am Ende des Prozesses einzufü-
gen. Die beiden Best Practices (6) und (8) von Proctor/MacDonald (2005) sind
eine Option für den Fall, dass SoD-Defizite in Zusammenhang mit den (ERP-)
Rollen und Berechtigungskonzepten auftreten und z.B. Re-Engineering-Maßnah-
men initiiert werden müssen (der Sub-Prozess könnte auch als Teil-Projekt erfolgen).

Zur nachhaltigen Sicherstellung der SoD-Sanierung sollten zudem die verblei-
benden komplementären Best Practices (3), (4), (5) (7) und (10) von Proctor/
MacDonald (2005) berücksichtigt werden, z.B. indem sie in ein periodisches
„Monitoring" eingebunden werden. Abbildung 27 visualisiert die Anpassungen
in einem neuen, integrativen Vorgehensmodell. Darin wurden einige Elemente
zusammengefasst, die Herkunft der Elemente ist aus der Autorenbezeichnung
und der grau markierten (ursprünglichen) Nummerierung ersichtlich. Zur prakti-
schen Anwendung des integrativen Vorgehensmodells würde es sich in einem
anschließenden Schritt anbieten, eine Dokumentation der einzelnen Elemente mit
den zugehörigen detaillierten Aktivitäten zu erstellen sowie das Vorgehensmodell im Rahmen eines SoD-Sanierungsprojektes zu validieren und es als Reaktion auf die Ergebnisse bei Bedarf anzupassen.

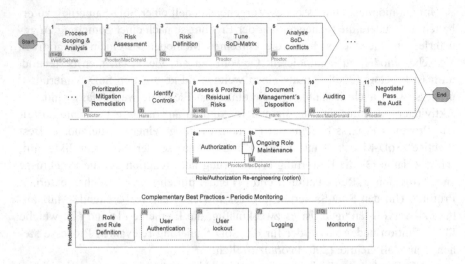

Abbildung 27:   SoD-Sanierung – Integratives Vorgehensmodell.

Zusammenfassend kombiniert das integrative Vorgehensmodell die wesentlichen Elemente einer SoD-Sanierung aus den Ansätzen verschiedener Autoren. Analog zu Abbildung 26 sind die mit Strichen umrandeten Elemente essentiell für die kontinuierliche und effiziente Sicherstellung von SoD-Compliance in der Post-SoD-Sanierungsphase. Demgemäß sind diese Elemente auch im Hinblick auf die Untersuchung einer SoD-Software-Assimilation interessant: Die Maturität der mit diesen Elementen verknüpften Aktivitäten kann als Indikator für der Erfolg einer SoD-Sanierung, auch in Zusammenhang mit einer SoD-Software, verwendet werden und folglich auch für die Assimilation einer solchen Software interessant sein.

2.3.4.4 Softwarelösungen

Der Markt für Software zum Management von SoD-Kontrollen ist unübersichtlich: SoD-spezifische Funktionalitäten sind entweder als singuläre Produkte oder seit wenigen Jahren als (Teil-)Komponenten von umfangreichen Software-Suiten erhältlich (z.B. de Lange/Randall, 2005; Laursen, 2005; Markham/Hamerman, 2005; Caldwell/Eid, 2006; Hamerman, 2006; Caldwell/Van Decker, 2008; Heiser et al., 2008; Proctor, 2008; Proctor et al., 2008; Caldwell/Proctor, 2009; Heiser, 2009; Heiser, 2010; Caldwell, 2010).

Tabelle 15: Auswahl von Produktkategorisierungen/-bezeichnungen.

Produktkategorisierung/-bezeichnung	Google-Treffer (2011-05-30)
Access Control Software	1.610.000
Compliance Software	1.190.000
Compliance Suite	540.300
Security Compliance Software	270.400
Governance, Risk and Compliance Software	230.200
GRC Platform	98.300
Continuous Controls Monitoring (Software)	66.100 (22.300)
Financial Compliance Software	54.800
Regulatory Compliance Software	54.700
Enterprise GRC Plattform	46.000
SOX Compliance Software	45.000
GRC Suite	42.700
Sarbanes-Oxley Software	39.100
SoD Software	36.400
Application Controls Management	14.000
EGRC Plattform	11.000
Segregation of Duties Software	6.500
Zugriffsmanagement Software	60

Softwarelösungen mit SoD-Funktionalitäten werden mit sehr unterschiedlichen Bezeichnungen angeboten, häufig verknüpft mit den Begriffen Governance, Risk und Compliance (GRC). Anhand der Produktkategorie oder -bezeichnung ist in der Regel nicht erkennbar, dass es sich zumindest anteilig um Software zum Management von SoD für ERP-Systeme handelt. Tabelle 15 beinhaltet eine Auswahl von Produktkategorien/-bezeichnungen, welche auch Funktionen zum SoD-Management beinhalten (können); die rechte Spalte stellt die Anzahl der Treffer einer entsprechenden Google-Recherche per 2010-05-30 dar.

Die große Spannweite und Breite der Treffer in Tabelle 15 verdeutlicht die geringe Aussagekraft der kategorisierenden Bezeichnungen. Die hervorgehobenen grau markierten Zeilen beinhalten Bezeichnungen, deren Name offensichtlich auf SoD- bzw. Zugriffs-(Access Control) Funktionen hinweisen, wobei die erste Platzierung von „Access Controls Software" mit mehr als 1,6 Millionen Treffern ein Indiz dafür ist, dass „Access Controls Software" zumindest als Sammelbezeichnung etabliert zu sein scheint.

Mit dem Inkrafttreten des SOX im Jahr 2002 stieg die Nachfrage nach IT-gestützten Lösungen zum Management der aus dem SOX resultierenden Anforderungen. So stellt Rowland fest (2007, S. 4): „The enterprise application controls management (EACM) market has seen significant growth over the past three years. This growth is primarily due to increased organizational pressure to comply with regulatory, legal, and corporate mandates. The Sarbanes-Oxley Act of 2002 (SOX) has had a significant impact on the EACM market, because it requires organizations to implement, maintain, audit, and attest to controls over financial data" (Rowland, 2007, S. 4).

Der Einfluss des SOX wird auch daraus ersichtlich, dass „Sarbanes-Oxley Software" (zumindest temporär) als eigene Softwarekategorie beschrieben wird. So untersuchen Bagranoff/Henry (2005) „Sarbanes-Oxley Software"-Produkte, welche bezüglich den Anforderungen des SOX, insbesondere der Sektion 404, Unterstützung bieten. Ihrer Einschätzung nach befinden sich Softwareanbieter (knapp drei Jahre nach Inkrafttreten des SOX) noch in einer Orientierungsphase bezüglich der von ihren Kunden benötigten SOX-relevanten Funktionalitäten: „Software vendors are creating new and revising old products to deal with Sarbanes-Oxley, but they are doing so in an environment where the product needs are not fully known" (Bagranoff/Henry, 2005, S. 1). Zur Analyse von Sarbanes-Oxley Software werden vier Kategorien gebildet: (1) „Data Manipulation Software", (2) „Document and Workflow Management Software", (3) „Risk Analysis and Risk Management Software" sowie (4) "Control Self-Assessment and Continuous Monitoring Software". Spezifische Produkte zum Management von SoD werden nicht expliziert, jedoch wird „Access Control"-Software unter Kategorie (2) angeführt. Nach dieser Kategorisierung kann SoD-Software zwei Kategorien zugeordnet werden: Zum einen Kategorie (2), für Funktionen zur Vergabe von SoD-konfliktfreien Zugriffen/Rollen („Access Control"), zum anderen Kategorie (3), für Funktionen zur kontinuierlichen Überwachung/Auswertung von Nutzerzugriffen in ERP-Systemen.

Die (relative) Neuartigkeit von SOX- bzw. compliance-orientierten Software-produkten sowie das starke, hauptsächlich durch SOX getriebene Wachstum dieses Produktsegmentes, haben den Anbietermarkt verändert und dynamisiert: „New SOX vendors are cropping up everywhere making vendor reputation, reliability, and stability a particularly important issue in selecting SOX software" (Bagranoff/Henry, 2005, S. 3). Das Inkrafttreten des SOX löste eine Serie von Produktneuentwicklungen und -anpassungen aus; es kamen explizit SOX-Soft-wareprodukte auf den Markt und vermutlich ausgehend von deren Neuartigkeit (alleine schon der Bezeichnung „SOX Software") wurden zahlreiche Studien veröffentlicht, welche z.B. potenzielle Kunden, Einsatzfelder, Funktionen, teil-weise auch den Reifegrad dieser Produkte untersuchten (z.B. Bagranoff/Henry, 2005; de Lange/Randall, 2005; Laursen, 2005; PWC, 2005b; Markham/Hamer-man, 2005; Caldwell/Eid, 2006; Hamerman, 2006; PWC, 2007b).

Eine Besonderheit von SoD-Software dürfte die inkludierte hersteller-spezifi-sche, proprietäre „Best Practice"-SoD-Matrix sein. Eine solche Matrix enthält unvereinbare SoD-Konstellation (vgl. Abschnitt 2.1.2) in Abhängigkeit von den im Ziel-ERP-System abgebildeten Prozesse und Aktivitäten. Zur Nutzbarkeit und Qualität der Matrix verweisen die Anbieter meist auf eigene Erfahrungen so-wie Erfahrungen mehrerer Big4-Gesellschaften, welche in die Matrix einfließen (vgl. etwa für die SAP SoD-Matrix: SecurIntegration, 2008, S. 186; SAP, 2008). Dennoch ist fraglich, ob solche „Blue Print"-SoD-Matrizen sinnvoll angewandt werden können (de Lange/Randall, 2005). So weisen Adolphson/Greis (2009, S. 40) darauf hin, dass SoD-Matrizen sehr unterschiedlichen Anforderungen ge-nügen müssen und „... differ among companies, industries, business models and even locations within the same company, depending on what processes are finan-cially significant". Folglich ist zu empfehlen, die mit der SoD-Software gelieferte „Best Practice"-Matrix einer sorgfältigen Validierung und Anpassung gemäß den unternehmens-spezifischen Erfordernissen zu unterziehen (vgl. Abschnitt 2.3.4.3).

Wie bereits erwähnt wird SoD-Software entweder als spezialisiertes Produkt oder als (Teil-)Komponente von integrierten (GRC-)Lösungen angeboten. Ana-lysten von Gartner fassen neuerdings Softwareprodukte mit Analyse- und Kon-trollfunktionen als „Continuous Controls Monitoring (Software)" zusammen (Caldwell/Proctor, 2010). Im Folgenden werden diese Produktkategorien unter der besonderen Prämisse von SoD betrachtet.

2.3.4.4.1   Spezialisierte Produkte

Zur Übersicht bezüglich Marktsituation, Anbietern und deren Produkte eignen sich die von führenden Marktforschungsinstituten regelmäßig durchgeführten und publizierten Analysen (z.B. Caldwell/Eid, 2006; Proctor et al., 2007; Proctor, 2008; Rowland, 2007; Proctor/MacDonald, 2008; Caldwell/Proctor, 2010). Proctor et al. (2007, S.3) stellen im Jahr 2007 fest, dass sich vor allem SOX-pflichtige Unternehmen und solche, die vergleichbaren Regulierungen unterliegen, mit SoD-Kontrollen auseinandersetzen müssen und empfehlen diesen den Einsatz von SoD-Software (Proctor et al., 2007, S. 3).

In ihrer Marktanalyse „MarketScope for Segregation of Duties Controls Within ERP, 2007" charakterisieren Proctor et al. (2007) SoD-Software für ERP-Systeme nach technologie-orientierten Merkmalen:

1)   „Static Analysis": Identifizierung und Bereinigung von existierenden SoD-Konflikten; eignet sich für den Einstieg und für die Sanierung von ineffizienten ERP-Berechtigungen/-Rollen.

2)   „Provisioning Support": Identifizierung und Bereinigung von existierenden SoD-Konflikten; Zugriffsvergaben können präventiv auf SoD-Konflikte getestet werden; optional sind workflow-gesteuerte Prozesse, z.B. zur Freigabe, Sperrung, Regelung von Ausnahmen, möglich.

3)   Fortgeschrittener „Provisioning Support": Das Zugriffsmanagement ist stärker integriert im ERP-System oder extern angebunden, etwa über „Identity Access Management Systeme" (IAM Systeme); die Zugriffsvergaben sind obligatorisch über workflow-gesteuerte Prozesse geregelt.

4)   „Transaction Monitoring": ERP-spezifische Aktivitäten (Transaktionen) können reaktiv überwacht werden; dies ist mittels „batch processing" in regelmäßigen Abständen oder durch kontinuierliche Überwachung durchführbar.

5)   "Privilege Access": Mechanismen zur besonderen Steuerung/Überwachung von Ausnahmenfällen/-zugriffen, auch als „Superuser Privilege Management" betitelt (z.B. „check-out/check-in"-Funktionen, dokumentierte Workflows und Freigabeprozesse).

Neben den technologie-orientierten Merkmalen werden Ziel-ERP-Systeme unterschieden, für die eine SoD-Software konzipiert ist, Daraus wird ersichtlich, dass SoD-Software den proprietär ausgelegten ERP-Systemen folgen muss (vgl.

Abschnitt 2.3.3.1) und abhängig ist von den technologischen ERP-Ausprägungen. Dies lässt vermuten, dass SoD-Softwareanbieter als Ziel-ERP-Systeme die etablierten, umfassenden ERP-Systeme von Oracle und SAP bevorzugen, zumal deren Komplexität den Einsatz von SoD-Software rechtfertigt und viele große und auch SOX-pflichtige Unternehmen diese Systeme einsetzen. Die von Proctor et al. (2007) erstellte Liste bestätigt diese Vermutung:

1) SAP ERP-Systeme

2) Oracle/PoepleSoft ERP-Systeme

3) Diverse ERP-Systeme (nicht SAP oder Oracle/Peoplesoft; z.B. Microsoft)

4) „Cross-Platform"-ERP-Systeme, unterstützen multiple ERP-Systeme.

Proctor et al. (2007) selektieren, vergleichen und bewerten neun SoD-Software-produkte. Diese unterstützen mindestens eines der technologie-orientierten Merkmale (1) bis (4), können drei produktive Installationen nachweisen und erfüllen die definierten Evaluationskriterien (Proctor et al, 2007a, S. 6 ff). Abbildung 28 beinhaltet die Ergebnisse der Marktanalyse.

Das in Abbildung 28 dargestellte Ergebnis der Marktanalyse von Proctor et al. (2007) zeigt, dass sich die untersuchten SoD-Produkte sowohl bezüglich der technischen Merkmale als auch der Zielsysteme erheblich unterscheiden: Nur wenige decken im Jahr 2007 alle technischen Merkmale ab und hervorragende Bewertungen (grau markiert) erzielen relativ wenige Software-Anbieter. Am besten schneiden die SoD-Softwareprodukte von LogicalApps, Oracle und SAP ab, wobei anzumerken ist, dass Oracle den Nischenanbieter LogicalApps Ende des Jahres 2007 akquirierte, mit dem Ziel, deren SoD-Produkt in ihre „Oracle GRC Suite" zu integrieren (Oracle, 2007; Proctor/MacDonald, 2007). Zuvor, im Februar 2007, hatte LogicalApps bereits das SoD-Produkt „Applimation Integra" (Fox, 2005) des Nischenanbieters Applimation übernommen (Panek, 2007).

Im Hinblick auf Ziel-ERP-Systeme wird deutlich, dass SoD-Produkte ein relativ schmales Spektrum abdecken, da sie in der Regel nur ein ERP-System hervorragend unterstützen (Oracle oder SAP). „Cross-Platform"-Unterstützung bieten nur zwei Produkte (ACL Services und Approva) an.

Insgesamt veranschaulicht Abbildung 28, dass es relativ wenige Anbieter und dafür ein erhebliches Entwicklungspotenzial gibt. Zudem befinden sich verschiedene Anbieter in einer Konsolidierungsphase (vgl. auch Wagner et al., 2007). Proctor et al. (2007) prognostizieren für die kommenden Jahre eine starke Nachfrage bezüglich SoD-Software, vor allem für SOX-pflichtige Unternehmen. Sie klassifizieren den Markt für SoD-Software als Teilmarkt eines größeren Marktes für Finanz-, Audit- sowie Governance-, Risiko- und Compliance(GRC)-Software. Des Weiteren gehen sie davon aus, dass SoD-Software als singuläres Produkt künftig allenfalls eine Nische besetzen wird und ansonsten Bestandteil von umfassenderer „Governance, Risk and Compliance (GRC)"-Software sein wird.

SoD-Softwareprodukte Merkmale/Zielsysteme		ACL Services	Applimation	Approva	Control Software International	D2C Solutions	LogicalApps	Oracle	Oversight Systems	SAP
Merkmale	(1) „Static Analysis"	–	2	2	2	2	1	2	3	1
	(2) „Provisioning support"	–	2	2	3	3	2	2	–	2
	(3) Integrierter „Provisioning Support"	–	2	3	–	3	1	1	–	2
	(4) „Transaction Monitoring"	1	3	2	2	3	3	3	1	2
	(5) „Privilege Access" (Ausnahmefälle)	–	–	2	–	–	–	–	–	2
Zielsysteme	(6) SAP ERP-Systeme	2	–	2	2	2	–	–	2	1
	(7) Oracle/PoepleSoft ERP-Systeme	2	1	2	–	–	1	1	2	3
	(8) Diverse ERP-Systeme (außer Oracle/SAP)	2	3	2	–	–	3	3	2	3
	(9) „Cross-Platform"- ERP-Systeme	1	–	1	–	–	–	–	2	3

Abbildung 28: SoD-Softwareprodukte (in Anlehnung an Proctor et al., 2007).
Die Zahlen in den jeweiligen Zellen stehen für folgende Bewertung:
1 Das Produkt erfüllt diese Anforderung hervorragend (grau markiert).
2 Das Produkt erfüllt diese Anforderung.
3 Möglicherweise erfüllt das Produkt diese Anforderung.
– Keine Empfehlung, sofern diese Anforderung benötigt wird.

2.3.4.4.2 Integrierte Produkte

Da SoD-Software als Teilkomponente in GRC-Produkten integriert sein kann, sind auch diese Softwarelösungen im Kontext von automatisierten SoD-Kontrollen relevant, insbesondere, weil die beiden marktführenden ERP-Systemanbieter Oracle und SAP ihre SoD-bezogenen Lösungen in solch einem integrierten Produkt anbieten.

Unter „(Enterprise) Governance, Risk and Compliance Solutions/Platforms" wird Software zum Management der titulierten Themenfelder subsumiert. Prinzipiell sind die Begriffe Governance, Risk (Management) und Compliance auf ein breites Spektrum von Softwareprodukten anwendbar (Caldwell/Eid, 2008, S. 3). Demzufolge variieren nicht nur der Funktionsumfang, sondern auch die Bezeichnungen für diese Produkte stark (exemplarische Titel/Kategorien können aus Tabelle 15 entnommen werden). Aus Gründen der Vereinfachung wird im weiteren Verlauf die Bezeichnung „GRC-Software" als Sammelbegriff für Softwareprodukte verwendet, welche Funktionalitäten zum Management von Governance, Risk und Compliance bündeln.

GRC-Software wird analog zu SoD-Software von Marktforschungsinstituten regelmäßig analysiert, jedoch werden die in GRC-Software abgebildeten Bereiche und Aufgaben immer umfangreicher. So wird es auch immer schwieriger, den Markt, aber auch den Funktionsumfang von GRC-Software zu definieren und gegenüber anderen Märkten und Funktionen abzugrenzen. McClean/Rasmussen (2007, S. 2 ff), Analysten von Forrester Research, identifizieren für GRC-Software vier zentrale Funktionsbereiche:

1) **Policy and procedure management** umfasst die Entwicklung, Genehmigung, Verwaltung und Kommunikation von Grundsätzen und Verfahren(sanweisungen) sowie ihre Verknüpfung mit Risiken, Kontrollen und Compliance-Anforderungen.

2) **Risk and control management** repräsentiert die Beurteilung von Risiken, Kontrollen und Compliance(anforderungen); hierzu gehört u.a. auch das Management und die zentrale Erfassung von Risiken sowie die Unterstützung von Prüfungsorganen.

3) **Loss and investigations management** beschäftigt sich mit dem Umgang mit Verlusten, internen Ermittlungen, Korrekturmaßnahmen, dem Sammeln von Daten, etwa zu Verlustfällen sowie dem Analysieren von Ursachen und Trends.

4) **GRC analytics and modeling** soll Leitungs-, Führungs- und Prüfungsorgane dabei unterstützen, den Status von Governance, Risiko-Management und Compliance zu überwachen; Werkzeuge dazu sind etwa Risikomodelle, What-If-Szenarien sowie Diagramme.

Vergleichbare Funktionsbereiche für GRC-Software, wenn auch mit etwas anderen Bezeichnungen, formuliert Caldwell (2008): (1) Prüfungsmanagement, (2) Policy Management, (3) Compliance Management und (4) Risk Management.

Die Entwicklungen bezüglich den zentralen Funktionsbereichen von GRC-Software sowie der damit verknüpften Marktsituation werden seit einigen Jahren von den Analysten von Gartner intensiv beobachtet und bewertet (z.B. Caldwell/ Eid, 2008; Heiser et al., 2008; Proctor et al., 2008; Caldwell et al., 2009; Heiser, 2009; Caldwell, 2010; Heiser, 2010): Jährlich wird ein „Magic Quadrant" zusammengestellt, welcher GRC-Softwareanbieter nach „Leaders", „Challengers", „Visionaries" und „Niche Players" kategorisiert (Caldwell/Eid, 2008; Caldwell et al., 2009; Caldwell, 2010): Als „Leaders" gelten Anbieter, die einerseits für ihre Kunden durch den Softwareeinsatz Chancen erkennen, die einen Mehrwert generieren und andererseits die Fähigkeit besitzen, ihre Visionen zu realisieren. Als „Challengers" gelten solche, die ein erfolgreiches GRC-Produkt am Markt platzieren konnten, aber deren künftige Strategie/Entwicklungen unklar und/oder schwierig einzuschätzen sind. „Visionaries" sind Anbieter, welche den Markt kennen, ein interessantes Produkt mit Potenzial vertreiben, das aber noch nicht vollständig entwickelt, ausgereift und/oder künftige Strategie/Weiterentwicklungen für das Produkt sind unklar. Die vierte Kategorie beinhaltet die „Niche Players", dies sind meist kleinere Anbieter, die sich in einem GRC-bezogenen Feld diversifizieren und typischerweise kein allzu umfangreiches GRC-Produkt anbieten.

Abbildung 29 zeigt eine Gegenüberstellung der Analyseergebnisse für GRC-Software für die Jahre 2008, 2009 und 2010 (Caldwell/Eid, 2008; Caldwell et al., 2009; Caldwell, 2010). Daraus wird ersichtlich, dass der Markt für GRC-Software sehr dynamisch ist und sich viele der Anbieter und damit auch ihre Produkte in einer Konsolidierungsphase befinden. So gab es bei den in 2009 und 2010 angeführten Anbietern zahlreiche Veränderungen: IBM akquirierte OpenPages, EMC-RSA akquirierte Archer, Thomson Reuters akquirierte Paisley, Software AG akquirierte IDS Scheer, SoftPro Systems akquirierte Cura und Wolters Kluwer den Anbieter Axentis. Zudem schlossen sich „BPS" und „Resolver" zusammen und firmieren nun unter „BPS Resolver".

	2008	2009	2010
	(Caldwell/Eid, 2008)	(Caldwell et al., 2009)	(Caldwell, 2010)
Leaders	Metric Stream OpenPages **Oracle** Paisley	BWise Metric Stream OpenPages **Oracle** Thomson Reuters (Paisley)	BWise Metric Stream OpenPages (IBM)
Challengers	Achiever Archer Technologies Axentis Methodware Protiviti	Methodware	Aline SoftPro Systems (Cura) EMC-RSA (Archer Techno- logies) Methodware **Oracle** Thomson Reuters Software AG (IDS Scheer)
Visionaries	BWise Cura MEGA	Archer Technologies Cura Mega Proviti	Wolters Kluwer (Axentis) MEGA **SAP**
Niche Plays	IDS Scheer QUMAS	Aline Axentis IDS Scheer	BPS Resolver (BPS & Re- solver) LogicManager Proviti SAS Strategic Thought

Abbildung 29: "Magic Quadrant for GRC Technology 2008-2010".

Akquisitionen und Zusammenschlüsse haben in der Regel kurzfristig wenige Auswirkungen für die Kunden, abgesehen davon, dass sich der Lieferantenname ändert. Die Kunden müssen jedoch mit mittel- und längerfristigen Veränderungen rechnen, z.B. hinsichtlich der Produkt(entwicklungs)strategie, insbesondere wenn ihr bisheriger Anbieter durch eine Akquisition verschwunden ist. Kundenseitig verursacht die Konsolidierungswelle bei den GRC-Softwareanbietern Unsicherheiten, zumal diese noch nicht abgeschlossen zu sein scheint. So blogt der Analyst Rasmussen im Oktober 2010: „However, this is just a pause in the storm of GRC related activity happening. There are a few other announcements I expect to hit the press in the next month or two as other GRC vendors revise their approach as well as focus on more consolidation through acquisitions" (Rasmussen, 2010).

Die mit den Konsolidierungen verbundenen Unsicherheiten und Risiken lassen vermutlich (potenzielle) Kunden von GRC-Software dazu tendieren, Anbieter zu bevorzugen, welche eine gewisse Stabilität ausstrahlen (vgl. auch Rasmussen, 2007). Die Konsolidierungen sind auch bezüglich SoD-Funktionalitäten mit Unsicherheiten und Risiken verbunden, weil SoD-Kontrollen proprietär und deren Ausprägungen stark von den jeweiligen Ziel-ERP-Systemen abhängig sind. Somit sind die Strategien der neuen Besitzer z.B. zur (künftigen) Integration der ERP-Systeme von großer Bedeutung. Durch diese enge Verknüpfung werden Unternehmen mit komplexen ERP-Anwendungen vermutlich SoD-Lösungen ihrer ERP-Systemanbieter in die engere Auswahl miteinbeziehen. Die führenden ERP-Anbieter SAP und Oracle haben bereits in den Jahren 2006 bzw. 2007 spezialisierte SoD-Softwareanbieter akquiriert (SAP, 2006; Oracle, 2007) und deren Produkte zumindest teilweise in ihr eigenes GRC-Produktportfolio integriert. Somit können ihre Kunden bezüglich der SoD-Funktionalitäten davon ausgehen, dass eine gewisse Konsolidierung bereits stattgefunden hat und eine relativ stabile Phase ansteht.

Im von Gartner Research erstellten „Hype Cycle for Governance, Risk and Compliance Technologies, 2010" (Heiser, 2010, S. 67f) werden regelmäßig GRC-Technologien nach ihren Marktchancen analysiert und bewertet, u.a. auch "ERP SOD Controls": Die Analysten betonen, dass „ERP SOD Controls" primär durch SOX und ähnliche Gesetze getrieben werden. Unternehmen, die entsprechenden Anforderungen unterliegen, wird deshalb empfohlen, SoD-Kontrollen in ERP-Systemen nicht manuell sondern automatisiert zu managen, da die manuelle Bearbeitung zu komplex und ressourcenintensiv sei. SoD-Software wird von den Analysten inzwischen als „Mature Mainstream" eingestuft: „Automated SOD analysis tools provide immediate value in the automation and consistency of the SOD remediation process. These tools are entering the mainstream (as evidenced by SAP's acquisition of Virsa Systems and Oracle's acquisition of LogicalApps, which itself had acquired Applimation's governance, risk and compliance product line) and have become part of the standard of due care and are typically required by auditors for large installations" (Heiser, 2010, S. 67). Als limitierend werden die hohen Investitionskosten, der aufwendige Betrieb und die Wartung von SoD-Produkten angesehen. Zudem wird bemängelt, dass „Cross-Platform"-Anforderungen, wie sie große Unternehmen mit multiplen ERP-Systemen benötigen, nicht ausreichend unterstützt werden: „We have seen cases in which these tools were purchased and were later shelved because process deficiencies weren't addressed first" (Heiser, 2010, S. 67).

Falls Unternehmen zu den neuartigen GRC-Produkten wechseln oder sich erstmalig dafür entscheiden, geht Heiser davon aus, dass Unternehmen ihre ERP-Lieferanten bevorzugen, sofern diese eine GRC-Lösung im Portfolio haben. Dies wiederum wird kleinere Anbieter unter Druck setzen; Heiser (2010) geht davon aus, dass diese sich differenzieren müssen, um sich von den großen Anbietern abzugrenzen.

Neuerdings werden einzelne, zu SoD- bzw. GRC-Software zuordenbare Komponenten unter der Bezeichnung „Continuous Controls Monitoring" (CCM) zusammengefasst bzw. separiert. Eine Marktanalyse aus dem Jahr 2010 bezeichnet CCM als „emerging governance, risk and compliance technology that monitors controls in ERP and other financial applications to improve financial governance, monitor and verify access and transactional rules, and automate audit processes" (Caldwell/Proctor, 2010, S. 1).

Nach Ansicht der Analysten ist der Markt für CCM-Software noch in einem frühen Stadium, aber Unternehmen mit komplexen ERP-Systemen werden die Produkte wohl künftig nachfragen (Caldwell/Proctor, 2010). CCM-Software ist eine Produktkategorie sowie eine (neue) Bezeichnung für eine Kombination von verschiedenen Softwarekomponenten. Sie beinhaltet auch automatisierbare SoD-Kontrollen für ERP-Systeme. Gemäß Caldwell/Proctor (2010) soll eine CCM-Software folgende vier Komponenten beinhalten bzw. Kontrollbereiche unterstützen:

1) „CCM for segregation of duties" (CCM-SoD); zum Management von SoD-Kontrollen in ERP-Systemen.

2) „CCM for transactions" (CCM-T); zum kontinuierlichen Überwachen von Transaktionen in (ERP-)Systemen, besonders Finanztransaktionen.

3) "CCM for master data" (CCM-MD); zur Automatisierung von Kontrollen in Bezug auf (Stamm-)Daten, im Besonderen hinsichtlich Finanztransaktionen.

4) "CCM for application configuration" (CCM-AC); zur Überwachung von Konfigurationen und Modifikationen in (ERP-)Systemen.

Die Marktanalyse von Caldwell/Proctor (2010) ergibt, dass im Jahr 2010 die potenziellen Anbieter jeweils nur ausgewählte Bereiche, z.B. (1) SoD-Kontrollen für ERP-Systeme (CCM-SOD) unterstützen. Drei der Anbieter, SAP, Oracle und Approva wird jedoch eine hervorragende Ausgangslage bezüglich künftigen „CCM-Lösungen" zugestanden, nicht zuletzt wegen den inzwischen ausgereiften Lösungen zu (1) „CCM for segregation of duties". Alle anderen Anbieter von CCM-Lösungen werden als „Niche Players" für einzelne Kontrollbereiche kategorisiert (z.B. Oversight Systems, ACL Services und Greenlight Technologies). Die drei ausgewählten Anbieter mit dem größten Potenzial decken neben Lösungen zu (1) auch CCM-Funktionalitäten aus den Bereichen (2), (3) und (4) ab, jedoch sind diese nicht in einem spezifischen CCM-Produkt erhältlich, sondern sie sind in umfassenden GRC-Produkten in unterschiedlichen Komponenten integriert. Insgesamt erscheint die Zusammenfassung von Lösungen mit Analyse und Überwachungsfunktionen sinnvoll; ob der Markt jedoch neben SoD- und GRC-Software noch eine weitere Spezialisierung, annimmt, bleibt abzuwarten, zumal die Funktionalitäten auch in den bekannteren GRC-Produkten weitgehend enthalten sind

Werden Anbieter von GRC-Software gesucht, deren Funktionsportfolio auch ein automatisiertes Management von SoD-Kontrollen beinhaltet, stellt sich heraus, dass nur Oracle und SAP entsprechende Funktionalitäten bieten; in Abbildung 29 sind diese deshalb fett markiert:

- Oracle subsumiert SoD-Kontrollen für ERP unter der Teilkomponente „Application Access Controls Governor" (Oracle, 2011). Die Funktionen wurden im Jahr 2007 durch Akquisition von LogicalApps hinzugewonnen und (ohne Umbenennung) in die GRC-Software „Oracle Enterprise Governance, Risk and Compliance Manager" (EGRC) integriert (Oracle, 2007; Proctor/MacDonald, 2007).

- SAP subsumiert SoD-Kontrollen für ERP unter der Teilkomponente „Access Controls" (SAP, 2011g). Die Entwicklung dieser Teilkomponente wurde im Jahr 2006 durch den Kauf von Virsa und die Integration des „Compliance Calibrator" und anderer SoD-bezogener Funktionen (von Virsa) vorangetrieben (SAP, 2006; MacDonald et al., 2006, Dittmar, 2007). „Access Controls" bzw. „Access Risk Management" ist inzwischen eine Teilkomponente von "SAP BusinessObjects Governance, Risk, and Compliance Solutions" (SAP, 2011f). Die beiden Bezeichnungen „Access Controls" und „Access Risk Management" finden sich synonym in den Informationen von SAP.

Da SAP und die gleichnamige ERP-Software auf dem europäischen Markt eine führende Position einnehmen und die Software in vielen Unternehmen, welche auch anspruchsvolle Compliance-Anforderungen erfüllen müssen, eingesetzt wird, werden im folgenden Abschnitt einige wesentliche Merkmale des Unternehmens SAP sowie exemplarisch zentrale Funktionen der SoD-Komponente „Access Controls" bzw. „Access Risk Management" beschrieben.

2.3.4.4.3 Beispiel SAP

Das Unternehmen SAP AG hat seinen Hauptsitz in Deutschland und erreicht im Jahr 2010 mit 53.500 Mitarbeitern einen Gesamtumsatz von 5.594 Millionen Euro. Damit ist SAP weltweit einer der größten Softwareproduzenten und -anbieter. SAP ist erst im Jahr 2006 in den GRC-Software-Markt eingetreten und tätigte hohe Investitionen, um eine weitreichende GRC-Software zu entwickeln (Caldwell/Eid, 2007; Dittmar, 2007). So akquirierte SAP im Jahr 2006 das Unternehmen Virsa, welches u.a. SoD-Software für das Ziel-ERP-System SAP im Produktportfolio hatte. Bereits im Jahr 2007 prognostizierte der Forrester-Analyst Rasmussen (2007) der GRC-Software von SAP und auch von Oracle sehr gute Marktaussichten: „Oracle and SAP hold the future of GRC". Im Jahr 2011 wurde die GRC-Software von SAP erstmals in Gartner's „Magic Quadrant" unter den „Leaders" geführt.

Die aus fünf zentralen Komponenten bestehende Software beinhaltet weitgehend die von McClean/Rasmussen (2007) und Caldwell (2008) beschriebenen Funktionsbereiche von GRC-Software. Der Softwareanbieter unterstützt damit die Bewältigung von Governance, Risiko-Management und Compliance über verschiedene Nationen, Regionen, Organisationseinheiten, Systeme und Funktionen hinweg (SAP, 2011f). SAP hat in den letzten Jahren die Komponenten ihrer GRC-Software des Öfteren neu kombiniert und (um)benannt; für Kunden bedeutet dies eine andauernde Neuorientierung und somit Belastung; exemplarisch für eine völlig anders anmutende „GRC Suite" ist die Produktbeschreibung und Abbildung der GRC-Software aus dem Jahr 2007 (SAP, 2007; vgl. auch Ryser, 2010, S. 48 ff). Die aktuellen Komponenten der SAP GRC-Software veranschaulicht Abbildung 30.

Die dort dargestellte Lösung für Governance, Risk und Compliance von SAP beinhaltet im Wesentlichen fünf Komponenten. Die Komponenten können auch separat implementiert werden:

- **SAP BusinessObjects Risk Management** unterstützt das unternehmensweite Management von Risiken, z.B. Risikoplanung, Festlegung von Risikoindikatoren, Definition von Risikokatalogen, Erfassung von Risiken, Simulation von Risikoszenarien. Zudem ermöglichen „Dashboards" die Überwachung von Risiken.

<table>
<tr><td colspan="2">

SAP® BusinessObjects™ Risk Management
Aggregated detection of risks and control monitoring across the enterprises

</td></tr>
<tr><td>

SAP BusinessObjects
Global Trade Services

Secure and streamlined
cross-border transactions

</td><td>

SAP Environment, Health,
and Safety Management

Compliant environment, health,
and safety processes

</td></tr>
<tr><td>

SAP BusinessObjects Access Control

Secure segregation of duties and
compliant identity management
and provisioning

</td><td>

SAP BusinessObjects Process Control

Controls for financial and
operational processes

</td></tr>
</table>

Abbildung 30:   SAP Lösungen für Governance, Risk und Compliance (SAP, 2010, S. 6).

■   **SAP BusinessObjects Global Trade Services** bietet Unterstützung im internationalen Handel, z.B. zur Einhaltung nationaler Handels- und Sicherheitsbestimmungen, elektronischer Zollabwicklung, Abwicklung von Zahlungsgarantien.

■   **SAP BusinessObjects Environment, Health, and Safety (EHS) Management** sorgt für sichere, effektive und gesetzes-konforme Abläufe in den Bereichen Umwelt-, Gesundheits- und Arbeitsschutz.

■   **SAP BusinessObjects Process Control** zielt auf die Errichtung einer effektiven Kontrollumgebung, z.B. Identifizierung und Implementierung von Kontrollen zur Einhaltung von Compliance-Anforderungen; es können sowohl manuelle als auch automatische Kontrollen unterstützt werden; Verstöße gegen Kontrollvorschriften werden angezeigt, sämtliche Korrekturmaßnahmen verfolgt und dokumentiert.

■   **SAP BusinessObjects Access Control** steuert das Zugriffs- und Berechtigungswesen, das ERP-Rollen- und Rechtmanagement und ermöglicht workflow-gestützte Berechtigungs- und Genehmigungsverfahren. Zentral ist das SoD-Management für ERP-Aktivitäten. Eine vordefinierte Regeldatenbank für unvereinbare Konstellationen ist verfügbar; die SoD-Kontrollen können in Echtzeit analysiert und überwacht werden. Möglich ist auch die Abwicklung von Ausnahmesituationen („Privilege Access").

Die letztgenannte Komponente „SAP BusinessObjects Access Control", abgekürzt „Access Control", wird ab der GRC-Software-Version 10.0 als „Access Risk Management" (Rambo, 2011) bezeichnet. Sie repräsentiert IT-gestützte Lösungen für das Management von SoD in ERP-Systemen. Im Einzelnen sind vier umfangreiche Funktionsgebiete verfügbar, welche im Folgenden beschrieben werden (SAP, 2011j):

1) Beseitigung von Zugriffs- und Berechtigungskonflikten in ERP-Systemen:
   – Analyse von aktuellen Daten auf Grundlage einer SoD-Matrix.
   – Präventive Simulation auf potenzielle (SoD-)Regelverstöße und zwar bevor (neue) Berechtigungen vergeben werden.
   – Sicherstellung der Funktionstrennung auf Grundlage einer SoD-Matrix.

Abbildung 31 veranschaulicht exemplarisch das Ergebnis einer Risikoanalyse zu SoD-Konflikten; dies kann im Rahmen des Zugriffs- und Berechtigungsmanagements durchgeführt werden.

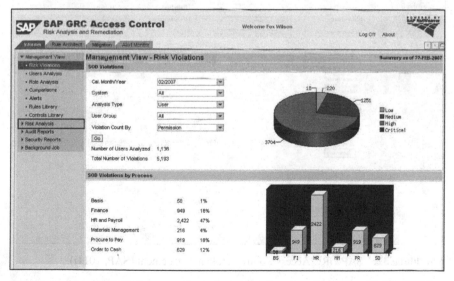

Abbildung 31: SAP GRC Access Control: Analyse von SoD-Konflikten (SAP, 2011j).

2) Unternehmensweites Management von Rollen in ERP-Systemen:
   – Definition von regel-konformen Rollen; Bearbeitung der Rollen ge-
     trennt nach Funktions- (Business) und Technik-Orientierung (IT), inkl.
     der Analyse von Rollen-bezogenen SoD-Konflikten.
   – Erstellung und Pflege von Benutzerrollen mittels Prozessabbildungen
     und einer automatisierten hierarchischen Rollengenerierung.
   – Gewährleistung von Sicherheitsmaßnahmen, z.B. durch automatische
     Bestätigungen und Vergleich von Benutzerrollen.

Abbildung 32 veranschaulicht exemplarisch das Management von Rollen
inkl. Berücksichtigung von SoD-Konflikten; dies kann im Rahmen des Rol-
lenmanagements („Enterprise Role Management") durchgeführt werden.

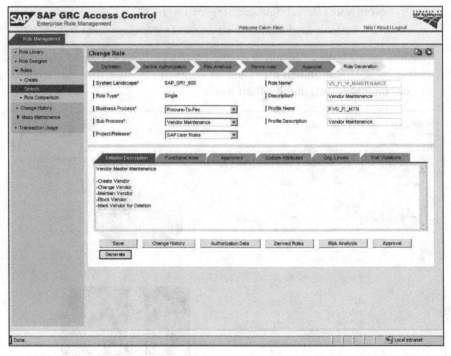

Abbildung 32: SAP GRC Access Control: Rollenmanagement (SAP, 2011j).

3) Management von Superuser-Berechtigungen für ERP-Systeme:
  – Sichere Systemanmeldung für „Superuser"; eine temporäre ID erlaubt dem Superuser einen „Privilege Access", jedoch kontrolliert und überwacht.
  – Gewährleistung der Nachvollziehbarkeit von „Privilege Access"-Zugriffen durch Protokollierung jeder Aktivität.
  – Optionale Vergabe von Superuser-IDs für Sicherheitsbeauftragte.

Abbildung 33 veranschaulicht exemplarisch das Management von Superusern; dies kann im Rahmen des „Superuser Privilege Management" durchgeführt werden.

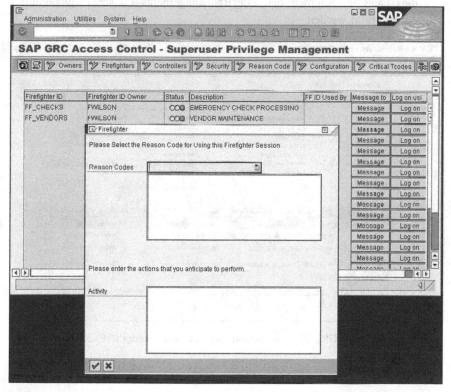

Abbildung 33: SAP GRC Access Control: Superuser Management (SAP, 2011j).

4) Regel- und gesetzes-konforme Berechtigungsvergabe in ERP-Systemen:
   – Automatisierung der Zugriffsvergabe, inkl. komplexer Genehmigungs-
     prozesse.
   – Verhinderung von SoD-Konflikten; Verstöße beim Zugriff auf die pro-
     duktiven Systeme können durch Echtzeitanalyse des geplanten Benut-
     zerzugriffs und vorbeugender Maßnahmen verhindert werden.
   – Automatisierung von Genehmigungsprozessen; zu jeder Anfrage wer-
     den automatisch Informationen über den Antragsteller aus anderen Da-
     tenquelllen ergänzt.

Abbildung 34 veranschaulicht exemplarisch die Vergabe von Zugriffen;
dies kann im Rahmen des Zugriffsmanagements („User Provisioning")
durchgeführt werden.

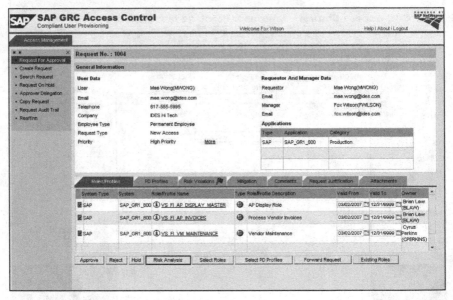

Abbildung 34:   SAP GRC Access Control: Zugriffsmanagement (SAP, 2011j).

Zusammenfassend ist der Markt für Lösungen zum automatisierten SoD-Management für ERP-Systeme primär durch den SOX und die ausgehend davon resultierenden Compliance-Anforderungen getrieben. Vor allem für SOX-pflichtige Unternehmen und Unternehmen, die vergleichbaren Vorschriften unterliegen, ist SoD-Software interessant. Anhand von fünf technologischen Merkmalen kann SoD-Software funktionell charakterisiert werden; die am Markt verfügbaren Produkte decken diese Merkmale jedoch im Jahr 2007 nur teilweise ab (vgl. Abb. 28). Weitere Besonderheiten sind, dass SoD-Software über Best-Practice-SoD-Matrizen verfügen. Diese müssen vor ihrer Nutzung unternehmensindividuell validiert und angepasst werden. In der Regel sind entsprechende Best-Practice-SoD-Matrizen nur für ein spezifisches ERP-System (hervorragend) geeignet, meist sind dies die ERP-Systeme der führenden Anbieter Oracle und SAP. Der Markt für SoD-Software ist sehr dynamisch, geprägt von Akquisitionen und Zusammenschlüssen und befindet sich in einer Konsolidierungsphase. Es wird vermutet, dass Unternehmen, welche ERP-Systeme von Oracle oder SAP einsetzten, dazu tendieren, die SoD- bzw. GRC-Software „ihrer" ERP-Systemlieferanten einzusetzen, zumal diese in den Marktanalysen gut bewertet werden und ihnen eine gute Ausgangsposition für die Zukunft zugesprochen wird (Heiser, 2010). Im Jahr 2010 wird SoD-Software von den Gartner-Analysten als "Mature Mainstream" eingestuft, jedoch ist dies wohl primär auf die großen Anbieter Oracle und SAP bezogen. Die Investitions- und Betriebsaufwände für GRC-Software werden jedoch von Heiser (2010) als sehr hoch kritisiert.

Automatisierte SoD-Kontrollen werden entweder als spezialisierte oder als integrierte Produkte angeboten. Prognosen, welche davon ausgingen, dass die spezialisierten Produkte durch integrierte Produkte bis 2010 abgelöst werden würden (Proctor et al., 2007), haben sich im Jahr 2010 noch nicht erfüllt (Caldwell/Proctor, 2010). Im Grunde prägen Oracle und SAP, die beiden führenden ERP-Anbieter, die integrierten Produkte, da beide ihre SoD-Lösungen als Komponenten einer umfangreichen GRC-Software anbieten. Zudem schneiden ihre SoD-Produkte bei den Marktforschungsinstituten inzwischen sehr gut ab und auch die Zukunftsprognosen sind erfreulich. Das Beispiel der SoD-Software von SAP zeigt verfügbare Funktionalitäten; diese decken die von Proctor et al. (2007) zusammengestellten technischen Merkmale mehr als ab. Insgesamt haben einige SoD-Softwareprodukte inzwischen wohl einen akzeptablen Reifegrad, die andauernde Konsolidierungsphase der Anbieter schafft jedoch kundenseitig Unsicherheiten und Risiken.

3 Theoretischer Bezugsrahmen

In diesem Kapitel werden theoretische Grundlagen der Assimilation von IS-Innovationen untersucht. Ziel ist es, in bereits vorhandenen Theorien Erklärungsmuster zu entdecken, welche die Suche nach Indikatoren für die Assimilation unterstützen.

Auf Grundlage von ausgewählten Theorien soll ein theoretischer Bezugsrahmen erstellt werden, welcher wiederum das Design des Forschungsmodells für die empirische Untersuchung bestimmt. Ein solcher Bezugsrahmen unterstützt die Systematisierung und Durchdringung von zu erforschenden Phänomenen und kann durch Bezugnahme auf bereits etablierte Theorien und Forschungsergebnisse die Kommunikation der Forschungsschritte und -ergebnisse erleichtern (vgl. Wolf, 2005, S. 30). Für die empirische Untersuchung dient der Bezugsrahmen als vorläufiges Erklärungsmodell; bei Bedarf kann letzteres im Verlauf des Forschungsprozesses überarbeitet und verfeinert werden (vgl. Welge, 1980, S. 61).

Die folgenden Abschnitte erläutern die Selektion von anerkannten Theorien und Modellen. Die ausgewählten Theorien werden in Bezug bezüglich ihrer Bedeutung zur Assimilation von SoD-Software untersucht; wenn möglich, werden erste Propositionen aufgestellt. Geleitet von den Propositionen werden Hypothesen und dazugehörige Indikatoren entwickelt; daraus resultierend soll ein theoriebasiertes Forschungsmodell entstehen, welches die empirische Untersuchung fundiert.

3.1 Theorienselektion

In diesem Abschnitt werden grundsätzliche Überlegungen zur Wiederverwendung von Theorien, Modellen, Propositionen und Hypothesen diskutiert sowie für die Beantwortung der Forschungsfragen als relevant erachtete Theorien untersucht. Die systematische Analyse von relevanten Theorien eines Forschungsfeldes ist ein wesentliches Qualitätsmerkmal für die Rigorosität einer Forschung (vgl. Abschnitt 1.3). Ziel einer solchen Analyse ist, den Stand der Forschung zu evaluieren und aus vorhandenen Theorien Konstrukte und Indikatoren abzuleiten, die für neue Fragestellungen wieder verwendet werden können. Innerhalb eines Forschungsprozesses bietet diese Phase das größte Potenzial zur Qualitätssicherung, da davon ausgegangen werden kann, dass vorhandenen Theorien entsprechend rigorose Forschung voraus ging.

Die Wiederverwendung von bereits validierten Theorien und zugehörenden Bezugsrahmen trägt zur Beschleunigung des Forschungsprozesses bei: „Dabei geht es weniger um die Durchführung von Replikationsstudien, sondern vielmehr um eine problembezogene Anpassung und Weiterentwicklung mächtiger Bezugsrahmen, die an die Stelle kompletter Neuentwicklung treten. Dies erscheint sowohl ex ante zwecks begründeter Herleitung von Propositionen und Hypothesen, als auch zur ex post Interpretation der Ergebnisse sinnvoll" (Heinzl, 2001, S. 24). Heinzl hebt zudem hervor, dass durch die Wiederverwendung von Propositionen und Hypothesen zeitaufwändige Pretests wegfallen können.

Resultierend aus der Theorienanalyse und -selektion entsteht ein auf ein spezifisches (Praxis-)Phänomen angepasster oder auch neuer theoretischer Bezugsrahmen. Dieser dient als Grundlage für das konzeptionelle Forschungsmodell (vgl. Bacharach, 1989; Kirsch, 1991). Bei diesem Vorgehen ist zu beachten, dass das zu erklärende Phänomen die Entscheidung diktiert, ob basierend auf existierenden Theorien geforscht werden kann oder ob eine neue Theorie entwickelt werden muss (Seth/Thomas, 1994, S. 187). Prinzipiell sollte bei empirisch ausgerichteten Forschungsmodellen die Möglichkeit der Integration von bereits validierten Theorien berücksichtigt werden, da in der Theorienintegration ein beachtliches Potenzial für die Theorieentwicklung liegt (z.B. Fararo/Skvoretz, 1993; Blossfeld/Müller, 1996). Allerdings müssen dabei der Zuwachs an erklärter Varianz und die Einfachheit/Prägnanz einer Theorie gegeneinander abgewogen werden.

Mit der Wiederverwendung von vorhandenen Theorien, Modellen und Bezugsrahmen können unter Umständen auch die auf Basis dieser Konstrukte entwickelten Propositionen und Hypothesen genutzt werden. Laut Bacharach (1989) sind Propositionen und daraus abgeleitete Hypothesen wichtige Bestandteile eines Forschungsprozesses: Eine Theorie besteht aus einem System von allgemein gültigen Aussagen/Annahmen zu in kausalen Zusammenhängen stehenden Beziehungen. Dabei wird unterschieden zwischen nicht beobachtbaren, in bidirektionaler Beziehung stehenden Konstrukten, welche mittels Propositionen formuliert werden und beobachtbaren, ebenfalls in bidirektionaler Beziehung stehenden Variablen, welche durch Hypothesen konkretisiert werden. Im Gegensatz zu Konstrukten können Variablen z.B. durch Messwerte operationalisiert und damit empirisch belegt/verworfen werden. Ein solches theoriegeleitetes System wird durch vom Forscher getroffene Annahmen begrenzt (z.B. über räumliche und zeitliche Restriktionen).

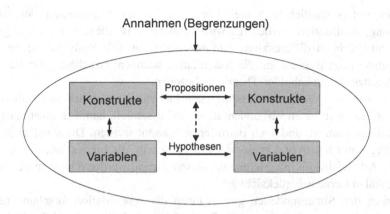

Abbildung 35: Komponenten einer Theorie (In Anlehnung an Bacharach, 1989, S. 499).

Abbildung 35 zeigt die Komponenten einer Theorie, bestehend aus Konstrukten und Variablen sowie von Forschern für ein spezifisches (Praxis-)Phänomen definierten Annahmen, welche als Begrenzung fungieren.

SoD-Software und deren Assimilation in Unternehmen sind ein bisher kaum beachtetes Forschungsfeld; dies kann mit der Neuartigkeit, aber auch mit der Spezifität der Applikationen begründet werden (vgl. Abschnitt 2.3.4.4.). Demgemäß sind auch keine Theorien, theoretischen Modelle und Bezugsrahmen bekannt, welche die Assimilation von SoD-Software erklären. Es bietet sich jedoch an, auf Theorien und Modelle zurückzugreifen, welche die Assimilation von verwandten (IT-)Innovationen, z.B. ERP-Systeme, untersuchen.

Ein wichtiger Bestandteil der Forschungen zu IT-Innovationen und deren Assimilation sind Stufenmodelle zur Erklärung der verschiedenen Phasen der Assimilation, z.B. von der Initialisierung bis zur Infusion. Diese Modelle können auch zur Erklärung der Assimilation von SoD-Software angewandt werden.

Mit SoD-Software kann das Vorhandensein von effektiven Mechanismen für compliance-relevante Prozesse und Aufgaben nachgewiesen werden. Da die Gestaltung der Nachweise gesetzlich nicht geregelt ist, orientieren sich Akteure in Unternehmen typischerweise an Interpretationen und Empfehlungen von Dritten (z.B. die Prüfungsgesellschaft bzw. deren Prüfer, oder Fachgruppen aus dem branchenspezifischen Umfeld); aus diesem Grund werden Theorien zur Wirkung von institutionellen Isomorphismen berücksichtigt.

Eine Besonderheit von SoD-Software ist, dass diese Produkte Überwachungsmechanismen und -berichte in Aussicht stellen (vgl. Abschnitt 2.3.4.4.); somit

können unterschiedlichste Stakeholder(gruppen) mit Ergebnissen der Überwachung, konfrontiert werden. Es wird vermutet, dass diese Stakeholder(gruppen) entsprechend differenzierte Anforderungen an SoD-Software stellen und
demgemäß auch Einfluss auf die Assimilation ausüben; aus diesem Grund werden Ansätze der Stakeholder-Theorie einbezogen.

Des Weiteren sind neu zu etablierende Innovationen immer auch mit (erstmaligen) Lernprozessen verbunden; diese sind essentiell, damit Innovationen bei
zukünftigen Nutzern und auch Betroffenen bekannt werden. Diese sollen ja den
Umgang damit lernen und in einem weiteren Schritt, die Innovationen möglichst
in ihre Arbeitsabläufe integrieren; aus diesem Grund werden Theorien des organisationalen Lernens berücksichtigt.

Neben den Stufenmodellen gibt es einen der Assimilationsforschung nahe-
stehenden Forschungsstrang zu (IS-)Erfolgsfaktoren. Entsprechend der Bezeichnung werden Faktoren aufgezeigt, welche den Erfolg von IS-Artefakten, z.B.
von ERP-Systemen, erklären; es wird vermutet, dass diese Faktoren auch zur Erklärung der Assimilation von SoD-Software nutzbar sind; somit werden die Ansätze der Erfolgsfaktorenforschung ebenfalls einbezogen.

3.2 Theorien zur Assimilation

Dieser Abschnitt dient der Beschreibung der selektierten Theorien. Einführend
werden Forschungszusammenhänge und Definitionen zur (IS-)Assimilation erläutert. Daran anschließend werden die ausgewählten theoretischen Konstrukte
untersucht und sofern möglich, Begründungszusammenhänge für Propositionen
und potenzielle Indikatoren abgeleitet.

Die Forschung zur IS-Assimilation beschäftigt sich primär mit Indikatoren,
welche bei der Auswahl, Implementierung oder dem Einsatz von IS-Innovatio-
nen relevant sein können (z.B. bereits Meyer/Goes, 1988; Attewell, 1992; Saga/
Zmud, 1994; Fichman/Kemerer, 1997; Rogers, 2003, 402 ff). In diesem Kontext
wird eine Innovation als eine Idee oder ein Objekt aufgefasst, welche/s durch ein
Individuum als NEU wahrgenommen wird, wobei es keine Rolle spielt, ob die
Idee bzw. das Objekt wirklich neu sind, entscheidend ist die Wahrnehmung des
Individuums (Rogers, 2003, S. 12). Die IS-Assimilationsforschung verfolgt das
Ziel, die Prozesse, welche eine Assimilation auslösen (können), zu verstehen, um
daraus genauere Prognosen und Handlungsempfehlungen für die Praxis zu entwickeln (Fichman, 2004; Gallivan 2001a). Die IS-Assimilationsforschung wird
von der Annahme geprägt, dass Unternehmen oder in einen Innovationsprozess
involvierte Akteure mit signifikanten Herausforderungen konfrontiert werden

und dass die Wahrscheinlichkeit der Assimilation steigt, wenn eine größere Anzahl der eine Assimilation positiv beeinflussenden Indikatoren bei der Etablierung einer Innovation berücksichtigt werden oder zutreffen (Fichman, 2004,
S. 315).

Die Theorien und Modelle der IS-Assimilationsforschung sind meist von den
traditionellen, in den 1940er Jahren entstandenen Adoptions- und Diffusions-
theorien abgeleitet. Erste empirische Resultate zur Adoption und Diffusion von
IS-Innovationen wurden zu Beginn/Mitte der 1980er Jahre publiziert (zu detaillierten Ausführungen siehe Rogers, 2003, S. 41 ff). Die IS-Assimilationsforschung kann als Spezialisierung der Adoptions- und Diffusionsforschung angesehen werden; als Gründe für diese Absplittung werden hauptsächlich unzureichende Theorien/Modelle des klassischen Forschungsstranges in Bezug auf
die Besonderheiten von IS genannt (z.B. Fichman, 2000; Gallivan, 2001a; Lyyti-
nen/Damsgaard, 2001).

Zum Konstrukt der IS-Assimilation finden sich unterschiedliche Interpretationen: So definieren Meyer/Goes (1988, S. 897) „Assimilation of Innovations" als
einen Prozess, welcher „(1) is set in motion when individual organization members first hear of an innovation's development, (2) can lead to the acquisition of
the innovation, and (3) sometimes comes to fruition in the innovation's full
acceptance, utilization, and institutionalization". Damit wird eine Art Lebenszyklus beschrieben, welcher von der ersten Beachtung einer Innovation, über
ihre Selektion, hin zur Einführung, Verwendung und Akzeptanz sowie letztlich
ihrer Institutionalisierung reicht.

Armstrong/Sambamurthy (1999, S. 306) definieren „IT Assimilation" als „the
effective application of IT in supporting, shaping, and enabling a firm's business
strategies and value-chain activities" und zielen damit auf eine Ausrichtung an
den Unternehmenszielen sowie auf einen erzielbaren Wertschöpfungsbeitrag ab.

Purvis et al. (2001, S. 121) beschreiben „Technology Assimilation" als „the
extent to which the use of technology diffuses across the organizational projects
or work processes and becomes routinized in the activities of those projects and
processes". Somit kann die Assimilation eines IS-Artefaktes mit der Durchdringung umschrieben werden, den dieses Artefakt quer durch Projekte oder Prozesse erreicht; mit der Routinisierung ist die höchste Stufe bewältigt.

Zusammenfassend sind in Unternehmen implementierte IS-Innovationen gemäß Definition dann assimiliert, wenn ihnen die Prädikate „Full Acceptance",
„Utilized", „Institutionalized" oder „Routinized" zuerkannt werden können; die
(Mess)Kriterien der Prädikate sind jedoch unklar und müssen wohl unternehmensindividuell festgelegt werden. Ein weiteres Indiz für eine erfolgreiche Assi-

milation ist die) Erreichung der mit Einsatz der IS-Innovation angestrebten Ziele, inklusive eines damit verbundenen Wertschöpfungsbeitrages (Armstrong/Sambamurthy, 1999, S. 306).

Die Implementierung einer IS-Innovation beginnt typischerweise mit Enthusiasmus über einen gelungenen und vielversprechenden Kauf und ist mit oft hochgesteckten Zielen verbunden. Dennoch werden viele gekaufte IS-Innovationen entgegen der anfänglichen Planung nicht oder nicht gemäß den ursprünglichen Zielen implementiert und eingesetzt (z.b. Fichman/Kemerer, 1999; Moore, 1999; Glass, 1998; Pynu, 2002; Kouki et al., 2007). Dieses Phänomen wird von Fichman/Kemerer (1999) als „Assimilation Gap" bezeichnet; sie weisen in diesem Zusammenhang auf die häufig anzutreffende Differenz zwischen den Verkaufszahlen von IS-Innovationen und deren tatsächlichem Einsatz in Unternehmen hin. In Analogie zum „Assimilation Gap" prägt Moore (1999, 2004) die Phrase „Crossing the Chasm"; damit wird ein Graben umschrieben, der überwunden werden muss, damit eine IS-Innovation erfolgreich assimiliert werden kann (vgl. auch Cho et al, 2009).

Gemäß Fichman (1992) ist die Assimilation von IS-Innovationen ein von der jeweiligen Innovation abhängiges Ereignis und bereits entdeckte Einflussfaktoren (von anderen Innovationen) können nicht ohne weiteres auf vielleicht ähnliche oder verwandte Innovation übertragen werden. Demgemäß muss die Assimilation für jede IS-Innovation neu untersucht werden, da sich der Einfluss gleicher Indikatoren signifikant unterscheiden kann, je nach Einsatzgebiet, Branche, Nutzergruppen und Untersuchungszeitpunkt (vgl. auch Swanson, 1994). Dies dürfte auch die zahllosen produktspezifischen Forschungsmodelle und -ergebnisse im Kontext der Assimilationsforschung begründen (z.B. zu ERP-Systemen, EDI-, RFID-, Internet-Applikationen). Zur Assimilation von SoD-Software sind, wie bereits erwähnt, keine Forschungsergebnisse bekannt; durch ihre Nähe zu ERP-Systemen scheint es jedoch zweckmäßig, die Untersuchung an bewährte Theorien und Modelle der ERP-Assimilations-Forschung anzulehnen.

3.2.1   Stufenmodelle

Ein wichtiger Bestandteil der IS-Assimilationsforschung sind Stufenmodelle zur Erklärung der einzelnen Diffusions- oder auch Assimilationsphasen von IS-Innovationen (z.b. von Rogers, 1962, 2003; Ettlie, 1980; Meyer/Goes; 1988; Cooper/ Zmud, 1990; Zhu et al., 2006). Als richtungsweisend gilt das Stufenmodel („Stage Model") von Rogers (ursprünglich aus dem Jahr 1962; aktuelle Auflage 2003, S. 169 ff): Das fünfstufige Modell ordnet das (im Unternehmen) bereits vorhandene „Knowledge" zur IS-Innovation der ersten Stufe zu. Daraus entwickelt sich in der zweiten Stufe die „Persuasion", dass eine potenzielle Innovation sinnvoll ist und erfolgreich eingesetzt werden kann. In der dritten Stufe fällt die eigentliche „Decision" für eine Innovation. In der vierten Stufe findet die „Implementation" statt und daraus entwickelt sich, in der fünften Stufe, die „Confirmation", d.h. die routinemäßige Nutzung; in dieser letzten Stufe wird die Assimilierung im Idealfall abgeschlossen. Das Modell von Rogers ist auf den Lebenszyklus einer Innovation ausgerichtet, konzentriert sich aber auf die Entscheidung(sfindung). Die Assimilation, im Sinne einer routinemäßigen Nutzung, findet erst im letzten Stadium statt. Abbildung 36 zeigt Rogers Modell vereinfacht; die punktiert markierte Stufe verdeutlicht den späten Fokus auf die Assimilation.

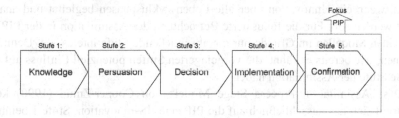

Abbildung 36: Entscheidungsfokussiertes Stufenmodell (In Anlehnung an Rogers, 2003, S. 170).

Ein ähnliches Stufenmodell, jedoch mit drei Haupt- und jeweils drei Sub-Stufen, stammt von Meyer/Goes (1988): Die Hauptstufen sind unterteilt in „Knowledge-Awareness", „Evaluation-Choice" und „Adoption-Implementation"; jede der drei Stufen beinhaltet wiederum drei Substufen (Abb. 37). Für die Assimilation ist vor allem die punktiert markierte dritte Stufe mit den Sub-Stufen (3.1) „Trial", in der die Innovation sich noch in der Pilotphase befindet, (3.2) „Acceptance", in der die Innovation akzeptiert und genutzt wird, sowie (3.3) „Expansion", in der die Innovation bereits aktualisiert oder erweitert wurde und möglicherweise bereits eine Nachfolgeversion im Einsatz ist. Für die Einstufung des

Assimilationsstatus ist diese Stufe von Relevanz; die zeitliche Dauer der Stufen 1 und 2 sowie in diesen Stufen (nicht) getroffenen Entscheidungen können jedoch eine gewisse Strahlkraft auf die dritte Stufe ausüben und somit die Assimilation in der PIP beeinflussen.

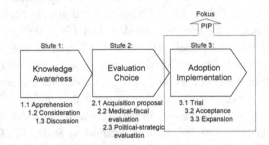

Abbildung 37: Entscheidungsfokussiertes Stufenmodell (In Anlehnung an Meyer/Goes, 1988).

Die Modelle von Rogers (2003, S. 170 ff) und Meyer/Goes (1988) orientieren sich am Lebenszyklus einer Innovation mit der Konzentration auf die Phase der Entscheidungsfindung. Aus diesem Grund eignen sich die Modelle besonders dann, wenn eine Innovation über alle Lebenszyklusphasen begleitet und analysiert werden soll. Für die fokussierte Betrachtung der Assimilation in der PIP ist in beiden Modellen im Grunde nur die abschließende Stufe interessant. Dennoch können, wie bereits erwähnt, die vorgelagerten Stufen potenziell Einfluss auf die letzte Stufe der Assimilation haben.

Das „Assimilation Process Stage Model" von Cooper/Zmud (1990) konzentriert sich fast ausschließlich auf die PIP einer IS-Innovation: Stufe 1 beinhaltet die „Initiation", u.a. die Entscheidung eine Innovation einzuführen. In Stufe 2 erfolgt die „Adoption", also die eigentliche Implementierung im Unternehmen. In Stufe 3 ist die Implementierung abgeschlossen und die „Adaption" beginnt und verdichtet sich in Stufe 4, wenn eine gewisse „Acceptance" eintritt; in diesem Stadium akzeptieren Nutzer (oder Betroffene) die Innovation. In der fünften Stufe wird die Innovation zur Routine, die Nutzer haben sie in ihre alltäglichen Aktivitäten integriert und nehmen sie nicht mehr als etwas Besonderes wahr. Die letzte Stufe der „Infusion" beinhaltet die integrierte Nutzung; in diesem Stadium sind alle mit der Innovation angestrebten Ziele realisiert und es werden unter Umständen bereits neue Innovationen initiiert, welche ggf. bisherige Innovationen ablösen. Abbildung 38 zeigt das etwas vereinfachte Modell; die punktiert markierten Stufen 3-6 verdeutlichen die Assimilation in der PIP.

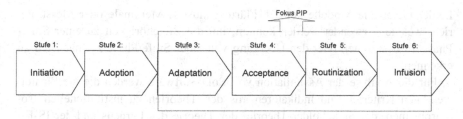

Abbildung 38: PIP-fokussiertes Stufenmodell (In Anlehnung an Cooper/Zmud, 1990).

Cooper/Zmuds Modell wird häufig zitiert und angewandt (z.B. Chatterjee/ Sambamurthy, 1997; Gallivan, 2001a; Kouki et al., 2006; Brown, 2007; Bajwa et al., 2008). Beispielsweise untersuchen Kouki et al. (2006) die Assimilation von ERP-Systemen und wandeln das Modell ab, indem sie die Assimilationsphase explizit hervorheben und zur Verdeutlichung der unterschiedlichen Zeitdauer und Aufwendungen unterschiedlich große Ellipsen nutzen (vgl. Abb. 39).

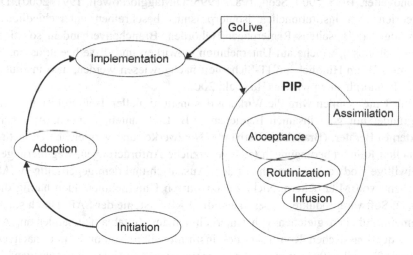

Abbildung 39: Assimilationsprozess für ERP-Systeme (In Anlehnung an Kouki et al, 2006, S. 11).

Zusammenfassend eignen sich die Stufenmodelle, um den Assimilationsstatus einer beliebigen IS-Innovation aufzuzeigen und damit zumindest grob zu bewerten. Die Modelle besitzen eine Spannweite von der ersten Kenntnisnahme einer Innovation bis hin zur Infusion in Unternehmen; je nach Untersuchungsbedarf können auch nur die relevanten Stufen oder Phasen der PIP betrachtet werden.

Leider bieten die Modelle keine Erklärungsmuster, Merkmale oder Messkriterien, welche verwendet werden können, um die Zugehörigkeit zu einer Stufe/ Phase zu bestimmen oder den Übergang von einer Stufe/Phase zur nächsten zu erkennen.

Für die Analyse der Assimilation von SoD-Software werden die hierfür notwendigen Kriterien und Indikatoren aus den Theorien zu institutionellen Isomorphismen, der Stakeholder-Theorie, der Theorie des Lernens und der IS-Erfolgsfaktorenforschung abgeleitet; diese werden in den folgenden Abschnitten beschrieben.

3.2.2 Institutioneller Isomorphismus

Die Theorien zum institutionellen Isomorphismus („Institutional Theory") versuchen zu erklären, warum Unternehmen eine oft erstaunliche Homogenität in den Strukturen, Prozeduren und Prozessen aufweisen (z.B. Zucker, 1977, 1987; Granovetter, 1985, 2000; Scott, 1987, 1995; DiMaggio/Powell, 1991, 2000). Die Theorien zum institutionellen Isomorphismus beschreiben unterschiedlichste „Zwänge" (z.B. seitens Regierungen/Behörden, Branchenverbänden, sonstigen „Peer Groups"), welche auf Unternehmen einwirken und diese beeinflussen. So konnte z.B. im Hinblick auf IT-Sicherheit nachgewiesen werden, dass institutionelle Isomorphismen wirken (Hu et al., 2006a).

Für Unternehmen wird die Wirkung des institutionellen Isomorphismus meist begründet mit gemeinsamen Bereichen (z.B. Lieferanten, Kunden, Aktionäre, (externe) Berater, (Branchen-)Verbände, Netzwerke) und vergleichbaren institutionellen Rahmenbedingungen (z.B. gesetzliche Anforderungen, Regulierungen, freiwillige Kodizes), oder auch mit dem Austausch und dem gegenseitigen „Abwerben" von Mitarbeitern. Nicht zuletzt nutzen Unternehmen auch häufig dieselben Softwareprodukte, insbesondere die ERP-Systeme der SAP. Durch solche Gemeinsamkeiten gleichen sich Unternehmen im Zeitablauf einander an. Anhand des klassischen Konstrukts des institutionellen Isomorphismus nach DiMaggio/Powell (1991) werden drei Dimensionen (Zwänge) unterschieden; im Folgenden werden diese detailliert erläutert:

1) Obligatorische Zwänge repräsentieren primär unternehmensextern ausgelöste formale Verpflichtungen (z.B. Gesetze, Regulierungen). Deren Einhaltung bedeutet für Unternehmen die Vermeidung des Risikos, gegen eine geltende Vorschrift zu verstoßen und die daraus resultierenden Folgen zu tragen. Im Kontext des IT-Managements können obligatorische Zwänge auch unternehmensintern beschlossene Entscheidungen sein (z.B. Etablierung einer

(de)zentralen IT, Umsetzung von Outsourcing (vgl. Hepsø/Nilsen, 2002; Benders et al., 2006)). Prinzipiell kann davon ausgegangen werden, dass Vorschriften und Richtlinien von institutionellen oder hierarchisch übergeordneten Stellen von Leitungs- und Führungsorganen beachtet werden (ein typisches Beispiel ist SOX, in welchem von den obersten Leitungsorganen eine Unterschrift zur Bestätigung eines effektiven IKS gefordert wird (vgl. Abschnitt 2.2.2.1).

2) Mimetische Zwänge werden durch freiwillig initiierte Aktivitäten und Verhaltensmuster repräsentiert. Häufig geht es hierbei um die Imitation von Artefakten, Konzepten oder aktuellen Trends. Eine Imitation kann strategisch begründet sein und wird oft mit geringeren Kosten und Risiken begründet, wenn z.B. neue Fertigungsstrategien, technologische Prozesse oder Produktinnovationen übernommen werden (Wolf, 2008, S. 549). Bei der Imitation orientieren sich Unternehmen in der Regel am Marktführer oder an erfolgreichen Marktteilnehmern (DiMaggio/Powell, 2000). Dieses Verhalten wird auch als „Bandwagon Effect" bezeichnet und wurde empirisch nachgewiesen (Staw/Epstein, 2000). Imitationsprozesse entstehen auch, häufig unbeabsichtigt, durch Mitarbeiterwechsel (DeMaggio/Powell, 2000). Mimetische Zwänge können auch durch Medien-Hypes, „Management Gurus", Berater oder Experten(gruppen) ausgelöst werden, wenn diese (neue) Konzepte oder Werkzeuge postulieren und Leitungsorgane sich genötigt sehen, diese zu adoptieren, um „up to date" zu sein (Benders/van Veen, 2001); dieses Phänomen tritt auch bei der Auswahl und Adoption von ERP-Systemen auf (Hepsø/Nilsen, 2002; Light, 2005). So gibt es z.B. zahlreiche „Success Stories" in denen Softwareanbieter und/oder Berater in Zusammenarbeit mit Unternehmen deren Erfolgsgeschichte vermarkten; auch für GRC-Systeme lassen sich solche Erfolgsgeschichten finden (z.B. Marks, 2010; SAP, 2011h). Guler et al. (2002) nutzen in diesem Kontext die Bezeichnung „Learning Mimicry" und beschreiben damit das Phänomen, dass Unternehmen typischerweise Zugang zu den gleichen Informationen haben und deshalb vergleichbare Strategien und Konzepte entwickeln oder Produkte kaufen.

3) Normative Zwänge resultieren typischerweise aus der Professionalisierung bestimmter Berufsgruppen. DiMaggio/Powell (1991, S. 71) bezeichnen dies als „mechanism for encouraging normative isomorphism is the filtering of personnel". Im Prinzip geht es um Verhaltensmuster, welche durch Vorgaben und Empfehlungen von Dritten geprägt sind. Unter der Prämisse der

Professionalisierung ihrer Mitglieder forcieren z.B. berufsgruppennahe Verbände die Aus- und Weiterbildung ihrer Mitglieder (vgl. Abschnitt 2.2.1 unter „Die Rolle von Institutionen"); die ausgebildeten und typischerweise auch zertifizierten Personen tragen die normativen Muster und kognitiven Strukturen „ihrer" Profession in die Unternehmen. Im Hinblick auf Compliance- und Prüfungsbelange sind dies z.B. die Berufsverbände der Wirtschafts- und IT-Prüfer, welche zahlreiche Referenzmodelle (vgl. Abschnitt 2.2.3.3) bereitstellen, die ihre Mitglieder wiederum anwenden (möchten) (z.B. Meyer/Rowan, 1977; Abbott, 1998; Gross, 2003).

Liang et al. (2007, S. 62) beschreiben dieses Phänomen als „the collective struggle of members of an occupation to define the conditions and methods of their work, to control the production of the future member professionals, and to establish a cognitive base and legitimization for their occupational autonomy". Normativer Zwang kann z.B. auch durch Lieferketten ausgelöst werden, wenn ein Kunde von seinen Lieferanten ein bestimmtes System verlangt (Lai et al., 2006).

Für Themen rund um IT-Governance hat sich die ISACA als weltweit größter Interessensverband und zugleich führender Anbieter von Weiterbildungen und Zertifizierungen in über 160 Ländern der Welt etabliert. Der Verband fördert die Anerkennung des Berufstandes der IT-Prüfer, insbesondere durch Publikationen von Standards, Referenzmodellen und Arbeitstechniken (ISACA, 2011a; ISACA-DE, 2011; ISACA-CH, 2011). Assoziierte Zertifikate (z.B. CISA, CISM, CRISC, CGEIT) sind auf die kontinuierliche Aus- und Weiterbildung ihrer Mitglieder ausgelegt; jährlich absolvieren tausende Fachpersonen die Prüfungen oder sammeln die obligatorischen „Credits" zur Aufrechterhaltung ihrer Zertifizierung (ISACA, 2011b). Das Ergebnis einer Studie zeigt, dass CIOs häufig professionelle Organisationen und Publikationen als Quelle für Ideen und Praktiken nutzen (Hu et al., 2006a, S. 7). Somit kann davon ausgegangen werden, dass inspiriert durch professionelle Institutionen, Ausbildungs- und Zertifizierungsmöglichkeiten viele Unternehmen vergleichbare Entscheidungen auch im Hinblick auf Compliance-Aktivitäten treffen. Dies gilt dann auch in Bezug auf Entscheidungen für/wider den Einsatz von SoD-Software und daraus resultierend das Engagement für die Assimilation.

Die drei Dimensionen des Isomorphismus können gemeinsam auftreten (DiMaggio/Powell, 1991), sich überlappen oder auch wechselseitig beeinflussen. Beispielsweise erhalten obligatorische Zwänge viel Aufmerksamkeit von Leitungsorganen, insbesondere vom Top Management (den höchsten Leitungsorganen und (Kontroll-)Verantwortlichen in Unternehmen), aber auch von diversen Institutionen, Lösungsanbietern oder den Medien. Durch die Präsenz von compliance-relevanten Themen können wiederum mimetische Zwänge ausgelöst werden, nicht zuletzt auch intensiviert durch verschiedenste „Lösungsanbieter", welche Referenzmodelle (Abschnitt 2.2.3.3) entwickeln oder Softwareprodukte (Abschnitt 2.3.4.4) vertreiben. Durch die Professionalisierung der involvierten (externen) Experten (z.B. Berater, Prüfungsorgane) und Mitarbeiter können auch normative Zwänge zum Tragen kommen, indem diverse Standards, Referenzmodelle oder Best Practices angewandt werden (möchten), nicht zuletzt auch um vermeintliche Erwartungen (z.B. der Prüfer) zu erfüllen.

Zu ERP-Systemen gibt es zahlreiche Studien, welche den institutionellen Isomorphismus als einflussreichen Faktor für eine erfolgreiche Implementierung und anschließende Diffusion/Assimilation identifiziert haben (für eine Synopse siehe Svejvig, 2009; vgl. auch Lai, et al., 2010). Beispielsweise untersuchen Braganza/Desouza (2006) den Einfluss von SOX auf Grundlage der drei Dimensionen des Isomorphismus nach DiMaggio/Powell (1991) und können unterschiedliche Wirkungsgrade nachweisen. Benders et al. (2006) führen zusätzlich zu den drei Dimensionen von DiMaggio/Powell den „Technical Isomorphism" ein, um die spezifische Rolle von „blueprints for centralization and standard working procedures that are embedded in the ERP-software" (Benders et al., 2006, S. 1) hervorzuheben. Liang et al. (2007) weisen nach, dass die Dimensionen ("Forces") von DiMaggio/Powell die Assimilation von ERP-Systemen beeinflussen: „These forces can be interpreted as guiding the assimilation process by proxy, that is, the mimetic and coercive pressures still influence the behavior of senior managers and thus impact IT assimilation" (Liang et al., 2007, S. 75). Die Studie indiziert, dass sowohl mimetische als auch obligatorische Zwänge das Engagement von Top Management und/oder hohen Leitungs- und Führungsorganen („Key Organizational Members") auslösen und dass dies wiederum positiv auf den Fortschritt der Assimilation wirkt. Dahingegen beeinflussen normative Zwänge nicht über „Key Organizational Members", sondern wohl eher über das mittlere Management und sonstige Know-how-Träger die Assimilation. Liang et al. (2007, S. 74) vermuten, dass dies möglicherweise eine „reflection of successful user training programs and the dissemination of best practices through the extensive network of local ERP user groups and vendor sponsored ERP user conferences" darstellt.

Im Hinblick auf die Untersuchung der Assimilation von SoD-Software können die drei Dimensionen des institutionellen Isomorphismus vermutlich Verhaltensmuster und daraus resultierend Auswirkungen erklären: Es wird angenommen, dass die auf ein Unternehmen und deren Akteure einwirkenden „Zwänge", wie z.b. anspruchsvolle Compliance-Anforderungen des SOX, die obersten Leitungs- und Führungsorgane, aber auch involvierte Entscheidungsträger beeinflussen und dadurch motivieren, die Assimilation von SoD-Software zu unterstützen. Des Weiteren wird davon ausgegangen, dass eine mehr oder weniger freiwillige Orientierung an Referenzmodellen (auch ausgelöst durch die Empfehlungen des SOX, vgl. Abschnitt 2.2.2.2 und 2.2.2.3) und Best Practices (z.B. die Verwendung einer Best-Practice-SoD-Matrix) den Fortschritt der Assimilation von SoD-Software unterstützt. Abschließend wird aus den obigen theoretischen Ansätzen und Interpretationen bezüglich der Assimilation von SoD-Software folgende Proposition abgeleitet:

P1:   Institutionelle „Zwänge" beeinflussen die Assimilation von SoD-Software.

3.2.3   Stakeholdertheorie

Die Stakeholder-Theorie hat ihre Wurzeln in den Forschungen zum strategischen Management und versucht unterschiedliche Akteure, ihre Interessen sowie daraus resultierende Auswirkungen und Konflikte zu erklären (z.B. bereits Freeman, 1983, 1984; Freeman/Reed 1983; Goodpaster 1991; Donaldson/Preston 1995; Mitchell et al., 1997; Berman et al., 1999; Kochan/Rubinstein, 2000; Freeman/ McVea 2001). Als theoretisches Konstrukt bietet sich die Stakeholder-Theorie auch zur Erklärung der Assimilation an, da davon ausgegangen wird, dass die Stakeholder, welche von einer IS-Innovation „betroffen" sind, die Assimilation dieser Innovation stark beeinflussen.

In den 1980er Jahren erlebten Stakeholder-Theorien einen Aufschwung, welcher mit damaligen ökonomischen Turbulenzen und der Suche nach Lösungsansätzen begründet werden kann (Savage et al., 1991). Der Begriff „Stakeholder", im deutschsprachigen Raum auch als Anspruchs- oder Interessensgruppe bezeichnet, wird unterschiedlich interpretiert: Freeman (1984, S. 46) versteht darunter „any group or individual who can affect or is affected by the achievement of the organization's objective". Mitchell et al. (1997, S. 860) unterscheiden zwischen „primary or secondary stakeholders; as owners and non-owners of the firm; as owners of capital or owners of less tangible assets; as actors or those acted upon; as those existing in a voluntary or an involuntary relationship with the firm; as rightsholders, contractors, or moral claimants; as resource providers to or dependents of the firm; as risktakers or influencers; and as legal principals to whom agent-managers bear a fiduciary duty". Zur Identifizierung von Stakeholder(gruppen) stellen sie sechs Kriterien auf:

1) eine existierende Beziehung zwischen Unternehmen und Stakeholder-gruppe(n),

2) bidirektionale Abhängigkeiten zwischen Unternehmen und Stakeholder-gruppe(n),

3) vertragliche Beziehungen zwischen Unternehmen und Stakeholder-gruppe(n),

4) Ansprüche der Stakeholdergruppe(n) gegenüber dem Unternehmen,

5) Übernahmen von Risiken auf Seiten der Stakeholdergruppe(n), und

6) moralisch begründete Ansprüche seitens der Stakeholdergruppe(n) an das Unternehmen.

Andere Autoren unterscheiden zwischen freiwilligen und nicht-freiwilligen Risikoträgern (Clarkson, 1994), zwischen primären und sekundären (z.b. Clarkson, 1995), internen und externen (Freeman 1984), aktiven und passiven (Campell, 1997; Carroll/Näsi, 1997) sowie vertraglich gebundenen und öffentlichen Stakeholdern (Clarke, 1998). Lerner/Fryxell (1994) unterscheiden fünf Stakeholder-gruppen: Aktionäre, Mitarbeiter, Kunden, die Staatsmacht und die Gesellschaft als Ganzes. Transformiert auf global agierende Unternehmen mit anspruchsvollen Compliance-Anforderungen können relevante Stakeholder(gruppen) sein: Kapitalgeber, Aufsichtsorgane, Top-Management/Leitungsorgane, Mitarbeiter, Kunden, Lieferanten, Berater, Prüfer, Konkurrenten, staatliche Stellen und die Gesellschaft. Für die weitergehenden Betrachtungen werden Stakeholder(grup-pen) gemäß Freeman (1984, S. 46) als Gruppen aufgefasst, welche die Assimilation von SoD-Software beeinflussen können.

Zur Erklärung der Assimilation von IS-Innovationen wird das Verhalten der Stakeholder, insbesondere der Leitungs- und Führungsorgane als entscheidender Indikator angesehen (vgl. auch Liang (2007) und die beschriebenen Einflüsse des Top Managements). Das Interesse und die Motivation der Stakeholder repräsentiert ihre Bereitschaft, sich mit einer Innovation auseinanderzusetzen, diese zu unterstützen und/oder auch zu nutzen. Moore (1999) betont, dass das Stakeholderverhalten äußerst differenziert sein kann und empfiehlt deshalb für jede Innovation die spezifischen Stakeholder(gruppen) zu identifizieren und dann zielgruppengerecht zu motivieren. Versäumnisse bei der Stakeholder-Motivation,

wie z.B. eine unzureichende Kommunikation, Trainings- oder Supportmaß-
nahmen, können laut Moore eine Assimilation blockieren, diese kann dann nur
mittels „Crossing the Chasm" überwunden werden. Auch Gallivan (2001b) betont die Notwendigkeit, die verschiedenen Stakeholdergruppen und deren unterschiedliche Interessenslagen zu berücksichtigen.

Top Management Engagement

Das Verhalten des Top Management wird häufig zur Erklärung der Assimilation
von Innovationen verwendet (z.B. bereits Jarvenpaa/Ives, 1991; Chatterjee et al.,
2002, Purvis et al., 2001; Sarker/Lee, 2003; Liang et al., 2007). Es konnte nachgewiesen werden, dass erkennbares Engagement des Top Management den Fortschritt einer IS-Assimilation unterstützt. Begründet wird dies damit, dass Mitarbeiter und somit auch die Nutzer auf die Signale der Leitungs- und Führungsorgane besonders stark reagieren (Armstrong/Sambamurthy, 1999; Reich/
Benbasat, 1990, 2000; Ba et al., 2001; Liang et al., 2007). Zudem gilt das Top-
Management-Engagement als Garant, dass die zur Implementierung und Betrieb
einer IS-Innovation notwendigen Ressourcen verfügbar sind (z.B. Crook/Kumar,
1998; Kempis/Ringbeck, 1998; Beatty et al., 2001; Gallivan, 2001a).

Insbesondere für die Phase der Implementierung von ERP-Systemen wird die
Bedeutung des „top management support" betont, und zwar als „an essential
factor for an ERP project" (Law/Nagai, 2007); es gibt zahlreiche Studien, die
diese These unterstützen (z.B. Sarker/Lee, 2003; Umble et al., 2003; Ehie/Mad-
sen, 2005; Motwani et al., 2005; Tchokogue et al., 2005). Weniger Studien beschäftigen sich mit der PIP, aber auch für diese Phase gilt, dass die Unterstützung des Top Management „remains an important determinant for sustaining and
promoting the effective system use" (Nah/Delgado, 2006; auch Liang et al.,
2007). Ein wichtiges Kriterium in der PIP ist auch die Freigabe von Investitions-
mitteln (Kouki et al., 2009).

Rolle des mittleren Managements, von Entscheidungsträgern

Neben dem Top Management kann auch das Verhalten von weiteren (involvierten) Stakeholdern ein wichtiger Indikator für eine erfolgreiche Assimilation sein.
Fichman/Kemerer (1999) betonen den Einfluss von unterschiedlichen Stake-
holder(gruppe)n, welche in einen Entscheidungsprozess involviert sind; sie gehen davon aus, dass Stakeholder(gruppen) unterschiedliche Interessen verfolgen
und unter Umständen ihre Ziele nicht aufdecken: „ ... more senior decision ma-
kers might systematically favor acquisition of a technology based on its expected

benefits at the level of the business unit, or because of the symbolic benefits of being viewed as an innovator ..., or because of institutional pressures" (Fichman/ Kemerer, 1999, S. 32). Die beschriebenen Konstellationen sind gemäß Fichman/ Kemerer prädestiniert, eine „pervasive resistance" auszulösen und somit eine Assimilation weitgehend zu blockieren: „ ... the assimilation gap arises from a discrepancy between the knowledge and motivations of those responsible for acquisition versus those responsible for deployment and use" (Fichman/Kemerer, 1999, S. 33).

Interessenkonflikte können auch entstehen, wenn Akteure mehrfach, ggf. auch in mehreren Rollen involviert sind, z.B. als Entscheider für den Kauf und (später) als Umsetzer für die Implementierung sowie als Verantwortlicher für den Einsatz und damit die Assimilation einer IS-Innovation (Fichman/Kemerer, 1999). Wie bereits angedeutet können auch Gründe für eine Entscheidung nicht offengelegt und/oder Probleme verschleiert werden (Abrahamson, 1996). Leonard-Barton (1988) bezeichnet dieses Phänomen als „Hidden Agenda"; diese Agenda wird dann neben oder anstatt der offiziellen umgesetzt. Gallivan (2001a) sieht einen Interessenskonflikt zwischen den initiierenden Entscheidungsträgern und den Nutzern, welche möglicherweise die Innovation ablehnen: „... authorities make the initial decision to adopt and targeted users have few alternatives but to adopt the innovation and make the necessary adjustments for using it to perform their jobs" (Gallivan, 2001a, S. 52). Die daraus resultierende und unter Umständen resistente Haltung der Nutzer kann die Assimilation einer Innovation behindern oder sogar verhindern.

Business-IT Alignment

In Zusammenhang mit den Stakeholdergruppen einer IS-Innovation wird auch die Bedeutung des Konstrukts „Business-IT Alignment" und damit der beiden Parteien „Business" und „IT" hervorgehoben (z.B. McLean/Soden, 1977; Chan et al., 1996; Henderson/Venkatraman, 1990). Zahlreiche Autoren zeigen auf, dass Business-IT Alignment ein wichtiger Erfolgsfaktor im Kontext von IS und damit auch von IS-Innovationen ist (z.B. bereits Jarvenpaa/Ives, 1991; Chung, et al., 2003; Weill/Ross, 2004; Teubner, 2006; Chan/Reich 2007; Van Grembergen/ De Haes, 2009, S. 6 ff; Bashiri, et al., 2010, S. 36 ff). In Zusammenhang mit ERP-Systemen gilt das Business-IT Alignment als Schlüsselfaktor für eine erfolgreiche Implementierung und einen ebensolchen Einsatz (z.B. bereits Davenport, 1998; Carton/Adam, 2003; Trites, 2004; Gefen/Ragowsky, 2005; Nicolaou/ Bhattacharya, 2006; Law/Ngai, 2007; Bernroider, 2008; Kouki et al., 2009). Obwohl es zahlreiche Modelle und Konstrukte zur Darlegung der Beziehungen zwischen Business und IT gibt (z.B. Henderson/Venkatraman, 1990; Chan et al., 1996; Tallon et al., 2000; Loebbecke/Wareham, 2003; Pollalis, 2003; Bai/Lee, 2003), gestaltet sich die Transformation in Praxissituationen wegen der Komplexität und Diversität der potenziellen Einflussfaktoren schwierig.

Das IT-Governance Referenzmodell COBIT (2007) beinhaltet zwei „Control Objectives" für das Management des Business-IT Alignment:

1) „PO1.2 – Business-IT Alignment" empfiehlt die Etablierung von bidirektionalen Lernprozessen und eine reziproke Involvierung beider Parteien in die strategische Planung sowie einen Mediationsprozess zwischen Business und IT u.a. zur gegenseitigen Anerkennung von Prioritäten (COBIT, 2007, S. 30).

2) „ME4.2 – Strategic Alignment" setzt voraus, dass Leitungs- und Führungsorgane IT-spezifische Merkmale verstehen und dass es verbindliche Absprachen zwischen Business und IT gibt, auch bezüglich des Wertbeitrages der IT; diverse „Governance Bodies" und „Strategy Committees" sind etabliert (COBIT, 2007, S. 166).

Zur Vereinfachung des Konstrukts „Business-IT Alignment" können beispielsweise folgende Kriterien herangezogen werden, um die Zusammenarbeit der beiden Parteien zu gestalten bzw. den Status quo des „Alignments" zumindest grob zu bestimmen:

■   Mitgliedschaft des CIO in den von den Leitungsorganen genutzten Steuerungskomitees; dies ist ein Indiz für eine geringe hierarchische Distanz der IT zum Business und umgekehrt (Armstrong/Sambamurthy, 1999).

■   Verbindlicher und regelmäßiger Informationsaustausch zwischen CEO und CIO und gemeinsame Planung von strategischen IT-nahen Entscheidungen (Armstrong/Sambamurthy, 1999, COBIT 2007).

■   Vorhandensein von IT-Steuerungskomitees, besetzt mit Leitungsorganen aus beiden Parteien; die Komitees werden auch genutzt, um IT-Innovationen zu forcieren und zu begleiten (Reich/Benbasat, 1990); dies schließt auch die Mitgliedschaft des CEOs in den IT-Steuerungskomitees ein (Raghunathan, 1992, COBIT, 2007).

Zusammenfassend wird für die Untersuchung der Assimilation von SoD-Software eine differenzierte Betrachtung von Stakeholder(gruppen) als sinnvoll erachtet. Von der differenzierten Betrachtung der Stakeholder(gruppen) und ihren vermutlich divergierenden Interessen (und Sprachen/Semantiken) werden Erklärungsmuster bezüglich der Assimilation erwartet. Unter der Annahme, dass je nach Möglichkeiten und Machtverhältnissen, Stakeholder(gruppen) unterschiedlich agieren und auch andere Interessen verfolgen, gegebenenfalls auch zum Nachteil der Assimilation, werden für die weitere Untersuchung besonders zu berücksichtigende Stakeholder(gruppen) festgelegt:

■ Top Management: Deren Verhalten beeinflusst die Mitarbeiter und (potenzielle) Nutzer der Innovation; diese beobachten ihre „Vorbilder" und reagieren entsprechend.

■ Involvierte Entscheidungsträger: Deren potenziell unterschiedliche Interessenslagen und deren Engagement, z.B. in Bezug auf zielgruppenspezifische Aktivitäten.

■ Leitungsorgane und IT-Leitungsorgane als potenziell konträre Parteien: Das „Business-IT Alignment" entscheidet über die Rolle der IT im Unternehmen, deren Gewicht und Durchsetzungskraft und nicht zuletzt die prinzipielle Anerkennung der IT-Leitungsorgane, deren Mitarbeiter und deren Engagement (Asprion, 2009). Mit der Stabilität dieser Beziehung kann auch der Umgang mit auftretenden Problemen bei der Stabilisierung und Assimilation einer IS-Innovation verknüpft werden.

■ Externe involvierte Akteure: Diese oft haben per se, wegen ihrer besonderen Rolle, eine Sonder- oder auch Machtposition inne, z.B. Berater, Softwareanbieter, Prüfungsorgane; es wird davon ausgegangen, dass diese Gruppen bezüglich des institutionellen Isomorphismus unterschiedliche Einflüsse auf die internen Akteure eines Unternehmens ausüben.

Abschließend wird aus den obigen theoretischen Ansätzen und Interpretationen bezüglich einer Assimilation von SoD-Software folgende Proposition abgeleitet:

P2:   Unterschiedliche Interessen der Stakeholder beeinflussen die Assimilation von SoD-Software.

3.2.4   Lerntheorie

Lernen in Unternehmen wird meist mit dem Begriffspaar „organisationales Lernen" umschrieben; diese Theorie des Lernens versucht zu erklären, wie und warum in Unternehmen gelernt wird bzw. Wissen entsteht. Das Lernen „von" Unternehmen ist ein schwer erklärbares Konstrukt der Management- und Organisationsforschung. Es umschreibt u.a. die Fähigkeit von Unternehmen, mit Veränderungen und den damit verbundenen (Lern-)Anforderungen umzugehen (z.B. bereits Argyris/Schön 1978, 1999; Duncan/Weiss, 1979; Levitt/March, 1988; Dodgson, 1993; Reinhardt 1993, S. 26; Nonaka/Takeuchi, 1995; Argyris, 1999). Das Konstrukt des organisationalen Lernens wird erstmals wohl von Tornatzky/ Fleischer (1990) verwendet, um die Adaption und Diffusion für komplexe, technische Innovationen, sog. „Knowledge-based Technologies" zu erklären. Auch Attewell (1992) beschäftigt sich bereits Anfang der 90er Jahre mit organisationalem Lernen in Zusammenhang mit der „Technology Diffusion". (Frühe) Beiträge, welche organisationales Lernen nutzen, um z.B. Adaptions-, Diffusions- und Assimilationsverhalten zu erklären, finden sich auch bei Kim (1998) und Fichman/Kemerer (1997, 1999). In der Forschung wird die Perspektive des Lernens im Kontext von IS oder spezifischer ERP-Systemen meist als Indikator oder „Success Faktor" zur Erklärung von Erfolg- und Misserfolg, aber auch von Adaption, Diffusion und Assimilation genutzt (z.B. Olfman/Pitsatorn, 2000; Gallivan, 2001a, 2001b; Purvis et al., 2001; Edmondson, 2002; Boudreau/Seligman, 2003; Gattiker/Goodhue, 2005; Ke/Wei, 2007; Liang et al., 2007; Kouki et al., 2007, 2009; Yamauchi/Swanson, 2010).

Das Lernen von Unternehmen wird meist in zwei Ebenen unterteilt: Zum einen die individuelle Ebene der Mitarbeiter und zum anderen die Ebene des Unternehmens; in letzterer wird Lernen als organisatorische und strukturelle Veränderung aufgefasst. In beiden Ebenen sind die Hauptakteure die Mitarbeiter und ihre Lernaktivitäten. Als Lernaktivitäten werden Prozesse bezeichnet, in denen neues Wissen kreiert wird (z.B. Wissen zu SoD-Kontrollen, welches verknüpft wird mit vorhandenem Wissen zu Geschäftsprozessen verknüpft wird), welches im Unternehmen „verteilt" wird (Duncan/Weiss, 1978). Dieses „Verteilen" von Wissen kann als unternehmensinterner Entwicklungsprozess aufgefasst werden, der z.B. mit Hilfe von lerntheoretischen Ansätzen nach Lernformen, Lerntypen, Lernphasen und Lernebenen differenziert und konzipiert werden kann (Mintzberg et al., 1999; Wilkens et al., 2004). Organisationale Lernprozesse finden in Unternehmen meist in Form von kollektiven Aktivitäten statt, z.B. in Form von Fehleranalysen, Erfahrungs- und Meinungsaustausch mit Kollegen, Dokumentation von Prozessen und Projekten sowie Austausch mit Leitungs- und Führungsorganen (Wilkens et al., 2004).

Die Assimilation von IS-Innovationen kann sowohl durch individuelle als auch organisationale bzw. kollektive Lernaktivitäten unterstützt werden: „Individual learning involves the distillation of an individual's experiences regarding a technology into understandings that may be viewed as personal skills and knowledge. Organizational learning is built out of this individual learning of members of an organization, but is distinctive. The organization learns only insofar as individual insights and skills become embodied in organizational routines, practices, and beliefs that outlast the presence of the originating individual" (Attewell, 1992, S. 6). Der Einfluss der beiden Lernebenen auf die IS-Assimilation wird auch von Fichman/Kemerer (1997) akzentuiert; sie leiten Verhaltensmuster von IT-Mitarbeitern daraus ab. Gallivan (2001a) untersucht Lernprozesse im Kontext von IS-Assimilationen und beschreibt einen „Secondary (individual) adoption process"; dieser bildet die individuell motivierten Lernkurven der Nutzer ab, die wiederum durch die Nutzung (einer IS-Innovation) und damit verbundenen Ereignissen ausgelöst werden (z.B. Erfahrungen, Erfolge, Hindernisse, die bewältigt werden mussten). Auch Liang et al. (2007, S. 67) weisen auf den Einfluss des Lernens in Bezug auf die Assimilation von ERP-Systemen hin: „ ... the learning perspective suggests that assimilation can be greatly improved if organizations have prior knowledge that facilitates assimilation of external information and its application to commercial ends ... This ability is termed absorptive capacity and is widely understood to enhance an organization's innovative capabilities. The intuition of absorptive capacity has been applied to explain IT usage in large organizations".

Laut Attewell (1992) ist der Einfluss des organisationalen Lernens besonders gravierend, wenn komplexe Technologien assimiliert werden sollen; als solche Technologien werden IS-Innovationen bezeichnet, deren Einführung, Betrieb und Anwendung eine signifikante Belastung für die implementierenden Unternehmen („Adopters") bedeutet, verbunden mit der Notwendigkeit von (vorab) aufzubauendem spezifischem Know-how und zudem mit zu erwartenden Schwierigkeiten während des Betriebes. Die Schwierigkeiten können z.B. in Form von unvorhersehbaren „fragilen" Reaktionen auftreten, sodass eine Fehlersuche nicht mit sinnvollem Aufwand durchgeführt werden kann. Zudem ist denkbar, dass die Innovationen in ihrer Funktionsweise nicht den (erwarteten) Anforderungen entsprechen. In der Regel müssen die Adopters umfangreiche (technologische) Kompetenzen aufweisen, um gewisse, auch systemnahe Tätigkeiten durchführen zu können (Tornatzky/Fleischer, 1990, S. 127 ff). Für diese

Art von IS-Innovationen wird auch die Bezeichnung „Knowledge-based Technologies" benutzt (Tornatzky/Fleischer, 1990, S. 27; Leonard-Barton, 1988).

Internes Know-how

Eng verknüpft mit dem organisationalen Lernens ist das in Unternehmen vorhandene interne Know-how. Dieses repräsentiert das spezifische und relativ intangible Wissen, welches vorhanden sein muss, um eine Selektion und Implementierung sowie den Betrieb von IS-Innovationen erfolgreich zu realisieren. Das interne Know-how wird von Attewell (1992, S. 6) als „far from being readily or easily transferred from the originator to the user of a technology, faces barriers and is relatively immobile" beschrieben. Nichtvorhandenes oder nichtverfügbares internes Know-how kann „Knowledge Barriers" auslösen und die Assimilation blockieren. Um dies zu verhindern, können Unternehmen auf externes Know-how zurückgreifen (z.B. externe Berater, erfahrene, neue Mitarbeiter), dies verringert die Wissenslücken und kann die Assimilation vorantreiben: „As knowledge barriers are lowered, diffusion speeds up, and one observes a transition from an early pattern in which the new technology is typically obtained as a service to a later pattern of in-house provision of the technology" (Attewell, 1992, S. 1). Auch Fichman/Kemerer (1999, S. 265) heben den Einfluss von sog. Wissensbarrieren hervor: „Knowledge barriers arise because the technological and managerial knowledge required to successfully deploy complex technologies typically goes far beyond simple awareness of the innovation and its potential benefits. Such knowledge ... is usually acquired only over time and with considerable difficulty" (Fichman/Kemerer, 1999, S. 265). Im Kontext von ERP-Systemen identifizieren Robey et al. (2002) zwei Kategorien von Wissensbarrieren, zum einen die Konfiguration von ERP-(Teil-)Systemen und zum anderen die Assimilation von neu entwickelten Prozessen in den Unternehmen.

Externes Know-how

Die Beschaffung und Nutzung von externem Know-how, z.B. zur Kompensation von unzureichendem internem Know-how oder Ressourcen-Engpässen ist zwar zweckmäßig, ein umfangreicher Wissenstransfer von externen Beratern auf interne Mitarbeiter findet meist jedoch nicht statt. Besonders in Zusammenhang mit Einführung und Betrieb von ERP-Systemen ist das erforderliche Know-how zu spezifisch und komplex (Pan et al, 2000), zudem sollten Wissenslücken bei internen Mitarbeitern nicht unterschätzt werden. Externe Berater bringen in der

Regel zu wenig internes Know-how und interne Mitarbeiter bringen in der Regel zu wenig fachspezifische Expertise mit (Soh et al., 2000).

Zusammenfassend wird davon ausgegangen, dass individuelle aber auch organisationale/kollektive Lernprozesse und damit zusammenhängend, internes und externes Know-how die Assimilation von SoD-Software beeinflussen. Des Weiteren wird vermutet, dass in Unternehmen vorhandenes Know-how zu SoD-Kontrollen und -Softwareprodukten die Assimilation beschleunigen kann bzw. das Nichtvorhandensein diese blockiert. SoD-bezogene Wissensbarrieren können unter Umständen durch Beschaffung von externem Know-how, in Form von Beratern oder neuen Mitarbeitern (mit der benötigten Fachexpertise) kompensiert werden.

Abschließend wird aus den obigen theoretischen Ansätzen und Interpretationen bezüglich der Assimilation von SoD-Software folgende Proposition abgeleitet:

P3: Lernchancen, vorhandenes internes, aber auch von extern hinzugezogenes Know-how zu SoD-Kontrollen und -Softwareprodukten beeinflussen die Assimilation von SoD-Software.

3.2.5 Erfolgsfaktoren

Eng mit den Theorien zur IS-Assimilation verbunden ist die IS-Erfolgsfaktorenforschung. Bereits seit den späten vierziger Jahren beschäftigen sich Wissenschaftler mit der Suche nach Faktoren, welche den Erfolg von IS begründen können (z.B. Shannon, 1948); zwischenzeitlich wurden zahlreiche Faktoren nachgewiesen (z.B. DeLone/McLean, 1992, S. 60; Caldeira/Ward, 2003; Wolf, 2008, S. 210 ff).

In ihrem wegweisenden Beitrag „Information Systems Success: The Quest for the Dependent Variable" analysieren DeLone/McLean (1992) 180 Beiträge zu IS-Erfolgsfaktoren und resümieren, dass es zwar eine Vielzahl erfolgsbezogener Konstrukte gebe, es aber an konkreten, einheitlichen Größen mangelt, welche den Erfolg von IS konkret explizieren und messen. Die beiden Forscher kondensieren die in unterschiedlichen Forschungsdisziplinen entwickelten Faktoren auf sechs Indikatoren und entwickeln daraus ein „I/S Success Model", welches in den Folgejahren als Taxonomie für die Untersuchung des IS-Erfolgs, häufig auch abgewandelt, angewandt wurde.

Abbildung 40 zeigt das prozessuale Modell, bestehend aus sechs Indikatoren, wobei die beiden links platzierten Indikatoren die qualitätsorientierten Merkmale abbilden und alle weiteren Ereignisse anstoßen:

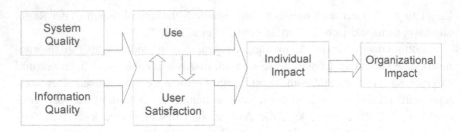

Abbildung 40: „I/S Success Model" (DeLone/McLean, 1992, S. 87).

■ Systemqualität („System Quality") umschreibt die technische Leistungsfähigkeit einer IS-Innovation. Determinanten sind z.B. die Zuverlässigkeit
des Systems, Reaktions- und Durchlaufzeiten (Performance), Systemflexibilität, aber auch „Ease of use" (vgl. für eine Synopse potenzieller Determinanten DeLone/McLean, 1992, S. 65).

■ Informationsqualität („Information Quality") umschreibt die eher funktionale Qualität der Ergebnisse einer IT-Innovation. Determinanten sind z.B. die
Aktualität, Genauigkeit und Vollständigkeit der Daten, die Relevanz der Informationen und die Berichtsformate (für eine Synopse potenzieller Determinanten vgl. DeLone/McLean, 1992, S. 67).

Sowohl die System- als auch die Informationsqualität beeinflussen singulär, aber
auch gemeinsam die beiden anschließenden, verhaltensorientierten Indikatoren:

■ Nutzung („Use") repräsentiert die konkrete, freiwillige Verwendung eines IS
durch die Nutzer. Determinanten sind z.B. Häufigkeit der Nutzung, Nutzung
bestimmter Aktivitäten, Akzeptanz der Ergebnisse, aber auch die Nicht-
nutzung (für eine Synopse potenzieller Determinanten vgl. DeLone/
McLean, 1992, S. 70).

■ Nutzerzufriedenheit („User Satisfaction") repräsentiert die faktische Zufriedenheit mit einem IS; diese ist im Wesentlichen von den Interessen der Nutzer abhängig, so ist entscheidend, ob Nutzer(gruppen) eine leitende Funktion im Unternehmen einnehmen und die Informationen zum Ausfüllen
dieser Funktion benötigt werden, oder ob Nutzer(gruppen) aus einer zuarbei-
tenden Funktion agieren und mit den „Tücken" des Systems direkt konfrontiert sind. Determinanten hierfür sind z.B. die Zufriedenheit insgesamt/
verschiedener Gruppen/pro Nutzer (vgl. für eine Synopse potenzieller Determinanten DeLone/McLean, 1992, S. 72). Dieser Indikator gewinnt an Ge-

wicht, wenn die Nutzung als Größe nicht aussagekräftig ist, weil die Nutzung unfreiwillig ist, oder keine Alternativen bestehen.

Die beiden verhaltensorientierten Indikatoren stehen in bidirektionaler Beziehung: Die Nutzung kann positiv oder negativ auf die Nutzerzufriedenheit wirken und vice versa. Beide Größen beeinflussen als direkte Vorgänger die ergebnisorientierten Indikatoren:

- Individuelle Einflüsse („Individual Impact") repräsentieren die Reaktion der Informationsempfänger. Die Determinanten hierfür sind schwer messbar, z.B. Vertrauen des Nutzers in das System, verbesserte Entscheidungen, Bewusstseinsveränderung (vgl. für eine Synopse potenzieller Determinanten DeLone/McLean, 1992, S. 76).

- Organisationale Einflüsse („Organizational Impact") repräsentieren die Effekte auf das Unternehmen als Ganzes. Determinanten hierfür sind z.B. Kennzahlen zu Umsatz, Produktivität, „Return on Investments" (vgl. für eine Synopse potenzieller Determinanten DeLone/McLean, 1992, S. 82).

Zusammenfassend bildet das Modell von DeLone/McLean den Erfolg von IS auf technische (Systemqualität) und funktionale (Informationsqualität) qualitätsbezogene Faktoren ab. Im Hinblick auf die Assimilation von SoD-Software wird gefolgert, dass die beiden Qualitätsindikatoren die Nutzerzufriedenheit beeinflussen und dass davon die motivierte Nutzung und letztlich der Fortschritt der Assimilation abhängig ist.

Veranlasst durch Weiterentwicklungen und Kritiken (z.B. Seddon, 1997, S. 240 ff; Van Dyke et al., 1997, S.195 ff; Rai et al., 2002, S. 50 ff) modifizieren DeLone/McLean das ursprüngliche Modell und postulieren das „Updated D&M IS Success Model" als „a taxonomy and an interactive model as frameworks for conceptualizing and operationalizing IS success" (DeLone/McLean, 2002, S. 1). Begründet wird dies damit, dass das modifizierte Modell auf Grundlage von zahlreichen interdisziplinären Theorien und empirischen Ergebnissen entwickelt wurde und somit die Anforderungen einer Theorien-Triangulation erfüllt (z.B. Flick, 2007; S. 11 ff; Petter et al., 2008; Yin, 2009, S. 114). Abbildung 41 zeigt das modifizierte Modell.

Das Modell wurde um den Indikator Servicequalität ergänzt, als Reaktion, dass die Rollen der IT im ersten Modell wenig berücksichtigt wurden (z.B. Pitt et al., 1995; Van Dyke et al., 1997). Servicequalität soll den Einfluss der IT als Informations- und Servicelieferant sowie Outsourcing-Beziehungen mit externen Servicedienstleistern berücksichtigen (DeLone/McLean, 2003, S. 18).

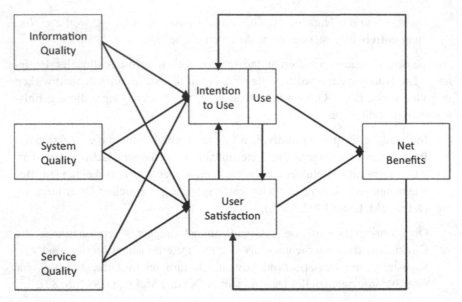

Abbildung 41: „Updated D&M IS Success Model" (DeLone/McLean, 2003, S. 24).

Somit besteht das „Updated D&M IS Success Model" aus einem zusätzlichen, qualitätsbezogenen Indikator; dieser repräsentiert die

■ Servicequalität („Service Quality") der (Dienst)Leistungen der internen IT oder von externen Anbietern in Bezug auf das betrachtete IS. DeLone/ McLean (2003) empfehlen zur Bestimmung der Qualität die aus der Marketingforschung stammende „SERVQUAL"-Methode (vgl. Parasuraman et al., 1988; Donnelly et al., 1995; Kettinger/Lee, 1995; Pitt et al., 1995; Jiang et al., 2002).

Mit SERVQUAL werden die Erwartungen von Kunden mit deren Wahrnehmung verglichen. Die Lücke zwischen den Erwartungen und den erhaltenen, wahrgenommenen Leistungen ist der Maßstab für die Qualität; liegen die Erwartungen über der Wahrnehmung, ist die Qualität positiv, liegen sie darunter, ist die Qualität eher schlecht. SERVQUAL kann z.B. auch zur Bestimmung der Qualität von IT-Prüfungen angewandt werden (Bell/Smith, 2011). Zur Abschätzung der Qualität der Services in Bezug auf eine IS-Innovation leiten DeLone/McLean (2003, S. 18) aus dem SERVQUAL-Katalog u.a. folgende Fragen ab:

- Setzt die IT aktuelle Hard- und Software ein?
- Arbeiten die IS zuverlässig und betriebssicher?
- Liefern die IT-Mitarbeiter den Nutzern einen prompten Service?
- Haben die IT-Mitarbeiter angemessenes Know-how für die Durchführung ihrer Aufgaben?

Gable et al. (2008, S. 386) kritisieren den neuen Indikator und begründen dies damit, dass der Fokus von IS-Erfolg nicht auf dem IT-Funktionsbereich liegen sollte. Diese Sichtweise ist einerseits nachvollziehbar, andererseits bestehen IS (die sich assimilieren sollen) aus sich wechselseitig beeinflussenden Sub-Systemen (z.b. Software-Applikation, Mensch und Technik, vgl. Krcmar, 2009, S. 26; Gabriel, 2008) und diese Sub-Systeme beeinflussen sicher die (Wahrnehmung der) Qualität und darüber die Menschen, welche ein IS nutzen (sollen). Aus diesem Grund scheint die Servicequalität eine doch sinnvolle Ergänzung zu sein.

In dem Modell (Abb. 41) werden die drei qualitativ orientierten Indikatoren als „major dimensions" bezeichnet; sie beeinflussen sowohl singulär als auch gemeinsam die beiden anschließenden verhaltensorientierten Indikatoren Nutzerzufriedenheit („User Satisfaction") sowie Nutzung („Use") und Nutzungsintension („Intension to Use"). Während die Nutzerzufriedenheit unverändert blieb, wurde die Nutzung mit Nutzungsintension ergänzt. Damit soll der mehrdimensionale Aspekt der Nutzung akzentuiert werden (z.B. obligatorisch vs. freiwillig, effektiv vs. ineffektiv, informiert vs. uninformiert). Forschern wird empfohlen, situativ zu entscheiden, ob die Differenzierung zweckmäßig ist, oder ob die Nutzerzufriedenheit als Indikator ausreicht.

Die Indikatoren Nutzerzufriedenheit und Nutzung/Nutzungsintension beeinflussen sich wechselseitig und beeinflussen gemeinsam den neu eingeführten Erfolgsindikator „Net Benefits". Der Indikator „Net Benefits" (im weiteren Verlauf wird dieser als Benefits bezeichnet) repräsentiert die mit der Einführung eines IS geplanten Ergebnisse; diese sind situativ und zielabhängig und werden zudem von unterschiedlichen Stakeholder-Perspektiven und damit verknüpften Interessen(konflikten) beeinflusst: „... benefits for whom – the designer, the sponsor, the user, or others? Different actors or players may have different opinions as to what constitutes a benefit to them. Thus it is impossible to define these 'Net Benefits' without first defining the context or frame of reference" (DeLone/McLean, 2002, S. 8). DeLone/McLean (2002, S. 8) weisen explizit darauf hin, dass es für die Modellnutzer eine Herausforderung darstellt, „... to define clearly and carefully the stakeholders and context in which NET BENEFITS are to be measured".

Zusammenfassend basiert das modifizierte Modell auf drei Qualitätsindikatoren: Einen eher technisch orientierten (Systemqualität), einen eher funktional orientierten (Informationsqualität) und einen service-orientierten (Servicequalität). Ausgehend von den drei Indikatoren kann über die Nutzung(sintension) und Nutzerzufriedenheit auf die Benefits geschlossen werden, welche den IS-Erfolg in Form der erreichten Ergebnisse abbilden. Für die Assimilation von SoD-Software kann das „Updated D&M IS Success Model" einen Beitrag zur Analyse von Qualitätsindikatoren liefern und darüber hinaus Hinweise zur Motivation von Nutzern liefern.

Abschließend wird aus den obigen theoretischen Ansätzen bezüglich der Assimilation von SoD-Software folgende Proposition abgeleitet:

P4:   Sowohl technisch-, funktionell- als auch service-orientierte Qualitätsaspekte beeinflussen die Assimilation von SoD-Software.

3.3 Hypothesen und Forschungsmodell

In diesem Abschnitt werden auf der Grundlage der ausgewählten Theorien und geleitet von den in vorhergehenden Abschnitt formulierten Propositionen operationalisierbare Hypothesen entwickelt. Daraus wiederum wird ein Modell für die empirische Untersuchung abgeleitet. Zum Abschluss werden Messkriterien für die Beurteilung des Assimilationsstatus erarbeitet.

3.3.1   TOE-Struktur

Aus der Kombination der ausgewählten Theorien und den daraus abgeleiteten Propositionen (P1-P4) kann ein multitheoretisches Modell kreiert werden. Als Basis für die Modellentwicklung scheint das „Technology-Organization-Environment Framework" (TOE-Framework) von Tornatzky/Fleischer (1990) geeignet. Die Struktur des TOE-Frameworks wurde bereits zur Erklärung von IS-Adoption, -Diffusion und -Assimilation angewandt (z.B. Chau/Tam, 1997; Iacovou et al. 1995; Zhu et al., 2002; Zhu et al., 2004; Kouki et al., 2007, 2009). Das TOE-Framework besteht aus drei Dimensionen:

1)   Umwelt („Environment") repräsentiert unternehmensexterne Einflüsse.

2)   Organisation („Organization") repräsentiert unternehmensinterne, organisatorische Einflüsse und deren Stakeholder.

3)   Technologie („Technology") repräsentiert technische, funktionelle und sonstige eher qualitative Merkmale einer IS-Innovation.

Mit der TOE-Struktur können die Konstrukte zur Assimilation entsprechend den drei Dimensionen systematisiert werden, um zum einen die Zugehörigkeit der einzelnen Konstrukte zu bestimmten Unternehmensbereichen zu verdeutlichen und zum anderen, um die empirische Überprüfung zu vereinfachen. Im Einzelnen werden den Dimensionen in Bezug auf die Assimilation von SoD-Software folgende Konstrukte zugewiesen:

Der **Dimension Umwelt** werden die Konstrukte des institutionellen Isomorphismus zugeordnet, da die von unternehmensextern einwirkenden Anforderungen, sei es von Regierungsstellen, Prüfungsorganen oder Beratern, stets aus der Umwelt des Unternehmens stammen und von Unternehmen nicht direkt beeinflusst werden können.

Der **Dimension Organisation** werden die Konstrukte der Stakeholder- und Lerntheorie zugeordnet, da beide von unternehmensinternen, organisatorischen Strukturen und Aktivitäten abhängig sind.

Die **Dimension Technologie** wird als Container für die Qualitätsindikatoren des Erfolgsfaktoren-Ansatzes verwendet, darin werden die technisch-, funktional- und serviceorientierten Merkmale zusammengefasst.

Abbildung 42 zeigt ein TOE-strukturiertes Modell mit den drei Dimensionen Umwelt, Organisation und Technologie. Zusätzlich wurde die Dimension der situativen Einflüsse eingefügt, diese ist unabhängig von den drei anderen und soll Indikatoren repräsentieren, welche explizit unternehmenssituativ sind (z.B. die Marktposition des Unternehmens, oder die Dauer der PIP der SoD-Software) und von denen angenommen wird, dass sie die Assimilation beeinflussen. Das Modell wird in Anlehnung an Kouki et al. (2007, S. 3) als „SoD Assimilation Framework" bezeichnet.

Das TOE-strukturierte Assimilationsmodell kann als universelles Modell eingesetzt werden, da die jeweiligen Konstrukte der TOE-Dimensionen je nach Untersuchungsobjekt variiert werden können (vgl. Zhu et al., 2004). In den folgenden Abschnitten werden die Besonderheiten von SoD-Software in der PIP untersucht und anhand des Modells in Abbildung 42 strukturiert.

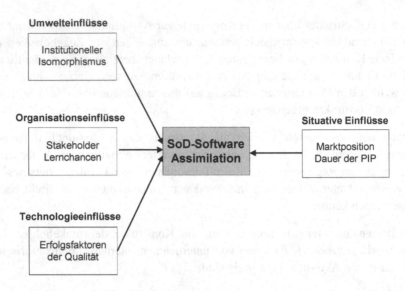

Abbildung 42: SoD Assimilation Framework.

3.3.2   Situative Einflüsse

Die Assimilation von SoD-Software wird von zahlreichen situationsbezogenen und unternehmensspezifischen Indikatoren beeinflusst. Gallivan (2001a) fasst diese unter der Bezeichnung „Facilitating Conditions" zusammen und nennt z.B. Branchen und Märkte, die Unternehmens- und Innovationskultur als potenzielle Unterscheidungskriterien. Liang et al. (2007) definieren situative „Control Variables" und verwenden als Indikatoren Absorption („Absorptive Capacitiy"), für die Fähigkeit eines Unternehmen eine IS-Innovation aufzunehmen, Kompatibilität („Organizational Compatibility"), für Risiken, die potenziell eine Assimilation be-/verhindern, sowie diverse Kennzahlen zur Marktposition eines Unternehmens (z.B. Größe, Branche, Anzahl der Mitarbeiter, Umsatz). Zudem wird die Dauer berücksichtigt, während der die IS-Innovation bereits operativ genutzt wird. Für die empirische Untersuchung der Assimilation von SoD-Software erscheinen Indikatoren zur 1) (Markt)Position eines Unternehmens, 2) zur Kompatibilität und 3) zur Dauer (der operativen Nutzung) besonders geeignet:

1) Position

Repräsentiert die Position eines Unternehmens, diese kann aus quantitativen Zahlen (z.B. Anzahl der Mitarbeiter, Umsatz, Gewinn) abgeleitet werden, aber auch die Historie, Branchenzugehörigkeit oder die (hergestellten) Produkte können die Position determinieren. Für die Untersuchung der Assimilation von SoD-Software wird die Position eines Unternehmens primär an der herausragenden Position, der „Größe" und der globalen Ausrichtung orientiert (im Folgenden aus Vereinfachungsgründen mit „große Unternehmen" bezeichnet); es wird davon ausgegangen, dass solche Unternehmen von SoD-Software am meisten profitieren und damit das größte Interesse haben, eine Assimilation voranzutreiben: Große Unternehmen sind typischerweise von anspruchsvollen Compliance-Anforderungen betroffen; demgemäß wird angenommen, dass eine gewisse Erfahrung und Routine, bei der Erstellung von Compliance-Nachweisen vorhanden ist. Zudem fällt es großen Unternehmen in der Regel leichter, die für die Etablierung einer IS-Innovation notwendigen, auch finanziellen Ressourcen aufzubringen und die Risiken abzusichern. Fehlschläge können besser kompensiert werden, so dass es theoretisch auch möglich ist, mit Innovationen zu experimentieren. Große, führende Unternehmen treffen wichtige Entscheidungen meist zentral, Richtlinien werden strategisch begründet und können dann auch direktiv (top-down) durchgesetzt werden, dies könnte für die Assimilation einer erklärungsbedürftigen und unter Umständen unpopulären SoD-Software entscheidend sein. In großen Unternehmen werden IT-Entscheidungen und Aufgaben häufig zentral gesteuert, insbesondere auch solche in Zusammenhang mit komplexen ERP-Systemen. Die Masse an Transaktionen erfordert meist auch einen hohen Automatisierungsgrad. Dies verstärkt die Vorteile eines SoD-Softwareeinsatzes. Zudem sind in großen Unternehmen meist stabile „Change Management"-Prozesse und -Prozeduren etabliert, dies erleichtert die Umsetzung und Sicherstellung der mit der SoD-Software verbundenen Aktivitäten. Zusammenfassend wird folgende situationsbezogene Hypothese aufgestellt:

SH1: Eine starke (Markt-)Position eines Unternehmens wirkt sich positiv auf die Assimilation von SoD-Software aus.

2) Kompatibilität

Neben der Größe ist auch eine gewisse „Anschlussfähigkeit" notwendig, damit ein Unternehmen eine IS-Innovation etablieren kann; diese ist abhängig von der existierenden Kultur, von Erfahrungen, der strategischen Ausrichtung, aber auch von der vorhandenen Infrastruktur und dem grundlegenden Bedarf des Unternehmens (vgl. Tornatzky/Klein, 1982; Rogers, 2003; Liang et al., 2007). Typischerweise löst eine IS-Innovation sowohl organisatorische (z.B. neue, veränderte Prozesse, Prozeduren, Funktionen, Rollen) als auch technische Veränderungen aus (z.B. neue Infrastrukturkomponenten, Hardware). Unternehmen, welche effektive und effiziente Prozesse zum Management von Veränderungen etabliert haben können die Anforderungen einer IS-Innovation besser aufnehmen und entsprechend umsetzen. Während einer SoD-Software-Assimilation können viele Ereignisse eintreten, die eine Assimilation be- oder verhindern (z.B. unvorhergesehene Software-Anpassungen, aber auch spät entdeckte Fehler oder SoD-Konflikte in großer Anzahl, nur durch Prozessänderungen lösbare SoD-Konflikte); diese können auch aus der Implementierungsphase absichtlich in die PIP übertragen worden sein, oder sie werden erst mit zunehmender Erfahrung der involvierten Akteure in der PIP sichtbar. Liang et al. (2007, S. 67) beschreiben dies für die PIP von ERP-Systemen: "It is likely that after the completion of the initial implementation, new incompatibilities are discovered during the actual use". Übertragen auf SoD-Software kann beispielsweise die Situation eintreten, dass nicht alle notwendigen SoD-Sanierungsmaßnahmen (vgl. Abschnitt 2.3.4.3) durchgeführt werden konnten; dies blockiert folglich die Assimilierungsphase. Unternehmen, welche keine „Altlasten" aus der Implementierungsphase in die PIP übertragen, können auf die Anforderungen eines SoD-Software-Einsatzes schneller reagieren und die Assimilation somit beschleunigen.

Ein weiteres Merkmal für eine hohe Kompatibilität ist eine engagierte Leitungs- und Führungsebene, welche unter Umständen auch unpopuläre Maßnahmen in Zusammenhang mit einer SoD-Software unterstützen. Hierzu gehören auch klare und gut dokumentierte Entscheidungswege und Verantwortungen. Wenn in Unternehmen bereits Erfahrungen im Umgang mit (anspruchsvollen) Compliance-Anforderungen vorhanden sind, kann dies ein Indiz für eine hohe Anschlussfähigkeit sein. Weitere Merkmale der Kompatibilität sind z.B. standardisierte, gut dokumentierte ERP-Systeme und -Prozesse und Erfahrungen im Umgang mit (SoD-)Kontrollen. Zusammenfassend kann davon ausgegangen werden, dass Unternehmen, die eine hohe Kompatibilität aufweisen, eine SoD-Software-Assimilation beschleunigt durchlaufen. Zusammenfassend wird folgende situationsbezogene Hypothese aufgestellt:

SH2: Eine hohe Kompatibilität des Unternehmens wirkt sich positiv auf die Assimilation von SoD-Software aus.

3) Dauer der PIP

Es ist naheliegend, dass die Assimilation bzw. der Assimilationsfortschritt abhängig von der Dauer der PIP einer SoD-Software ist: Je länger der GoLive zurückliegt, desto umfassender sollten die Erfahrungen im Umgang mit der Software, mit möglichen Problemen und einem unter Umständen blockierenden Nutzerverhalten in Unternehmen sein. Liang et al. (2007, S. 67) umschreiben dies wie folgt: "... adaptation is a time-sensitive process and misalignments that might have existed initially may have been resolved by users and managers". Daraus resultiert die dritte situative Hypothese:

SH3: Die Dauer der PIP wirkt sich auf die Assimilation von SoD-Software aus.

3.3.3 Umwelteinflüsse

Eine Besonderheit von SoD-Software ist, dass die Produkte erst mit den (SoD-)-Anforderungen des SOX ein größeres Marktvolumen erreicht haben und dies, obwohl Probleme mit der Umsetzung von Berechtigungen und SoD-Kontrollen in ERP-Systemen schon seit Jahren bestehen und bekannt sind (vgl. Abschnitt 2.3.4). Daraus lässt sich schließen, dass erst die obligatorischen und anspruchsvoller werdenden unternehmensexternen Compliance-Anforderungen die Akteure in Unternehmen motivierten, sich der Thematik anzunehmen. Sie sind entsprechend auch bereit, ein solches Produkt zu fördern und einzuführen (vgl. Abschnitt 3.2.2). Daraus resultiert folgende, auf dem institutionellen Isomorphismus und auf obligatorischen Zwängen basierende Hypothese:

H1: Obligatorische, institutionelle Anforderungen wirken sich positiv auf die Assimilation von SoD-Software aus.

Parallel zum Aufkommen des SOX und anderen obligatorischen Compliance-Anforderungen entwickelt sich eine Art „Hype": Medien berichten umfangreich zur Compliance-Thematik, diverse Institutionen, Beratungshäuser und Expertengruppen entwickeln Referenzmodelle und Best Practices (vgl. Abschnitt 2.2.3.3) oder veröffentlichen (erfolgreiche) Umsetzungsbeispiele, oft auch mit Hinweisen auf die Notwendigkeit einer IT-Unterstützung. Die Anbieter von Softwareprodukten bieten verstärkt Compliance- und auch SoD-Produkte an und bewerben diese intensiv, nicht selten kooperativ mit den Prüfungsgesellschaften (vgl. Abschnitt 3.2.2). Daraus resultiert folgende, auf dem institutionellen Isomorphismus und mimetischen Zwängen basierende Hypothese:

H2: Die Präsenz und Verbreitung von Softwarelösungen, Referenzmodellen, Best Practices, etc. wirkt sich positiv auf die Assimilation von SoD-Software aus.

Einflussreiche Institutionen und auch Wirtschaftsprüfungsgesellschaften weisen als etablierte Expertengruppen nach dem Inkrafttreten des SOX gezielt auf Risiken durch mangelhafte SoD-Kontrollen hin, verweisen auf Referenz- und Vorgehensmodelle sowie auf die Vorteile von automatisierten Kontrollen (vgl. Abschnitte 2.3.3 und 2.3.4). Daraus resultiert folgende, auf dem institutionellen Isomorphismus und normativen Zwängen basierende Hypothese:

H3: Anforderungen und Empfehlungen von einflussreichen Akteuren wirken sich positiv auf die Assimilation von SoD-Software aus.

3.3.4   Organisationseinflüsse

Unter Organisationseinflüssen werden Indikatoren zusammengefasst, welche die Menschen, die in einem Unternehmen arbeiten, in den Mittelpunkt rücken. Die Mitarbeiter eines Unternehmens werden (1) nach unterschiedlichen Stakeholdergruppen und demgemäß divergierenden Interessen kategorisiert, aber auch (2) unter dem Aspekt des individuellen und organisationalen Lernens.

1) Stakeholdertheorie und ausgewählte Gruppen: SoD durchdringt als Instrument der Risikosteuerung durchdringt alle Unternehmensbereiche und -funktionen, wodurch viele Stakeholder mit unterschiedlichsten Interessenslagen involviert werden. Durch obligatorische Compliance-Anforderungen wurden SoD-Kontrollen mit einer höheren Verbindlichkeit ausgestattet, was unter anderem bedeutet, dass SoD-Kontrollen in ERP-Systemen sowohl technisch als auch organisatorisch sichergestellt werden müssen (vgl. Abschnitte 2.3.3 und 2.3.4). Die Umsetzung ist anspruchsvoll und häufig ist eine Sanierung des ERP-Berechtigungswesens notwendig (vgl. Abschnitt 2.3.4.3); Stakeholder werden nicht selten von der Komplexität der Sachlage überfordert und es ist mit einer gewissen Widerstandshaltung, vor allem seitens der ERP-System-Nutzer, zu rechnen. Positive Impulse können durch zielgerichtete Interventionen gesetzt werden (z.B. Aufklärungs- und Motivationsmaßnahmen, Ausbildungsangebote, neue Mitarbeiter). Für die Assimilation von SoD-Software werden folgende Stakeholdergruppen als relevant angesehen:

1) Leitungsorgane (oberstes (Top-)Management und Entscheidungsträger),

2) involvierte Akteure der Fachbereiche, auch IT (Stichwort: Business-IT Alignment),

3) aktive und passive ERP-System-Nutzer (z.B. aktive Nutzer, Ergebnisempfänger, IT-Mitarbeiter als Software-Administratoren und/oder Service-Erbringer).

Die besondere Rolle der Leitungsorgane wurde in vielen Studien bestätigt. Insbesondere das Engagement des Top Management, aber auch der involvierten Entscheidungsträger wird als wichtiger Einflussfaktor angesehen, um eine IS-Assimilation zu beschleunigen, zudem ist deren Unterstützung für die Freigabe von Ressourcen wichtig (vgl. Abschnitt 3.2.3). Daraus resultiert die folgende Hypothese, welche sich auf die Stakeholdertheorie und insbesondere auf die Partei der Leitungsorgane und des Top Management fokussiert:

H4   Das Engagement der Leitungsorgane wirkt sich positiv auf die Assimilation von SoD-Software aus.

Ein weiteres Phänomen, welches eng mit dem Engagement der Leitungsorgane verknüpft ist, ist das Business-IT Alignment. Ein aktives Beziehungsmanagement zwischen Business- und IT(-Leitungsorganen) ist wichtig zum Ausgleich von potenziellen Interessenskonflikten (vgl. Abschnitt 3.2.3). Daraus resultiert die folgende Hypothese, welche sich auf Stakeholder-Perspektiven bezieht und insbesondere die beiden Parteien Business und IT (Business-IT Alignment) einbezieht:

H5   Aktives Business-IT Alignment wirkt sich positiv auf die Assimilation von SoD-Software aus.

Die Bedeutung des Einflusses der aktiven und passiven ERP-System-Nutzer wird im Rahmen der Forschungen zu Erfolgsfaktoren bestätigt (vgl. Abschnitt 3.2.5). Im Hinblick auf SoD-Software arbeiten aktive SoD-System-Nutzer direkt mit dem Produkt (z.B. Administratoren, Rechtevergeber, Anforderer/Freigeber von Rechten, Mitarbeiter mit SoD-Überwachungsaufgaben), während passive Nutzer (z.B. Leitungs-, Prüfungsorgane) Ergebnisse, meist in Form von Statusberichten, erhalten. Nach DeLone/McLean (2002) ist die Nutzerzufriedenheit im Wesentlichen von technik-, funktions-, und serviceorientierten Qualitätsmerkmalen abhängig (vgl. Abschnitt 3.2.5). Daraus resultiert die folgende auch auf qualitätsbezogenen Erfolgsfaktoren basierende Hypothese:

H6   Die Zufriedenheit der Nutzer wirkt sich positiv auf die Assimilation von
     SoD-Software aus.

2) Lernchancen: Das Wissen und Verständnis zu SoD-Kontrollen, auch in Zusammenhang mit ERP-Systemen und SoD-Software, sind Voraussetzung, um die
Komplexität der Thematik zu beherrschen und folglich SoD-Software effizient
einsetzen zu können. Dieses Wissen sollte in Unternehmen (in unterschiedlicher
Tiefe) vorhanden sein, um die pervasiven Compliance-Anforderungen bewälti-
gen zu können. Mitarbeitern sollten mannigfache Lernchancen zur Verfügung
stehen, möglichst auf die Motivationslage der Zielgruppen abgestimmt. Insbesondere in der Anfangsphase der Assimilation ist entscheidend, dass gewisses
Know-how zur SoD-Thematik vorhanden ist, um Wissensbarrieren zu verhindern; teilweise kann dies durch den Einsatz externer Experten kompensiert werden. Daraus lassen sich auf Grundlage von lerntheoretischen Ansätzen folgende
Hypothesen ableiten (vgl. Abschnitt 2.3.4):

H7   Implementierung und Einsatz von SoD-Software ermöglichen zahlreiche
     Lernchancen zur Compliance- und SoD-Thematik; dies wirkt sich positiv
     auf die Assimilation von SoD-Software aus.

H8   Internes Know-how zur Compliance- und SoD-Thematik wirkt sich positiv
     auf die Assimilation von SoD-Software aus.

H9   Externes Know-how zur Compliance- und SoD-Thematik wirkt sich positiv
     auf die Assimilation von SoD-Software aus.

3.3.5   Technologieeinflüsse

Auf dem Markt von SoD-Software kommt es ungefähr ab dem Jahr 2002 durch
gestiegene Nachfrage zu größeren Bewegungen (vgl. Abschnitt 2.3.4.4). Mächti-
ge ERP-Anbieter akquirieren kleinere, spezialisierte Lösungsanbieter (vgl. Abschnitt 2.3.4.4) und integrieren deren Produkte in ihre Angebote. Es kommt zu
einem regelrechten „Hype", welcher mit zahlreichen Veränderungen bezüglich
der SoD-Produkte einhergeht (z.B. Produktnamen, Funktionen, Integrationsmög-
lichkeiten). Durch die unerwartete Nachfrage (oder auch das Angebot) von SoD-
Software wurden Lösungen teilweise übereilt (weiter)entwickelt und am Markt
angeboten; es ist davon auszugehen, dass dieser Zeitdruck die Qualität der Produkte beeinträchtigte. Aus dieser Annahme heraus haben die Qualitätsindikatoren von DeLone/McLean (1992, 2002) besondere Relevanz.

Die Informationsqualität einer IS-Innovation kann gemäß DeLone/McLean (1992, 2002, 2003) ergebnisorientiert untersucht werden. Als wichtige Qualitäts-Determinanten für die Qualität von generierten Informationen werden Aktualität, Genauigkeit und Vollständigkeit der Daten sowie die Relevanz der Informationen und der Berichtsformate genannt. In Bezug auf eine SoD-Software werden die Ergebnisse in Form von Berichten und Grafiken generiert, welche als Nachweis der SoD-Compliance für ERP-Systeme verwendet werden. Erfüllen diese Nachweise die notwendigen Anforderungen z.b. an die Aktualität, Genauigkeit und Vollständigkeit der Informationen, kann von einer zumindest ausreichenden Qualität ausgegangen werden. Die Qualität der Nachweise ist zudem Voraussetzung für ihre Akzeptanz bei den Prüfungsorganen. Daraus resultiert die folgende Hypothese, welche sich auf qualitativ-orientierte Erfolgsfaktoren bezieht (vgl. Abschnitt 3.2.5):

H10 Die Informationsqualität wirkt sich positiv auf die Assimilation von SoD-Software aus.

Die Systemqualität einer IS-Innovation kann gemäß DeLone/McLean (1992, 2002, 2003) anhand der technischen Leistungsfähigkeit einer IS-Innovation betrachtet werden. Wesentliche Determinanten sind die Zuverlässigkeit des Systems, angemessene Reaktions- und Durchlaufzeiten, eine gewisse Systemflexibilität sowie eine einfache Anwendung ("Ease of use") des Systems. Ohne eine angemessene technische Leistungsfähigkeit, messbar anhand der genannten Determinanten, ist eine SoD-Software ungeeignet. Daraus resultiert die folgende Hypothese, welche sich auf qualitativ-orientierte Erfolgsfaktoren bezieht (vgl. Abschnitt 3.2.5):

H11 Die Systemqualität wirkt sich positiv auf die Assimilation von SoD-Software aus.

Die Servicequalität einer IS-Innovation kann gemäß DeLone/McLean (2002, 2003) anhand zahlreicher Kriterien untersucht werden. Wesentliche Determinanten sind die Zuverlässigkeit und Betriebssicherheit der Systeme, der zeitnahe Service und das Know-how der Dienstleister. Da SoD-Software in den Unternehmen meist eine Neuerung darstellt und zudem eine Integration in komplexe ERP-Systemstrukturen und deren Berechtigungskonzepte erforderlich ist, kann die Qualität der Unterstützung des Software-Lieferanten eine entscheidende Rolle spielen. Zudem sollte sowohl das Know-how von internen als auch von externen (SoD-)Experten gewissen Qualitätsansprüchen genügen. Daraus resultiert die folgende Hypothese, welche sich auf qualitativ-orientierte Erfolgsfaktoren bezieht (vgl. Abschnitt 3.2.5):

H12 Die Qualität der Services wirkt sich positiv auf die Assimilation von SoD-Software aus.

3.3.6   Messkriterien

Um den Status der Assimilation zu bestimmen, können unterschiedliche Messkriterien verwendet werden: Fichman/Kemerer (1999) nutzen „Increasing Returns" zur Umschreibung des situativen (Wert-)Beitrags von IS-Innovationen; dies können z.B. Lernerfolge, Prozessverbesserungen oder Umsatzsteigerungen sein: „Increasing returns arise from the incremental contribution additional adopters make to the accumulated benefits" (Fichman/Kemerer, 1999, S. 265). Gallivan (2001a) nutzt „Consequences", um die Ergebnisse einer IS-Innovation zu messen, diese können z.B. die IT-Abteilung betreffen (z.B. einfachere Bedienung/Wartung, verringerte Kosten, verbessertes Image durch aktiveres Business-IT Alignment), die Fachabteilungen (z.B. einfachere Bedienung, höhere Flexibilität, leichter/schneller zu erlernen, kürzere Antwortzeiten, direkte Kontrollmöglichkeiten) oder auch die Leitungsorgane (z.b. Statusberichte, sonstige Auswertungen, die als Führungsinstrument einsetzbar sind). Des Weiteren werden als Messkriterien die Anzahl der Nutzer („Breadth of Technology Use") sowie die Intensität der Nutzung ("Depth of Technology Use") angeführt. DeLone/McLean (2002, 2003) kreieren in Kontext des „IS Success Model" das Konstrukt „Net Benefis" als Container für erfolgsrelevante Kriterien (vgl. Abschnitt 3.2.5). Liang et al. (2007) nutzen zur Bestimmung der Assimilation von ERP-Systemen drei Indikatoren:

1) Reichweite („Volume") für den prozentualen Anteil von Prozessen, die mittels IS abgebildet werden,

2) Diversität („Diversity") für die diversen Funktionsbereiche, die das System nutzen (z.B. Mitarbeiter der Fachabteilungen, der IT, auch Leitungs- und Führungsorgane, Compliance-Verantwortliche, interne/externe Prüfer),

3) Durchdringung („Depth") für den vertikalen Einfluss des IS auf die Unternehmensprozesse – von der Planung bis zur Entscheidung.

Zusammenfassend gibt es zahlreiche potenzielle Messkriterien; jeder Forscher muss je nach Analyseobjekt und Untersuchungsansinnen entscheiden, welche Kriterien zielführend sind. Für die Untersuchung der Assimilation von SoD-Software scheint es sinnvoll, sowohl quantitative als auch qualitative Kriterien zu verwenden. Als quantitative Größen werden gemäß Liang et al. (2007) die Reichweite, Diversität und Durchdringung gewählt; anhand dieser drei Kriterien soll die Verbreitung der SoD-Software in den Fallstudien untersucht werden. Als qualitatives Kriterium scheinen die Benefits nach DeLone/McLean (2002) besonders geeignet, da diese die erreichten Ziele repräsentieren, die mit der Einführung einer IS-Innovation angestrebt wurden. Im Hinblick auf die Messung der Assimilation von SoD-Software erscheint es sinnvoll, abzugleichen, ob in Unternehmen die ursprünglich angestrebten Ziele auch faktisch erreicht wurden; die Zielerreichung ist gemäß Armstrong/Sambamurthy (1999, S. 306) ein wesentliches Kennzeichen der Assimilation (vgl. Abschnitt 3.2). Benefits können sich im Unternehmensvergleich stark voneinander unterscheiden. Die Wahl der Benefits als Messkriterium erlaubt es auch, unterschiedliche Stakeholder(gruppen) und deren potenzielle Ziele zu differenzieren. Als Referenz sind in Tabelle 16 potenziell unterschiedliche Benefits und Messkriterien aus Sicht der Unternehmensleitung und Fachabteilungen zusammengestellt.

In Analogie beinhaltet Tabelle 17 potenzielle Benefits und Messkriterien aus Sicht der IT-Leitung. Die unterschiedlichen Stakeholder(gruppen) wurden mehrheitlich aus dem COBIT-RACI-Chart (vgl. Abschnitt 2.2.3.3.2, Abb. 11) übernommen, jedoch neu kategorisiert.

Die in den beiden Tabellen nach Stakeholderinteressen differenzierten potenziellen Benefits können zur Orientierung, als Referenz oder „Benchmark" verwendet werden, um qualitative Aussagen zu angestrebten und erreichten Ziele von Unternehmen zu validieren. Eine Einstufung des Status der Assimilation von SoD-Software kann auf Basis von erhobenen Daten zu den quantitativen und qualitativen Kriterien stattfinden; die Daten können im Anschluss auf ein Stufenmodell abgebildet werden (vgl. Abschnitt 3.2.1) Zur Bestimmung des Status bieten sich z.B. die Stufen 4 bis 6 des Stufenmodells von Cooper/Zmud (1990) an (vgl. Abb. 38). In Abbildung 43 wurde das von Cooper/Zmud (1990) entwickelte Modell für die Einstufung der Assimilation bzw. des Assimilationsfortschrittes von SoD-Software angepasst; die einzelnen Stufen sind mit deskriptiven Kriterien beschrieben:

Tabelle 16: Potenzielle Benefits und Messkriterien (Fachabteilungen).

Stakeholder	Potenzielle Benefits	Potenzielle Messkriterien
Unternehmensleitung, Fachabteilungen		
Leitungsorgane (Top Management (CEO, CFO))	Erreichung von SoD-Compliance.	Positive Prüfungsergebnisse nach der (externen) SoD-Prüfung.
	Transparente, zielgruppengerechte Berichte.	Vorhandensein der Berichte, möglichst automatisiert erstellt.
Prozessverantwortliche „Business Process Owner"	SoD-konfliktfreie Rollen in ERP-Systemen.	Anzahl der SoD-Konflikte, prozessbezogen und kategorisiert nach Risikopriorität.
	Transparente, zielgruppengerechte Berichte.	Vorhandensein der Berichte, möglichst automatisiert erstellbar.
	Effektive Überwachungs- und Testmöglichkeiten.	Simulationsoptionen bei der Rechtevergabe, auch für Prozesseigner. Kontinuierliche SoD-Konfliktüberwachung.
Compliance, Audit, Risikoverantwortliche	Erreichung von SoD-Compliance.	Positive Prüfungsergebnisse nach der (externen) SoD-Prüfung.
	Transparente, zielgruppengerechte Berichte.	Vorhandensein der Berichte, möglichst automatisiert generierbar.
Business-Mitarbeiter, Nutzer	Minimaler Aufwand bei der Nutzung der SoD-Software.	Selbsterklärende Nutzerführung. Gute Performance.
	Minimale Störungen bei der Nutzung der SoD-Software.	Störungen gegen Null. Kurze Antwortzeiten bei Störungen und schnelle Lösungen.
	Verbesserung der individuellen Arbeitsprozesse.	Vereinfachung/Verkürzung der bisherigen Arbeitsschritte.

Tabelle 17: Potenzielle Benefits und Messkriterien (IT-Abteilungen).

Stakeholder	Potenzielle Benefits	Potenzielle Messkriterien
IT-Leitung, IT-Fachabteilung		
Leitungsorgane IT (CIO)	SoD-konfliktfreie Rollen in ERP-Systemen.	Anzahl der SoD-Konflikte, prozessbezogen und kategorisiert nach Risikopriorität.
	Transparente, zielgruppengerechte Berichte.	Vorhandensein der Berichte, möglichst automatisiert generierbar.
Involvierte Entscheidungsträger, z.B. Head IT Administration, Head Operations, Chief Architect, Head Development	Minimaler Aufwand bei der Umsetzung von SoD-konfliktfreien Rollen.	SoD-Software verfügt über die erforderlichen Funktionen.
	Effektive Überwachungs- und Testmöglichkeiten.	Simulationsoptionen bei der Rechtevergabe, auch für Prozesseigner. Kontinuierliche SoD-Konflikt-Überwachung.
	Prozessverbesserungen (z.B. Rollenvergabe, Rechtezuordnung, Freigabeverfahren).	Beschleunigte Rollenentwicklung und -vergabe. Beschleunigte Rechtezuordnung (z.B. durch Dezentralisierung, Automatisierung). (Teil-)Automatisierte Freigabeverfahren.
	Nachvollziehbare Dokumentation jeder Rollenänderung, Rollen- und Rechtevergabe.	Nachvollziehbare und einfach aus dem System abrufbare Dokumentation.
IT Compliance, Audit, Risk and Security	Erreichung von SoD-Compliance.	Positive Prüfungsergebnisse nach der (externen) SoD-Prüfung.
	Transparente, zielgruppengerechte Berichte.	Vorhandensein der Berichte, möglichst automatisiert generierbar.
	Nachvollziehbare Dokumentation jeder Rollenänderung, Rollen- und Rechtevergabe.	Vorhandensein von Dokumentationen zur Rollenentwicklung, -vergabe; Rechtevergabe.
PMO	Umsetzbare SoD-Verfahrenshinweise, SoD-Richtlinien.	Unterstützungsprozesse für Projekte in Bezug auf SoD.
	Unterstützung zu SoD bei neuen Projekten.	

Stakeholder	Potenzielle Benefits	Potenzielle Messkriterien
IT-Leitung, IT-Fachabteilung		
Leitungsorgane IT (CIO)	SoD-konfliktfreie Rollen in ERP-Systemen.	Anzahl der SoD-Konflikte, prozessbezogen und kategorisiert nach Risikopriorität.
	Transparente, zielgruppengerechte Berichte.	Vorhandensein der Berichte, möglichst automatisiert generierbar.
IT Mitarbeiter, (potenzielle) Nutzer, z.B. Administratoren, Rechteverwalter	Minimaler Aufwand bei der Umsetzung von SoD-konfliktfreien Rollen.	Einfache und gut nachvollziehbare Bedienung, ausgereifte Funktionen z.B. zur Erstellung der Rollen.
	Effektive Überwachungs- und Testmöglichkeiten.	Simulationsmöglichkeiten bei der Rechtevergabe, z.B. auch für Prozesseigner. Kontinuierliche SoD-Konflikt-Überwachung.
	Nachvollziehbare Dokumentation jeder Rollenänderung, Rollen- und Rechtevergabe.	Nachvollziehbare und einfach aus dem System abrufbare Dokumentation.

Stufe 0:   „Adaption", bedeutet, dass die Nutzer die SoD-Software zwar nutzen, oder mit den Auswertungen arbeiten, dass sie aber nicht zufrieden sind und zahlreiche Reklamationen existieren.

Stufe 1:   „Acceptance" bedeutet, dass die Nutzer die SoD-Software akzeptieren und nutzen; bei Bedarf wird der Nutzerkreis kontinuierlich erweitert.

Stufe 2:   „Routinization" bedeutet, dass die Nutzer die Anwendung in den alltäglichen Ablauf integriert haben und Störungen äußerst selten sind.

Stufe 3:   „Infusion" bedeutet, dass eine umfassende und integrierte Nutzung der SoD-Software im gesamten Unternehmen/Konzern stattfindet und die mit der SoD-Software verbundenen Ziele realisiert wurden.

Zusammenfassend können für die Untersuchung der Assimilation von SoD-Software die quantitativen Messkriterien Reichweite, Diversivität und Durchdringung nach Liang et al. (2007) verwendet werden. Als qualitatives Kriterium werden die unternehmenssituativen Benefits nach DeLone/McLean (2002) verwendet. Die so erhobenen Daten können im Anschluss in einem geeigneten Stufenmodell abgebildet werden (vgl. Abb. 43).

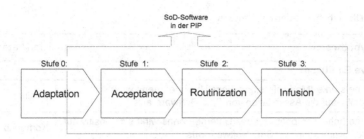

Abbildung 43: Stufenmodell zur Analyse der Assimilation.

3.3.7 Forschungsmodell

In Abschnitt 3.3 wurden auf Grundlagen von verschiedenen Theorien und systematisiert nach dem „SoD Assimilation Framework" (vgl. Abb. 42) zwölf Hypothesen (H1 bis H12) entwickelt, welche die Assimilation von SoD-Software erklären sollen. Zudem drei weitere Hypothesen (SH1 bis SH3) welche unternehmenssituative Einflüsse berücksichtigen. Tabelle 18 beinhaltet eine Übersicht der Hypothesen und die zugehörigen Indikatoren.

Die in Abschnitt 3.3 dargestellten Theorien zur Assimilation und die in Tabelle 18 zusammengefassten Hypothesen bilden die Grundlage für ein multitheoretisches Forschungsmodell: Basierend auf dem „SoD Assimilation Framework", werden die mit den Hypothesen verknüpften Indikatoren der Dimensionen „Umwelt", „Organisation", „Technologie" sowie „Situative Einflüsse" zugeordnet (die Titel der TOE-Dimensionen sind verkürzt). Abbildung 44 zeigt das multitheoretische Forschungsmodell, welches aus unidirektional in Beziehung stehenden Konstrukten besteht. Die vermuteten Kausalitäten zwischen den Indikatoren sind durch Pfeile visualisiert. Die drei linksseitig platzierten Konstrukte bündeln die Indikatoren aus den TOE-Dimensionen (Umwelt, Organisation, Technologie). Die zentral angeordnete Assimilation wird anhand der Kriterien Reichweite, Diversität, Durchdringung und Benefits charakterisiert. Rechtsseitig sind die situativen Einflüsse dargestellt; die gepunktete Umrandung indiziert, dass die Kriterien von den Untersuchungsobjekten geprägt werden.

Tabelle 18: Übersicht der Hypothesen.

#	Hypothesen	Indikatoren
Situative Einflüsse		
SH1	Eine starke (Markt-)Position eines Unternehmens wirkt sich positiv auf die Assimilation von SoD-Software aus.	Position
SH2	Eine hohe Kompatibilität des Unternehmens wirkt sich positiv auf die Assimilation von SoD-Software aus.	Kompatibilität
SH3	Die Dauer der PIP wirkt sich auf die Assimilation von SoD-Software aus.	Dauer der PIP
Umwelteinflüsse		
H1	Obligatorische, institutionelle Anforderungen wirken sich positiv auf die Assimilation von SoD-Software aus.	Obligatorische Zwänge
H2	Die Präsenz und Verbreitung von Softwarelösungen, Referenzmodellen, Best Practices, etc. wirkt sich positiv auf die Assimilation von SoD-Software aus.	Mimetische Zwänge
H3	Anforderungen und Empfehlungen von einflussreichen Akteuren wirken sich positiv auf die Assimilation von SoD-Software aus.	Normative Zwänge
Organisationseinflüsse		
H4	Das Engagement der Leitungsorgane wirkt sich positiv auf die Assimilation von SoD-Software aus.	Leitungsorgane
H5	Aktives Business-IT Alignment wirkt sich positiv auf die Assimilation von SoD-Software aus.	Business-IT Alignment
H6	Die Zufriedenheit der Nutzer wirkt sich positiv auf die Assimilation von SoD-Software aus.	Nutzerzufriedenheit
H7	Implementierung und Einsatz von SoD-Software ermöglichen zahlreiche Lernchancen zur Compliance- und SoD-Thematik; dies wirkt sich positiv auf die Assimilation von SoD-Software aus.	Lernchancen
H8	Internes Know-how zur Compliance- und SoD-Thematik wirkt sich positiv auf die Assimilation von SoD-Software aus.	Internes Know-how
H9	Externes Know-how zur Compliance- und SoD-Thematik wirkt sich positiv auf die Assimilation von SoD-Software aus.	Externes Know-how
Technologieeinflüsse		
H10	Die Informationsqualität wirkt sich positiv auf die Assimilation von SoD-Software aus.	Informationen
H11	Die Systemqualität wirkt sich positiv auf die Assimilation von SoD-Software aus.	Systeme
H12	Die Qualität der Services wirkt sich positiv auf die Assimilation von SoD-Software aus.	Services

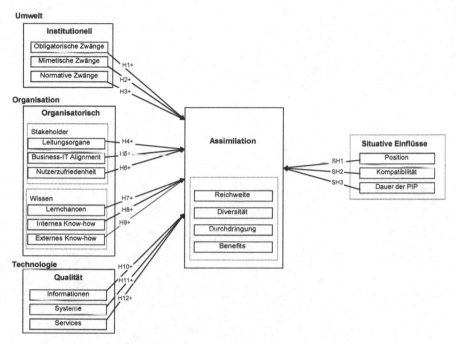

Abbildung 44: Forschungsmodell zur Analyse der Assimilation.

Das Forschungsmodell wird im weiteren Untersuchungsverlauf empirisch mit Hilfe von Fallstudien getestet; es ist jedoch nicht ausgeschlossen, dass sich während des Modelltests neue oder angepasste Hypothesen ergeben; diese führen dann entweder zu einer Modellanpassung oder stehen für nachfolgende Forschungen zur Diskussion.

4 Design der empirischen Analyse

In diesem Kapitel wird der Ablauf der empirischen Untersuchung detailliert dokumentiert. Zunächst werden methodische Grundlagen des Forschungsdesigns sowie Selektionskriterien für die Untersuchungsgegenstände erläutert. Im Anschluss wird die Erhebung der Daten anhand eines inhaltsanalytischen Ablaufmodells ausführlich erklärt, um darauf aufbauend die Analyse des Datenmaterials darzustellen. Abschließend werden die den Forschungsprozess begleitenden Gütekriterien dargestellt.

4.1 Methodische Grundlagen

Dieser Abschnitt erläutert methodische Grundlagen des qualitativen Forschungsdesigns. Darauf aufbauend wird die empirische Untersuchung zur Assimilation von SoD-Software durchgeführt.

Die qualitative Forschung ist prädestiniert, noch wenig erforschte Sachgebiete pioniermäßig zu analysieren. Je nach Forschungsansinnen stehen unterschiedliche Verfahren zur Verfügung, wie z.b. die Aktionsforschung (z.b. Rapoport, 1970; Avison et al., 1999), ethnografische Forschung (z.b. Harvey/Meyers, 1995), „Grounded Theory" (z.B. Martin/Turner, 1986; Glaser, 1992) oder die für die Untersuchung der SoD-Software-Assimilation favorisierte Fallstudienforschung (z.b. Eisenhardt, 1989; Benbasat et al., 1987; Eisenhardt, 1989, S. 545; Yin, 2009; Myers, 2011). Qualitativ orientierte Forschungsmethoden galten lange als „zweitbeste" Wahl im Vergleich zu quantitativen Methoden, bei sachgemäßer Anwendung werden sie inzwischen jedoch als gleichwertig angesehen (z.b. Avison et al., 1999, S. 94; Hevner et al., 2004, S. 86 ff; Lee/Hubona, 2009).

Die Fallstudienforschung („Case Study Research") ist eine anerkannte Forschungsmethode der Sozialwissenschaften und wurde zunächst primär zur Erforschung sozialer Phänomene, in den Rechtswissenschaften und in der Medizin angewandt (Tellis 1997, S. 2). Zwischenzeitlich hat sich die Anwendung von Fallstudien in vielen Fachdisziplinen etabliert; in der ISR spielt sie sogar eine zentrale Rolle (z.B. Benbasat et al., 1987; Paré/Elan, 1997; Dubé/Paré, 2003; Boudreau/Robey, 2005; Lapoint/Rivard 2005). In der WI gehören Fallstudien zu den sechs „Kernforschungsmethoden" (Wilde/Hess, 2007, S. 282). Die Verbreitung der Fallstudienforschung kann mit ihrer multilateralen Einsatzfähigkeit erklärt werden: Fallstudien können sowohl zur Beschreibung (deskriptiv), zur Erklärung (explanativ) oder zur Bildung und Erforschung von Theorien (explorativ) eingesetzt werden (Eisenhardt, 1989; Yin, 2009). Yin, einer der meist zitierten Autoren in Zusammenhang mit Fallstudienforschung, beschreibt die Anwendung von Fallstudien als zweiteilige Forschungsstrategie (Yin, 2009, S. 18):

Teil 1: „A case study is an empirical inquiry that
  – investigates a contemporary phenomenon in depth and within its real-life content, especially when
  – the boundaries between phenomenon and context are not clearly evident".

Teil 2: „The case study inquiry
  – copes with the technically distinctive situation in which there will be many more variables of interest than data points, and as one result
  – relies on multiple sources of evidence, with data needing to converge in a triangulating fashion, and as another result,
  – benefits from the prior development of theoretical propositions to guide data collection and analysis".

Laut Yin (2009, S. 27 ff) sind zum einen die theoretische Fundierung und zum anderen die Festlegung und kontinuierliche Überprüfung der Gütekriterien (vgl. Abschnitt 4.5) wesentliche Voraussetzungen für die Generalisierbarkeit von Fallstudienergebnissen. In der Literatur existieren zum Teil widersprüchliche Ansätze zum Design von Fallstudien (vgl. Denzin/Lincoln, 1994, für einen Überblick). Der Ansatz von Yin (2009, S. 46, erstmals 1984 publiziert) hat sich jedoch weitgehend als Referenz etabliert; in diesem werden vier Designtypen unterschieden:

Typ 1: Einzelfallstudien (single-case design, holistic),

Typ 2: Eingebettete Einzelfallstudien (single-case design, embedded),

Typ 3: Multiple Fallstudien (multiple-case design, holistic) und

Typ 4: Eingebettete multiple Fallstudien (multiple-case design, embedded).

Es gibt keine generellen Vorgaben, wann welcher Designtyp am besten angewandt wird, dies muss je nach Forschungsansinnen individuell entschieden werden. Grundsätzlich muss für jede Fallstudie ein maßgeschneidertes Design entwickelt werden, welches den jeweiligen Forschungszielen und empirischen Rahmenbedingungen Rechnung trägt (z.B. Benbasat et al., 1987; Bortz/Döring, 2001, S. 295 ff; Gerring, 2007, S. 29 f; Yin, 2009, S. 46 ff).

Einzelfallstudien (Typ 1 und 2 nach Yin) werden typischerweise angewandt, wenn ein außergewöhnlicher oder einmaliger Fall erforscht werden soll, oder im Falle von eingebetteten Einzelfallstudien, wenn ein einzelnes Unternehmen untersucht werden soll, welches aus mehreren Analyseeinheiten (z.B. Unternehmensbereiche, Abteilungen) besteht. Einzelfallstudien wird meist eine geringere Rigorosität zugesprochen als multiplen Fallstudien (Yin, 2009, S. 54). Häufig werden multiple Fallstudien (Typ 3 und 4 nach Yin) angewandt, wenn vergleichbare, komplementäre oder gegensätzliche Sachverhalte in andersgearteten Umgebungen untersucht werden sollen. Sie gelten als robuster als Einzelfallstudien, da angenommen wird, dass multiple Fallstudien einer Replikationslogik folgen können, wobei idealtypisch zwei andersgeartete Ergebnisse prognostiziert werden (Yin, 2009, S. 54):

1) Fälle liefern gleiche oder ähnliche Resultate („Literal Replication"), oder

2) Fälle liefern aus vorhersagbaren Gründen konträre Resultate („Theoretical Replication").

Viele Forscher gehen davon aus, dass die Generalisierung der aus Fallstudien gewonnenen Erkenntnisse durch die Fallzahl beeinflusst wird. Laut Eisenhardt (1989) gibt es jedoch keine ideale Anzahl, dennoch empfiehlt sie, zwischen vier und zehn Fallstudien durchzuführen. Yin (2009, S. 47 ff) macht die Fallzahl von der Konstellation der Forschungsgegenstände und den Forschungszielen abhängig und empfiehlt als „modest advice": „Even if you can do a ′two-case′ case study, your chances of doing a good case study will be better than using a single-case design. [...] the analytic benefits from having two (or more) cases may be substantial" (Yin, 2009, S. 60). Letztlich wird die Anzahl der Fallstudien durch den Grad der erzielten theoretischen Sättigung bestimmt, wobei diese nicht durch die numerische Anzahl der Fälle erreicht wird, sondern dann, wenn neue Fälle keine neuen Ergebnisse erwarten lassen.

Methodisch basieren Fallstudien auf einem Regelsystem, welches Logiken und Verfahren zur Selektion, Datenerhebung, Analyse sowie zu Gütekriterien einschließt (Eisenhardt, 1989; Yin, 2009, S. 3 ff). Die nachvollziehbare Einhaltung oder die (begründete) Abweichung vom Regelsystem ist ein Qualitätsmerkmal der Fallstudienforschung. Yin stellt das Regelsystem als iterativen Prozess dar (Abb. 45); zu jedem Prozessschritt sind zahlreiche Beispiele verfügbar (vgl. hierzu auch die Prozessschritte nach Eisenhardt, 1989).

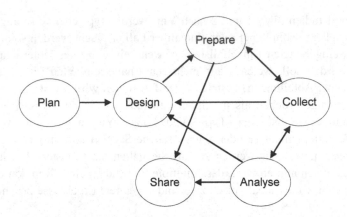

Abbildung 45:   Prozess einer Fallstudienforschung (Yin, 2009, S.1).

Qualitative Forschungsmethoden können im Gegensatz zu quantitativen Methoden keine statistische Generalisierbarkeit erreichen, da in der Regel die Stichprobengröße nicht ausreichend ist. Zudem findet die für statistische Verfahren notwendige Trennung von Kontext und Untersuchungsobjekt typischerweise nicht statt. Die Erkenntnisgewinnung der qualitativen Forschung erfolgt durch analytische Generalisierung, indem Ergebnisse mit theoretischen Konstrukten aus (bestehenden) Theorien verbunden werden (Yin, 2009, S. 28).

Zur Auswertung von qualitativem Datenmaterial wird die Technik der Mustererkennung („Pattern Matching"), im deutschsprachigen Raum bekannt als „Qualitative Inhaltsanalyse", eingesetzt (z.B. Miles/Huberman, 1994, S. 245 ff; Eisenhardt, 1989; Bilandzic et al., 2000; Mayring 2008; Yin, 2009, S. 136 ff). Mit dieser Methode können kommunikativ erhobene Daten nach spezifischen auch theoriegeleiteten Merkmalen klassifiziert und ausgewertet werden. Hierbei ist wesentlich, dass die gegebene Textmenge systematisch und intersubjektiv nachvollziehbar bearbeitet wird. Um dies zu erreichen müssen entsprechende Gütekriterien aufgestellt und im Laufe der Untersuchung eingehalten und abschließend überprüft werden.

Zusammenfassend sind die den qualitativen Forschungsmethoden zuordenbaren Fallstudien ein starkes und weitreichendes empirisches Instrument, das vielgestaltig einsetzbar ist. Die Generalisierbarkeit von Fallstudienergebnissen wird durch eine theoretische Fundierung und durch die Festlegung von Gütekriterien sichergestellt. Das Design der Fallstudie muss, ebenso wie die Anzahl der Fälle, sorgfältig gewählt werden und ist abhängig vom Forschungsansinnen und

-gegenstand. Bei der Durchführung von multiplen Fallstudien sollte ex ante eine Prognose erstellt werden, ob pro Fall ein gleiches, ähnliches oder gegensätzliches Resultat erwartet wird. Idealerweise werden die Resultate einer Fallstudienuntersuchung mit theoretischen Konstrukten verbunden und können somit zur Theoriegenerierung und -erweiterung beitragen. Voraussetzung ist jedoch, dass alle Schritte von der Selektion über die Datenerhebung bis hin zur Datenanalyse und zur Ergebnisinterpretation, einer regelgeleiteten Methodik folgen und offengelegt werden. Da das transparente und nachvollziehbare Vorgehen die Rigorosität von Fallstudienergebnissen bedingt (vgl. Mayring, 2002, S. 20 ff), werden die folgenden fallstudienbezogenen Schritte detailliert erläutert und offengelegt.

4.2 Selektionskriterien

Dieser Abschnitt legt zuerst Argumentationen und Entscheidungen zur Wahl des Fallstudiendesigns dar und zeigt detailliert das Vorgehen zur Selektion der Untersuchungsobjekte auf. Es werden Selektionskriterien aufgestellt, der Selektionsvorgang wird beschrieben und anschließend werden die selektierten Unternehmen und Expertengruppen dargestellt.

Da die Entscheidung zwischen Einzelfallstudien und multiplen Fallstudien das weitere Vorgehen stark beeinflusst, müssen die Alternativen sorgfältig geprüft und die getroffene Wahl begründet werden. Die nachvollziehbare Begründung der Entscheidung ist ein wesentliches Gütekriterium für die Fallstudienergebnisse. Laut Yin (2009, S. 47 f) ist eine Einzelfallstudie die richtige Entscheidung, wenn

a)   eine etablierte Theorie an einem bestimmten Fall getestet werden soll,

b)   ein extremer oder einmaliger Fall vorliegt,

c)   ein Fall typisch oder repräsentativ für viele Fälle ist,

d)   es sich um einen außergewöhnlichen Fall handelt, welcher unter Umständen sonst nicht zugänglich ist, oder

e)   es sich um eine Langzeitstudie handelt.

In allen anderen Fällen sind multiple Fallstudien empfehlenswert(er), da ihre Evidenz in der Forschungsgemeinschaft meist höher eingeschätzt wird (z.B. Eisenhardt, 1989; Miles/Huberman, 1994; Yin, 2009, S. 53). Für die Selektion der Untersuchungsobjekte empfiehlt Yin (2009, S. 54): „Each case must be carefully selected so that it either

a)   predicts similar results (a literal replication) or

b)   predicts contrasting results but for anticipatable reasons (a theoretical replication)".

Plakativer formuliert Pettigrew (1990, S. 275 f) Kriterien für die Selektion:

■   „Go for extreme situations, social incidents and social dramas",

■   „Go for polar types",

■   „Go for high experience levels of the phenomena under study".

Mayring (2002, S. 43) bezeichnet die Selektion von Untersuchungsobjekten als „Kernpunkt" einer Fallstudienuntersuchung und unterscheidet:

■   Extremfälle,

■   Idealtypen,

■   häufige und besondere Fälle („Anti-Typen"),

■   Grenzfälle und

■   theoretisch interessante Fälle.

Die bewusste Auswahl von Fallstudien erörtern z.B. Eisenhardt (1989), Strauss/ Corbin (1999) und Zaugg (2006).

Für dieses Forschungsprojekt wird eine Einzelfallstudie ausgeschlossen, da keines von Yin´s Kriterien a.) bis e.) für das Forschungsansinnen relevant ist. Im Gegenteil, der wahrscheinlich unterschiedliche Status der Assimilation von SoD-Software in mehreren Unternehmen ist eine wertvolle Information, aus der weitere Schlüsse gezogen werden können. Folglich werden multiple Fallstudien vorgezogen mit folgenden Überlegungen für die Kriterien der Selektion:

1)   **Begrenzung auf wenige Unternehmen**: Das Forschungsgebiet der Assimilation von SoD-Software ist unerforscht, deshalb steht die Entwicklung eines tiefer gehenden Verständnisses sowohl zur Umsetzung und Sicherstellung von SoD-Compliance als auch zur Assimilation von SoD-Software im Vordergrund. Es sollen zudem erste Erklärungsmuster entwickelt werden, welche gegebenenfalls auch auf andere Compliance- bzw. GRC-Software-

produkte übertragbar sind. Demgemäß ist für diese ersten Untersuchungen eine Einschränkung auf sehr wenige Unternehmen sinnvoll.

2) **Große Unternehmen/Konzerne mit einer starken Marktposition**: Solche Unternehmen müssen typischerweise anspruchsvolle Compliance-Anforderungen erfüllen und setzen wegen ihrer Größe und globalen Agilität komplexe ERP-Systeme mit entsprechenden Rechtestrukturen ein; somit kann der Einsatz einer SoD-Software im Vergleich zu kleineren Unternehmen äußerst zweckmäßig sein und sich schnell amortisieren. Diese wenigen exemplarischen Unterschiede prädestinieren große, stark positionierte Unternehmen für den Einsatz von SoD-Software. Folglich konzentriert sich die Selektion der Fallunternehmen auf diese Unternehmen

3) **SOX-pflichtige Unternehmen**: Die Wirkung von obligatorischen Compliance-Anforderungen (im Sinne von obligatorischen Zwängen) ist ein wesentliches zu untersuchendes Konstrukt und leitet deshalb auch die Selektion der Untersuchungsobjekte. Somit erscheint eine Konzentration auf Unternehmen sinnvoll, welche dem SOX oder zumindest ähnlich anspruchsvollen Anforderungen unterliegen. Es wird angenommen, dass solche Unternehmen durch den Druck, SOX- und damit auch SoD-Compliance nachweisen zu müssen, mit hoher Wahrscheinlichkeit eine SoD-Software einsetzen.

4) **Vergleichbares institutionelles Umfeld**: Der Vergleich der Erkenntnisse aus unterschiedlichen Fallstudien kann aufschlussreiche Informationen liefern. Jedoch können externe Einflüsse, hervorgerufen durch unterschiedliche Kontexte, einen Vergleich erschweren und möglicherweise die Aussagekraft der Ergebnisse gefährden. Folglich empfiehlt es sich, Unternehmen mit einem ähnlichen institutionellen Kontext auszuwählen, sofern dies in Anbetracht der wenigen Unternehmen, die eine SoD-Software in der PIP betreiben, möglich ist. Ziel ist es, Unternehmen aus der gleichen oder einer ähnlichen Branche zu gewinnen; falls möglich wird als „Kontrastfall" ein branchenfremdes Unternehmen einbezogen.

5) **Unternehmen in der PIP**: Die Neuartigkeit von SoD-Software, das relativ begrenzte Einsatzfeld (große Unternehmen, mit komplexen ERP-Systemen und ERP-Rechtestrukturen) sowie die Limitierung, dass die Assimilation nur bei Unternehmen, welche sich in der PIP befinden, untersucht werden kann, schränkt die Auswahl der potenziellen Untersuchungsobjekte erheblich ein.

6) **Kontrastgruppe:** Um die Gütekriterien für die Selektion von multiplen Fallstudien zu erfüllen, werden für die Untersuchungsobjekte Kontrastgruppen festgelegt: Nach Pettigrew (1990, S. 275 f) bedeutet dies „Go for polar types"; dies kann erfüllt werden, indem z.b. zwei sich stark unterscheidende Unternehmen oder zumindest ein untypisches „Kontrastunternehmen" selektiert werden; dies entspricht Mayrings (2002, S. 43) Empfehlung Extemfälle zu selektieren. Nach Yin (2009, S. 54) können Kontrastgruppen auch durch Prognose von erwarteten Resultaten nach den Replikationslogiken „Literal Replication" oder „Theoretical Replication" selektiert werden.

Für die Untersuchung der Assimilation von SoD-Software wird als Kontrastgruppe ein eher mittelständisches Unternehmen (KMU) mit weniger anspruchsvollen Compliance-Anforderungen gesucht. Es wird davon ausgegangen, dass der Einsatz von SoD-Software auch für weniger große und/oder für nicht SOX-pflichtige Unternehmen sinnvoll sein kann, insbesondere wenn ein komplexes ERP-System eingesetzt wird.

Zudem sollen, als eine Art weitere Kontrastgruppe, unternehmensexterne Stakeholder berücksichtigt werden. Begründet wird dies damit, dass die Wirkung von externen Stakeholdern (im Sinne von mimetischen und normativen Zwängen) ein wesentliches zu untersuchendes Konstrukt ist. Unter der Annahme, dass bei der Umsetzung und Sicherstellung von (SoD-)Kontrollen typischerweise auch externe Experten involviert sind (z.B. Anbieter von SoD-Software, (Wirtschafts-)Prüfer, (IT-)Berater), werden Vertreter dieser Gruppe, unabhängig von den Fallunternehmen, in Form von singulären Expertenbefragungen berücksichtigt. Die Einbeziehung dieser Gruppen soll zum einen zusätzliche Experteninformationen einbringen und zum anderen einflussreiche Stakeholder und deren Ziele repräsentieren.

Aus den obigen Überlegungen werden Selektionskriterien für die zu untersuchenden Fälle konkretisiert:

1) Unternehmen:
   a) International/global agierend, neben nationalen unterliegen sie auch internationalen gesetzlichen und regulatorischen Anforderungen.
   b) Die Größe sollte gemessen am Umsatz $\geq$ 2 Milliarden USD und gemessen an den Mitarbeitern > 5.000 sein.
   c) Zur besseren Vergleichbarkeit möglichst einer (verwandten) Branche angehörend (z.B. Banken, Versicherungen oder Chemie, Pharmazie, Technologie), als Kontrastfall, auch einer anderen Branche angehörend.

d) Hauptsitz möglichst in der Schweiz, da aus dem gemeinsamen Standort ein vergleichbares institutionelles Umfeld resultiert (mit mimetischen und normativen Einflussfaktoren), als Kontrastfall mit Hauptsitz in einem anderen Land.

e) Die Unternehmen befinden sich in der PIP einer SoD-Software, der Zeitpunkt des GoLive liegt maximal 4 Jahre zurück.

f) Für das Kontrastunternehmen, gelten nur die Kriterien d.) und e.).

2) Unternehmensinterne Kontaktpersonen/Experten:
   a) Verantwortliche/Entscheider für SoD und SoD-Software.
   b) Ansprechpersonen für SoD-Aktivitäten.
   c) Betroffene und/oder Nutzer (optional).

3) Unternehmensexterne Stakeholder:
   a) Berater/Experten für SoD-Software.
   b) Lieferanten von SoD-Software.
   c) Prüfer/Experten für die Prüfung von SoD und/oder SoD-Software.

Zur Evaluation von in Betracht kommenden Unternehmen wurden international agierende, SOX-pflichtige Konzerne mit Hauptsitz in der Schweiz vorselektiert. Ausgehend von der Annahme, dass (große) Chemie-/Pharmaunternehmen neben den SOX-Anforderungen auch noch zahlreichen anderen compliance-relevanten Regulierungen unterliegen (Herzog, 2009) und deshalb besonders auf institutionelle Einflüsse reagieren, wurden Unternehmen dieser Branche als Untersuchungsobjekte priorisiert. Um herauszufinden, ob sich die Unternehmen in der PIP einer SoD-Software befinden, wurden folgende Informationsquellen herangezogen: Internet Recherche, z.B. zu „Success Stories" von SoD-/GRC-Implementierungen; Besuch von themenbezogenen Konferenzen und Vorträgen; Kontakte mit SoD-Software-Lieferanten; Kontakte mit Wirtschaftsprüfern und Beratern; Kontakte der Autorin aufgrund ihrer Tätigkeit als IT-Auditor.

Es stellte sich heraus, dass nur wenige Unternehmen in der Schweiz eine SoD-Software in der PIP betreiben; die meisten angefragten Unternehmen befanden sich in der Selektions- oder Pilotphase. Daraufhin wurde das Selektionskriterium, welches vorsah, dass die Unternehmen aus der gleichen Branche stammen, dahingehend erweitert, dass Unternehmen aus einer ähnlichen Branche oder einem ähnlichen institutionellen Umfeld stammen sollten.

Alle nach diesen Kriterien kontaktierten Unternehmen (Ansprechpersonen waren durch die Kontakte aus den oben genannten Informationsquellen bekannt) waren bereit, jedoch nur nach ausdrücklicher Zusicherung der Anonymisierung, sich an einer Befragung zum Thema SoD-Software in der PIP zu beteiligen. Bereits bei dieser vorselektiven Anfrage wurde deutlich, dass SoD-Compliance ein hochsensibles Thema ist; die Sicherstellung der Anonymisierung der Daten musste explizit bestätigt werden.

Als Resultat der Vorselektion waren acht Unternehmen bereit, sich an der Untersuchung zu beteiligen; vier mit Hauptsitz in der Schweiz, drei in Deutschland und eines in USA. Ein sich bereits während der Vorselektion herauskristallisierendes Auswahlkriterium war „die Marke" des SoD-Softwareproduktes: Von den acht Unternehmen hatten je vier „Virsa" bzw. das Nachfolgeprodukt „SAP GRC AC" implementiert, je zwei „Approva" und „Securinfo for SAP". Schon bei der ersten Kontaktaufnahme wurde deutlich, dass die Produktwahl, die verfügbaren Funktionen und insbesondere die generierbaren Compliance-Nachweise wichtige Kriterien sind und höchstwahrscheinlich den Verlauf der Assimilation stark beeinflussen. Aus diesem Grund sollten SoD-Produkte von unterschiedlichen Lieferanten berücksichtigt werden; dies schränkte die Auswahl der zu untersuchenden Unternehmen weiter ein.

Für die Untersuchung wurden von den fünf Unternehmen mit Hauptsitz in der Schweiz vier ausgewählt, davon ausgehend, dass eine ähnliche institutionelle Umwelt die Vergleichbarkeit erleichtert. Drei der Unternehmen sind von den Rahmenbedingungen ähnlich (Globalität; Größe, SOX-Pflicht, Hauptsitz in der Schweiz) und setzen unterschiedliche SoD-Produkte ein (Approva, SAP GRC Access Controls (AC), Securinfo, Virsa). Als Kontrastfall wird ein mittelständisches und nicht SOX-pflichtiges Unternehmen mit Hauptsitz in den USA gewählt, dieses hat ein Tochterunternehmen in der Schweiz und setzt SAP GRC ein. Ein fünftes Unternehmen mit Sitz in der Schweiz wurde wieder ausgeschlossen, da es zu ähnlich mit zwei anderen war und mit SAP GRC die SoD-Produktvielfalt nicht erweiterte und erst seit wenigen Monaten in der PIP war. Dieses Unternehmen konnte jedoch für den Pretest des Interviewleitfadens gewonnen werden; der Leitfaden wurde entsprechend den Rückmeldungen modifiziert. Tabelle 19 beinhaltet die selektierten Unternehmen mit Kriterien zur Position, Unterscheidungskriterien in Relation zu den anderen Unternehmen sowie die eingesetzte und ggf. geplante SoD-Software mit dem Datum des GoLive.

Um die Rigorosität der Fallstudien-Untersuchung zu erhöhen, wird die von Yin (2009, S. 54) empfohlene Prognose zur Replikationslogik durchgeführt. Tabelle 20 beinhaltet die erwarteten Ergebnisse für die selektierten Unternehmen, insbesondere im Hinblick auf den Assimilationsstatus: Es wird angenommen, dass die Untersuchung von U1 gleiche Resultate wie von U2 liefert (Literal Re-

Tabelle 19: Überblick zu den ausgewählten Unternehmen.

	Position	Unterscheidungs kriterien	SoD-Software	
			Produkt	GoLive
Unter- nehmen 1 (U1)	Großer Konzern, global tätig; u.a. SOX-pflichtig; in vielen Bereichen Weltmarktführer	Vergleichbar zu U2 sowie eingeschränkt zu U3	Approva Plan: SAP GRC AC	01/2006
Unter- nehmen 2 (U2)	Großer Konzern, global tätig; u.a. SOX-pflichtig; in vielen Bereichen Weltmarktführer	Vergleichbar zu U1 sowie eingeschränkt zu U3	Securinfo und Virsa Plan: SAP GRC AC	01/2007
Unter- nehmen 3 (U3)	Konzern, global tätig; u.a. SOX-pflichtig; in einigen Bereichen Weltmarktführer	Vergleichbar zu U1/U2, jedoch kleiner, andere Branche	Virsa (Start), SAP GRC AC	06/2007
Unter- nehmen 4 (U4)	KMU, global tätig; nicht SOX-pflichtig; in einigen Bereichen Weltmarktführer	Kontrastgruppe zu U1, U2 und U3	SAP GRC AC	07/2008

plication), da beide Unternehmen große, global agierende Konzerne sind, eine führende Position am Markt besitzen und ein vergleichbares institutionelles Umfeld haben (Hauptsitz in der Schweiz). Sowohl U1 als auch U2 sind SOX-pflichtig, zudem müssen sie anspruchsvolle branchenspezifische Compliance-Anforderungen erfüllen. Beide Unternehmen haben bereits seit über drei bzw. zwei Jahren eine SoD-Software im Einsatz.

U3 ist eingeschränkt mit U1 und U2 vergleichbar, deshalb wird prognostiziert, dass die Untersuchung von U3 ähnliche, aber nicht gleiche Resultate wie U1 und U2 ergibt (Limited Literal Replication): U3 ist ein nur mittelgroßer, global agierender Konzern, besitzt in einigen Bereichen eine führende Position am Markt und ein U1 und U2 entsprechendes institutionelles Umfeld (Hauptsitz in der Schweiz). U3 ist wie U1 und U2 SOX-pflichtig, auch müssen zahlreiche branchenspezifische Compliance-Anforderungen erfüllt werden. Das Unternehmen hat seit über zwei Jahren eine SoD-Software im Einsatz. Im Vergleich zu U1 und U2 sind die Dimensionen jedoch überschaubarer (z.B. Größe, Marktposition,

Tabelle 20: Prognostizierte Replikationslogik.

	U1 (Konzern)	U2 (Konzern)	U3 (Division)	U4 (Division)
U1 (Konzern)		Literal Replication	Eingeschränkte Literal Replication	Theoretical Replication
U2 (Konzern)	Literal Replication		Eingeschränkte Literal Replication	Theoretical Replication
U3 (Division)	Eingeschränkte Literal Replication	Eingeschränkte Literal Replication		Theoretical Replication
U4 (Division)	Theoretical Replication	Theoretical Replication	Theoretical Replication	

branchenbezogene Compliance-Anforderungen) und die IT ist eher dezentral organisiert, auch ist der Umfang der Outsourcing-Aktivitäten geringer.

U4 ist eine mittelständische, aber global agierende KMU. Es wird als Kontrastunternehmen zu U1, U2 und U3 hinzugenommen, deshalb wird prognostiziert, dass die Untersuchung ein konträres Ergebnis liefert (Theoretical Replication). U4 besitzt in einigen Bereichen eine führende Position am Markt. Das institutionelle Umfeld ist für die untersuchte Division ähnlich; sie befindet sich in der Schweiz, der Hauptsitz des Unternehmens ist jedoch in den USA. U4 ist im Gegensatz zu den anderen drei Unternehmen nicht SOX-pflichtig, es muss aber die neuen Anforderungen des Schweizer OR und zudem zahlreiche branchenspezifische Compliance-Anforderungen erfüllen. Das Unternehmen hat SoD-Software seit knapp einem Jahr im Einsatz. Im Vergleich zu U1, U2 und U3 sind die Dimensionen wesentlich überschaubarer (z.B. Größe, Marktposition), die IT ist eher dezentral organisiert und der Umfang der Outsourcing-Aktivitäten ist relativ gering.

Zur Selektion von in Betracht kommenden Experten außerhalb der zu untersuchenden Unternehmen konnte auf Akteure zurückgegriffen werden, die bei der Evaluation der Fall-Unternehmen behilflich waren. Für Interviews konnten Berater für SoD generell und spezifisch für SoD-Software gewonnen werden, sowie SoD-Software-Administratoren und -Integratoren. Des Weiteren wurden Experten von (Big-4-)Wirtschaftsprüfungsgesellschaften (als Vertreter der externen Prüfungsorgane) und verantwortliche (Vertriebs-)Mitarbeiter von SoD-Software-Anbietern befragt; es wurden jedoch nur solche Anbieter berücksichtigt, deren

Tabelle 21: Überblick der befragten Expertengruppen.

	Stakeholder Rolle	Explizite Rolle
Expertengruppe 1	Berater und Prüfer aus Wirtschaftsprüfungsgesellschaften (Big4)	(IT-)Prüfer, (Top) Management Berater, Controls-/SoD-Berater,
Expertengruppe 2	Berater aus IT-Beratungsunternehmen (Implementierung und Betrieb von SoD-Software)	Administratoren, Implementierungsberater, Projektleiter für SoD-Projekte
Expertengruppe 3	Berater aus den Unternehmen der SoD-Software-Anbieter	Vertriebsverantwortliche, SoD-Software-Implementierer, SoD-Software-Entwickler

SoD-Softwareprodukt bei einem der selektierten Unternehmen in der PIP war. Tabelle 21 beinhaltet eine Übersicht zu den Expertengruppen und deren unterschiedliche Stakeholder-Rollen.

Zusammenfassend ergab der fast ein Jahr dauernde Prozess der Selektion, dass SoD-Software in vielen Unternehmen Innovationen und in ihrer Funktionsweise relativ unbekannte Produkte sind. Es konnten nur wenige Unternehmen evaluiert werden, die eine solche Software unternehmensweit bzw. in großen Teilen des Unternehmens einsetzen. Einige der angefragten Firmen befanden sich in einer Selektions-, teilweise in einer Pilotphase, andere schilderten Probleme mit dem ERP-Berechtigungswesen und waren prinzipiell an einer IT-gestützten Lösung zur Berechtigungsverwaltung interessiert, wollten aber abwarten wie sich die SoD-Software entwickelt und etabliert. Bis auf wenige Ausnahmen waren die Unternehmen, die zum Selektionszeitpunkt eine SoD-Software in der PIP betrieben, große Konzerne mit anspruchsvollen Compliance-Anforderungen.

4.3 Datenerhebung

Dieser Abschnitt erläutert das Vorgehen zur Datenerhebung in Form von Dokumentenanalysen, Beobachtungen, Teilnahme an Besprechungen (als Zuhörer) und semi-strukturierte Experteninterviews. Die Verwendung von verschiedenen Erhebungsmethoden und Quellen entspricht der Forderung der Triangulation (vgl. Flick, 2007; S. 11; Yin, 2009, S. 114 ff).

Dokumentenanalyse

Eine Dokumentenanalyse kann wichtige Informationen zu internen und externen Entwicklungen zu einem Unternehmen liefern. Ein Vorteil der Dokumentenanalyse ist, dass die Informationen nicht „verfälscht" sind durch kommunikative, unter Umständen meinungsgefärbte „Botschaften". Aus diesem Grund wurde versucht, möglichst viel Material zu den Fall-Unternehmen zu sammeln.

Bei der Dokumentenanalyse zu den Fall-Unternehmen wurden pro Fallstudie folgende Dokumentenkategorien untersucht: Jahresberichte, Compliance Berichte, Internetauftritte, Intranetseiten, Stellenbeschreibungen, Organigramme, Verfahrensanweisungen, Prozessbeschreibungen, Prüfungsberichte, Mitarbeiterinformationen sowie Dokumentationsunterlagen des SoD-Implementierungsprojektes. Aus den Dokumenten konnten Hinweise erfasst werden, welche die im Forschungsmodell (vgl. Abschnitt 3.3.7 und Abb. 44) festgelegten Indikatoren teilweise näher spezifizierten. Zudem dienten die Informationen als Gesprächsgrundlage für die geführten Interviews.

Beobachtungen / Teilnahme an Besprechungen

Beobachtungen können wichtige Informationen zu internen Entwicklungen liefern und sind ebenso wie die Teilnahme an Besprechungen wichtig, um beispielsweise einen Eindruck zur Unternehmenskultur zu erhalten.

Die Autorin begleitete in den Jahren 2005 bis 2007 eines der Fallstudienunternehmen während der Implementierungsphase von SoD-Software. Dadurch ergaben sich detaillierte und tiefgehende Einblicke. Ein vergleichbarer Einblick konnte für die übrigen Fallstudien nicht erreicht werden. Um diesen Nachteil zumindest ansatzweise auszugleichen, wurde bei der Selektion der Interviewpartner darauf geachtet, dass diese einen ähnlich detaillierten Einblick bezüglich der Entwicklungen in ihren Unternehmen hatten.

Experteninterviews

Experteninterviews richten sich an Akteure, welche hinsichtlich der Forschungsfragen einen deutlichen Wissensvorsprung aufweisen. Diese werden auch als „Funktionseliten" innerhalb eines organisatorischen und institutionellen Kontextes bezeichnet. Sie „zeichnen sich zum einen dadurch aus, dass sie für den Entwurf, die Implementierung oder auch die Kontrolle einer Problemlösung verantwortlich sind. Zum anderen gelten diejenigen Personen als Experten, die über einen privilegierten Zugang zu Informationen hinsichtlich Personengruppen und

Entscheidungsprozessen verfügen" (Liebold/Trinczek, 2002, S 38). Experteninterviews sollen „das Wissen des Interviewpartners über bestimmte Sachverhalte erheben" (Gläser/Laudel, 2009, S. 123) und deshalb überwiegend aus Faktenfragen bestehen, welche prinzipiell überprüfbare Tatsachen abfragen, wobei Faktenfragen sich auf Erfahrungen (z.B. frühere Beobachtungen oder Handlungen) oder auf Wissen (z.b. Wissen, welches nicht eigenes Erleben zum Gegenstand hat) beziehen. Im Unterschied dazu zielen Meinungsfragen auf persönliche Einschätzungen ab (z.b. die Einstellung des Interviewten und subjektive Erfahrungen). Eine klare Abgrenzung zwischen Fakten- und Meinungsfragen ist jedoch schwierig, da in Interviewsituationen von Seiten der Interviewten Fakten und Meinungen gelegentlich vermischt werden (Gläser/Laudel, 2009, S. 122).

Für das Forschungsprojekt wurden im Zeitraum von Januar 2009 bis Januar 2010 insgesamt 32 semi-strukturierte Experteninterviews basierend auf einem Interviewleitfaden durchgeführt. Die anonymisierten Interviewpartner sind in den einzelnen Fallstudien Kapitel 5 aufgeführt. In Ausnahmefällen wurden mehrere Interviews mit denselben Interviewpartnern durchgeführt. Für unternehmensinterne und -externe Stakeholder (Expertengruppen) wurden unterschiedliche Interviewleitfäden verwendet (vgl. Anhang A). Diese wurden in Anlehnung an die Hypothesen des theoretischen Modells (vgl. Tabelle 18) und in einer gering fachspezifischen Sprache formuliert. Die Strukturierung der Interviews erfolgte in Anlehnung an Cavana et al. (2001), der die drei Phasen „Introduction", „Core Part" und „Closing" vorschlägt. Zur Unterstützung der Datenanalyse wurde ein Kodierungsschema entwickelt, welches die Fragen des Leitfadens mit den Indikatoren des Forschungsmodells verknüpft (vgl. Anhang C).

Während des Interviewzeitraums wurde der Leitfaden gemäß den Empfehlungen von Gläser/Laudel (2009, S. 149) bei Bedarf modifiziert. Modifizierungen waren erforderlich, weil sich herausstellte, dass zu Beginn der Interviewphase der Leitfaden zu detailliert war und den natürlichen Gesprächsfluss hemmte. Dies traf aber auch nach der Überarbeitung des Leitfadens zu. Die Befragten orientierten sich am Leitfaden und wollten ihn am liebsten vorab durcharbeiten, was als nicht zielführend erachtet wurde. In den Interviews wurden ausschließlich offene Fragen gestellt, die Befragten konnten also ihre Antworten frei formulieren. Für die Interviewerin bedeutete dies, dass sie das Gesagte auch richtig erfassen und verstehen und unter Umständen hinterfragen musste. Aus diesem Grund wurden die einzelnen Gespräche zusätzlich zu den Notizen aufgezeichnet.

In einigen wenigen Ausnahmen (vier Interviews) konnte die elektronische Aufzeichnung nicht durchgeführt werden, weil die Befragten dies ablehnten, einmal mit der Begründung, dass dies ein „heißes Thema" sei, was wiederum die Sensibilität der Thematik verdeutlicht. In diesen Fällen wurde unmittelbar nach dem Gespräch eine Zusammenfassung erstellt und den Gesprächspartnern zur Verifizierung zugesandt. Die Interviewdauer betrug im Durchschnitt eine und im Maximum drei Stunden. Mehrere Testinterviews beim Pilotunternehmen und bei Experten (überwiegend Berater der Wirtschaftsprüfungsgesellschaften PWC und Deloitte) erhöhten die Praktikabilität des Leitfadens. Die Interviewpartner wurden grob in das Thema eingeführt, das dahinterliegende theoretische Forschungsmodell wurde jedoch nicht offengelegt.

Im Verlauf der Interviews stellte sich heraus, dass die Interviewpartner in den Unternehmen häufig vom Thema abwichen und in die meist schwierige Implementierungsphase zurückblicken wollten. Wurden neue Aspekte angesprochen, wurde diese durch entsprechende Fragen vertieft. Hierbei musste situativ abgewogen zwischen den folgenden Aspekten abgewogen werden: Postulat der Offenheit der Erhebung und der Erzeugung einer natürlichen Gesprächssituation sowie starken Abweichungen vom Interviewleitfaden. Da die Interviewzeit meist beschränkt war, wurde hier eine pragmatische Vorgehensweise gewählt (vgl. Hopf, 1978; Gläser/Laudel, 2009, S. 131): Ziel war es, möglichst alle Fragen des Leitfadens in der begrenzten Zeit zu stellen. Falls es sich abzeichnete, dass dies in der vorhandenen Zeit nicht möglich war, weil z.B. die Ausführungen des Interviewpartners zu detailliert waren, wurde versucht, die Fragen des Leitfadens in die Ausführungen einzubinden. Der sich daraus ergebende Mehraufwand bei der Auswertung der Interviews wurde für die Schaffung einer natürlichen Gesprächssituation in Kauf genommen, zumal sich herausstellte, dass sich durch das mitlaufende Aufnahmegerät viele der Befragten sichtbar unwohl fühlten und teilweise „gehemmt" antworteten. Eine typische Situation war, dass die Befragten nach dem mitgeschnittenen Interview interessante und weitergehende Informationen offenlegten; einige Befragte erklärten, dass die Aufnahme der Interviews sie doch sehr einschränkte. Im Laufe der Interviewphase wurde der Leitfaden mehrmals modifiziert und enger gefasst. Der Wunsch nach Abweichung vom Leitfaden und das Erzählen der eigenen Erfahrungen waren häufig groß. Durch den Hinweis, den Leitfaden erst abarbeiten zu müssen, mussten einige Ausführungen zu abweichenden Themen „abgekürzt" werden; die „Pausengespräche" nach den Interviews waren dafür häufig sehr intensiv, diese wurden aber nicht dokumentiert und in die Inhaltsanalyse einbezogen.

Zusammenfassend ergab die Datenerhebung, insbesondere die Durchführung der Experteninterviews, dass die SoD-Thematik in allen Fall-Unternehmen ein hochbrisantes Thema ist. Viele der befragten Experten in den Unternehmen standen unter starkem Druck und die Umsetzung und Sicherstellung von SoD-Compliance schien eng mit ihrer persönlichen Situation und ihrem Erfolg im Unternehmen verknüpft zu sein.

4.4 Datenanalyse

Dieser Abschnitt erläutert den Ablauf der Datenanalyse. Durch die detaillierte Beschreibung der angewandten Methoden und Entscheidungen sollen die für Fallstudienforschungen empfohlenen Gütekriterien (vgl. Abschnitt 4.5) erfüllt werden. Das Vorgehen orientiert sich an dem vom Mayring (2008) entwickelten Verfahren der qualitativen Inhaltsanalyse.

Zur Auswertung der Daten aus den Experteninterviews und teilweise auch der recherchierten Dokumente wird die von Mayring (2008) erstmalig vor über 20 Jahren vorgestellte Methode zur qualitativen Inhaltsanalyse als zweckmäßig angesehen. Mayring beschreibt und begründet die erforderlichen Aktivitäten einer Inhaltsanalyse äußerst detailliert und untermauert sie mit Beispielen, so dass eine Übertragung auf beliebiges, qualitativ erhobenes Datenmaterial möglich ist. Der methodische Ansatz von Mayring (2008, S. 42) nutzt die Stärken von quantitativen Analysen und versucht, daraus qualitativ orientierte Textanalysen abzuleiten. Die Methode ist kommunikationswissenschaftlich verankert, was beinhaltet, dass das Material auch im Kontext der Kommunikationssituation und seiner Entstehung betrachtet werden kann. Eine zentrale Rolle spielt die systematische, theorie- und regelgeleitete Auswertung von Daten, was bedeutet, dass das Datenmaterial mit vorab festgelegten und theoretisch begründeten Regeln durchgearbeitet werden muss. Hierfür schlägt Mayring (2008, S. 43) die Entwicklung eines Ablaufmodells vor, in dem die einzelnen Analyseschritte definiert und chronologisch festgelegt werden.

Die weiteren Schritte zur Datenanalyse und die methodischen Hintergründe werden chronologisch und basierend auf einem allgemeinen inhaltsanalytischen Ablaufmodell (Mayring, 2008, S. 54) erläutert. Abbildung 46 zeigt das Ablaufmodell für die Analyse der erhobenen Daten.

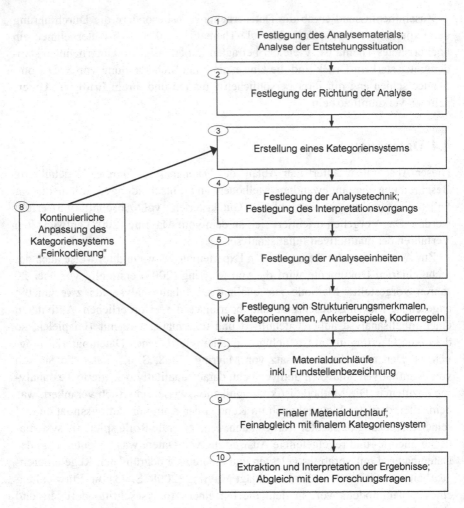

Abbildung 46: Inhaltsanalytisches Ablaufmodell (in Anlehnung an Mayring, 2008, S. 43).

Zur Nachvollziehbarkeit werden die einzelnen Schritte des Modells mit den dazugehörenden Entscheidungen im Folgenden detailliert erläutert:

1) Die Datenanalyse beginnt mit der *Festlegung des Umfangs des zu analysierenden Materials* und der *Analyse der Entstehungssituation*. Die erforderlichen Aktivitäten wurden bereits im Abschnitt 4.2 beschrieben.

2) *Festlegung der Richtung der Analyse:* Laut Mayring (2002, S. 50) kann die Richtung nach unterschiedlichen Kriterien festgelegt werden, z.B. nach bestimmten Gegenständen, über die etwas ausgesagt werden soll, nach emotionalen Zuständen, nach Intentionen der Kommunikatoren, oder nach bestimmten Wirkungen bei einer Zielgruppe. Zur Untersuchung zur SoD-Software-Assimilation wurde das erhobene Material ausschließlich inhaltsbezogen und zwar in der Reihenfolge der Fallunternehmen und daran anschließend der Expertengruppen analysiert; emotionale Zustände der Interviewten oder sonstige sozio-kulturelle Hintergründe wurden nicht berücksichtigt. Begründet wird dies damit, dass es sich bei dem Datenmaterial um Experteninterviews handelt und deren Aussagen zur spezifischen SoD-Thematik gefragt waren und somit weniger „weiche" Faktoren. In den pro Interview erstellten Protokollen wurden jedoch gelegentlich auch emotional besetzte Hinweise vermerkt.

3) Die *Erstellung des Kategoriensystems* ist ein zentraler Schritt. Zur Entwicklung eines solchen Systems sind zwei Vorgehensweisen möglich: Zum einen ein theoriegeleitetes, deduktives Vorgehen, in dem ein aus der Theorie vorhandenes Modell mit entsprechenden Indikatoren verwendet wird und zum anderen ein induktives Vorgehen, in welchem das Kategoriensystem während der Durcharbeitung des Textmaterials gebildet wird (Mayring, 2002, S. 99 ff; Kuckartz, 2007, S. 57 ff). In der Praxis finden sich meist Mischformen, was bedeutet, dass mit einem aus der Theorie abgeleiteten Kategoriensystem gestartet wird und dieses im Laufe der Analyse induktiv mit neu entdeckten Kategorien angepasst wird; dieses Vorgehen macht Sinn, da ein theoretisch entwickeltes Modell kaum alle Optionen eines Untersuchungsfeldes berücksichtigen kann. Inwieweit neu entdeckte Kategorien relevant sind und eingeführt werden müssen, wird von der Forschungsintention geprägt (explorativ vs. verifizierend vs. falsifizierend). Grundsätzlich soll das Kategoriensystem die Aspekte eines Textes erfassen, um diese dann entweder zu zählen (Häufigkeitsanalyse), zu skalieren (Valenz- und Intensitätsanalyse) oder in Beziehung mit einem bestimmten Zusammenhang zu setzen (Kontingenzanalyse). Kategorien sind zunächst nichts anderes als „Bezeichner" für bestimmte Textstellen, die zusammengefasst und markiert werden.

In diesem Forschungsprojekt wurde bereits ex ante bei der Datenerhebung eine theoriegeleitete, deduktive Differenzierung vorgenommen, indem ein auf ein theoretisches Forschungsmodell (vgl. Abb. 44) gestützter Interviewleitfaden angewandt wurde. Somit waren die im Interviewleitfaden angewandten Fragen bereits durch die aus dem Forschungsmodell abgeleiteten Indikatoren vorgeprägt. Es bot sich daher an, das für die Datenanalyse benötigte Kategoriensystem, zumindest die erste Version, auf Grundlage der Indikatoren des theoretischen Forschungsmodells zu entwickeln. Tabelle 22 zeigt das Kategoriensystem mit Hinweisen zur theoretischen Fundierung.

Tabelle 22: Komprimiertes Kategoriensystem.

#	Indikatoren	Theoretische Grundlagen	Referenz
Umwelt: Externe oder interne Anforderungen („Zwänge").			
H1	Obligator. Zwänge	Erzwungener Isomorphismus	Abschnitt 3.3.2
H2	Mimetische Zwänge	Mimetischer Isomorphismus	Abschnitt 3.3.2
H3	Normative Zwänge	Normativer Isomorphismus	Abschnitt 3.3.2
Organisation: Stakeholder Perspektive			
H4	Leitungsorgane	Stakeholdertheorie; Top Management	Abschnitt 3.2.3
H5	Business IT Alignment	Stakeholdertheorie; Business-IT Alignment	Abschnitt 3.2.3
H6	Nutzerzufriedenheit	IS-Erfolgsfaktoren	Abschnitt 3.2.3
Organisation: Lern- und Know-how Perspektive			
H7	Lernchancen	Lerntheorien / Organisationales Lernen	Abschnitt 3.2.4
H8	Internes Know-how	Lerntheorien / Organisationales Lernen	Abschnitt 3.2.4
H9	Externes Know-how	Lerntheorien / Organisationales Lernen	Abschnitt 3.2.4
Technology: Qualitätskriterien			
H10	Informationsqualität	IS-Erfolgsfaktoren	Abschnitt 3.3.5
H11	Systemqualität	IS-Erfolgsfaktoren	Abschnitt 3.3.5
H12	Servicequalität	IS-Erfolgsfaktoren	Abschnitt 3.3.5
Situative Einflüsse:			
SH1	Position	Assimilationsforschung	Abschnitt 3.3.1
SH2	Kompatibilität	Assimilationsforschung	Abschnitt 3.3.1
SH3	Dauer der PIP	Assimilationsforschung	Abschnitt 3.3.1
Assimilationskriterien:			
A1	Reichweite	Assimilationsforschung	Abschnitt 3.3.7
A2	Diversität	Assimilationsforschung	Abschnitt 3.3.7
A3	Durchdringung	Assimilationsforschung	Abschnitt 3.3.7
A4	Benefits	Assimilationsforschung	Abschnitt 3.3.7

4) Festlegung der *Analysetechnik und des Interpretationsvorganges*: Je nach Forschungsanliegen können unterschiedliche Techniken eingesetzt werden (Mayring, 2002, S. 57). Zu den drei Grundtechniken zählen die Häufigkeitsanalyse, welche Aspekte eines Textes kummuliert, die Valenz- und Intensitätsanalyse, welche Aspekte eines Textes skaliert, und die Kontingenzanalyse, welche die Aspekte eines Textes in einen bestimmten, kausalen Zusammenhang zu bringen versucht.

Tabelle 23 zeigt die Grundtechniken, die zugehörigen Charakteristika sowie in der letzten Spalte mögliche Formen der Interpretation. Die Analysetechnik bestimmt wiederum den Interpretationsvorgang (Tab. 23, rechte Spalte). Mayring (2008, S. 58 ff) differenziert drei Interpretationsformen:

a) Zusammenfassung, diese zielt darauf ab, vorhandenes Material zu reduzieren und zu abstrahieren,

b) Explikation, diese zieht zur besseren Interpretation zu vorhandenen Textstellen noch zusätzliches Material hinzu,

c) Strukturierung, diese ist darauf ausgerichtet, „bestimmte Aspekte aus dem Material herauszufiltern, unter vorher festgelegten Ordnungskriterien einen Querschnitt durch das Material zu legen oder das Material aufgrund bestimmter Kriterien einzuschätzen". Die Strukturierung gilt als eine zentrale inhaltsanalytische Technik (Mayring, 2002, S. 82 ff) und kann mit folgenden Analyseformen durchgeführt werden:

  – formale Strukturierung,

  – inhaltliche Strukturierung,

  – typisierende Strukturierung und

  – skalierende Strukturierung.

Als Analysetechniken für die Interpretation der Experteninterviews werden Häufigkeiten, Valenzen und Intensitäten gewählt, da diese Informationen relativ einfach zu erheben sind, dennoch eine starke Aussagekraft haben und zum Kontext der Thematik passen. In Bezug auf den *Interpretationsvorgang* werden die Zusammenfassung und primär die Strukturierung der Daten angewandt:

Bei der Zusammenfassung soll das Material so reduziert werden, dass die wesentlichen Inhalte erhalten bleiben, aber durch Abstraktion eine gewisse Vereinfachung stattfindet (Mayring, 2008, S. 59 ff). Die Strukturierung wird

Tabelle 23: Grundformen der qualitativen Inhaltsanalyse (Mayring, 2002, S.57).

Analyse-methode	Charakterisierung	Interpretations-vorgang
Häufigkeits-analyse	– Herausfiltern von bestimmten Textteilen über ein Kategoriensystem. – Aussagen zu deren Gewicht per Häufigkeit.	Strukturierung; Zusammenfassung
Valenz- und Intensitäts-analyse	– Herausfiltern von bestimmten Textteilen über ein Kategoriensystem. – Einschätzungen zu deren Gewicht durch eine Skalierung aufgrund des Kontextes. – Zusammenfassung der Einschätzungen.	Strukturierung; Zusammenfassung
Kontingenz-analyse	– Herausfiltern von bestimmten Textteilen über ein Kategoriensystem. – Aussagen zu deren Kontingenzverhalten.	Strukturierung; Zusammenfassung; Explikation

als wichtigstes Instrument der Interpretation angesehen, da diese einen theoriegeleiteten Ansatz unterstützt. Vereinzelt kann sicher die skalierende
Strukturierung angewandt werden, da einige Textpassagen sich auf Schät-
zungen, meist in ordinalskalierter Form (z.B. gering – mittel – hoch) beziehen. In diesem Fall erfolgt die Bearbeitung der Fundstellen dadurch, dass die
Textstellen (in einem nachfolgenden Durchgang) auf einer zuvor definierten
Skala kategorisiert werden. Gegebenenfalls werden in der Ergebnisaufbereitung die Kategorisierungen zusammengefasst und nach Häufigkeiten
und/oder Kontingenzen quantifiziert. Die beiden anderen von Mayring vorgeschlagenen Methoden der formalen, typisierenden Strukturierung sind im
betrachteten Kontext nicht relevant.

5) Um die Präzision der Inhaltsanalyse zu erhöhen, erfolgt im fünften Schritt
    die *Festlegung der Analyseeinheiten*. Mayring (2002, S. 53) verwendet drei
    Analyseeinheiten: (1) Kontexteinheit, (2) Kodiereinheit und (3) Auswer-
    tungseinheit. Tabelle 24 beinhaltet die nach dem Muster von Mayring fest-
    gelegten Analyseeinheiten für das Textmaterial.

Tabelle 24: Analyseeinheiten und Charakterisierung (in Anlehnung an Mayring, 2002, S. 53)

Analyseeinheiten	Charakterisierung	Interpretation für die Analyse des Datenmaterials
1) Kontexteinheit	Größter Textteil der zur Kategorienbildung ausgewertet werden darf.	Alle zur Auswertung vorgesehenen Interviews (Transkripte), inklusive sonstiger Dokumente.
2) Kodiereinheit	Kleinster Textteil der zur Kategorienbildung ausgewertet werden darf.	Einzelne Aussage, einzelner Absatz, Phrase.
3) Auswertungseinheit	Reihenfolge der Auswertung der Textteile zur Kategorienbildung.	– In chronologischer Reihenfolge der Erhebung. – Nach Unternehmen zusammengefasst. – Zuerst das Transkript, dann das zugehörige Protokoll (exemplarisches Protokoll vgl. Anhang B). – Alle gesammelten Dokumente (pro Unternehmen).

6) Auf Grundlage des Kategoriensystems erfolgt für das vorliegende Textmaterial die *Festlegung von Strukturierungsmerkmalen*. Nach Mayring (2008, S. 83) hat sich ein dreistufiges Vorgehen bewährt:

   a) *Benennung von Kategorien* in welchen festgelegt wird, welche Textbestandteile jeweils unter eine Kategorie fallen sollen.

   b) *Filtern von Ankerbeispielen*, möglichst mit konkreten Textstellen, die unter eine bestimmte Kategorie fallen und ein Beispiel für diese Kategorie darstellen. Die Ankerbeispiele haben eine prototypische Funktion.

   c) *Formulierung von Kodierregeln*, die dort gelten sollen, wo Abgrenzungsprobleme zwischen Kategorien bestehen.

7) In den *Materialdurchläufen* werden die Textstellen einer oder mehreren Kategorien zugeordnet, indem die erste Textstelle paraphrasiert und die folgenden dazu passenden Textstellen unter diese Kategorie gefasst wurden. Die Fundstellen werden markiert. Werden zu einer Kategorie mehrere Textpassagen gefunden, wird überprüft, ob die Kategorie nicht weiter ausdifferenziert oder mit einer anderen Kategorie zusammengefasst werden kann. Es wird davon ausgegangen, dass sich das Abstraktionsniveau der Kategorien

nach mehreren iterativen Materialdurchläufen einpendelt, eine gewisse Sättigung eintritt und keine neuen Kategorien mehr gebildet werden können.

Zur systematischen Analyse und Interpretation von Textmaterial (z.B. in Form von transkribierten Interviews) sind verschiedene Softwarepakete verfügbar (vgl. Kuckartz, 2007; Lewins/Silver, 2007). Zur Analyse des Materials wurde die Software MAXQDA (Version 10) verwendet (MAXQDA, 2010). MAXQDA stellt eine strukturierte Bedienungsoberfläche mit einer in der qualitativen Forschung etablierten Terminologie zur Verfügung, z.B. kann mit der „Codeliste" ein Kategoriensystem mit eindeutigen Kategoriennummern (Identifikatoren) erstellt, verwaltet und entsprechenden Fundstellen zugeordnet werden. Weitere für die Datenanalyse zur Verfügung stehende Funktionen sind die „Liste der Texte", in welcher das Textmaterial der einzelnen Interviewpersonen verwaltet werden kann, das „Textfenster", mit welchem einzelne Texte bearbeitet werden können, sowie die „Liste der Codings", welche die Ergebnisse sämtlicher Materialdurchläufe zusammenfasst. Eine exemplarische Bildschirmkopie aus MAXQDA zeigt Abbildung 47.

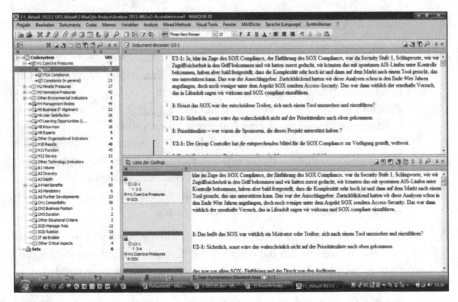

Abbildung 47: Kategorisierte Textstellen (Auszug aus MAXQDA).

Durch die induktive Feinkodierung entsteht ein vorläufiges Kategoriensystem für die SoD-spezifischen Aussagen aus den Experteninterviews. Das Kategoriensystem wird kontinuierlich mit dem Textmaterial und den Interviewprotokollen abgeglichen (exemplarisches Protokoll in Anhang B). Hierfür werden die bis anhin entwickelten Kategorien in MAXQDA mit Kommentaren und Code-Anmerkungen versehen sowie zu thematischen Blöcken zusammengefasst.

Bei der Durchführung der Analysen stellte sich heraus, dass die zusätzlichen Informationen kaum neue inhaltliche Erkenntnisse ergaben. Einige Hinweise zum Kontext der Interviewsituationen und zu (emotionalen) Befindlichkeiten der Interviewten waren zwar aufschlussreich, wurden aber (unter Beachtung von Schritt 2) nicht im Kategoriensystem berücksichtigt. Insgesamt konnte durch das zusätzliche Material das Kategoriensystem etwas verfeinert werden. Nicht in die Kategorisierung einbezogen wurden die untersuchten Dokumente; die daraus gewonnenen Erkenntnisse flossen in die Beurteilung und Bewertung der unternehmenssituativen Einflüsse ein. Wo es für die Analyse hilfreich war, wurden Bedeutungsinhalte mitberücksichtigt. Da die untersuchte Forschungsfragestellung nicht auf soziale Kontexte eingeht, wurden persönliche Aussagen der Interviewpartner (z.B. zu ihrer persönlichen Situation im Unternehmen) nicht berücksichtigt.

8) Dieser Schritt steht für die inkrementelle, *kontinuierliche Anpassung des Kategoriensystems,* die sog. *Feinkodierung* während der Materialdurchläufe. Die Anpassung wird spätestens mit dem letzten Materialdurchlauf beendet. Während des Prozesses sollte eine kontinuierliche Reflexion des Kategoriensystems stattfinden. Es macht Sinn, eine Überprüfung des Kategoriensystems durch Dritte vornehmen zu lassen, um dem Gütekriterium der „kommunikativen Validierung" (Mayring, 2002, 147) zu entsprechen. Diese kommunikative Validierung erfolgte im Rahmen von verschiedenen Workshops mit Forschenden und Expertendiskussionen.

9) Durchführung der *finalen Materialdurchlaufes:* Das bis dahin schon bearbeitete Material wird abschließend auf seine Passung mit dem feinkodierten, finalen Kategoriensystem abgeglichen. Zudem wird die inhaltliche Konsistenz des Kategoriensystems nochmals überprüft. Abbildung 48 zeigt einen Ausschnitt des in MAXQDA abgebildeten und erweiterten Kategoriensystems.

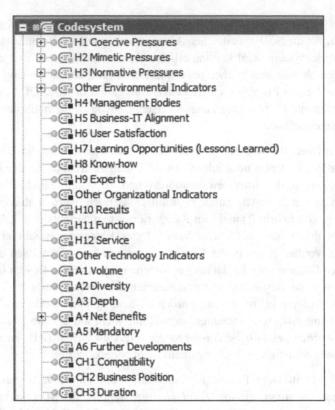

Abbildung 48: Ausschnitt des Kategoriensystems (Auszug aus MAXQDA).

10) Im letzten Schritt erfolgen die *Extraktion und Interpretation der Ergebnisse*. Dies beinhaltet auch die Ergebnisaufbereitung, die Analyse von Häufigkeiten und Intensitäten sowie die Einschätzung von Kontingenzen.

Zusammenfassend kann mit der von Mayring (2008) entwickelten Methode eine systematische und regelgeleitete Analyse von Textmaterial durchgeführt werden. Durch die Regelgeleitetheit ist gewährleistet, dass die Aktivitäten der Datenanalyse transparent und nachvollziehbar sind; dies ist ein wichtiges Kriterium der Güte eines qualitativen Forschungsdesigns. Bei der Planung und Durchführung der Analyse hat sich das inhaltsanalytische Ablaufmodell (Abb. 46) bewährt, um die Richtung der Datenanalyse festzulegen, ein Kategoriensystem zu entwickeln und inkrementell zu verbessern, die Analysetechnik und den Interpretationsvorgang zu bestimmen sowie Details der Auswertung (z.B. Ankerbeispiele, Kodierregeln) zu spezifizieren, diverse Materialdurchläufe anzustoßen und zu dokumentieren. Das besondere an Mayrings Methode ist die theorie-gestützte Regelgeleitetheit; diese unterstützt wesentlich die Erfüllung der im nächsten Abschnitt erläuterten Gütekriterien.

4.5 Gütekriterien

Dieser Abschnitt betrachtet die Erfordernisse von Gütekriterien. Hierzu werden allgemein gültige und anerkannte Gütekriterien denen gegenübergestellt, die im Rahmen dieses Forschungsprojektes erfüllt werden konnten.

Um mit qualitativer Forschung die erforderliche Rigorosität zu erreichen und dem Vorwurf der Beliebigkeit zu entgehen, ist die Transparenz und Nachvoll-ziehbarkeit des Forschungsprozesses und der Forschungsergebnisse zentral. Bilandzic et al. (2000) argumentieren, dass quantitative Qualitätskriterien wie z.B. die ex post Analyse von Messfehlern, die Reliabilität (Messfehler bei wiederhol-ter Messung), die Validität (Messfehler als Grad der Übereinstimmung zwischen Messung und theoretischem Konstrukt) sowie die Reaktivität (Veränderung des Messgegenstandes durch das Messinstrument) für qualitative Forschungsdesigns nicht anwendbar sind. Alternativ benennen sie für den Ablauf eines qualitativen Forschungsprozesses drei Gütekriterien:

1) Zu Beginn eines Forschungsprozesses sollen Kriterien für die verwendeten Methoden festgelegt werden. Als relevant werden

   a) Systematik (Anwendung ex ante definierter Regeln),

   b) Nachvollziehbarkeit (jeder mit entsprechenden Vorwissen kann die Er-gebnisse nachvollziehen) und

   c) Rationalität der Argumentation (sachlich und logisch) betrachtet.

2) Während der Analyseprozesse sollen effiziente Regeln verfolgt werden, die sich aus theoretischen Erwägungen oder aus forschungspragmatischen Konventionen ergeben. Dies kann die Anwendung von Analysemethoden sein, wie sie z.B. von Mayring (2008) vorgeschlagen werden.

3) Am Ende des Forschungsprozesses sollen die während der Phase (1) und (2) durchgeführten Maßnahmen zur Gütesicherung nochmals überprüft werden.

Tabelle 25: Gütekriterien qualitativer Forschung nach Bilandzic et al. (2000).

#	Gütekriterien	Maßnahmen im Forschungsprojekt
1	Beginn eines Forschungsprozesses (Festlegung der Regeln zur Systematik, Nachvollziehbarkeit und Rationalität).	Geleitet durch die Aufbereitung und Analyse der methodischen Grundlagen der qualitativen Forschung (vgl. Abschnitt 4.1) wurde ein Forschungsdesign entwickelt (vgl. Abschnitt 4.2 bis 4.5), von dem angenommen wird, dass es den Anforderungen nach Systematik, Nachvollziehbarkeit und Rationalität der Argumentation entspricht
2	Während des Prozesses der Analyse (Verfolgung von möglichst etablierten Regelwerken).	Detaillierte Darstellung der Zusammenhänge in den Fallstudien (vgl. Abschnitt 5). Kontinuierliche Reflexion der angewandten Methoden und deren Operationalisierung im Forschungsprozess.
3	Ende eines Forschungsprozesses (Überprüfung der durchgeführten Maßnahmen).	Abschließende Überprüfung der Durchgängigkeit und Nachvollziehbarkeit der angewandten Methoden. Reflexion der Qualität des Forschungsprozesses durch die systematische Evaluierung und den Abgleich der Gütekriterien in diesem Abschnitt.

Tabelle 25 stellt die Gütekriterien nach Bilandzic et al. (2000) denen gegenüber, die in diesem Forschungsprojekt angenommen wurden.

Mayring (2002, S. 142) stellt sechs „allgemeine Gütekriterien qualitativer Forschung" zur Absicherung der Forschungsergebnisse auf. Vorgängig betont er jedoch, dass ihre Anwendbarkeit für jedes Forschungsprojekt nach dem Grundsatz der Angemessenheit validiert und unter Umständen neu erarbeitet werden muss (vgl. auch Dachler, 1997). Tabelle 26 zeigt die sechs allgemeinen, methodenübergreifenden und prozessbezogenen Gütekriterien nach Mayring in der linken Spalte. Diesen Kriterien werden in der rechten Spalte die Maßnahmen gegenübergestellt, die in diesem Forschungsprojekt zu ihrer Erfüllung vorgenommen wurden.

Insbesondere in Bezug auf die qualitative Inhaltsanalyse, welche den Status einer wissenschaftlichen Forschungsmethode beansprucht, betont Mayring die Bedeutung von Gütekriterien. Mayring zeigt auf, dass es in der Forschungsgemeinschaft unterschiedliche Auffassungen bezüglich effizienten Gütekriterien gibt und dass jedes Kriterium, sei es die Reliabilität oder auch die Validität, hin-

Tabelle 26: Gütekriterien qualitativer Forschung nach Mayring (2002, S. 144 ff).

#.	Gütekriterien	Maßnahmen im Forschungsprojekt
1	**Verfahrens-dokumentation** (Dokumentation der Analyseschritte, der -methoden und -ergebnisse)	Detaillierte Darstellung der Selektionskriterien (vgl. Abschnitt 4.2), der Datenerhebung (vgl. Abschnitt 4.3) und der Datenanalyse (vgl. Abschnitt 4.4). Dokumentation der Analyseergebnisse pro Fallstudie (vgl. Abschnitt 5.1) und Fallstudienvergleich (vgl. Abschnitt 5.3). Die mit der Analyse zusammenhängenden Dokumentationen wurden separat dokumentiert.
2	**Argumentative Interpretations-absicherung** (Nachvollziehbare Interpretation der Ergebnisse)	Detaillierte Darstellung der Zusammenhänge in den Fallstudien (vgl. Abschnitt 5.1) und im Fallstudienvergleich (vgl. Abschnitt 5.3). Die Interpretationen der Resultate, auch im Hinblick auf theoretische Implikationen, werden diskutiert und aus verschiedenen Perspektiven erläutert.
3	**Regelgeleitetheit** (Nachvollziehbare Darstellung und Anwendung von Regeln)	Berücksichtigung von Wahlstrategien (Pettigrew, 1990, 275 f; Mayring, 2002, S. 43; Yin, 2009, S. 54) bei Selektion der Untersuchungsobjekte (vgl. Abschnitt 4.2). Berücksichtigung von verschiedenen Erhebungsmethoden zur Erfüllung der Forderung nach Triangulation (Dokumentenanalyse, Beobachtungen/Teilnahme an Besprechungen, Experteninterviews). Interviewleitfaden in Anlehnung an die Hypothesen des theoretischen Modells, Durchführung von Testinterviews und daraus resultierend inkrementelle Anpassung des Leitfadens (vgl. Abschnitt 4.3). Verwendung eines theoretisch begründeten Ablaufmodells (Mayring, 2008, S. 43 ff) zur Datenanalyse (vgl. Abschn. 4.4). Insgesamt basiert das Forschungsprojekt auf den typischen Schritten beginnend mit Grundlagen, theoretischen Bezügen, einer empirischen Untersuchung, der Präsentation der Resultate, einer Zusammenfassung und einem Fazit.
4	**Nähe zum Gegenstand** (Erfahrung zum Forschungskontext und thematische Sicherheit)	Begleitung einer Fallstudie vor der Assimilationsphase durch die Autorin. Breite Erfahrung der Autorin im Kontext von ERP- und SoD-Prüfungen durch mehrjährige Tätigkeit in der Prüfung von IT-Systemen. Durch persönliche oder durch Dritte hergestellte Kontakte, durch viele direkte Interviews konnte die erforderliche Nähe zur aktuellen Praxis hergestellt werden. Intensive Aufarbeitung der Forschungsthematik in Kapitel 2.

#.	Gütekriterien	Maßnahmen im Forschungsprojekt
5	Kommunikative Validierung (Validierung der Ergebnisse und Interpretation)	Validierungs-Gespräche zum Forschungsmodell (vgl. Abschnitt 3.3), während der Datenerhebungsphase zum Interviewleitfaden (vgl. Abschnitt 4.3) und Validierungs-Workshop zur Datenanalyse (Kategoriensystem und Interpretation der Daten) (vgl. Abschnitt 4.4). Zwischenergebnisse der Untersuchung wurden den Befragten vorab nicht vorgelegt; Ausnahmen waren nicht elektronisch aufgezeichnete Interviews, die im Nachgang schriftlich dokumentiert und dem Interviewten zur Validierung vorgelegt wurden; dies bedeutet eine gewisse Einschränkung der kommunikativen Validität.
6	Triangulation (z.B. Verwendung mehrerer Datenquellen, Anwendung von Methoden und Theorien zur Sicherung und Überprüfung der Ergebnisse)	Verwendung mehrerer Datenquellen (Dokumentenanalyse, Beobachtungen/Teilnahme an Besprechungen, Experteninterviews) (vgl. Abschnitt 4.3). Berücksichtigung von Stakeholder-Perspektiven bei der Selektion der Interviewpartner zur Wahrung der Unabhängigkeit von Einzelmeinungen (vgl. Abschnitt 4.2). Vergleich der Analyseergebnisse und Begründung der Unterschiede (vgl. Abschnitt 5.1).

terfragt und auch widerlegt werden kann. Demzufolge müssen die Gütekriterien der qualitativen Inhaltsanalyse immer in Abhängigkeit vom Forschungsziel und den methodologischen Möglichkeiten festgelegt werden (Mayring, 2008, S. 109). Somit ist die Beurteilung der situativen Angemessenheit und die Offenlegung des methodischen Vorgehens, um dem Leser das Nachvollziehen von Interpretationen zu ermöglichen, essentiell (vgl. auch Lamnek, 2005, S. 24, 142-145).

Auch Yin (2009, S. 40) untersucht potenzielle Kriterien „for judging the quality of research design" und empfiehlt vier Gütekriterien. Tabelle 27 zeigt in der linken Spalte die Gütekriterien nach Yin und in der rechten Spalte die Maßnahmen, welche in diesem Forschungsprojekt zu deren Erfüllung vorgenommen wurden. Yins Kriterien sind jedoch weitgehend mit denen von Mayring (vgl. Tab. 26) vergleichbar und unterscheiden sich nur in Details.

Zusammenfassend sind die Methoden der qualitativen Forschung zum Nachweis der Qualität einer Forschung und von deren Ergebnissen von vielen Fakto-

Tabelle 27: Gütekriterien qualitativer Forschungsdesigns nach Yin (2009, S. 40 ff).

#	Gütekriterien	Maßnahmen im Forschungsprojekt
1	**Construct Validity** Verwendung mehrerer Quellen, Argumentationskette, Überprüfung der Fallstudie durch Hauptinformanten.	Vergleichbar mit Mayrings Kriterien der argumentativen Interpretationsabsicherung, der Nähe zum Gegenstand, der kommunikativen Validierung und der Triangulation. Die Maßnahmen im Forschungsprojekt dementsprechend in Tab. 26 erläutert.
2	**Internal Validity** Überwiegend geeignet zur Überprüfung von kausalen Beziehungen. Bei Fallstudien kann ein regelgeleitetes Vorgehen bei der Datenanalyse eine interne Validität unterstützen.	Vergleichbar mit Mayrings Kriterien der Regelgeleitetheit und der kommunikativen Validierung, i.w.S. auch mit der Triangulation. Die Maßnahmen im Forschungsprojekt werden in Tab. 26 bereits erläutert.
3	**External Validity** Verwendung von theoretischen Konstrukten und Modellen; von Replikationslogiken (bei multiplen Fallstudien).	Vergleichbar mit Mayrings Kriterien der Regelgeleitetheit. Die Maßnahmen im Forschungsprojekt sind in Tab. 26 bereits erläutert. Zusätzlich werden Replikationslogiken durch die Integration und den Vergleich der einzelnen Fallstudien angewandt (vgl. Abschn. 5.3).
4	**Reliability** Verwendung von Dokumentationsunterlagen, Protokollen etc.	Vergleichbar mit Mayrings Kriterien der Verfahrensdokumentation. Die Maßnahmen im Forschungsprojekt sind in Tab. 26 bereits erläutert.

ren abhängig. Durch die Anwendung und den Abgleich von unterschiedlichen Gütekriterien nach Bilandzic et al. (2000), Mayring (2002, 2008) und Yin (2009) konnte nachgewiesen werden, dass das Forschungsprojekt und die dazugehörigen Ergebnisse den aktuellen Qualitätsanforderungen der qualitativen Forschung entsprechen.

5 Fallstudien

In diesem Kapitel werden die empirische Untersuchung und die Ergebnisse dokumentiert. In Abbildung 49 ist die Systematik des Vorgehens dargestellt.

Zuerst werden die Fallstudien der untersuchten Unternehmen („Within Case Analysis") beschrieben: Für jedes Unternehmen werden die situativen Einflüsse dargestellt und im Anschluss eine Indikatorenanalyse durchgeführt, in welcher das erhobene Material systematisiert und kategorisiert wird; entscheidende Aussagen werden anhand exemplarischer Zitate (in kursiver Schrift) hervorgehoben[1]. In einem weiteren Schritt werden die Ergebnisse zusammengefasst, indem der Status der Assimilation bestimmt und ein Abgleich mit den Hypothesen des theoretischen Modells (vgl. Abb. 44) durchgeführt wird. Die Fallstudien der Expertengruppen („Within Group Analysis") werden analog beschrieben, anstatt der situativen Einflüsse werden jedoch die Rollen der Experten in Zusammenhang mit SoD-Software dargestellt. Im Anschluss erfolgt ein multiperspektivischer Vergleich („Cross Case Analysis") über die gesamten Fallstudien. Darin

Unternehmen „Within Case Analysis"				Experten „Within Group Analysis"		
Fall-studie 1	Fall-studie 2	Fall-studie 3	Fall-studie 4	Berater	Anbieter	Prüfer
Situative Ein-flüsse	Situative Ein-flüsse	Situative Ein-flüsse	Situative Ein-flüsse	Rollen	Rollen	Rollen
Indika-toren-analyse	Indika-toren-analyse	Indika-toren-analyse	Indika-toren-analyse	Indika-toren-analyse	Indika-toren-analyse	Indika-toren-analyse
Ergeb-nisse	Ergeb-nisse	Ergeb-nisse	Ergeb-nisse	Ergeb-nisse	Ergeb-nisse	Ergeb-nisse
Multiperspektivischer Fallstudienvergleich „Cross Case Analysis"						
Erklärungsmodell – Diskussion und Beurteilung der Hypothesenrelevanz						

(left margin, vertical: Vorgehensrichtung)

Abbildung 49: Vorgehensmodell Fallstudienanalyse.

---

[1] Auf Grund von „Non Disclosure Agreements" können die Interviewpartner nicht genannt werden, Unternehmensnennungen im Text oder sonstige eindeutig zuordenbare Merkmale werden durch eckige Klammern gekennzeichnet und anonymisiert (z.B. [U1], als Kennzeichen, dass an dieser Stelle das Unternehmen der Fallstudie 1 genannt wurde).

werden die einzelnen Ergebnisse nochmals gegenüber gestellt. Ein Erklärungsmodell ebenfalls über die gesamten Fallstudien schließt das Kapitel ab.

5.1 Bewertungskriterien

Zur Vergleichbarkeit der Analysen, Schlussfolgerungen und Ergebnisse werden
generelle, für alle Fallstudien verwendbare Bewertungskriterien definiert. Die
Auswertung der erhobenen Daten erfolgt zum einen qualitativ, indem zu den
einzelnen Indikatoren entscheidende Aussagen anhand von exemplarischen Zitaten hervorgehoben werden, zum anderen quantitativ kategorisierend, indem basierend auf den Aussagen der Interviewpartner eine Bewertung durchgeführt
wird. Hierfür wird ein einfaches, generisches und aus drei Stufen bestehendes
Bewertungsmodell angewandt; ein feineres Modell würde die Anwendung erschweren und zudem eine nicht vorhandene Exaktheit suggerieren. Mit Hilfe des
Bewertungsmodells wird eine Kategorisierung vorgenommen, damit soll eine
bessere Vergleichbarkeit erreicht werden, zudem soll die Identifizierung von potenziellen Erklärungsansätzen erleichtert werden. Der Ansatz ist vergleichbar mit
dem „Maturity Model" in COBIT, welches zur Bestimmung des Reifegrades von
IT-Prozessen angewandt wird (COBIT, 2007, S. 17 ff).

Tabelle 28 zeigt das dreistufige Bewertungsmodell; es dient auch als Grundlage für die spezifischen Bewertungsschemata, die, zur besseren Nachvollziehbarkeit, für die Kriterien der situativen Einflüsse definiert werden (vgl. Tabellen
29–31).

Tabelle 28: Bewertungsmodell zum Wirkungsgrad auf die Assimilation.

Bewertung	Wirkungsgrad auf die Assimilation von SoD-Software
Hoch (H)	Die Ausprägungen haben einen hohen Einfluss auf bestimmte Ereignisse oder Aktivitäten und daraus resultiert eine hohe Wirkung auf die Assimilation. Eine zugrunde liegende Hypothese gilt als unterstützt.
Mittel (M)	Die Ausprägungen haben einen mittleren Einfluss auf bestimmte Ereignisse oder Aktivitäten, daraus resultiert eine mittlere Wirkung auf die Assimilation. Eine zugrunde liegende Hypothese gilt unter bestimmten Bedingungen als unterstützt.
Gering (G)	Die Ausprägungen finden nicht statt, oder haben keinen Einfluss auf bestimmte Ereignisse oder Aktivitäten; daraus resultiert eine geringe Wirkung auf die Assimilation. Eine zugrunde liegende Hypothese gilt als nicht unterstützt.

Tabelle 29: Bewertungsschema zur Position.

Bewertung	Position – Exemplarische Merkmale
Hoch (H)	– Groß, agiert global, führende Marktposition; – anspruchsvolle und zahlreiche Compliance-Anforderungen; – überwiegend zentral gesteuerte IT-Entscheidungen; – komplexe ERP-Systemlandschaft erfordert eine Automatisierung der Zugriffsrechte und -kontrollen mit spezifischer Software.
Mittel (M)	– Groß, agiert global, führende Marktposition (in Teilbereichen); – anspruchsvolle und zahlreiche Compliance-Anforderungen; – zentral, aber auch dezentral gesteuerte IT-Entscheidungen; – weniger komplexe ERP-Systemlandschaften, eine Automatisierung der Zugriffsrechte und -kontrollen (mit spezifischer Software) ist nicht unbedingt erforderlich.
Gering (G)	– Größere KMU, agiert eventuell auch global, führende Marktposition (in Teilbereichen); – eher nationale, weniger anspruchsvolle Compliance-Anforderungen; – überwiegend zentral gesteuerte IT-Entscheidungen; – weniger komplexe ERP-Systemlandschaften, eine Automatisierung der Zugriffsrechte und -kontrollen (mit spezifischer Software) ist nicht unbedingt erforderlich.

Tabelle 30: Bewertungsschema zur Kompatibilität.

Bewertung	Kompatibilität – Exemplarische Merkmale
Hoch (H)	– Engagierte und unterstützende Leitungs- und Führungsorgane in Bezug auf Compliance-Anforderungen und ihre Umsetzung (auch für SoD-Software); – Erfahrung im Umgang mit (anspruchsvollen) Compliance-Anforderungen; – standardisierte, gut dokumentierte ERP-Systeme und -Prozesse; – Erfahrung im Umgang mit (automatisierten) Kontrollen; – klare und gut dokumentierte Entscheidungswege; – klare und gut dokumentierte Verantwortungen.
Mittel (M)	Die unter der Bewertung „Hoch" angeführten Merkmale sind nur teilweise ausgeprägt und vorhanden.
Gering (G)	Die unter der Bewertung „Hoch" angeführten Merkmale sind wenig ausgeprägt oder nicht vorhanden.

Tabelle 31: Bewertungsschema zur Dauer der PIP.

Bewertung	Dauer der PIP (bis Erreichung von „Acceptance")
Hoch (H)	PIP > 3 Jahre
Mittel (M)	2 Jahre > PIP < 3 Jahre
Gering (G)	PIP ≤ 1 Jahr

Die Beurteilung der unternehmenssituativen Einflüsse erfolgt nach dem Bewertungsmodell in Tabelle 28; um eine konsistente und nachvollziehbare Bewertung zu gewährleisten, werden zusätzlich exemplarische Merkmale definiert: Tabelle 29 beinhaltet die Merkmale für die Position, Tabelle 30 für die Kompatibilität und Tabelle 31 für die Dauer der PIP.

Die Darstellung der Ergebnisse der Indikatorenanalyse erfolgt nach der Systematik des TOE-Assimilationsmodells (vgl. Abb. 42): Sowohl für die untersuchten Unternehmen als auch für die Expertengruppen werden die nach dem in Abschnitt 4.4 beschriebenen Vorgehen analysierten und kategorisierten Textstellen den Bereichen Umwelt, Organisation und Technologie zugeordnet. Zur Bestimmung der Intensität der einzelnen Indikatoren wird jeweils das gleiche Bewertungsschema (vgl. Tabelle 32) angewandt.

Im Anschluss an die Analyse der situativen Einflüsse und Indikatoren wird der Status der Assimilation bestimmt, indem die Ergebnisse der Datenanalyse mit den Assimilationskriterien (Reichweite, Diversität, Durchdringung und Benefits) abgeglichen werden: Die Reichweite wird als quantitativer Wert dar-

Tabelle 32: Bewertungsschema zur Intensität der Indikatoren.

Bewertung	Indikatoren – Bewertungsstufen
Hoch (H)	– Wird von den Interviewpartnern besonders hervorgehoben; – die Mehrzahl der Interviewpartner beschreibt das Phänomen.
Mittel (M)	– Wird von einigen Interviewpartnern hervorgehoben; – das Phänomen wird angesprochen, meist erst nach Nachfrage, es scheint zwar relevant zu sein, aber ist den Interviewpartnern nicht präsent.
Gering (G)	– Wird von den Interviewpartnern nicht erwähnt; – das Phänomen wird auf Nachfrage als unwichtig eingestuft.

Tabelle 33: Bewertungsschema zur Diversität.

Bewertung	Diversität – Exemplarische Merkmale
Hoch (H)	SoD-Software-Nutzer stammen aus mehreren unterschiedlichen Funktionsbereichen (z.B. Fachabteilungen, IT-Abteilungen, Compliance-Verantwortliche): – IT-Mitarbeiter (z.B. Administratoren, Rollenverwalter); – Mitarbeiter der Fachbereiche (z.B. Key User, Process Owner); – Compliance-Verantwortliche (aus (übergeordneten) Querschnittsbereichen, aus Fachabteilungsbereichen); – Leitungs- und Führungsorgane; – interne und externe Prüfer; – ERP-System-Nutzer.
Mittel (M)	SoD-Software-Nutzer stammen aus wenigen Funktionsbereichen: – IT-Mitarbeiter (z.B. Administratoren, Rollenverwalter); – Mitarbeiter der Fachbereiche (z.B. Key User, Process Owner); – einige ausgewählte Compliance-Verantwortliche (aus (übergeordneten) Querschnittsbereichen, aus Fachabteilungen).
Gering (G)	SoD-Software-Nutzer stammen aus wenigen Funktionsbereichen und es sind zudem noch sehr wenige Nutzer: – einige IT-Mitarbeiter (z.B. Administratoren, Rollenverwalter); – einige Mitarbeiter der Fachbereiche (z.B. Key User, Process Owner); – einige ausgewählte Compliance-Verantwortliche (aus (übergeordneten) Querschnittsbereichen, aus Fachabteilungen).

gestellt, für Diversität und Durchdringung werden spezifische Bewertungsschemata angewandt (vgl. Tabellen 33 und 34). Die erreichten Benefits werden in der Reihenfolge der Wichtigkeit (für das untersuchte Unternehmen) aufgeführt.

Nach Bestimmung des Status der Assimilation erfolgt ein Abgleich der Analyseergebnisse mit den Hypothesen des theoretischen Modells (vgl. Abb. 44). Zur Bestimmung der Relevanz der einzelnen Indikatoren werden die Analyseergebnisse tabellarisch zusammengefasst und gruppiert. Hierfür werden die Hypothesen und die damit verknüpften Indikatoren den bewerteten Auswertungsergebnissen auf Grundlage der Bewertungsmodelle (Tabelen 28–34) gegenübergestellt (vgl. als Beispiel Tabelle 37).

Tabelle 34: Bewertungsschema zur Durchdringung

Bewertung	Durchdringung – Exemplarische Merkmale
Hoch (H)	Durchdringt die Prozesse und Aktivitäten des Unternehmens; das Thema SoD als Kontrolle (in ERP-Systemen) ist allgegenwärtig. Bei Änderungen oder Neuentwicklungen werden SoD-Kontrollen institutionalisiert, d.h. mittels interner Richtlinien eingefordert und überwacht.
Mittel (M)	Durchschnittlich verbreitet in den Prozessen und Aktivitäten. Je nach Know-how berücksichtigen Verantwortliche SoD-Kontrollen bei Änderungen oder Neuentwicklungen, das Vorgehen ist aber nicht durch entsprechende Richtlinien eingefordert. SoD-Kontrollen (in ERP-Systemen) sollen aber mittelfristig forciert werden.
Gering (G)	Bei Änderungen oder Neuentwicklungen erfolgt keine explizite Berücksichtigung von SoD-Kontrollen; eine Institutionalisierung durch interne Richtlinien ist noch nicht geplant.

5.2 Unternehmen

In diesem Abschnitt werden die vier Fallunternehmen nach dem in Abbildung 49 dargestellten Vorgehensmodell und unter Verwendung der in Abschnitt 5.1 definierten Bewertungskriterien analysiert.

5.2.1   Fallstudie 1

Das Unternehmen dieser Fallstudie ist ein weltweit agierender Konzern mit Hauptsitz in der Schweiz. Es ist an der Schweizer sowie an einer US-amerikanischen Börse gelistet. Es unterliegt somit u.a. dem Schweizer Börsengesetz und dem SOX sowie zahlreichen nationalen Vorschriften, Branchen- und Produktspezifischen Regulierungen (u.a. Vorschriften der „Food and Drug Administration" (FDA)). Compliance gilt als *„Conditio sine qua non"* und daraus resultierende Verpflichtungen, z.B. die Sicherstellung eines effizienten IKS, werden gemäß der Aussage der Interviewpartner vorbildlich wahrgenommen. Das Unternehmen ist sehr erfolgreich und nimmt in vielen Bereichen eine führende Marktposition ein.

Die organisatorische Struktur ist nach produktbezogenen Geschäftsbereichen (Divisionen), dazugehörenden Einheiten (Business Units, abgekürzt Units) und zentralen Querschnittsabteilungen gegliedert, zudem gibt es eine Reihe von Tochterunternehmen. Die IT-Organisation ist zentralisiert; viele Informatik-Belange, wie z.B. die Bereitstellung der Infrastruktur, der Betrieb der Applikations-

und ERP-Systeme und der Nutzersupport sind an Outsourcing-Partner (vorwiegend Offshoring- und Nearshoring-Beziehungen) vergeben. Als ERP-System-Software sind die Produkte der SAP obligatorisch.

Compliance-Belange, auch IT Compliance, werden im Unternehmen durch eine zentrale Stelle koordiniert und überwacht; diese Stelle ist mit direktiven Kompetenzen ausgestattet. Die internen Strukturen erscheinen ausgeprägt hierarchisch, die Einbindung von Leitungs- und Führungsorganen bei Projekten ist obligatorisch, ebenso wie ein sogenanntes Projekt-Sponsoring, welches sich durch zahlreiche Steering Committees und diverse interne Kontrollvorgaben manifestiert. Insgesamt besitzt das Unternehmen Erfahrung und Routine in der Erstellung von Compliance-Nachweisen und im Umgang mit SoD-Kontrollen.

Zur Umsetzung der SOX-IT-Compliance verwendet das Unternehmen zur methodischen Unterstützung COBIT sowie weitere Materialien der COBIT-Familie (z.B. ITGI, 2004). Als SoD-Software ist „Approva" (Approva, 2011) im Einsatz. Die Software wird in allen Unternehmensbereichen eingesetzt und dient zur Steuerung und Überwachung von SoD in den ERP-Systemen. Die SoD-Software wurde zu Beginn des Jahres 2006 sukzessive eingeführt, zuerst bei SOX-pflichtigen Units, die den größten Anteil zum Umsatz beitragen, später auch bei nicht-SOX-pflichtigen Units. Einige ausgewählte Units arbeiten seit kurzem mit der SoD-Software „SAP GRC Access Controls" (SAP GRC AC), ein unternehmensweiter Rollout des Produktes ist für die nächsten Jahre vorgesehen; damit soll Approva abgelöst werden.

Die untersuchte Analyseeinheit umfasst den Gesamtkonzern; befragt wurden „SoD-Akteure" des „Headquarters", die eine zentrale Rolle in Zusammenhang mit Aufgaben zu Compliance- und Risikomanagement wahrnehmen sowie einen Überblick über die zugehörigen Vorgänge in den Divisionen und Units haben (vgl. Tabelle 21). Die Datenerhebung erfolgte von Mai bis Juli 2009, also ca. dreieinhalb Jahre nach dem „ersten" GoLive der Software.

Tabelle 35: Interviewpartner (Unternehmen 1).

	Rolle
Akteur 1	Global Compliance Manager
Akteur 2	Corporate Financial Controls
Akteur 3	Global IT Risk and Compliance Manager
Akteur 5	Business Process Governance Manager
Akteur 4	Risk and Controls Consultant (external)

5.2.1.1   Situative Einflüsse

Die **Position** des Unternehmens wird gemäß Tabelle 29 als hoch (H) eingestuft. Besondere Merkmale, die im Hinblick auf SoD-Software relevant sein könnten, sind:

a)   Großer, global agierender, einflussreicher Konzern, demgemäß anspruchs-
      volle nationale/internationale Compliance-Anforderungen, u.a. SOX-pflich-
      tig. Des Weiteren hohe branchenspezifische Anforderungen, u.a. FDA-An-
      forderungen.

b)   Vorwiegend zentral gesteuertes IT-Management mit kaum dezentralen
      Strukturen.

c)   Zahlreiche Outsourcing-Partner (vorwiegend Offshoring- und Nearshoring-
      Beziehungen), daraus resultierend erhöhte Steuerungs- und Kontrollbedürf-
      nisse.

d)   Hohe Komplexität der ERP-Systeme und darin abgebildeter Prozesse, folg-
      lich ist eine Automatisierung der Zugriffsberechtigungsvergaben und -kon-
      trollen äußerst vorteilhaft.

Die **Kompatibilität** des Unternehmens wird auf Grundlage von Dokumenten-analysen, Vorgesprächen und den durchgeführten Interviews als hoch (H) einge-stuft (vgl. Tabelle 30). Die hohe Einstufung wird auch durch die Kriterien ge-stützt, welche die als hoch (H) bewertete Position des Unternehmens begründen; daraus lässt sich u.a. ableiten, dass das Unternehmen über langjährige (SOX-) Compliance-Erfahrungen verfügt. Die im Unternehmen vorhandene, besondere compliance-bezogene Aufmerksamkeit zeigt sich darin, dass ein interner „Com-pliance Codex" vorhanden ist, in welchem ausdrücklich „Compliance als Chan-ce" deklariert wird. Somit wird davon ausgegangen, dass der Einsatz von SoD-Software auf Basis von vorhandenem Compliance- und auch Wissen zu SoD-Kontrollen erfolgen kann.

Die **Dauer der PIP** der SoD-Software ist zum Zeitpunkt der Datenerhebung in einigen Units schon knapp vier Jahre und wird somit als hoch (H) eingestuft (vgl. Tabelle 31). Durch die sukzessiven Rollouts kann sich die Dauer der PIP in den jeweiligen Units um bis zu zwei Jahre unterscheiden.

5.2.1.2 Indikatorenanalyse

5.2.1.2.1 Umwelt

Unter der Vielzahl der unternehmensexternen Einflüsse wird die Inkraftsetzung des SOX als herausragendes Ereignis für externe, **obligatorische Zwänge** genannt. Bereits kurz nach Inkrafttreten des SOX wurden die SoD-Kontrollen des Unternehmens neu bewertet; in diesem Zusammenhang wurden auch SoD-Softwareprodukte evaluiert. Als Ergebnis wurde das SoD-Produkt „Approva" ausgewählt und in den SOX-pflichtigen Units implementiert, *„damit die Anforderungen des externen Auditors abgedeckt sind."* Zuerst wurden die SOX-pflichtigen Units und anschließend die nicht SOX-pflichtige Units mit SoD-Software ausgestattet; forciert wurde dies durch die Fachabteilungen, und zwar in erster Linie von der *„Finanz-Seite".* Im Jahr 2008 wurde *„strategisch entschieden",* das ursprünglich eingeführte SoD-Softwareprodukt „Approva" durch „SAP GRC Access Controls" (SAP GRC AC) abzulösen, an einigen Standorten wird dieses neue SoD-Softwareprodukt bereits im Pilotstadium eingesetzt. Zusammenfassend wird die Bedeutung der obligatorischen Zwänge als hoch (H) eingestuft.

Ein Indiz für die Wirkung von **mimetischen Zwängen** ist unter anderem der geplante Wechsel des SoD-Softwareproduktes: Während der PIP der SoD-Software „Approva" wurde beschlossen, sukzessive auf das GRC-Produkt des Unternehmens SAP umzustellen. Begründet wird dies mit einem *„strategischen Entscheid für SAP, weil wir eine reine SAP-Umgebung sind ... uns langfristig eine bessere Integration erhoffen mit den SAP-Systemen. Für unsere Umgebung ist SAP als Marktführer die erste Wahl, wir gehen davon aus, dass SAP auch eine gewisse Marktführerschaft bei GRC-Produkten erreichen wird."* Zusammenfassend wird die Bedeutung der mimetischen Zwänge als hoch (H) eingestuft.

Die Wirkungen von **normativen Zwängen** können aus der Orientierung an den externen Prüfern (Auditoren) abgeleitet werden: *„Generell durch das, dass wir dieses Tool eingesetzt haben und auch nicht nur auf Finanz-Seite, sondern auch auf IT-Seite ein Kontrollsystem implementiert haben, haben wir natürlich für die externen Auditoren schon mal einen höheren Level erreicht, ... d.h. jetzt können sich sehr viel mehr auf unsere Resultate oder auf unsere Technik oder auf unsere Prozesse verlassen."* Hinzu kommt, dass zwei der Interviewpartner von ihrem *„Auditoren Background"* berichten; ein Befragter weist auf seine langjährige Erfahrung als externer Prüfer in einer Big4-Gesellschaft hin. Dies lässt eine Wechselwirkung des normativen mit dem mimetischen Isomorphismus vermuten: Rekrutierte Mitarbeiter aus Big4-Gesellschaften bringen ihre dort erworbene Fachexpertise in das Unternehmen ein, in diesem Fall die Anforderungen und Erwartungen einer Big4-Gesellschaft. Ein weiteres Indiz für die Wirkung von normativen Zwängen kann auch die betonte Anwendung von Referenzmodellen wie in diesem Fall COSO und COBIT sein; sie werden als wichtige Werkzeuge zur Erreichung der SOX-IT-Compliance hervorgehoben. Zusammenfassend wird die Bedeutung der normativen Zwänge als hoch (H) eingestuft.

5.2.1.2.2   Organisation

Die Bedeutung der **Leitungsorgane** wird als hoch eingestuft (H): Die Mitarbeiter sind in Bezug auf das Engagement des Top Managements sehr aufmerksam und orientieren daran nicht zuletzt ihr eigenes Engagement: Der *„CEO direkt war Auslöser"* der Initiative zu Auswahl und Einsatz einer SoD-Software. Aus diesem Grund wurde *„das dann auch so durch die Firma getrieben"*. Die initiale Auslösung durch das Top Management wird ausdrücklich betont und *„auch rot unterstrichen"*. Zudem wird hervorgehoben, dass *„unpopuläre Maßnahmen"* mit Hinweis auf eine Initiative des *„Headquarter"* oder eine *„CEO-Entscheidung"*, einfacher im Unternehmen durchzusetzen sind, da potenzielle Widerstände sich dann vornehmlich *„gegen das Headquarter"* und nicht z.B. *„gegen IT oder Finance"* richten. Bei den meisten Mitarbeitern gelten SoD-Kontrollen als unpopuläre Maßnahmen, welche nur mit *„Top Down"*- Unterstützung, als *„Manifest für eine Good Corporate Governance"* initiiert und etabliert werden können. Zum Zeitpunkt der Datenerhebung ist der *„Head Financial Reporting"* für das *„SoD-Programm"* und somit auch für geplante Implementierung von SAP GRC AC verantwortlich. Dennoch wird das SoD-Programm immer vom CEO unterstützt und *„ist nach wie vor von ihm getrieben"*.

Dem **Business-IT Alignment** wird im Hinblick auf SoD und SoD-Software eine geringe (G) Bedeutung zugesprochen: *„Die Segregation-of-Duties-Projekte waren nie von IT getrieben. Von daher hat es eigentlich keinen Einfluss auf die IT, sondern die IT, wenn man so will, sind die genau gleich Leidtragenden – in Anführungszeichen, wie die Finanzmitarbeiter."* Der Einsatz von SoD-Software und damit verknüpfte organisatorische und sonstige Veränderungen sind projektgesteuerte Initiativen, welche *„top-down"* entschieden, initiiert und dann *„bottom-up"* umgesetzt werden müssen. Probleme werden eher abstrakt *„gegen das Headquarter"* wahrgenommen und nicht in Zusammenhang gebracht, mit potenziell schwierigen oder guten Beziehungen zur IT.

Die Bedeutung der **Nutzerzufriedenheit** wird allenfalls als mittel (M) eingestuft: Die Unterstützung des „Top-Management" und die interne Richtlinie eine SoD-Software einzusetzen, überlagern die Anliegen der Nutzer. Unzufriedenheiten mit den Ergebnissen der SoD-Software sind vorhanden, werden aber nicht überbewertet: „ *... teilweise kommen tausende von Konflikte heraus, ... das ist natürlich auch schwer zu managen, ... da sind dann auch viele 'false positiv' dabei, ... das sind keine echten Konflikte und das muss dann mühsam herausgefiltert werden.* " Gelegentlich führt dies auch zu größeren Problemen: „ *... und wenn das eine große Unit ist, mit Tausenden (SoD-Konflikten), dann haben die ein riesen Effort. Aber sie können es vielleicht noch beheben ... wenn sie natürlich kleine [Units] haben, die schauen sich das einmal an, und fallen in Ohnmacht. Und da bleiben sie dann, verharren sie dann.*" Obwohl eine relativ große Unzufriedenheit wegen „*teilweise unbrauchbaren Informationen*" herrscht, wird diese kaum thematisiert; mit den Problemen wird „*gelebt*". Dasselbe Phänomen findet sich auch bei den Nutzern der ERP-Systeme: „*Wenn wir unser Einkaufssystem verwenden, dann ist es dann natürlich schon so, dass gewisse Leute das als Einschränkung empfinden, wenn dann ein Approval-Prozedere sehr lang ist und wenn verschiedene Instanzen z.B. ein Purchase Request approven müssen. Da bin ich schon als Endbenutzer ... fühle ich mich manchmal eingeschränkt, wenn ich 2–3 Wochen warten muss, oder es gibt zum Teil sehr langwierige Prozesse, wo nach einer gewissen Zeit auch eskaliert wird ... und wenn dann Leute nicht da sind, ... oder die Delegation nicht funktioniert hat. Da dauert das sehr lang. Da fühle ich mich eingeschränkt.*" Auf die Frage, was für Lösungen geplant sind, erfolgt ein Hinweis auf mögliche künftige Verbesserungen (welche aber nicht konkret geplant sind).

Die Bedeutung der **Lernchancen** wird als sehr hoch (H) eingestuft. Anhand von Beispielen werden einige „*Lernfelder*" geschildert: „*Wir hatten bis jetzt ein SoD-Tool ... das haben wir vor allem detektivisch eingesetzt. Dann haben wir aber gemerkt, dass es einfach sehr viel Aufwand gibt.*" Daraufhin wurde entschieden, dass SoD-Software künftig nicht nur detektivisch, sondern auch präventiv eingesetzt werden sollte; die daraus resultierenden Anpassungen führten zu einer neuen Evaluation und im Ergebnis dazu, dass die bisherige SoD-Software (Approva) durch ein anderes Produkt (SAP GRC AC) abgelöst wird. Der Lernprozess mit Approva wird geschätzt und als wichtig bewertet: „ *... ich denke, dass man jetzt die Chance hat, das umzusetzen, ... man hat mit Approva Prozess Learning gemacht ... bezüglich Betrieb, ... bezüglich Aufwand, ... bezüglich Implementierung der Rulebooks.*" In Bezug auf die SoD-Software-Nutzer wird betont, dass der Einsatz von SoD-Software erklärungsbedürftig ist: „*Wenn sie mit den Leuten sprechen, sagen die wenigsten, Segregation of Duties macht keinen Sinn, sondern die meisten sagen, ja das macht Sinn und ich verstehe auch wieso ... einige wenige finden, man unterstellt ihnen etwas. Nämlich, dass sie* *etwas Böses damit anfangen würden ... aber die meisten sagen, ich verstehe schon, weshalb ihr das tut und ich weiß, es ist sinnvoll ... man muss erklären, und wenn man es erklärt, ... letztendlich hilft es ... du kannst etwas belegen; diese Diskussion ist dann schon mal weg vom Tisch."* Diese Beschreibung verdeutlicht die Notwendigkeit, Mitarbeiter in die Lernprozesse einzubeziehen. Insgesamt konnten durch den Einsatz von SoD-Software Erfahrungen im Umgang mit der Automatisierung von Kontrollen gesammelt werden; es wurde z.B. erreicht, dass *„wir viel bessere Erklärungen haben, weshalb etwas so ist, oder weshalb es einen SoD-Konflikt gibt."* Auch wurde bei den Mitarbeitern das Verständnis in Bezug auf Risiken gestärkt; zwischenzeitlich können Mitarbeiter *„sehr sensibel auf solche Themen reagieren. Das ist für uns ein guter Weg, dieses Tool einzusetzen."*

Die Bedeutung des **internen Know-how** wird besonders in Zusammenhang mit den Lernchancen hervorgehoben und ebenfalls als hoch (H) eingestuft. Teilweise wurde inzwischen internes Know-how aufgebaut, z.B. durch Weiterbildungen und durch Rekrutierung neuer Mitarbeiter; zu Beginn des SoD-Programms, der Selektion und Implementierung der SoD-Software war es im Unternehmen kaum vorhanden; dies wurde dann vorwiegend mit Hilfe von externen Beratern kompensiert.

Die Wirkung von **externem Know-how** kommt besonders während der Implementierung einer SoD-Software zum Tragen und wird überwiegend als hoch (H) eingestuft. Besonders in der Phase der Implementierung ist eine intensive Zusammenarbeit mit externen Experten, aber auch mit den externen Prüfern notwendig. Das externe Experten-Know-how wurde primär für die Entwicklung und den Aufbau von unternehmensspezifischen *„SoD-Rulebooks"* eingesetzt.

5.2.1.2.3 Technologie

Die Bedeutung der **Informationsqualität** wird allenfalls als mittel (M) eingestuft: *„Die Datenqualität ist zwar soweit okay, aber es ist einfach ein erklärungsbedürftiges Ergebnis oder Produkt, man muss es lernen ... ohne Expertenwissen, insbesondere technische Zusammenhänge, bekommt man keine vernünftigen Ergebnisse."* Die Optionen zur Datenauswertung, meist in Form von „Reports", werden bemängelt: *„Man muss entweder ein sehr gutes Verständnis dafür haben, wie diese Reports zu lesen sind, aber man muss es auch in den entsprechenden Prozessen in der Implementierung festgelegt haben, um damit umgehen zu können. Also die Reports sind verbesserungswürdig."* Insgesamt wird die Qualität der generierbaren Auswertungen in Bezug auf Aktualität, Genauigkeit und Vollständigkeit zwar kritisiert, aber dann doch als ausreichend bewertet, denn schlussendlich sind die Reports nutzbar und somit *„ist die Welt in Ordnung"*.

Die Bedeutung der **Systemqualität**, messbar z.B. anhand von Reaktions- und Durchlaufzeiten, aber auch am verfügbaren Funktionsumfang einer Software, wird in Analogie zur Informationsqualität als mittel (M) eingestuft. Die eher technische Systemqualität ist von den (vertraglich vereinbarten) Leistungen der Outsourcing-Partner für ERP-Systeme abhängig und kann nur schwer für ein einzelnes Softwareprodukt betrachtet werden; im Hinblick auf SoD-Software sind die Reklamationszahlen *„im normalen Bereich"*. Der Funktions- und Leistungsumfang wird als ausreichend beschrieben, aber das neue SoD-Produkt (SAP GRC AC) bietet einige zusätzliche Optionen, die als nützlich eingestuft werden und künftig auch eingesetzt werden sollen.

Die **Servicequalität** spielt eine untergeordnete Rolle und wird als gering (G) eingestuft; eine hervorragende Servicequalität seitens des Software-Anbieters und der internen oder externen IT gilt als selbstverständlich. In Zusammenhang mit SoD-Software gab und gibt es keine Beschwerden oder sonstige Besonderheiten. Die Software ist in die *„normalen Verträge und Serviceleistungen"*, überwiegend in Zusammenarbeit mit Outsourcing-Partnern, eingebunden. Die Größe des Unternehmens und die damit verknüpfte starke Kundenposition veranlasst die Dienstleister *„ihr Bestes zu geben, sie wollen ja auch künftig unser Vertragspartner sein"*.

5.2.1.3   Ergebnisse

In diesem Unternehmen sind SoD-Kontrollen und -Software durch die Umsetzung der SOX-Anforderungen unternehmensweit relevant und wichtig zur Sicherstellung der Effektivität des IKS. In allen SOX-pflichtigen Units ist eine SoD-Software im Einsatz. Aktuell wird der Wechsel zu einem neuen SoD-Produkt (SAP GRC AC) vorbereitet. Zu Einsatz und Auswirkungen von SoD-Software konnten bereits einige Jahre Erfahrungen gesammelt werden. Know-how im Umgang mit SoD-Kontrollen und -Software wird mit Hilfe von externen Beratern, aber auch durch Rekrutierung neuer Mitarbeiter aufgebaut.

5.2.1.3.1   Assimilationsstatus

Zur Bestimmung des Assimilationsstatus dienen die Reichweite, Diversität und Durchdringung sowie die mittels SoD-Software erzielten Benefits; die Einstufung erfolgt anhand eines Stufenmodells (vgl. Abschnitt 3.2.1).

Die **Reichweite** der SoD-Software wird auf 95% geschätzt: Alle ERP-Systeme werden in SOX-pflichtigen Units mit SoD-Software verwaltet und überwacht, in diesen beträgt der Anteil 100%. In einigen nicht-SOX-pflichtigen Units wird keine SoD-Software eingesetzt, gesamt ergibt sich daraus ein Anteil von 95%.

Die **Diversität** wird als gering (G) eingestuft (vgl. Tabelle 33): Überwiegend sind die Nutzer der Software IT-Mitarbeiter (z.B. Administratoren, Rollen- und Rechteverwalter), zudem einige wenige „Key User" bzw. „Process Owner" aus Fachbereichen sowie Compliance-Verantwortliche; die meisten *„Betroffenen"* sind passive Nutzer, sie sind Empfänger der *„seitenlangen reports"*, die mittels SoD-Software generiert werden, oder ERP-System-Nutzer als „Betroffene", z.B. wenn sie *„mit langen Wartezeiten leben müssen"*. Letztere müssen wohl mit zahlreichen Veränderungen und Einschränkungen zurechtkommen, die durch den Einsatz der SoD-Software ausgelöst werden; diese Nutzergruppe wurde jedoch nicht im Rahmen der Evaluation befragt.

Die **Durchdringung** wird als mittel (M) eingestuft (vgl. Tabelle 34): *„SoD-Know-how ist sicher nicht durchgängig vorhanden ... es kann schon Grauzonen geben."* Im Unternehmen wird davon ausgegangen, dass die Umsetzung und Sicherstellung von SoD beachtet wird, obwohl keine expliziten Richtlinien vorhanden sind: *„Bei neuen Projekten gehen wir davon aus, dass Compliance-Verantwortliche die Thematik berücksichtigen, eine dahingehende Richtlinie ist meines Wissens nicht vorhanden."*

Durch den Einsatz von SoD-Software konnten wichtige **Benefits** nachgewiesen werden: Das Hauptziel wurde erreicht: *„SOX-Compliance für die SOX-pflichtigen ERP-Systeme"*. Die Abschlussprüfung durch externe Prüfer erfolgte in den letzten Jahren ohne *„SoD Findings"*; die externen Prüfer akzeptieren die mittels SoD-Software erstellten *„SoD-Reports"* als Compliance-Nachweise für die in ERP-Systemen abgebildeten Prozesse und Aktivitäten. Mit Einführung der SoD-Software konnte der Reifegrad des IKS erhöht werden, zudem wird laufend an der Verbesserung der Effektivität der SoD-Prozesse gearbeitet, nicht zuletzt um *„den doch erheblichen Aufwand der SoD-Überwachung nach unten zu bringen"*. Zum Zeitpunkt der Datenerhebung wird auch an einer *„Reduktion des Aufwands für die externe Prüfung gearbeitet"*, mit dem Ziel, dass die externen Prüfer zur Analyse der SoD-Kontrollen die vorhandene SoD-Software nutzen können. Tabelle 36 beinhaltet eine Übersicht der Assimilationskriterien und die mittels SoD-Software erzielten Benefits; letztere wurden gemäß Tabelle 32 bewertet.

Tabelle 36: Assimilationskriterien und Benefits (Unternehmen 1).

Indikator	Assimilationskriterien und erzielte Benefits	Bewertung
Reichweite	Nahezu 95%, noch nicht alle der nicht-SOX-pflichtigen, kleineren Units nutzen eine SoD-Software.	95%
Diversität	IT-Mitarbeiter, Key User, Process Owner der Fachbereiche, Compliance-Verantwortliche; die meisten Akteure sind nur „Empfänger" der Compliance-Nachweise (Reports) oder „betroffene" ERP-System-Nutzer.	G
Durch-dringung	Durchschnittlich verbreitet (beruhend auf Annahmen), es gibt keine (bekannten) Richtlinien und institutionalisierten Vorgehensweisen.	M
Benefits	SOX-Compliance, keine SoD-Defizite mit hoher Priorität	H
	Akzeptanz der Software (Compliance-Nachweise) durch externe Prüfer	M
	Erhöhung des Reifegrades des IKS (Effizienzsteigerung)	M
	Verringerung des Aufwandes (Effektivitätssteigerung).	G

Zusammenfassend konnten die angestrebten Ziele erreicht werden, die Diversität ist jedoch gering (G) und die Durchdringung allenfalls mittel (M). Die Verankerung in den Fachabteilungen und in der IT-Abteilung ist fortgeschritten, aber auf wenige Mitarbeiter begrenzt. Somit wird, unter Berücksichtigung der Aussagen aus der Indikatorenanalyse und den Assimilationskriterien (vgl. Tabelle 36), der Status der Assimilation auf der Stufe „Acceptance" festgelegt. Begründet wird dies damit, dass die (Compliance-)Verantwortlichen im Unternehmen mit den erzielten Benefits weitgehend zufrieden sind, die Software wird als stabil und zuverlässig wahrgenommen und die Wichtigkeit von SoD-Software wird (zumindest von den Verantwortlichen) nicht in Frage gestellt. Der geplante SoD-Produktwechsel gilt als Weiterentwicklung und erfolgt aus *„strategischen Überlegungen"*; er soll eine umfassendere Integration in vorhandene (SAP-)ERP-Systeme sowie zusätzliche Funktionalitäten ermöglichen. Der weitere Fortschritt der Assimilation ist durch den geplanten Produktwechsel blockiert, da mit der neuen SoD-Software in jedem Fall die Phase „Adaption" wiederholt werden muss. Folglich wird mit der aktuell eingesetzten Software die nächste Stufe „Routinization" nicht erreicht.

Abbildung 50 veranschaulicht die Entwicklung der Assimilation ab Stufe Implementierung, den Status zum Zeitpunkt der Datenerhebung sowie die bereits

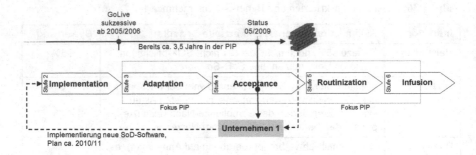

Abbildung 50: Assimilationsstatus (Unternehmen 1).

beginnende Blockade eines weiteren Fortschritts, ausgelöst durch den geplanten Wechsel der SoD-Software; damit zeichnet sich ein Verharren in der Stufe „Acceptance" ab und mittelfristig ein Rückschritt zur zweiten Stufe (gestrichelter Pfeil) der Assimilation, mit einer neuen SoD-Software.

5.2.1.3.2 Modellabgleich

Zur Bestimmung der Relevanz des theoretischen Modells (vgl. Abb. 44) werden in Tabelle 37 die Hypothesen (Spalte 1) und zugehörigen Indikatoren (Spalte 2) den Auswertungsergebnissen (Spalte 3, 4) gegenübergestellt. Die Relevanz (Rel.) der Indikatoren (Spalte 4) wird durch die Bewertungskriterien in Tabelle 32 transparent.

Tabelle 37: Komprimierte Ergebnisse (Unternehmen 1).

Hyp.	Indikator	Auswertungsergebnisse	Rel.
H1	Obligatorische Zwänge	SOX als primärer Auslöser; SOX-Compliance-Nachweise als wichtigster Benefit; Treiber ist das *„Top Management"*.	H
H2	Mimetische Zwänge	Der Wechsel der SoD-Software basiert auf einer unternehmensweit verbindlichen strategischen Entscheidung gestützt; die neue SoD-Software stammt vom Lieferanten der ERP-Systeme; starke Orientierung an externen Experten, dies löst (evtl. unbeabsichtigte) Imitationsprozesse aus (Erfüllung der Big4-Anforderungen/Erwartungen).	H
H3	Normative Zwänge	Orientierung an externen Prüfern und ihren Anforderungen; Anwendung von COBIT und ITIL als Rahmenwerke für das IT-IKS.	H

Hyp.	Indikator	Auswertungsergebnisse	Rel.
H4	Leitungs-organe	Besonderes Engagement des *„Top Management"*, auch in der PIP; Stichwort für die PIP: *„das bleibt auf der Agenda"*; Nutzung eines Steering Committees für Compliance-Aufgaben.	H
H5	Business-IT Alignment	Von untergeordneter Bedeutung, SoD-(Software-)Projekte sind *„Business-Projekte"*; die (ausgelagerte) IT liefert nur entsprechende Services.	G
H6	Nutzerzufrie-denheit	Von untergeordneter Bedeutung, die Software ist obligatorisch; Entscheidungen erfolgen nicht auf Basis der Nutzerzufriedenheit; eine gewisse Unzufriedenheit der „Betroffenen" wird akzeptiert, insbesondere da die angestrebten Ziele erreicht wurden.	M
H7	Lern-chancen	Zahlreiche Lernchancen durch Know-how-Aufbau zur SoD-Thematik, dieses wurde in Entscheidungen (neuer präventiver Ansatz, neue SoD-Software) transformiert; die mit der SoD-Software zusammenhängenden Prozesse werden von Nutzern der ERP-Systeme weitgehend akzeptiert.	H
H8	Internes Know-how	Durch Beauftragung von externen Beratern und Rekrutierung neuer Mitarbeiter mit Expertenwissen erfolgt(e) ein Aufbau von internem Know-how; eine Unabhängigkeit von externen Beratern wurde weitgehend erreicht.	H
H9	Externes Know-how	Die Implementierung und organisatorische Umsetzung war ohne externes Know-how nicht möglich, was aber auch nicht vorgesehen war; externes Know-how in der PIP erforderlich zum Problemlösen, zur Realisierung von Verbesserungsmaßnahmen und als zusätzliche Ressource.	H
H10	Informatio-nen	Verwendung als SoD-Compliance-Nachweise; die Qualität der generierten Informationen ist teilweise unbefriedigend; sie wird jedoch akzeptiert, da der SoD-Status der einzelnen Units überwacht werden kann.	M
H11	System	Der Leistungs- und Funktionsumfang wird akzeptiert, die angestrebten Ziele werden damit erreicht; mit dem Wechsel zu einem neuen SoD-Produkt stehen zusätzliche Funktionen zur Verfügung, die schnellstmöglich eingesetzt werden sollen (z.B. „Firefighter" von SAP GRC Access Controls).	M
H12	Services	Die Qualität des Anbieter- und Dienstleister-Services spielt eine untergeordnete Rolle und wird als selbstverständlich vorausgesetzt, aber explizit positiv bewertet.	G

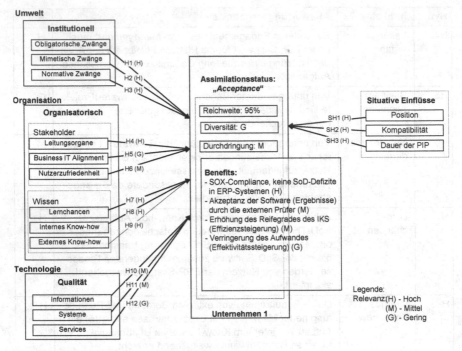

Abbildung 51: Modellabgleich für die Fallstudie 1.

Die Gegenüberstellung der Analyseergebnisse mit den Hypothesen des Forschungsmodells ergibt, dass die Hypothesen H1 bis H4, H7 bis H9 mit hoher Relevanz sowie die Hypothesen H6, H10 und H11 mit mittlerer Relevanz gestützt werden. Die Hypothesen H5 und H12 werden nur gering unterstützt.

Abbildung 51 zeigt die bewerteten Indikatoren, Kriterien und erzielten Benefits anhand des theoretischen Modells; die Hypothesen (H1 bis H12, SH1 bis SH3) und ihre Relevanz (in Klammern) sind an den Beziehungspfeilen aufgetragen.

5.2.2 Fallstudie 2

Das Unternehmen dieser Fallstudie ist ein weltweit agierender Konzern, mit Hauptsitz in der Schweiz. Es ist an der Schweizer Börse sowie einer US-amerikanischen Börse gelistet. Es unterliegt somit u.a. dem Schweizer Börsengesetz und dem SOX sowie zahlreichen nationalen Vorschriften, Branchen- und Produkt-spezifischen Regulierungen. Daraus ergibt sich die Verpflichtung zur Erstellung von zahlreichen Compliance-Nachweisen, z.b. in Form eines IKS und adäquaten internen Kontrollen. Das Unternehmen ist äußerst erfolgreich und besitzt in vielen Bereichen eine führende Marktposition.

Organisatorisch ist das Unternehmen nach produktbezogenen Geschäftsbereichen (Divisionen), dazugehörenden Einheiten (Units) und zentralen Querschnittsabteilungen gegliedert, zudem gibt es einige Tochterunternehmen. Die IT-Organisation ist zentralisiert; viele Informatik-Belange, wie z.B. die Bereitstellung der Infrastruktur, der Betrieb der Applikations- und ERP-Systeme und der Nutzersupport sind an Outsourcing-Partner (vorwiegend Offshoring- und Nearshoring-Beziehungen) delegiert. Innerhalb des Unternehmens dominieren zwei große Divisionen, die in IT-spezifischen Bereichen teilweise mit unterschiedlichen Lösungen arbeiten. Die ERP-Systeme der SAP sind obligatorisch. Für SoD-Software bestanden bis vor kurzem keine Richtlinien bezüglich eines bestimmten Produktes.

Compliance-Aktivitäten werden im Unternehmen durch ein zentrales Steering Committee koordiniert und überwacht; das Committee ist mit einflussreichen Leitungs- und Führungsorganen besetzt und mit direktiven Kompetenzen ausgestattet. Die internen Strukturen sind ausgeprägt hierarchisch, die Einbindung von Leitungs- und Führungsorganen erfolgt vorwiegend in Form von Mitgliedschaften in Steering Committees. Das Unternehmen besitzt Erfahrung und Routine in der Erstellung von Compliance-Nachweisen und im Umgang mit SoD-Kontrollen.

Als SoD-Software sind die Produkte „Securinfo" (Securinfo, 2010) in der Division 1 und Virsa (Virsa, 2010) in der Division 2 in der PIP. Für beide Divisionen gilt, dass die Software weltweit in allen der Division zugeordneten Units für das Management von SoD in ERP-Systemen eingesetzt wird. In der Division 1 wurde Securinfo ab Oktober 2006 sukzessive in den zugehörigen Units implementiert. In der Division 2 wurde Virsa etwa ein Jahr später ebenfalls sukzessive implementiert. Die durchschnittliche Dauer der PIP ist somit in den beiden Divisionen und einzelnen Units unterschiedlich. Um Integrations- und Synergieeffek-

Tabelle 38: Interviewpartner (Unternehmen 2).

	Rolle
Akteur 1	Global SOX Manager / Head of Group SOX
Akteur 2	Corporate Financial Controls
Akteur 3	Chief Compliance Manager Business
Akteur 4	Compliance Manager Business
Akteur 5	IT Compliance Manager
Akteur 6	Technical Risk and Controls Manager (external)

te zu nutzen wurde zwischenzeitlich entschieden, in beiden Divisionen eine ein-heitliche SoD-Software einzusetzen; als gemeinsame, künftige Software wurde „SAP GRC AC" gewählt. Ein unternehmensweiter, sukzessiver „Roll out" wird aktuell projektiert und ist für die nächsten Jahre geplant. Dabei ist zu berücksich-tigen, dass SAP GRC AC durch die Akquisition und Integration von (ehemals) Virsa wesentliche Komponenten von Virsa enthält (z.B. das Kernstück, den „SoD Compliance Calibrator"). Es wird somit davon ausgegangen, dass der Um-stieg für Division 2 relativ einfach vonstattengehen wird, während für Division 1 größere Anpassungsaufwendungen geplant werden.

Die untersuchte Analyseeinheit umfasst den Gesamtkonzern, befragt wurden „SoD-Akteure", welche eine zentrale Rolle in Zusammenhang mit Aufgaben zu Compliance- und Risikomanagement wahrnehmen (vgl. Tabelle 38) sowie einen Überblick über die zugehörigen Vorgänge in den Divisionen und Units haben. Die Interviews wurden teilweise in deutscher und englischer Sprache geführt. Die Datenerhebung erfolgte von Januar bis März 2009, also etwas über zwei Jahre nach dem ersten GoLive der SoD-Software.

5.2.2.1   Situative Einflüsse

Die **Position** des Unternehmens wird gemäß Tabelle 29 als hoch (H) eingestuft. Besondere Merkmale, die im Hinblick auf SoD-Software relevant sein könnten, sind:

a)   Großer, global agierender, einflussreicher Konzern, demgemäß anspruchs-volle nationale/internationale Compliance-Anforderungen, u.a. SOX-pflich-tig.

b)   Zentral gesteuertes IT-Management mit teilweise dezentralen Strukturen.

c)   Zahlreiche Outsourcing-Partner (vorwiegend Offshoring- und Nearshoring-
     Beziehungen), daraus resultierend erhöhte Steuerungs- und Kontrollbedürf-
     nisse.

d)   Hohe Komplexität der ERP-Systeme und darin abgebildeter Prozesse, folg-
     lich kann eine Automatisierung der Zugriffsberechtigungsvergaben und -
     kontrollen äußerst vorteilhaft sein.

Die **Kompatibilität** des Unternehmens wird auf Grundlage von Dokumenten-
analysen, Vorgesprächen und den durchgeführten Interviews als hoch (H) eingestuft (vgl. Tabelle 30). Die hohe Bewertung wird auch durch die als hoch (H)
eingestufte Position und den hierzu angeführten besonderen Merkmalen gestützt;
daraus lässt sich u.a. ableiten, dass das Unternehmen über langjährige (SOX)-
Compliance-Erfahrungen verfügt. Somit wird angenommen, dass der Einsatz
von SoD-Software auf der Grundlage von bereits vorhandenem (SoD-)Know-
how erfolgen kann. Eine gewisse Einschränkung ergibt sich vermutlich aus den
teilweise dezentralen Strukturen der beiden großen Divisionen und, daraus resultierend, unterschiedlichen Interessen, Rollen und Aufgaben. Im Hinblick auf den
Umgang mit IS-Lösungen/-Innovationen könnte unter Umständen eine mangelnde Flexibilität, ausgelöst durch komplexe Outsourcing-Beziehungen, die Kompatibilität limitieren.

   Die **Dauer der PIP** unterscheidet sich in Division 1 und 2: In Division 1 ist
die SoD-Software seit Oktober 2006 im Einsatz, je nach Unit zum Zeitpunkt der
Datenerhebung somit höchstens 27 Monate. In Division 2 ist die SoD-Software
ca. 12 Monate später eingeführt worden. Durch die sukzessiven Rollouts kann
sich die Dauer der PIP in den jeweiligen Units um bis zu einem Jahr unterscheiden. Gesamthaft wird die Dauer der PIP für beide Divisionen als mittel (M) eingestuft (vgl. Tabelle 31).

5.2.2.2   Indikatorenanalyse

5.2.2.2.1   Umwelt

Die Bedeutung der **obligatorischen Zwänge** wird als hoch (H) eingestuft und
ausschließlich mit der Inkraftsetzung des SOX als herausragendes Ereignis erklärt: Kurz nach Inkrafttreten im Jahr 2002 wurden SoD-Kontrollen in den ERP-
Systemen auf *„Druck der Auditoren"* (was auf normative Zwänge hindeutet) auf
ihre Effektivität geprüft. Ohne die Anforderungen des SOX *„wäre das nicht auf
der Prioritätenliste nach oben gekommen"*. Die (von Big4-Gesellschaften durch-

geführten) Analysen ergaben, dass die Berechtigungskonzepte der ERP-Systeme und daraus resultierend die SoD-Kontrollen den Anforderungen des SOX nicht genügen. Daraufhin wurde *„ auf dem Markt nach einem Tool gesucht, das uns in Bezug auf Segregation-of-Duties unterstützen kann"*. Die Division 1 übernahm eine Vorreiterrolle und nach einem umfangreichen Evaluationsprozess wurde als SoD-Produkt „Securinfo for SAP" gewählt (wobei auch das Produkt Virsa in der engeren Auswahl war). Hauptgrund für die Wahl von Securinfo war der weitreichende Funktionsumfang zur Sanierung von vorhandenen SAP-ERP-Berechtigungen. Das Ziel war *"to achieve SOX compliance or compliance with a tool"*; die ausgewählte SoD-Software wird somit nicht als Unterstützung der Fachbereiche, des *„Business"*, wahrgenommen, sondern explizit *„for SOX proposers, not for business proposers"*. Diese Aussagen verdeutlichen den durch die SOX-Anforderungen ausgelösten Druck, der sich gegen die Bedürfnisse der *„business proposers"* durchsetzte.

Die Wirkung der **mimetischen Zwänge** wird als hoch (H) eingestuft: Zum Zeitpunkt der Datenerhebung war im Unternehmen entschieden, eine konzernweit einheitliche SoD-Software einzuführen und sowohl Securinfo als auch Virsa sukzessive abzulösen. Die Wahl des neuen Produktes, SAP GRC AC, kann als Indiz für die Wirkung von mimetischen Zwängen gewertet werden. Der Produktwechsel wird begründet mit strategischen Erwägungen (Vereinheitlichung des Softwareportfolios), vor allem aber mit Integrationsvorteilen und potenziellen Synergieeffekten sowie zusätzlich erhältlichen Funktionen (z.B. „Process Controls") und die gewollte Orientierung an SAP als ERP-Marktführer. Im Unternehmen wird davon ausgegangen, dass es *„für eine Firma dieser Größenordnung"* obligatorisch ist, eine SoD-Software einzusetzen *„ ... und das ist kaum noch anzuzweifeln, das ist ein gewisser Best Practice, wir müssen ein Tool haben"*.

Die Bedeutung der **normativen Zwänge** wird als hoch (H) eingestuft und wurde bereits bei der Darlegung der obligatorischen Zwänge erkennbar. Sie kann mit zahlreichen Beispielen untermauert werden: *„ ... wenn wir das Tool abschalten würden, hätten wir Probleme mit unseren Auditors, das wären eigentlich die schlimmsten Auswirkungen. Wir müssten dann auf irgendeine Art und Weise wieder darlegen, wie man die Segregation-of-Duty-Risiken kontrolliert ... Man könnte es auf einem hohen Level manuell machen, aber ich denke nicht, dass es vom Audit akzeptiert werden würde."* Einer der Interviewpartner berichtet von seinem *„Auditoren Background"*, verweist auf seine langjährige Erfahrung als externer Prüfer bei einer Big4-Gesellschaft und betont, dass es wichtig ist, die Anforderungen und die „Sprache" der externen Prüfer zu verstehen. Hier wird deutlich, dass durch die rekrutierten Mitarbeiter aus Big4-Gesellschaften nicht nur deren Fachexpertise, sondern auch Anforderungen der Big4 in das Unternehmen, zumindest implizit, einfließen.

5.2.2.2.2 Organisation

Die Bedeutung der **Leitungsorgane** wird als hoch (H) eingestuft; auch in diesem Unternehmen fällt die besondere Aufmerksamkeit der Mitarbeiter in Bezug auf das Engagement des Top Management auf und kann an zahlreichen Beispielen veranschaulicht werden: *"It was a top management decision. It was clearly linked to the SOX projects and once we set up the SoD programme at the organisation, in each country we have a person appointed to work on the SoD issues to navigate our interests in terms of SOX"*. Die initiale Auslösung des „SoD-Projektes" durch das Top Management wird ebenso betont, wie die „top-down-Anweisung", dass keine SoD-Defizite *"auf der Agenda des Top Managements"* stehen dürfen. Aus diesem Grund wird der (konzernweite) Status von SoD-Kontrollen bzw. -Konflikten jeweils in den monatlichen Treffen der „SOX Sustainability Group" thematisiert: „ ... *segregation of duties is always one of the topics and how does it run, so that they are aware how is it working, what are the issues which are faced"*.

Die Bedeutung des **Business-IT Alignment** in Zusammenhang mit SoD-Software ist erkannt worden, wird jedoch insgesamt nur als mittel (M) eingestuft: *"Wir haben die Kraft des Beziehungsmanagements während der Implementierung, aber auch in der Anfangsphase nach dem GoLive völlig unterschätzt."* Insbesondere stellte sich die Involvierung und Verantwortungsübernahme der Fachbereiche als kompliziert heraus: „*The business doesn't choose it completely ... in our case for instead they completely pushed the use of the tool towards IT people and they keep it out of eyesight, which is I think the mayor issue that we need to eliminate, and I think this tool used by the people in the business, it is not that easy."* Die Rolle der IT- bzw. SoD-Software-Verantwortlichen wird als *"bad role"* bezeichnet: *"It is a bad role, because they are responsible for things maybe they do not understand and it is not their role to be responsible for segregation of duties in finance processes for example."* Auch folgende Aussage weist auf ein Spannungsfeld zwischen Business und IT, zumindest in Zusammenhang mit SoD hin: „*Today most SoD know-how stayed in the IS and it is really difficult to bring it to the business"*. All diese Aussagen lassen vermuten, dass in diesem Unternehmen Business-IT Alignment wenig beachtet und gefördert wird, zudem wird deutlich, dass die SoD-Software in den Fachabteilungen (*Business*) noch nicht angekommen ist, sondern *„in der IT stecken geblieben"* ist. Dennoch wird die Bedeutung des Business-IT Alignment von den befragten Akteuren mehr oder weniger ignoriert und eine gewisse Geringschätzung ist spürbar.

Die Bedeutung der **Nutzerzufriedenheit** wird nur als mittel (M) eingestuft, obwohl sie in Bezug auf SoD-Software häufig thematisiert wird: Zu Beginn der PIP funktionierte die Software nicht wie geplant, die Anlaufphase war sehr lange, verärgerte und verunsicherte die verantwortlichen Entscheider, die Software-Nutzer und -Administratoren und nicht zuletzt auch ERP-System-Nutzer, welche teilweise *„doppelt so lange"* wie vor der Softwareeinführung auf eine Berechtigung warten mussten. Insgesamt wurde viel Aufwand betrieben, um die externen Prüfer zu überzeugen, dass die neuen SoD-Kontrollen *„effektiv und effizient sind. ... Bis das Tool effektiv arbeitete, das war ein langer Weg mit vielen Vorwärts- und Rückwärtsaktionen ... bis wir einen gewissen Komfort hatten, auch von der Revisionsseite, dauerte es über ein Jahr."* Inzwischen ist die Zufriedenheit der SoD-Software-Nutzer nicht wesentlich gestiegen, besonders wird bemängelt, dass es zu lange dauert, bis Auswertungen verfügbar sind und die auch Qualität der mittels SoD-Software generierten *„Reports"* wird kritisiert. Vergleichbar mit SoD-Software-Nutzern sind auch ERP-System-Nutzer nicht zufrieden, diese jedoch hauptsächlich wegen der Restriktionen, die mit dem Einsatz von SoD-Software verbunden sind, es gibt viele negative Rückmeldungen: *„Wir hatten lange negative Feedbacks wegen verschiedener Probleme, wegen Wartezeiten. Das hat sich irgendwie stark beruhigt, weil das System wirklich stabiler läuft, aber es ist weit entfernt, denke ich, von einer guten Kundenzufriedenheit. Im Moment macht es keinen Sinn, die Kundenzufriedenheit zu befragen. Vorher wussten wir sie, wir wissen sie heute auch, sie ist etwas besser geworden, aber noch lange nicht gut."* Auch mit der zeitversetzt implementierten SoD-Software Virsa gab es zu Beginn der PIP Probleme: *„The tool was not fully adapted with the first version that we use."* Diese teilweise negativen Erfahrungen wirken immer noch nach und die Frage nach dem Nutzen der SoD-Software ist nicht geklärt: *„... in all companies with SOX issues it is the same. Dealing with SoD issues is more using a tool to fix a risk than thinking about a tool that could really bring something to the company, but it is mandatory, we need it, all the small, or not small organisation ... the things that could really bring something ... where not taken into account there, we just need it".* Insgesamt bringen die befragten Akteure zahlreiche Beispiele, welche eine latente Unzufriedenheit der Nutzer indizieren. Dennoch wird die Bedeutung der Nutzerzufriedenheit allenfalls mit mittel (M) bewertet, meist mit dem Argument das *„Hauptziel der SoD-Software wird ja erreicht"*: *„Das Positive zählt – wir sind compliant, und dies kommt auch von* *den Ländern; die lokalen Auditors sehen die Reports, sehen, dass wir ein aktives, ein proaktives Risk Management haben.*" Die Bedeutung der **Lernchancen** wird als hoch (H) eingestuft. Aus den Lernerfolgen in Zusammenhang mit SoD-Software werden Entscheidungen und Aktivitäten abgeleitet. Im Unternehmen gab und gibt es verschiedene Lernoptionen und -angebote, sowohl für interne als auch für Mitarbeiter der Outsourcing-Partner. Es wurde erkannt, dass SoD-Software nur effektiv eingesetzt werden kann, wenn umfangreiche Ausbildungsmaßnahmen durchgeführt werden: *„Man muss das ganze Gebiet Access Controls verstehen, das ist ein Gebiet, das vor Jahren Spezialisten exklusiv zugeordnet war, heute müssen wir es selbst lernen.*"

Zum Zeitpunkt der Datenerhebung besitzen zahlreiche Mitarbeiter *„Access-Controls-Know-how"*, die Verbreitung des Know-hows zu (SoD-)Kontrollen wird als *„relativ breit gestreut"* beschrieben; dazu beigetragen hat primär das „SOX-Programm" und in Bezug auf SoD die Implementierung der Software: *„ ... das Tool hat einerseits stark mitgeholfen, dieses Wissen zu verbreiten, auf der anderen Seite natürlich auch zu einem negativen Touch für 'Segregation of Duty' geführt. ... Das Unternehmen ist risikobewusster geworden. Immer wieder durch die Repetition, auch der theoretischen Hintergründe und überzeugen müssen, warum machen wir das überhaupt, führt natürlich zu einem stärkeren Wissen und damit Risikobewusstsein.*" Eine Folge der *„Lessons Learned"* ist die Entscheidung, künftig in beiden großen Divisionen eine einheitliche SoD-Software zu nutzen; die *„Lessons Learned"* sollen auch in das neue SoD-Software-Projekt einfließen, insbesondere in die Konfigurierung und Entwicklung von konsolidierten SoD-Matrizen.

Die besondere Bedeutung des **internen Know-how** wird hervorgehoben und überwiegend als hoch (H) eingestuft. Rückblickend wird resümiert, dass für die erste Implementierung der SoD-Software das vorhandene interne Know-how viel zu gering war: *„Wir hatten keine Ahnung von solchen Tools, mussten aber eine Software einsetzen, um die Compliance-Anforderungen umsetzen zu können. ... heute würden wir das ganz anders aufziehen.*" Zwischenzeitlich wurde internes Know-how aufgebaut, hauptsächlich durch Ausbildung der internen Mitarbeiter, die für SoD-Kontrollen verantwortlich sind, aber auch durch Rekrutierung neuer Mitarbeiter mit SoD-Know-how.

Die Bedeutung von **externem Know-how** wird als hoch (H) eingestuft und war besonders während der Implementierungsphase wichtig. Die Implementierung wurde größtenteils mit externen Beraterteams bestritten. Während der Implementierung waren sowohl externe Berater von Big4-Gesellschaften, von (IT-) Beratungsunternehmen als auch vom Softwarelieferanten involviert. Auf externe

Berater wird auch nach dem Go-Live häufig zurückgegriffen, z.B. um spezifische, *„knackige"* Probleme zu lösen, oder zur Überbrückung von Ressourcenengpässen. Der Transfer von Know-how auf interne Mitarbeiter gestaltet sich
schwierig, teilweise fast unmöglich; zum einen wegen zu wenig verfügbarem
(und häufig wechselndem) internem Personal, zum anderen wegen zu spezifischem Experten-Know-how, welches in dieser Tiefe nicht im Unternehmen vorgehalten werden soll. Eine Unabhängigkeit von externem Know-how zeichnet
sich nicht ab, es ist auch nicht klar, ob dies angestrebt werden soll.

5.2.2.2.3   Technologie

Die Bedeutung der **Informationsqualität** wird zwar ausführlich thematisiert, jedoch allenfalls als mittel (M) eingestuft; die mittels SoD-Software verfügbaren
Informationen sind trotz qualitativer Schwächen als Compliance-Nachweise
nutzbar, auch wenn der Aufwand der Erstellung hoch und die Interpretation der
Auswertungen wenig effizient und (zu) kompliziert sind. Folgende Aussage zu
SecurInfo ist typisch: *„Ich kann den Bericht sicher nachvollziehen, aber es
braucht sehr viel Erfahrung und Zeit, um es zu verstehen."* Gelegentlich wird
auch die Genauigkeit der verfügbaren Auswertungen moniert, es bleibt wohl immer ein gewisser *„Restzweifel"* aufgrund von Inkonsistenzen: *„ ... wo ich mich
nicht 100 Prozent darauf verlasse, gehe ich manchmal noch direkt ins SAP und
mache Vergleiche und komme immer wieder auf irgendwelche Widersprü-
che."* Die Qualität der in Virsa verfügbaren compliance-relevanten Informationen wird wie folgt umschrieben: *"I do trust the reports. I do trust the report
given that the people are working with it, also are relying on it. And they are
much notable about what the Virsa tool is doing and they know any information
with its delivery. Regarding false conflicts or not detected conflicts, that's more
an issue of Virsa and the setting up of our SOD system."* Aber auch bei diesem
Produkt sind bezüglich der Auswertungen Interpretationsprobleme vorhanden:
*„One of the big challenges which we face is that the respective conflicts which
are shown by Versa are relatively technically described, they need to really dig
into the various transactions to really understand what now actually the conflicts
are looking at, which transactions are now conflicting and why is that a conflict
which we have, why do we need to do something on that."* Insgesamt wird deutlich, dass trotz offensichtlicher und/oder vermuteter Mängel die Informationsqualität prinzipiell akzeptiert wird und dass den generierten Auswertungen ver-
traut wird. Die Informationsqualität genügt, um SoD-Compliance für die in ERP-
Systemen abgebildeten Prozesse sicherzustellen und nachzuweisen; somit wird
diesem Indikator auch nur eine mittlere Bedeutung zuerkannt.

Die Bedeutung der **Systemqualität** wird allenfalls als mittel (M) eingestuft. Anhand von Kriterien wie Verfügbarkeit bzw. Reaktions- und Durchlaufzeiten wird die Thematik der Systemqualität ausführlich diskutiert und auch kritische Punkte werden zur Sprache gebracht: *„Der operative Ablauf für die Approvals und auch das Aufsetzen der Rollen ist einfach zu langsam, zu kompliziert, zu viele Abhängigkeiten, wenn jemand einen Teilbereich nicht approved und das ist zersplittert in vielleicht hundert, teilweise einzelne Tasks, dann bleibt der ganze Prozess stecken."* Die prozessbezogenen Mängel werden jedoch größtenteils auf intern verursachte Integrations- bzw. Kompatibilitätsdefizite zurückgeführt: *„Da gibt es natürlich auch uns selber, wir haben vielleicht nicht wirklich so gearbeitet, wie der Provider [Softwarelieferant] sich das vorgestellt hat."* Zwischenzeitlich wurde auch erkannt, dass die Anforderungen und Erwartungen des Unternehmens die faktischen Möglichkeiten der aktuellen SoD-Softwareprodukte übersteigen: *„ ... the tool didn't reach our full expectations, but in the first evaluation we believed that it is easy to configure."* Die mit der Systemqualität zusammenhängenden Prozesse und Funktionen erfüllen nur teilweise die Bedürfnisse (besonders zu Beginn der PIP), aber prinzipiell genügen sie, um SoD-Compliance sicherzustellen und nachzuweisen: *„The tool was not fully developed in the first version that we used. I think in all companies with SOX issues it was the same issue. It is more using a tool to fix a risk and not using a tool that could really bring something to the company, ... but the tool was mandatory, we needed it, ... all the things that could really bring something to [U2] where not taken into account there, we just needed it."* Der geplante Wechsel der SoD-Software in beiden Divisionen kann als Indiz für eine latente Unzufriedenheit mit der Systemqualität interpretiert werden; aber in Analogie zum Unternehmen der Fallstudie 1 werden auch in diesem Unternehmen keine Defizite, sondern zusätzliche Integrations- und Synergiepotenziale akzentuiert: *„ ... the new software solutions are fully integrated in SAP."*

Die interne **Servicequalität** wird inzwischen als *„nicht änderbare Rahmenbedingung akzeptiert"*; ihre Bedeutung für die Assimilation wird nur als gering (G) eingestuft. In Zusammenhang mit SoD-Software sind die meisten Mitarbeiter nach anfänglichen Problemen (meist wegen schlechter Performance bei den Auswertungsabfragen oder wegen dem Entzug von Rechten) mit den Serviceleistungen zufrieden bzw. *„haben aufgegeben und sich mit den Problemen wegen Segregation-of-Duties abgefunden"*. Den externen Softwarelieferanten wird zudem ein *„hervorragender Service"* bestätigt, insbesondere auch im Hinblick auf *„unkonventionelle, schnelle Lösungen und Work Arounds"*.

5.2.2.3   Ergebnisse

In diesem Unternehmen sind SoD-Kontrollen und -Software durch die Umsetzung der SOX-Anforderungen unternehmensweit relevant und der Status der SoD-Kontrollen steht regelmäßig auf der Tagesordnung des Top Managements. Aktuell wird der Wechsel zu einem neuen SoD-Produkt (SAP GRC AC) vorbereitet. Zu Einsatz und Auswirkungen von SoD-Software konnten bereits über einige Jahre Erfahrungen gesammelt werden. Know-how im Umgang mit SoD-Kontrollen und -Software ist an zentralen Stellen und auch bei relativ vielen Mitarbeitern vorhanden. Nach Bedarf werden zudem externe Berater beauftragt und/oder Know-how von den Outsourcing-Partnern *„abgerufen"*.

5.2.2.3.1   Assimilationsstatus

Zur Bestimmung des Assimilationsstatus dienen die Reichweite, Diversität und Durchdringung sowie die mittels SoD-Software erzielten Benefits; die Einstufung erfolgt anhand eines Stufenmodells (vgl. Abschnitt 3.2.1).

Die **Reichweite** wird mit 100% angegeben: Alle ERP-Systeme des Unternehmens werden mit SoD-Software verwaltet und überwacht.

Die **Diversität** wird als mittel (M) eingestuft (vgl. Tabelle 33) und unterscheidet sich in Division 1 und 2: Während in Division 1 eine relativ breite Diversität vorhanden ist (Nutzer sind zahlreiche „Key User" der Fachbereiche, Compliance-Verantwortliche, IT-Mitarbeiter des Outsourcing-Partners), arbeiten in Division 2 nur wenige Nutzer mit der SoD-Software (ausgewählte Key User der Fachbereiche, Compliance-Verantwortliche und ERP-verantwortliche IT-Mitarbeiter). In beiden Divisionen agieren die SoD-System-Nutzer überwiegend passiv, entweder als „Empfänger" der generierten Auswertungen, oder als „betroffene" ERP-System-Nutzer.

Die **Durchdringung** wird als mittel (M) eingestuft (vgl. Tabelle 34). Die Einforderung der Berücksichtigung von SoD-Kontrollen obliegt bei neuen Projekten und damit verknüpften Änderungen in den ERP-Systemen größtenteils den Mitarbeitern der IT, bei diesen *„ist die SoD-Software stecken geblieben"*. Die Compliance-Verantwortlichen gehen davon aus, dass bei Neuentwicklungen oder Anpassungen von ERP-Prozessen ein gewisser Automatismus vorhanden ist, welcher die Berücksichtigung von SoD-Kontrollen beinhaltet. Eine institutionalisierte Vorgehensweise ist jedoch nicht vorhanden.

Durch Einsatz von SoD-Software konnten einige wesentliche **Benefits** realisiert werden: Das Hauptziel, die Sicherstellung und der Nachweis von SoD-Compliance in den relevanten ERP-Systemen (zur Erfüllung der SOX-Anforderungen), wurde erreicht: „ *... auf einem hohen Level haben wir es erreicht, wir sind compliant und haben es auch sicher viel besser managen können und mit weniger Aufwand, wie ohne Tool. ... Ohne das Tool wären wir sicher nicht compliant oder wir hätten einen riesigen Aufwand, hätten [eine der Big4-Gesellschaften] wahrscheinlich noch etliche Male mit großem Aufwand gebraucht, um uns zu unterstützen. Mit Hilfe des Tools haben wir das ohne großen externen Support und eigentlich ohne Trara hingekriegt. Auch die Auditoren waren relativ zufrieden. Der Aufwand im Audit hat sich in Grenzen gehalten".*

Zudem konnten zahlreiche Risiken minimiert werden: „ *... dort wo viele Risiken auftreten ist das Tool sehr hilfreich. Es hilft uns auch, gezielt Maßnahmen durchzuführen und man sieht auch das Ergebnis recht schnell.* " Ein wesentlicher Benefit wird in der „*Beweiskraft der Reports*" gesehen; die „Reports" werden verwendet, um gegenüber ERP-System-Nutzern zu argumentieren: *„Es wirkt immer glaubhafter, wenn man sich auf ein Tool berufen kann und dann einen Report zeigt und das somit auf eine formalisierte Art und Weise zum Ausdruck bringt."* Mit Hilfe der mittels SoD-Software generierten Auswertungen konnte im Unternehmen eine „*hohe SoD-Awareness*" hergestellt werden, sowohl bei Führungskräften, als auch bei „*ganz normalen ERP-System-Nutzern*". Obwohl eine Verbesserung der Effektivität in Zusammenhang mit SoD-Software keine Priorität hatte, konnten auch diesbezüglich Erfolge erzielt werden; beispielsweise verwenden externe Prüfer zur Prüfung der SoD-Kontrollen „*kein eigenes Tool*", was „*das Audit teuer und mit Sicherheit aufwendiger machen würde.*"

Zum Zeitpunkt der Datenerhebung ist der Blick bereits auf die Zukunft gerichtet und die künftigen Erwartungen an die neue SoD-Software sind visionär: „*... wir sollten wegkommen von gesetzorientierten Aktivitäten, hin zu einem Continuous Transaction Monitoring, welches ein Self-testing enthält und welches in diesem ganzen Compliance-Bereich durch das intelligente Aufsetzen der Prozesse die Arbeit wesentlich reduziert. Wo die Mitarbeiter gar nicht mehr wissen, dass sie für Compliance oder SOX etwas tun sollen, dass es normal in die Business Prozesse integriert ist, und dann haben wir auch keine Probleme, wenn wir Stellen ändern, wenn jemand von einer Stelle auf die andere geht, dass er das Knowledge mitnimmt, sondern der Prozess funktioniert. Das ist dann so beschrieben, und wir haben viel weniger Auditaufwand für die externen Auditoren, die können sich wirklich auf die Zahlen konzentrieren, und haben eine Gewissheit, dass die Qualität der Daten gut ist.*" Auf die Frage, ob dies eine Vision ist, lautet die Antwort: *„Ja, eine Vision."*

Tabelle 39: Assimilationskriterien und Benefits (Unternehmen 2).

Indikator	Assimilationskriterien und erzielte Benefits	Bewertung
Reichweite	Nahezu 100%, auch kleinere Units nutzen eine SoD-Software.	100%
Diversität	IT-Mitarbeiter, Key User, Process Owner der Fachbereiche, Compliance-Verantwortliche; einige Akteure sind nur „Empfänger" der generierten Compliance-Nachweise oder „betroffene" ERP-System-Nutzer.	M
Durchdringung	Durchschnittlich verbreitet, es gibt keine (bekannten) institutionalisierten Vorgehensweisen und/oder Richtlinien.	M
Benefits	SOX-Compliance, keine SoD-Defizite bei der externen Prüfung	H
	Akzeptanz der Software (SoD-Compliance-Nachweise) durch die externen Prüfer	H
	Identifizierung und Kontrolle von Risiken mittels SoD	H
	Sanierung der ERP-Berechtigungen	M
	Erreichung einer unternehmensweiten „*SoD-Awareness*"	M
	Argumentationsunterstützung durch die Analyseergebnisse bei den Nutzern der ERP-Systeme.	M

Die Relevanz der erreichten Benefits wurde zwischen hoch (H) und mittel (M) eingestuft, wobei zu beachten ist, dass nur solche Benefits, die der Sicherstellung, dem Nachweis und der Akzeptanz der SoD-Compliance „*direkt*" dienen, als hoch bewertet wurden. Tabelle 39 beinhaltet eine Übersicht der Assimilationskriterien und die mittels SoD-Software erzielten Benefits; letztere wurden gemäß Tabelle 32 bewertet.

Zusammenfassend konnten die mit SoD-Software verknüpften, angestrebten Ziele weitgehend erreicht werden, Diversität und Durchdringung der SoD-Software werden als mittel (M) eingestuft. Die Verankerung in den Fachabteilungen und bei den Compliance-Verantwortlichen ist fortgeschritten, aber „*nur wenige besitzen ausreichend Kenntnisse, um besondere Fälle zu erfassen und definitiv zu lösen.*" Die Weiterentwicklung der eingesetzten SoD-Software ist durch den geplanten Produktwechsel blockiert: „ … *man investiert jetzt nicht mehr großartig um etwas zu verbessern, auch nicht in die Performance, man lebt jetzt einfach damit.*" Von der Tendenz ist die SoD-Software in beiden Divisionen zwar akzeptiert aber „*gefühlt sind wir eigentlich immer noch in der Projektphase, weil es ja*

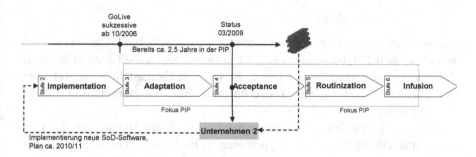

Abbildung 52: Assimilationsstatus (Unternehmen 2).

nie so war, wie wir es eigentlich gebraucht hätten. Viele Aktivitäten sind für mich eher Projektaktivitäten." Unter Berücksichtigung der Aussagen aus der Indikatorenanalyse und den Assimilationskriterien (vgl. Tabelle 39) wird der Status der Assimilation zu Beginn der Stufe „Acceptance" festgelegt. Begründet wird dies auch damit, dass die angestrebten Ziele zwar erreicht wurden, die Software aber dennoch nicht etabliert ist und sich in der Wahrnehmung immer noch in einer *„Projektphase"* befindet. Der geplante SoD-Produktwechsel wird nicht als Weiterentwicklung der eingesetzten Software aufgefasst, sondern eher als *„Neustart"*. Er erfolgt zwar auch aus *„strategischen Überlegungen"* und soll eine umfassendere Integration in vorhandene (SAP-)ERP-Systeme sowie zusätzliche Funktionalitäten ermöglichen, nicht zuletzt wird aber auch eine *„Verbesserung der Gesamtsituation"* erhofft.

Zum Zeitpunkt der Datenerhebung wird ein Fortschritt der Assimilation durch den geplanten SoD-Produktwechsel blockiert. Folglich wird mit der eingesetzten Software die nächste Stufe „Routinization" nicht erreicht. Abbildung 52 veranschaulicht die Entwicklung der Assimilation ab der Implementierung, den Status zum Zeitpunkt der Datenerhebung sowie die bereits beginnende Blockade des weiteren Fortschritts; damit zeichnet sich ein Stagnieren des erreichten Status am Beginn der Stufe „Acceptance" ab, um dann in einem Rückschritt (*„Neustart"*) zur zweiten Stufe (gestrichelter Pfeil) mit einer neuen SoD-Software wieder zu beginnen.

5.2.2.3.2 Modellabgleich

Zur Bestimmung der Relevanz des theoretischen Modells (vgl. Abb. 44) werden in Tabelle 40 die Hypothesen (Spalte 1) und zugehörigen Indikatoren (Spalte 2) den Auswertungsergebnissen (Spalte 3, 4) gegenübergestellt. Die Relevanz (Rel.) der Indikatoren (Spalte 4) wird durch die Bewertungskriterien in Tabelle 32 transparent.

Die Gegenüberstellung der Analyseergebnisse mit den Hypothesen des Forschungsmodells ergibt, dass die Hypothesen H1 bis H4 und H7 bis H9 mit hoher sowie die Hypothesen H5, H6, H10 und H11 mit mittlerer Relevanz gestützt werden. Die Hypothese H12 wird nur gering unterstützt.

Tabelle 40: Komprimierte Ergebnisse (Unternehmen 2).

Hyp.	Indikator	Auswertungsergebnisse	Rel.
H1	Obligatorische Zwänge	SOX als primärer Auslöser; SOX-Compliance-Nachweise als wichtigster Benefit; Treiber ist das *„Top Management"*, in der Umsetzungs-Verantwortung stehen Führungskräfte des Bereichs *„Finance"*.	H
H2	Mimetische Zwänge	Der Wechsel der SoD-Software wird auf eine unter-nehmensweit verbindliche, strategische Entscheidung gestützt; die neue SoD-Software stammt vom Liefe-ranten der ERP-Systeme; starke Orientierung an ex-ternen Experten, dies löst (evtl. unbeabsichtigte) Imita-tionsprozesse aus (Erfüllung der Big4-Anforderungen/ Erwartungen).	H
H3	Normative Zwänge	Orientierung an externen Prüfern und ihren Anforde-rungen.	H
H4	Leitungs-organe	Besonderes Engagement des *„Top Management"* und der Leitungsorgane, insb. des Bereichs *„Finance"* so-wie von Compliance- und Risiko-Managern; Nutzung eines Steering Committees für Compliance-Aufgaben.	H
H5	Business-IT Alignment	Von untergeordneter Bedeutung, SoD-(Software-)Pro-jekte sind IT-Projekte; Potenziale eines aktiven Busi-ness-IT Alignment sind erkannt; die Rolle der IT ist bezüglich SoD-Aktivitäten stark negativ besetzt.	M
H6	Nutzer-zufriedenheit	Von untergeordneter Bedeutung, die Software ist obli-gatorisch; Entscheidungen erfolgen nicht auf Basis der Nutzerzufriedenheit; Unzufriedenheiten bei den „Be-troffenen", insb. wegen zu langer Prozesslaufzeiten und der Komplexität der Compliance-Nachweise.	M

Hyp.	Indikator	Auswertungsergebnisse	Rel.
H7	Lernchancen	Zahlreiche Lernchancen durch Know-how-Aufbau zur SoD-Thematik, dies wurde in Entscheidungen (neue SoD-Software) transformiert; die mit der SoD-Software zusammenhängenden Prozesse werden von Nutzern der ERP-Systeme widerwillig akzeptiert.	H
H8	Internes Know-how	Durch Beauftragung von externen Beratern und „vorsichtiger" Rekrutierung neuer Mitarbeiter mit Expertenwissen erfolgt(e) ein Aufbau von internem Know-how; eine Unabhängigkeit von externen Beratern wurde bisher nicht erreicht.	H
H9	Externes Know-how	Die Implementierung und organisatorische Umsetzung war ohne externes Know-how nicht möglich, was aber auch nicht vorgesehen war; externes Know-how in der PIP erforderlich zum Problemlösen, zur Realisierung von Verbesserungsmaßnahmen und als zusätzliche Ressource.	H
H10	Informationen	Verwendung als SoD-Compliance-Nachweise; die Qualität der generierten Informationen ist größtenteils unbefriedigend; sie wird jedoch akzeptiert (obwohl die Informationen ohne besondere Kenntnisse und Erfahrung kaum verständlich und nachvollziehbar sind), da der SoD-Status der einzelnen Units überwacht werden kann.	M
H11	System	Der Leistungs- und Funktionsumfang wird bemängelt, die angestrebten Ziele werden zwar erreicht, aber wenig effizient und kompliziert; die Unzufriedenheit mit dem Funktionsumfang wird mit (zu) hohen Erwartungen und teilweise mit organisatorischen Inkompatibilitäten begründet; mit dem geplanten Produktwechsel sollen neue Funktionen eingeführt werden (z.B. „Firefighter" von SAP GRC Access Controls).	M
H12	Services	Die Qualität des Anbieter- und Dienstleister-Services spielt eine untergeordnete Rolle, wird als selbstverständlich vorausgesetzt, aber explizit positiv bewertet.	G

Abbildung 53 zeigt die bewerteten Indikatoren, Kriterien und erzielten Benefits anhand des theoretischen Modells; die Hypothesen (H1 bis H12, SH1 bis SH3) und ihre Relevanz (in Klammern) sind an den Beziehungspfeilen aufgetragen.

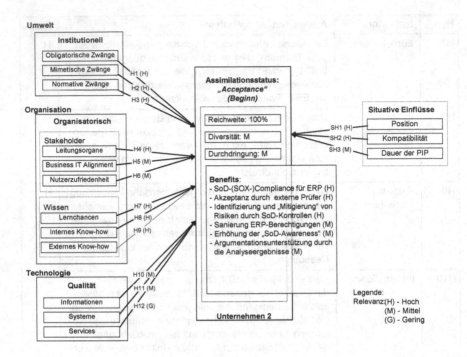

Abbildung 53:   Modellabgleich für die Fallstudie 2.

5.2.3 Fallstudie 3

Das Unternehmen dieser Fallstudie ist ein weltweit agierender Konzern mit Hauptsitz in der Schweiz. Es ist an der Schweizer Börse sowie einer US-amerikanischen Börse gelistet und unterliegt somit u.a. dem Schweizer Börsengesetz und dem SOX sowie zahlreichen nationalen Vorschriften, Branchen- und Produkt-spezifischen Regulierungen. Daraus resultieren zahlreiche Verpflichtungen zur Erstellung von Compliance-Nachweisen, z.B. in Form eines IKS und adäquaten internen Kontrollen. Das Unternehmen ist äußerst erfolgreich und behauptet in vielen Bereichen eine führende Marktposition.

Organisatorisch ist das Unternehmen nach Regionen (Divisionen) und dort in produktbezogene Geschäftsbereiche (Units) unterteilt, es gibt zentrale Querschnittsabteilungen. Die IT-Organisation ist auf Divisionsebene zentralisiert, für einzelne Bereiche gibt es auf der Ebene der Units dezentrale Strukturen; einige Informatik-Aufgaben sind an Outsourcing-Partner delegiert. Die ERP-Applikationslandschaft ist heterogen und an die Bedürfnisse der jeweiligen Units angepasst. Als ERP-Software sind die Produkte der SAP obligatorisch, allerdings sind die SAP ERP-Systeme unit-spezifisch konfiguriert und besitzen unterschiedliche Reifegrade (z.B. bezüglich der Berechtigungskonzepte, der (automatisierten) Kontrollen). Für den Einsatz von SoD-Software sind keine Richtlinien bezüglich eines bestimmten Produktes oder Konfigurationen vorhanden. Compliance-Anforderungen, einschließlich IT Compliance, werden innerhalb einer Division durch eine zentrale mit direktiven Kompetenzen ausgestattete Compliance-Abteilung („Compliance Offices") koordiniert und überwacht. Zudem gibt es für das Gesamtunternehmen ein zentrales beim Top Management angesiedeltes „Compliance Department". Das Unternehmen hat eine ausgeprägte „Projektkultur", Leitungs- und Führungsorgane sind in alle Projekte eingebunden und ein begleitendes sowie kontrollierendes Steering Committee ist obligatorisch. Insgesamt können auch bei diesem Unternehmen Erfahrung und Routine in der Erstellung von Compliance-Nachweisen und im Umgang mit SoD-Kontrollen vorausgesetzt werden.

Die untersuchte Analyseeinheit ist eine Division des Unternehmens; zu dieser zählen u.a. auch die Schweizer Units. Befragt wurden „SoD-Akteure", welche für die untersuchte Division eine zentrale Rolle in Zusammenhang mit Aufgaben zu Compliance- und Risikomanagement wahrnehmen (vgl. Tabelle 41). Die Datenerhebung erfolgte von September bis November 2009, also ca. zweieinhalb Jahre nach dem ersten GoLive der SoD-Software.

Tabelle 41: Interviewpartner (Unternehmen 3).

	Rolle
Akteur 1	Head of Compliance and Internal Controls
Akteur 2	Manager of Compliance and Internal Controls
Akteur 3	IT Manager
Akteur 5	Risk and Controls Consultant (external)
Akteur 4	IT Risk and Compliance Manager (external)

In dieser großen Division wurde im Jahr 2006 entschieden, mit dem Einsatz einer SoD-Software die Zugriffskontrollen in den ERP-Systemen stärker zu automatisieren, um eine gewisse Standardisierung der Kontrollen zu erreichen. Zudem sollte die Erstellung von SoD-Compliance-Nachweisen erleichtert werden, unter anderem war geplant, dass im Rahmen einer neu aufzubauenden internen Struktur die verantwortlichen Compliance-Manager direkt auf die Kontrollsysteme zugreifen und Auswertungen selbständig generieren können. Mit der Automatisierung sollte ein gewisses *„Effizienzpotenzial"* gehoben werden. Die herausragende und teilweise führende Position des Unternehmens innerhalb der Branche spielte bei der Entscheidung für eine SoD-Software nur eine mittelbare Rolle, die Entscheidung wurde auf der Ebene der Division getroffen und war nicht von den obersten Leitungsorganen „angeordnet", wohl auch deshalb, weil die ERP-Systeme dezentral strukturiert sind.

Als SoD-Software wurde Virsa (Virsa, 2010) bzw. SAP GRC AC (SAP GRC, 2010) gewählt. Bereits kurz nach dem GoLive von Virsa im Juli 2007 wurde das Produkt sukzessive durch SAP GRC AC (als Virsa-Nachfolgeprodukt) abgelöst, wobei die Ablösung weitgehend als Release-Wechsel (mit Funktionserweiterung) abgewickelt wurde, da SAP GRC AC wesentliche Komponenten des früheren Produkts Virsa enthält. Für die Zukunft ist geplant, die SoD-Software auch bei nicht-SOX-pflichtigen Units einzusetzen. Die SoD-Software ist zwischenzeitlich weitgehend etabliert, es wird kontinuierlich an Verbesserungen gearbeitet (z.B. durch Harmonisierung der SoD-Matrizen, einfachere Berichte).

5.2.3.1   Situative Einflüsse

Die **Position** des Unternehmens wird gemäß Tabelle 29 als mittel (M) eingestuft. Besondere Merkmale, die im Hinblick auf SoD-Software relevant sein könnten, sind:

a)   Mittlerer, global agierender Konzern, demgemäß anspruchsvolle nationale/ internationale Compliance-Anforderungen, u.a. SOX-pflichtig.

b)   Zentral gesteuertes IT-Management primär für strategische Entscheidungen, in den Divisionen und Units zahlreiche dezentrale IT-Strukturen und -Systeme.

c)   Einige Outsourcing-Partner (vorwiegend Offshoring- und Nearshoring-Beziehungen).

d)   Hohe Komplexität der ERP-Systeme und darin abgebildeter Prozesse, wenig standardisiert, zahlreiche dezentrale Systeme, folglich kann eine Automatisierung der Zugriffsberechtigungsvergaben und -kontrollen äußerst vorteilhaft sein.

Die **Kompatibilität** des Unternehmens wird auf Grundlage von Dokumentenanalysen, Vorgesprächen und den durchgeführten Interviews als hoch (H) eingestuft (vgl. Tabelle 30). Für die hohe Bewertung sprechen u.a. auch die im vorhergehenden Absatz aufgezählten besonderen Merkmale zur Position, insbesondere die unter a.) angeführten; zudem lassen die Merkmale unter b.), c.) und d.) vermuten, dass der Einsatz von SoD-Software große Vorteile mit sich bringen kann. Das Unternehmen unterliegt u.a. den Anforderungen des SOX, daraus lässt sich ableiten, dass langjährige (SOX-)Compliance-Erfahrungen vorhanden sind. Es wird davon ausgegangen, dass der Einsatz von SoD-Software auf Basis von bereits vorhandenem Compliance- und auch SoD-Know-how erfolgen kann. Eine gewisse Einschränkung ergibt sich vermutlich aus den dezentralen Strukturen und, daraus resultierend, unterschiedlichen Interessen, Rollen und Aufgaben; auch die operativ dezentral agierenden IT-Organisationen könnten unter Umständen Anpassungsschwierigkeiten und Interessenskonflikte verursachen. Die ERP-System-Landschaft des Unternehmens ist SAP-geprägt, es gibt jedoch keine standardisierten ERP-Systeme; eine Konsolidierung der ERP-Systeme ist geplant oder hat teilweise bereits stattgefunden.

Die **Dauer der PIP** bezüglich SoD-Software begann in den ersten Units im August 2007; zum Zeitpunkt der Datenerhebung läuft sie in einigen Units knapp zwei Jahre und wird somit als mittel (M) eingestuft (vgl. Tabelle 31). Durch die sukzessiven Rollouts kann sich die Dauer der PIP in den jeweiligen Units um bis zu sechs Monaten unterscheiden.

5.2.3.2   Indikatorenanalyse

5.2.3.2.1   Umwelt

Die Wirkung von **obligatorischen Zwängen** wird als einhellig hoch (H) einge-stuft: Im Jahr 2005 ist *„im Rahmen von SOX ... die Weisung rausgegangen, sich mit Segregation-of-Duty zu befassen, das Ganze zu dokumentieren, was auch bis heute anhält."* Die Inkraftsetzung des SOX wird als herausragendes Ereignis be-schrieben, welches umfangreiche Compliance-Initiativen auslöste. Während der Untersuchung der Effektivität der SoD-Kontrollen in ERP-Systemen (in Zusam-menarbeit mit Beratern einer Big4-Gesellschaft) wurde festgestellt, dass die ver-gebenen Berechtigungen in den ERP-Systemen den Compliance-Anforderungen des SOX nicht genügen. Daraufhin wurde das SoD-Softwareprodukt Virsa aus-gewählt und in SOX-pflichtigen Units der Division eingeführt. Während der Im-plementierungsphase wurde bekannt, dass der Anbieter von Virsa von SAP ak-quiriert wurde; dies wurde positiv bewertet; mit dem neuen Softwarelieferanten wurde ein Entwicklungs- und Integrationsschub (durch SAP) für die SoD-Soft-ware erwartet. Innerhalb des Konzerns übernahm die Division mit der Einfüh-rung von SoD-Software eine Vorreiterrolle. Das mit dem Einsatz von SoD-Soft-ware verbundene Hauptziel war *„die Erfüllung der SOX-Anforderungen und ein SoD-defizitfreies Prüfungstestat".* Zugleich sollten Effizienzvorteile resultieren, vor allem bezüglich Standardisierungspotenzialen, z.B. bei der Bewertung der Risiken und der Entwicklung von SoD-Matrizen. Die Initiative für die Selektion und Einführung einer SoD-Software wurde von der IT ausgelöst, aber von den Compliance-Verantwortlichen engagiert unterstützt.

Die Wirkung von **mimetischen Zwängen** wird als hoch (H) eingestuft. Be-gründet wird dies mit der starken Involvierung von externen Beratern; im Kon-text von (SOX-)Compliance wird hauptsächlich mit Beratern der Big4-Gesell-schaften zusammengearbeitet. Auch für die Implementierung von Virsa wurden „Big4"-Experten rekrutiert (dies deutet auch auf deren normativen Einfluss hin). Die Entscheidung für Virsa entstand nach einer umfangreichen Evaluationsphase und in Zusammenarbeit mit externen Experten; ausschlaggebend für Virsa war, dass dieses eine „Best of Breed"-Position vorweisen konnte sowie die mit dem Produkt ausgelieferte sog. Best-Practice-SoD-Matrix. Letztere ist nach Aussage des Anbieters in Zusammenarbeit mit Experten von mehreren Big4-Gesellschaften entstanden. Insgesamt achtet das Unternehmen auf Qualitätsstandards und versucht, etablierte Referenzmodelle (z.B. COBIT, ITIL) und Best Practices einzusetzen.

Die Wirkung von **normativen Zwängen** wird als hoch (H) eingestuft. Begründet wird dies mit der bereits erwähnten Beauftragung von externen Beratern, insbesondere von Big4-Gesellschaften sowie mit exemplarischen Aussagen in Bezug auf den Einfluss von externen Prüfern (Auditoren): *„Man kann natürlich immer sagen, dass was wir für uns entscheiden ist so lange gut, bis jemand anderer sagt, zum Beispiel der interne oder externe Revisor, so könnt ihr nicht weitermachen und dann muss man es ändern. Das ahnen wir ein bisschen voraus und schauen, wie stimmt es für uns und wie stimmt es auch für das Audit."* Der Einsatz von *„technischen Lösungen"* wird als Demonstration für die seriöse Erfüllung von Anforderungen der Prüfer angesehen: *„Es ist natürlich schon so, dass man ... beeindrucken kann, mit technischen Lösungen ..., weil es zeigt Fehler an, es blockiert Mitarbeiter, es verlangt Approvals etc. Wieso auch nicht, wie sollten sie [die externen Prüfer] nicht Freude daran haben. Es ist klar, wenn man es sauber einführt, dann zeigt man ..., dass man das Thema ernst nimmt und Kontrollen hat."* Die Akzeptanz der externen Prüfer gilt auch als wichtiges Argument zur Rechtfertigung der Investitionskosten, welche mit einer SoD-Software einhergehen; in diesem Zusammenhang wird auch die Verwendung der Analyseergebnisse als SoD-Compliance-Nachweise hervorgehoben.

5.2.3.2.2 Organisation

Die Bedeutung der **Leitungsorgane** wird von allen Befragten als hoch (H) eingestuft und durch exemplarische Aktivitäten beschrieben, welche das Engagement der Leitungsorgane verdeutlichen sollen: So wurde kurz nach dem Inkrafttreten des SOX ein einflussreiches, konzernweit agierendes „Compliance Office" etabliert; dieses verantwortet die unternehmensweite Definition und Überwachung von compliance-relevanten Richtlinien – auch in Bezug auf SoD. Der Status zu SoD muss regelmäßig über die regionalen CFOs an das Compliance Office und über dieses an das Top Management berichtet werden: *„ ... das Management der Reporting Units [das sind die SOX-pflichtigen Units] muss dem CFO bestätigen, dass es Segregation-of-Duties unter Kontrolle hat. Das macht es mit der Bestätigung aus dem SOX-Tool und dem zu Folge müssen die CFOs sich auch mit Segregation-of-Duties auseinandersetzen."* Der Umgang mit Widerständen in Bezug auf SoD-Kontrollen erfolgt fast ausschließlich über Eskalationsprozesse: „ ... *schlussendlich haben wir die Mittel zum Durchsetzen von SoD ... wenn das nicht umgesetzt wird, können wir es eskalieren lassen und bekommen dann vom Management eine Entscheidung, die wir dann nach unten delegieren.*"

Die Bedeutung des **Business-IT Alignment** in Bezug auf die Umsetzung und Sicherstellung von automatisierten SoD-Kontrollen ist erkannt, wird aber allenfalls als mittel (M) eingestuft. In den Units wird versucht, ein „Alignment" zwischen den Mitarbeitern der Fachabteilungen und IT-Mitarbeitern herzustellen, z.B. durch gemeinsame Veranstaltungen. Die Verantwortungen für SoD-Kontrollen, auch mittels SoD-Software, werden durch eine Projektorganisation geregelt: *„SoD ist ein Business-Projekt, aber es geht natürlich nur in Verbindung mit der IT.*" Insgesamt gestaltet sich die Zusammenarbeit zwischen Business und IT nicht immer einfach: „ ... *man hat Mitarbeiter vom Business, die sagen, das darf nicht sein, die IT soll es lösen, und die IT sagt, das ist aber eine Business Entscheidung. Das geht dann mehrmals hin und her, letztlich will niemand die Verantwortung übernehmen und dadurch verzögern sich dann die Projekte.*" Falls notwendig werden solche Fälle an die Compliance-Verantwortlichen eskaliert, diese sollen mediierend eingreifen und als letzte Möglichkeit per Anordnung eine Lösung herbeiführen.

Der **Nutzerzufriedenheit** wird eine allenfalls mittlere (M) Bedeutung beigemessen. Der Einsatz von SoD-Software ist obligatorisch und die Zufriedenheit in Zusammenhang mit SoD-Software wird als *„neutral"* wahrgenommen, wobei die Ergebnisse der Auswertungen wohl häufig zu bemängeln sind, aber *„man lebt damit"*, zumal sie *„ihren Zweck erfüllen, wir nutzen sie als Compliance-Nachweise."* Unangenehmer scheint die gelegentliche Unzufriedenheit der ERP-System-Nutzer zu sein: Diese beschweren sich vor allem wegen SoD-bedingten Restriktionen: „ ... *gejammert wird laufend, aber das ist ja logisch, man schneidet den Anwendern gewisse Berechtigungen ab, z.B. greift man in größere Aufträge ein, Leute die Transaktionen bisher haben ausführen können, dürfen sie nun nicht mehr ausführen, obwohl sie diese nicht missbraucht haben."* Insgesamt wird den Unzufriedenheiten keine große Aufmerksamkeit gewidmet, die SoD-Software ist eingeführt und obligatorisch, mit den ggf. negativen Konsequenzen wird *„pragmatisch umgegangen"*; eine Beeinträchtigung des Fortschritts der Assimilation wird in Zusammenhang mit der Nutzerzufriedenheit kaum wahrgenommen – zumal SoD-Compliance nachgewiesen werden kann.

Die **Lernchancen** in Zusammenhang mit SoD werden als außerordentlich nützlich bezeichnet und folglich als hoch (H) eingestuft: Für die Geschäftsprozess-verantwortlichen Mitarbeiter werden regelmäßig *„Risk Assessment*

Workshops" durchgeführt. Besonders wichtig sind die monatlich mittels SoD-Software generierten Auswertungen, die *„SoD-Reports"*, durch diese wird eine hohe Sensibilisierung der Mitarbeiter für SoD-Konflikte erreicht, *„weil sie natürlich schonungslos jede Verletzung aufzeigen und die Verantwortlichen sich dann erklären müssen."* In Units, in denen SoD-Software neu implementiert wird, führen die oft erstmals durch die Analysen der Software entdeckten SoD-Konflikte *„nach dem ersten Schrecken wegen tausender Konflikte"* zu einem hohen Verständnis bezüglich eines *„akuten Handlungsbedarfes"*: *„Wenn eine Einheit, die von SOX gar nicht betroffen war den ersten SoD-Report erhält, ... sind die Mitarbeiter erst mal erschüttert darüber,... aber es zeigt die Fälle ganz konkret auf und zeigt auch den Handlungsbedarf und es ist klar, dass etwas zu tun ist ... und das wird dann in Angriff genommen."* Durch konzernweite Compliance-Initiativen sind SoD-Kontrollen an vielen Stellen präsent: *„die Mitarbeiter kommen an dem Thema heute nicht mehr vorbei."* Durch die Auseinandersetzung mit SoD hat sich konzernweit ein stärkeres Risikobewusstsein und eine *„Compliance-bewusste Kultur"* entwickelt. Zahlreiche Angebote fördern das individuelle Lernen; organisationales Lernen wird durch geplante Aktivitäten erklärt. So ist z.B. geplant, auch bei nicht-SOX-pflichtigen kleineren Units SoD-Software einzusetzen. Dies war ursprünglich nicht vorgesehen, aber im Unternehmen ist inzwischen genügend Erfahrung vorhanden, um die Vorteile zu erkennen: *„Wir haben inzwischen einiges zum Umgang mit SoD gelernt, diese 'Lessons Learned' wollen wir im Unternehmen und bei den künftigen Rollouts von Compliance-Software nutzen."*

Die Bedeutung des **internen Know-how** wird als hoch (H) eingestuft: Erst in Zusammenhang mit Einführung und Einsatz der SoD-Software wurde die Wichtigkeit von verfügbarem internen Know-how zu dieser Thematik erkannt. Zu Beginn des Einführungsprojektes war intern kaum SoD-Know-how vorhanden, was zu hohen Ausgaben für externe Berater führte. Zwischenzeitlich wurde SoD-spezifisches Know-how aufgebaut, hauptsächlich durch Rekrutierung neuer Mitarbeiter.

Die Bedeutung des **externen Know-how** wird als hoch (H) eingestuft: Es wurde vor allem während der Implementierung benötigt, z.B. zur Identifizierung der Risiken, zur Erstellung der „SoD Matrix", zur Konfiguration und Inbetriebnahme der Software und zur Ausarbeitung von Richtlinien. Zum Zeitpunkt der Datenerhebung werden externe Experten (primär der Big4-Gesellschaften) nur noch für sehr spezialisierte bestimmte Aufgaben oder zur Überbrückung von Ressourcenengpässen hinzugezogen.

5.2.3.2.3 Technologie

Die Bedeutung der **Informationsqualität** wird als mittel (M) eingestuft; sie genügt den *„allgemein gültigen Mindestanforderungen, so wie es bei Datenbankbeständen üblich ist"* und dies ist ausreichend, um die compliance-relevanten Erfordernisse abzudecken. Die Qualität der Auswertungen wird von allen Befragten kritisiert, insbesondere weil die *„komplizierte Bedienung und wenig effiziente Analysen"* den Nutzern *„das Leben schwer machen"*. Auf der *„Wunschliste"* stehen einfachere und schnellere Auswertungsfunktionen; es wird jedoch vermutet, dass dies durch inkompatible organisatorische Strukturen verhindert werden könnte. Am häufigsten wird bemängelt, dass zu weitreichende technisch-orientierte Kenntnisse zu den SAP-ERP-Berechtigungskonzepten vorhanden sein müssen, um mit den mittels SoD-Software erstellten Auswertungen *„etwas anfangen zu können"*.

Die **Systemqualität** wird mit der Informationsqualität vergleichbar, zwar kritisch thematisiert, aber *„im Großen und Ganzen als akzeptabel"* beschrieben und deshalb bezüglich ihrer Bedeutung als mittel (M) eingestuft: Die SoD-Software gilt als stabil, *„wenn sie mal fertig implementiert ist und die Kinderkrankheiten überstanden hat."* Notwendige Anpassungen an lokale Anforderungen werden als komplex und umständlich beschrieben, demzufolge müssen diese meist mit Hilfe von externen Beratern durchgeführt werden; wenn die Anpassungen abgeschlossen sind, ist die Qualität *„in Ordnung"*. Die Antwortzeiten könnten besser sein, *„man kann aber damit leben"*, sofern nicht zu viele Nutzer gleichzeitig mit der SoD-Software arbeiten und komplexe Abfragen ausführen. Es sind zahlreiche Verbesserungsanforderungen vorhanden, diese sind jedoch von geringer Priorität, nicht zuletzt, weil die vorhandenen Funktionen und Möglichkeiten ausreichen, um SoD-Compliance für die in den ERP-Systemen abgebildeten Prozesse sicherzustellen. Somit werden weitere qualitative Anforderungen nur *„auf einer Wunschliste"* geführt.

Die Bedeutung der **Servicequalität** wird nur gering (G) eingestuft; die Schwächen der internen IT-Dienstleistungen werden auf *„hausgemachte organisatorische Strukturen"* zurückgeführt und deshalb entweder akzeptiert oder *„es wird daran gearbeitet"*. Der Service des SoD-Softwarelieferanten (SAP) wird als ausreichend wahrgenommen und ist an die Anforderungen des Unternehmens angepasst, bei Bedarf werden erweiterte Leistungen vereinbart und in Anspruch genommen.

5.2.3.3 Ergebnisse

In diesem Unternehmen sind SoD-Kontrollen und -Software durch die Umsetzung der SOX-Anforderungen unternehmensweit relevant und wichtige Instrumente zur Sicherstellung der Effektivität des IKS. In allen SOX-pflichtigen Units der Division ist eine SoD-Software im Einsatz. SoD-Know-how wurde und wird sukzessive aufgebaut, durch interne Maßnahmen und mit Unterstützung von externen Beratern. In der untersuchten Division werden bereits seit einigen Jahren Erfahrungen zu SoD-Kontrollen und SoD-Software gesammelt. Einige weiterreichende Maßnahmen sind in Planung, z.B. die divisionsweite Harmonisierung der SoD-Matrizen.

5.2.3.3.1 Assimilationsstatus

Zur Bestimmung des Assimilationsstatus dienen die Reichweite, Diversität und Durchdringung sowie die mittels SoD-Software erzielten Benefits; die Einstufung erfolgt anhand eines Stufenmodells (vgl. Abschnitt 3.2.1).

Die **Reichweite** der SoD-Software innerhalb der Division wird auf 90% geschätzt: Alle ERP-Systeme in SOX-pflichtigen Units werden mit SoD-Software überwacht, in diesen beträgt der Anteil 100%. In einigen wenigen nicht-SOX-pflichtigen Units wird (noch) keine SoD-Software eingesetzt, gesamthaft ergibt sich daraus der 90%-Anteil.

Die **Diversität** wird als mittel (M) eingestuft (vgl. Tabelle 33); es gibt wenige aber dafür unterschiedliche Nutzer (eine Schätzung lag bei ca. 35 Nutzern): „Key User" der Fachbereiche, Compliance-Verantwortliche (z.B. Compliance-, Risiko-, SoD-Manager) sowie IT-Mitarbeiter (z.B. Administratoren, Rollen-, Rechteverwalter). Weitere Nutzerzulassungen sind nicht vorgesehen, es wird „*erst einmal abgewartet*", bis bereits geplante Aktivitäten und Rollouts abgeschlossen sind. Die meisten SoD-Software-Nutzer sind eher passiv; entweder sind sie „Empfänger" von Auswertungen oder ERP-System-Nutzer.

Die **Durchdringung** wird als mittel (M) eingestuft (vgl. Tabelle 34), sie wird von den jeweiligen Units eigenverantwortlich organisiert; dies wird mit der dezentralen Entwicklung von Prozessen begründet. Inwieweit SoD-Kontrollen systematisch berücksichtigt werden ist nicht bekannt. Es wird aber davon ausgegangen, dass die Prozessverantwortlichen oder „SoD-Key-User" im Rahmen von Risikoanalysen SoD-Kontrollen beachten. Eine divisionsweite, institutionalisierte Vorgehensweise ist nicht geplant.

Durch Einsatz von SoD-Software konnten wichtige **Benefits** erreicht werden: Das Hauptziel, die Erfüllung von SOX-Compliance-Anforderungen, wurde erreicht; bei den Abschlussprüfungen der letzten beiden Jahre wurden keine SoD-Defizite beanstandet. Die externen Prüfer akzeptieren die mit SoD-Software erstellten „*SoD reports*". Durch SoD-Software konnten zahlreiche SoD-Kontrollen automatisiert werden: „ ... *seit wir Compliance mit SOX haben müssen, ist Segregation-of-Duty ein permanentes Thema bei uns. Inzwischen ist es im Prozess verankert und jetzt auch noch automatisiert.*" Zudem konnten im Rahmen der Einführung teilweise unentdeckte Risiken identifiziert und durch SoD-Kontrollen verringert werden. Zum Zeitpunkt der Datenerhebung werden zahlreiche Risiken durch SoD-Kontrollen automatisiert koordiniert und überwacht. Nicht zuletzt wird auch eine Sensibilisierung der Mitarbeiter bezüglich Risiken, aber auch im Besonderen in Bezug auf „*Missbrauch und Fraud*" als ein Nutzen der Beschäftigung mit SoD und SoD-Software hervorgehoben. In der gesamten Division sind Verbesserungsprozesse lanciert, z.B. zur Harmonisierung der SoD-Matrizen und Risikoprozesse. Tabelle 42 beinhaltet eine Übersicht der Assimila-

Tabelle 42: Assimilationskriterien und Benefits (Unternehmen 3).

Indikator	Assimilationskriterien und erzielte Benefits	Bewerwertung
Reichweite	100% in den SOX-pflichtigen Units, ca. 30% in nicht-SOX-pflichtigen Units; alle nicht-SOX-pflichtigen Units sollen künftig auch SoD-Software nutzen.	90%
Diversität	IT-Mitarbeiter, Compliance-Verantwortliche, Prozess-Verantwortliche, „Key User" der Fachbereiche; die meisten Akteure sind nur „Empfänger" der generierten Compliance-Nachweise oder „betroffene" ERP-System-Nutzer.	M
Durchdringung	Durchschnittlich verbreitet, es gibt kein institutionalisiertes Vorgehen; Units arbeiten bezüglich SoD-Kontrollen „eigenverantwortlich".	M
Benefits	SOX-Compliance, keine SoD-Defizite bei der externen Prüfung	H
	Akzeptanz der Software (Compliance-Nachweise) durch externe Prüfer	H
	Identifizierung und Minimierung von Risiken durch SoD-Kontrollen	H
	Erreichung einer „SoD-Sensibilisierung" bei den Mitarbeitern	M
	Auswertungen dienen als Argumentationsunterstützung	M
	Präventives Instrument gegen „*Missbrauch und Fraud*"	M
	Effektivitätssteigerungen durch kontinuierliche Verbesserungsprozesse.	M

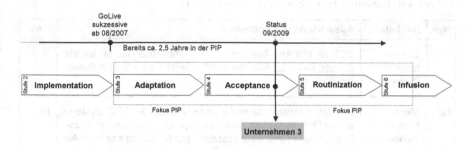

Abbildung 54: Assimilationsstatus (Unternehmen 3).

tionskriterien und die mittels SoD-Software erzielten Benefits; letztere wurden auf der Grundlage von Tabelle 32 bewertet.

Zusammenfassend konnten die angestrebten Ziele weitgehend erreicht werden, die Diversität und die Durchdringung werden als mittel (M) eingestuft. Die Verankerung von SoD-Know-how in den Fachabteilungen, bei Prozess- und Compliance-Verantwortlichen sowie bei den IT-Mitarbeitern ist fortgeschritten. Einschränkend ist jedoch zu berücksichtigen, dass es durch die geplanten Projekte (z.B. die Harmonisierung der SoD-Matrizen) zu Irritationen kommen kann, welche einen zügigen Assimilationsfortschritt verhindern können. Unter Berücksichtigung der Aussagen aus der Indikatorenanalyse und den Assimilationskriterien (vgl. Tabelle 42) wird der Status der Assimilation am Ende der Stufe „Acceptance", kurz vor Beginn der Stufe „Routinization" festgelegt. Abbildung 54 veranschaulicht die Entwicklung der Assimilation ab Stufe Implementierung sowie den Status zum Zeitpunkt der Datenerhebung.

5.2.3.3.2 Modellabgleich

Zur Bestimmung der Relevanz des theoretischen Modells (vgl. Abb. 42) werden in Tabelle 43 die Hypothesen (Spalte 1) und zugehörigen Indikatoren (Spalte 2) den Auswertungsergebnissen (Spalte 3, 4) gegenübergestellt. Die Relevanz (Rel.) der Indikatoren (Spalte 4) wird durch die Bewertungskriterien in Tabelle 32 transparent. Die Gegenüberstellung der Analyseergebnisse mit den Hypothesen des Forschungsmodells ergibt, dass die Hypothesen H1 bis H4, H7 bis H9 mit hoher sowie die Hypothesen H5, H6 sowie H10 und H11 mit mittlerer Relevanz gestützt werden. Die Hypothese H12 wird nur gering unterstützt.

Tabelle 43: Komprimierte Ergebnisse (Unternehmen 3).

Hyp.	Indikator	Auswertungsergebnisse	Rel.
H1	Obliga-torische Zwänge	SOX als primärer Auslöser; SOX-Compliance-Nachweise als Benefit; das *„Top Management"* unterstützt die SoD-Initiative der Division.	H
H2	Mime-tische Zwänge	Die SoD-Software stammt vom Lieferanten der ERP-Systeme; starke Orientierung an externen Experten, dies löst (evtl. un-beabsichtigte) Imitationsprozesse aus (Erfüllung der Big4-An-forderungen/Erwartungen); Einsatz von Best Practices wird fokussiert (z.B. Best-Practice-SoD-Matrizen).	H
H3	Normative Zwänge	Von untergeordneter Bedeutung, die SoD-Software ist obli-gatorisch; die Nutzerzufriedenheit wird insgesamt als gut eingestuft.	H
H4	Leitungs-organe	Besonderes Engagement des *„Top Management"* und der Leitungsorgane; Einrichtung eines „Compliance Offices" mit einflussreichen Compliance Officers.	H
H5	Business-IT Align-ment	Von untergeordneter Bedeutung, bei Bedarf wird direktiv eingegriffen; die Rolle der IT ist eher negativ besetzt; Überforderung der IT durch *„hohen Workload"*.	M
H6	Nutzer-zufrieden-heit	Von untergeordneter Bedeutung, die SoD-Software ist obli-gatorisch; die Nutzerzufriedenheit wird insgesamt als gut eingestuft.	M
H7	Lern-chancen	Zahlreiche Lernchancen durch Know-how-Aufbau zur SoD-Thematik, dieses wurde in Entscheidungen (harmonisierte SoD-Matrizen) transformiert; die SoD-Thematik ist zwi-schenzeitlich im Unternehmen gut bekannt; Lernangebote und Informationsveranstaltungen werden angeboten.	H
H8	Internes Know-how	Durch Beauftragung von externen Beratern und Rekrutierung neuer Mitarbeiter mit Expertenwissen erfolgt(e) ein Aufbau von internem Know-how; gezielte Beauftragung von Beratern zum Aufbau von Compliance- und SoD-Know-how sowie zum *„Auffrischen des internen Know-how"*; eine Unabhängigkeit von externen Beratern wurde weitgehend erreicht.	H

Hyp.	Indikator	Auswertungsergebnisse	Rel.
H9	Externes Know-how	Die Implementierung und organisatorische Umsetzung war ohne externes Know-how nicht möglich, was aber auch nicht vorgesehen war; externes Know-how wird in der PIP gezielt eingesetzt, vorwiegend zur Realisierung von Verbesserungsmaßnahmen und zum *„Auffrischen des internen Know-how"*, relativ selten als zusätzliche Ressource.	H
H10	Informationen	Verwendung als SoD-Compliance-Nachweise; die Qualität der generierten Informationen ist ausreichend bis gut; die Auswertungen werden in der PIP laufend erweitert und verbessert; die Auswertungen werden von mehreren Stakeholdergruppen verwendet; der SoD-Status der einzelnen Units kann überwacht werden.	M
H11	System	Der Leistungs- und Funktionsumfang wird akzeptiert, die angestrebten Ziele können damit erreicht werden; organisatorische Inkompatibilitäten verhindern die optimale Nutzung; an einer Verbesserung der Systemqualität wird ständig gearbeitet.	M
H12	Services	Die Qualität des Anbieter- und Dienstleister-Services ist nebensächlich, sie wird als selbstverständlich vorausgesetzt und explizit positiv bewertet.	G

Abbildung 55 zeigt die bewerteten Indikatoren, Kriterien und erzielten Benefits anhand des theoretischen Modells; die Hypothesen (H1 bis H12, SH1 bis SH3) und ihre Relevanz (in Klammern) sind an den Beziehungspfeilen aufgetragen.

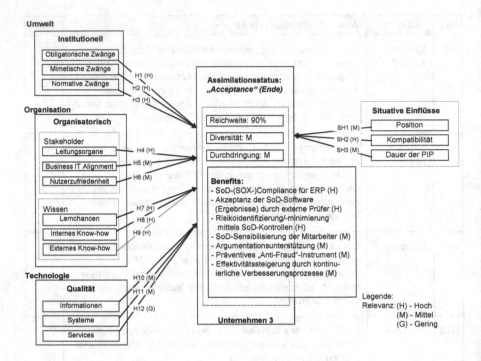

Abbildung 55: Modellabgleich für die Fallstudie 3.

5.2.4   Fallstudie 4

Das Unternehmen dieser Fallstudie ist ein mittelständisches, weltweit agierendes Unternehmen mit Hauptsitz in den USA. Es ist an der Schweizer Börse gelistet, unterliegt somit unter anderem den Vorschriften des Schweizer Börsengesetzes sowie zahlreichen branchenspezifischen Regulierungen. Das Unternehmen ist somit verpflichtet, Compliance nachzuweisen, z.b. in Form von adäquaten internen Kontrollen. Das Unternehmen ist sehr erfolgreich, expandiert und behauptet in einigen Bereichen eine führende Marktposition.

Organisatorisch ist das Unternehmen nach Regionen (Divisionen) sowie nach produktbezogenen Bereichen (Units) unterteilt, zudem sind einige zentrale Querschnittsabteilungen vorhanden. Die IT-Organisation ist *„divisionszentral"*, was bedeutet, dass jede Division eine zentrale IT-Gruppe eingerichtet hat; einige IT-Aktivitäten werden auch dezentral, auf Ebene der jeweiligen Units, durchgeführt. Die internen Strukturen sind funktionell hierarchisch, die Einbindung von Leitungs- und Führungsorganen in größeren Projekten ist obligatorisch, ebenso ein projektbegleitendes Steering Committee. Das Unternehmen ist im Hinblick auf IS-Innovationen wenig experimentierfreudig, ein IS-Produkt sollte eine gewisse Marktreife erreicht haben, bevor es im Unternehmen eingeführt wird.

Compliance-Anforderungen, einschließlich IT Compliance, werden unternehmensweit durch ein zentrales Steering Committee koordiniert und überwacht; dieses Komitee ist einflussreich, da u.a. auch oberste Leitungsorgane Mitglieder sind. Ein IKS ist vorhanden und somit auch Strukturen, welche die Leitungs- und Führungsorgane sowie Mitarbeiter einbinden. Insgesamt kann bei diesem Unternehmen eine gewisse Erfahrung in der Erstellung von Compliance-Nachweisen vorausgesetzt werden, wenn auch nicht mit jahrelanger Routine, wie sie bei SOX-pflichtigen Unternehmen vorzufinden ist.

Im Rahmen einer Reifegradanalyse auch für SoD-bezogene Kontrollen wurde in einer großen Division des Unternehmens festgestellt (mit Unterstützung von Beratern einer Big4-Gesellschaft), das vorhandene Kontrollen den aktuellen Anforderungen bezüglich des IKS nicht genügen. Mit dem Einsatz einer SoD-Software sollte dieses Defizit behoben und eine Automatisierung von SoD-Kontrollen in ERP-Systemen realisiert werden. Eine manuelle Abwicklung schied aufgrund des Sanierungsbedarfs des ERP-Berechtigungswesens aus, zudem wurden effektivitäts-orientierte Ziele in Bezug auf die künftige ERP-Rechteverwaltung und -kontrolle verfolgt. Die Entscheidung für eine SoD-Software wurde (nur) auf Divisionsebene getroffen; die Software sollte vorerst auch nur dort ein-

Tabelle 44: Interviewpartner (Unternehmen 4).

	Rolle
Akteur 1	Manager Finance
Akteur 2	Compliance Manager IT
Akteur 3	SoD Manager IT
Akteur 4	IT Risk Manager (external)
Akteur 5	IT Risk and Compliance Manager (external)

gesetzt werden. Somit ist der Umgang mit SoD-Kontrollen und -Software relativ neu und noch nicht unternehmensweit etabliert. Als SoD-Software ist seit Juli 2008 „SAP GRC AC" im Einsatz.

Die untersuchte Analyseeinheit ist eine große Division des Unternehmens, zu der auch die Schweizer Units gehören; in dieser Division wird SoD-Software zum Zeitpunkt der Datenerhebung seit knapp einem Jahr eingesetzt. Im Rahmen der Untersuchung wurden „SoD-Akteure" interviewt, welche eine zentrale Rolle für die Division in Zusammenhang mit Aufgaben zu Compliance- und Risiko-management wahrnehmen (vgl. Tabelle 44). Die Datenerhebung erfolgte von Juni bis August 2009.

5.2.4.1   Situative Einflüsse

Die **Position** des Unternehmens wird gemäß Tabelle 29 als mittel (M) eingestuft. Besondere Merkmale, die im Hinblick auf SoD-Software relevant sein könnten, sind:

a)   Mittelgroße KMU, global agierend, teilweise anspruchsvolle nationale/in-ternationale Compliance-Anforderungen, nicht SOX-pflichtig, jedoch müs-sen branchenspezifische Anforderungen nach FDA erfüllt werden.

b)   Vorwiegend dezentral gesteuertes IT-Management, deshalb auch in Divisio-nen und Units dezentrale IT-Strukturen und -Systeme.

c)   Mittlere Komplexität der ERP-Systeme und darin abgebildeter Prozesse, wenig standardisiert; eine Automatisierung der Zugriffsberechtigungsver-gaben und -kontrollen könnte gewisse Vorteile ergeben

Die **Kompatibilität** des Unternehmens wird auf Grundlage von Dokumenten-analysen, Vorgesprächen und den durchgeführten Interviews als gering (G) ein-gestuft (vgl. Tabelle 30). Für die geringe Bewertung sprechen u.a. die im vorhergehenden Absatz aufgezählten besonderen Merkmale zur Position. Nicht zu unterschätzen ist auch, dass bei KMU potenzielle (Ressourcen-)Probleme durch eine Trennung von Funktionen auftreten können (vgl. Abschnitt 2.2.3.3.1, unter (3) „Control Activities" wird die Situation im COSO Report beschrieben). Für eine geringe Kompatibilität spricht auch, dass das Unternehmen nicht SOX-pflichtig ist und somit in der Vergangenheit die Sicherstellung von SoD-Kontrollen nicht explizit nachweisen musste. Es wird auch als Nachteil eingestuft, dass die ausgewählte Analyseeinheit weit entfernt vom „Headquarter" des Unternehmens (in den USA) ist; die Unterstützung des Headquarters aus der Entfernung wurde als „*kompliziert*" beschrieben.

Die **Dauer der PIP** der SoD-Software ist zum Zeitpunkt der Datenerhebung in der Division knapp ein Jahr und wird somit gemäß Tabelle 31 als gering (G) eingestuft.

5.2.4.2 Indikatorenanalyse

5.2.4.2.1 Umwelt

Die Einflüsse der **obligatorischen Zwänge** werden bestätigt und als hoch (H) eingestuft: Modifizierungen im Schweizer OR gaben den Anstoß „*das Problem mit den SAP-Berechtigungen in Angriff zu nehmen*". Erst durch anspruchsvollere IKS-Anforderungen erhielt das Thema im Jahr 2007 Aufmerksamkeit: „... *auf der einen Seite waren die rechtlichen Anforderungen, die uns auf Grund des IKS vorgegeben wurden und dann kam auch das interne Bewusstsein dazu, dass wir viel zu offen sind, ... , dass sehr viele Benutzer eigentlich alles machen konnten von A-Z. Im Sinne von SAP gesprochen SAP ALL.*" Obwohl dies bereits lange bekannt war, war es in den Vorjahren nicht möglich, „*die Aufmerksamkeit des obersten Managements für SAP-Berechtigungen zu erhalten.*"

Gemäß dem Schweizer OR (OR, 2011) müssen Unternehmen (die Kriterien der verpflichteten Unternehmen sind in Art. 727 Ziffer 2. OR aufgeführt) seit 1. Januar 2008 eine Risikobeurteilung durchführen und dies im Anhang des Geschäftsberichts dokumentieren; Risiken, welche die Jahresrechnung wesentlich beeinflussen können, müssen darin explizit dargestellt werden (Art. 663b Ziffer 12. OR). Zudem muss das zu prüfende Unternehmen nachweisen können, dass es über ein IKS verfügt (Art. 728a Ziffer 3. OR). Im Vorfeld des Inkrafttretens der neuen Regelungen im OR wurden im Jahr 2007 externe (Big4-)Experten hinzugezogen, um die potenziellen Defizite in den ERP-Systemen zu evaluieren. Ein daraus resultierendes Ergebnis war, dass die in den ERP-Systemen vergebenen Berechtigungen den Anforderungen eines effektiven IKS nicht genügen. Daher wurde entschieden, das Problem durch Einsatz einer SoD-Software zu lösen. Die Initialisierung des Projektes war jedoch nur möglich, weil die (von Big4-Experten festgelegten) IKS-Anforderungen (nach dem Schweizer OR) erfüllt werden mussten und damit das Interesse des obersten Managements geweckt werden konnte: *„Wir haben uns dann entschieden, die Berechtigungen völlig neu aufzubauen, wir wollten das schon lange vorher unabhängig von den IKS-Compliance-Anforderungen tun, weil es nie wirklich effizient war und wir nicht wussten, was in diesen Rollen enthalten ist.“*

Die Bedeutung von **mimetischen Zwängen** wird als hoch (H) eingestuft. Begründet werden kann dies u.a. mit der Involvierung von Experten der Big4-Gesellschaften (dies spricht auch für den Einfluss von normativen Zwängen) und der Berücksichtigung von Referenzmodellen (z.B. ITIL) und Best Practices innerhalb des IT-Management: Sowohl für die Implementierung der SoD-Software als auch für die SoD-Sanierung im ERP-System wurden Experten einer Big4-Gesellschaft rekrutiert. Zudem war ein wesentliches Auswahlkriterium für die Software SAP GRC AC die verfügbare Best Practice-SoD-Matrix (welche laut Virsa/SAP in Zusammenarbeit mit den Big4-Gesellschaften entstanden ist): *„Unsere Risikomatrix, die wir definiert haben, ist eine Best-Practice-Ansammlung von Consultants, von internen Leuten, die eine gewisse Erfahrung haben und von SAP selbst. Ich sage nicht, dass das schlecht ist. Es ist aber nicht eins zu eins ableitbar von etwas, was von uns selbst entschieden wurde.“*

Auch die Bedeutung der **normativen Zwänge** wird als hoch (H) eingestuft: Zum einen wegen der (kostspieligen) Rekrutierung von Experten der Big4-Gesellschaften und zum anderen wegen der zahlreichen Hinweise in Bezug auf die externe Prüfung. Exemplarisch hierfür die Aussage: *„Für mich ist die Software nur ein Lieferant, dass ich dem Auditor zum Ende des Jahres kommunizieren kann, dass wir die Segregation of Duties im SAP-Bereich im Griff haben.“* Zudem spielen auch Branchenverbände eine gewichtige Rolle; in den Verbandsinformationen gab es eine Empfehlung an die Mitglieder, künftig verstärkt automatisierte Lösungen zu berücksichtigen, um absehbaren, neuen regulatorischen Anforderungen gewachsen zu sein und die damit zusammenhängenden „Audits“ zu bestehen, *„das heißt, es ist eine Frage der Zeit bis auch die Software hier in unserem Unternehmen genauer betrachtet wird, das wurde natürlich auch beobachtet, in den Erfahrungsaustauschen, die organisiert sind …“.*

5.2.4.2.2 Organisation

Die Bedeutung der **Leitungsorgane** und deren Engagement wird als hoch (H) eingestuft und besonders für das *„Segregation-of-Duty-Projekt"* hervorgehoben: *„... ein solches Projekt muss vom obersten Management gesponsert werden, weil der wichtigste Teil bei Segregation-of-Duty das Change Management ist. Im Rahmen des Change Management ist das Wichtigste 'das Verkaufen', warum wir etwas ändern, und das kann nicht von der IT alleine übernommen werden."* Das Segregation-of-Duty-Projekt wurde vom obersten Management forciert, als Teilprojekt eines umfangreichen IKS-Projektes: *„Das IKS Projekt selbst war zuoberst angegliedert beim obersten CEO in USA ... in Europa war es das Top-Management, also vom europäischen CFO und dann hinunter über den Leiter-Produktion, Leiter-Verkauf, Leiter-Einkauf, unseren Finanzchef, also sehr weit oben."* Während der Projektphase wurde ein „SoD-Steering-Committee" eingerichtet, welches jedoch nach dem GoLive wieder aufgelöst bzw. dem Steering Committee des IKS-Projektes zugeordnet wurde; an dieses muss in der PIP periodisch der Status der SoD-Konflikte berichtet werden. Es herrscht Einigkeit, dass das SoD-Projekt ohne das Engagement des obersten Managements nicht funktioniert hätte: *„Von Seiten des Managements war die Unterstützung in Ordnung; ... also auch wenn sie [die externen Berater] länger gebraucht haben, als ursprünglich geplant und es mehr gekostet hat als geplant, oder auch als kritische Stimmen aufkamen. Das Verständnis und der Support vom Management waren eigentlich immer da. Das war uns wichtig, sonst hätte es nicht funktioniert."*

Die Bedeutung des **Business-IT Alignment** wird im Hinblick auf das Segregation-of-Duty-Projekt als mittel (M) eingestuft, obwohl die exemplarisch geschilderten Situationen eine höhere Bewertung begründet hätten. Zum Zeitpunkt der Datenerhebung ist die Sicherstellung und Nachjustierung der SoD-bezogenen Aktivitäten bei den beteiligten Akteuren *„allgegenwärtig"*, auch deshalb, weil häufig Konflikte und Beschwerden seitens der ERP-System-Nutzer auftreten. Die meisten der Konflikte treten in Verbindung mit Verzögerungen auf, welche durch Restriktionen in Zusammenhang mit der SoD-Software ausgelöst werden. Als Reaktion wurde die Position eines SoD-Managers geschaffen; dieser ist nun verantwortlich für die Sicherstellung der SoD-Richtlinien und die Erreichung des ausgelobten Zieles, welches *„Null SoD-Konflikte"* lautet. Zudem soll er zwischen den Akteuren des Business und der IT mediieren. Vor allem Mitarbeiter der lokalen IT-Abteilung zeigen sich wenig kooperativ und blockieren teilweise die Umsetzung der SoD-Richtlinien: *„ ... die IT-Leute selbst, also ich habe nicht*

sehr viele Freunde hier in der IT. ... die arbeiten nämlich wie bisher weiter ...
und nach ihrem Verständnis was sie alles an Rechten benötigen, ... sie machen
das nicht mit. " Aber auch Mitarbeiter der Fachabteilungen sind sich ihrer Verantwortung bezüglich der SoD-Richtlinien nicht bewusst, es muss immer wieder
darauf hingewiesen werden, dass SoD eine geschäftsprozessbezogene Kontrolle
und *„die Verantwortung im Business und nicht in der IT liegt ... Ergo, Segrega-*
tion of Duties ist ein Issue des Business und nicht der IT. "

Die Bedeutung der **Nutzerzufriedenheit** wird als mittel (M) eingestuft, da die
Software ihren Zweck erfüllt und zudem *„kommt man mit genügend Erfahrung*
zurecht ... für einen durchschnittlichen Benutzer ist die Benutzerfreundlichkeit
jedoch schlecht. " Als wesentlich wichtiger wird die Zufriedenheit ERP-System-
Nutzer eingestuft: Zahlreiche Änderungen in den Berechtigungen sind noch nicht
in Prozessänderungen transformiert und *„behindern die Anwender bzw. die bis-*
herige Arbeitsweise ist nicht mehr möglich". Daraus resultiert teilweise eine hohe Unzufriedenheit, da ERP-System-Nutzer bereits seit dem GoLive mit Einschränkungen arbeiten müssen; in vielen Bereichen gibt es *„Nachjustierungen"*:
„ ... dieses Justieren ist auf der einen Seite sehr kostspielig, es ist unglücklich
und es hat natürlich auch dazu beigetragen, dass die Akzeptanz bei den SAP-
Usern nicht so hoch ist, wie sie sein könnte." Die Nachjustierungen haben die
ERP-System-Nutzer verärgert: *„Das erste Mal ist das Verständnis groß, das*
zweite Mal geht es noch und das dritte Mal ist das Verständnis dann weg." Aber
die Verärgerung der ERP-System-Nutzer wird, zumindest vorübergehend, in
Kauf genommen, um die erreichte SoD-Compliance für die in den ERP-Systemen abgebildeten Prozesse zu erhalten.

Lernchancen im Kontext von SoD werden als hoch (H) eingestuft; sie er-
geben sich jedoch eher zufällig und werden nicht systematisch geplant. Die im
„SoD-Projekt" involvierten Mitarbeiter haben die Chance durch *„Learning by*
Doing" oder auch *„Trial and Error"* dazuzulernen. Die Notwendigkeit eines
SoD-bezogenen Informations- sowie Lern- bzw. Ausbildungsangebotes für die
internen Mitarbeiter wurde zwischenzeitlich erkannt. Die teilweise mangelnde
Zufriedenheit der SAP-Nutzer wird auch auf Informations- und Ausbildungs-
defizite zurückgeführt. Einhellig ist die Meinung, dass die effektive Nutzung von
SoD-Software ohne Ausbildung und vertiefte Kenntnisse des ERP-Berechti-
gungskonzeptes nicht möglich ist: *„Man muss das technische Rüstzeug zu den*
Berechtigungen mitbringen, dass man die Systeme überhaupt bedienen kann. ...
Hier müssen wir sicher noch nachlegen. "

Die Einführung des unternehmensweiten IKS (im Rahmen eines IKS-Projektes) und in diesem Zusammenhang auch einer SoD-Software (im Rahmen des

spezifischen SoD-Projektes) wird als wichtige Lernerfahrung beschrieben. In der Division und auch im Gesamtunternehmen ist der sorgfältige Umgang und das Verständnis mit/zu (SoD)-Risiken und -Kontrollen zwar noch nicht in der Kultur verwurzelt, aber die Kenntnisse zu dieser Thematik sind in den letzten zwei Jahren wesentlich umfassender geworden. Für die nächsten Jahre ist geplant, das IKS und auch die SoD-Kontrollen und -Prozesse sukzessive zu verbessern: *„Ich glaube rückblickend, nachdem, dass wir jetzt zwei Jahre viel Aufwand betrieben haben und gelernt haben, ..., dass ein IKS wirklich gut sein kann, aber es muss top-down kommen, wirklich vom obersten Management, dass man sich dort überlegt, was sind denn wirklich unsere Risiken ... und diese dann von dorther ableitet, verfeinert und vertieft und in die Breite bringt. Aber noch mal betont, die eigentliche Überlegung ist, was ist ein Risiko. Dem wirklich nachzugehen, das hat uns vor der SoD-Diskussion gefehlt – inzwischen sind wir da weiter. "*

Die Bedeutung des **internen Know-how** wird besonders hervorgehoben und als hoch (H) eingestuft: Während der Projektphase und ausstrahlend auf die PIP stellte sich heraus, dass das interne Know-how unzureichend und bei zu wenigen Mitarbeitern vorhanden war; daraus resultierte die Rekrutierung von externen Experten und eine nicht unerhebliche Budgetüberschreitung: *„Es war relativ aufwändig, das hat damit zu tun, dass wir inhouse kein Know-how und keine Ressourcen hatten und das haben dann alles die [externe Berater] gemacht. Jetzt müssen wir zusehen, dass wir das Know-how auch inhouse bekommen."*

Die Bedeutung des **externen Know-how** wird als hoch (H) eingestuft: Zur Implementierung der SoD-Software war die Hinzuziehung von zahlreichen Beratern erforderlich, u.a. für die vorgängige Sanierung des Rechtewesens in den ERP-Systemen. Aber auch zur Unterstützung des Betriebs in den ersten Monaten nach dem GoLive. Die Berater (aus einer Big4-Gesellschaft) unterstützten die Division bei allen wichtigen Entscheidungen und waren federführend an der Konfiguration der Software beteiligt. Auch ein Jahr nach dem GoLive ist das externe Know-how noch erforderlich: *„Das ganze SoD-Projekt wurde ja schwergewichtig durch Externe eingeführt, ein [Know-how] Austausch hat zwar stattgefunden, aber das ist immer das gleiche. Außerdem kostet das Geld und da kann man nicht wochenlang rummachen. Bleibt dann schon viel offen, was man erst gar nicht so merkt."* Über die Qualität des externen Know-how sind differenzierte Meinungen vorhanden, es wird vermutet, dass Externe nur einen relativ kleinen Wissensvorsprung mitbringen: *„Und bei denen [externe Beratern] hat man auch gemerkt, dass es Berater sind, die das vielleicht das zweite Mal machen."*

5.2.4.2.3   Technologie

Die Bedeutung der **Informationsqualität** wird allenfalls als mittel (M) eingestuft. Insgesamt gibt es damit keine Probleme, gelegentlich treten kleinere Inkonsistenzen auf, welche aber nicht überbewertet werden. Positiv wird beurteilt, dass
die Daten in *„Realtime"* auswertbar sind. Bemängelt werden die Handhabung der
Analysefunktionen und die Verwertbarkeit der *„reports"*: *„Wenn ich eine weitergehende Analyse machen will, nicht nur bei einem einzelnen User, … muss ich
die Daten über Umwege herunterladen, aufbereiten und dann mit der Daten-
menge können sie diese gar nicht mehr vernünftig verwenden, weil es zu viele
Daten sind. Mit Excel kommt man nicht mehr weiter. Also das typische 'SAP-
Krankheitsbild'* ...." Trotz solcher Kritiken wird die Informationsqualität weitgehend akzeptiert und es wird als „normal" angesehen, dass diese den *„gängigen
Anforderungen entspricht"*.

Die **Systemqualität** wird als akzeptabel und somit als mittel (M) eingestuft;
die Zuverlässigkeit der SoD-Software hat sich nach anfänglichen Problemen stabilisiert, die Durchlaufzeiten (Performance) könnten noch verbessert werden, genügen aber den aktuellen Anforderungen (was auch mit wenigen aktiven Nutzern
erklärt wird). Die Nutzung der Software wird als kompliziert beschrieben, aber
mit Erfahrung *„kommt man mit der Software zurecht"*. Insgesamt wird die funktionale und technische Leistungsfähigkeit akzeptiert, mittelfristig werden durch
neue Release-Versionen seitens des Anbieters Verbesserungen erwartet, einige
dieser Verbesserungen sind bereits angekündigt.

Die **Servicequalität** wird ebenfalls als mittel (M) eingestuft. Die Zusammenarbeit mit dem Softwarelieferanten wird lebhaft diskutiert: „ … *man muss sich
ein bisschen Gehör verschaffen, man muss sich in diesen Gremien, die es gibt,
auskennen,* ...." In Analogie zu den Experten (der Big4-Gesellschaften) wird
auch von den Experten des SoD-Softwarelieferanten vermutet, dass sie nur einen
relativ kleinen Wissensvorsprung haben: „ … *man hat schon gewisse Probleme,
man merkt auch, dass es zum Teil noch nicht so viele Spezialisten gibt oder dass
sie da einfach mal eine Marketingstrategie fahren und schauen, wer springt auf
den Zug auf."* Insgesamt wird jedoch die Servicequalität des Softwareanbieters
sehr positiv bewertet, auch wenn die *„Lösungen nicht immer hilfreich waren."*

5.2.4.3   Ergebnisse

In diesem Unternehmen gewannen mit der Einführung eines IKS auch SoD-Kontrollen an Bedeutung. Hauptauslöser für die Aktivitäten war eine Modifizierung des Schweizer OR, welche zum 1. Januar 2008 in Kraft trat. Aus diesem Grund wurden externe Berater beauftragt eine Risikoanalyse bezüglich der ERP-System-Berechtigungen durchzuführen; die Resultate gaben den Anstoß für ein SoD-Projekt in der „Schweizer Division". Die Division hat mit Einführung und Einsatz einer SoD-Software unternehmensweit eine Pilotrolle übernommen. Know-how und Erfahrungen im Umgang mit SoD-Kontrollen und SoD-Software werden überwiegend mit Hilfe von externen Beratern aufgebaut.

5.2.4.3.1   Assimilationsstatus

Zur Bestimmung des Assimilationsstatus dienen die Reichweite, Diversität und Durchdringung sowie die mittels SoD-Software erzielten Benefits; die Einstufung erfolgt anhand eines Stufenmodells (vgl. Abschnitt 3.2.1).

Die **Reichweite** der SoD-Software wird für die Division mit 100% veranschlagt; alle in der Division genutzten ERP-Systeme werden mittels SoD-Software gesteuert und überwacht; eigenentwickelte oder sonstige Legacy-Systeme mit IKS-relevanten Prozessen werden bei Bedarf auch berücksichtigt.

Die **Diversität** wird als gering (G) eingestuft (vgl. Tabelle 33): Es arbeiten IT-Mitarbeiter (SAP-Administratoren, -Rollenverwalter) und einige wenige Prozessverantwortliche der Fachbereiche sowie Compliance-Verantwortliche mit der SoD-Software; die meisten Akteure in Zusammenhang mit SoD-Software sind „Empfänger" der generierten Auswertungen oder ERP-System-Nutzer als „Betroffene", letztere müssen mit zahlreichen Einschränkungen umgehen, die durch den Einsatz von SoD-Software ausgelöst wurden.

Die **Durchdringung** wird als gering (G) eingestuft (vgl. Tabelle 34); sie befindet sich allenfalls am Anfang und ist nicht durch Richtlinien oder sonstige Maßnahmen institutionalisiert.

Durch Einsatz von SoD-Software konnten einige **Benefits** bereits erreicht werden, zur langfristigen Stabilisierung sind jedoch noch *„Nachjustierungen"* erforderlich. SoD-Compliance bedeutet für dieses Unternehmen *„Null SoD-Konflikte"* für die Prozesse und Aktivitäten der ERP-Systeme; dies wurde im ersten Jahr nach Einführung der Software nachgewiesen. Bis auf einige *„offene Baustellen"* wurde auch die Sanierung der Berechtigungen in den ERP-Systemen abgeschlossen, u.a. die Eliminierung von „SAP ALL" und ähnlich umfassenden Rechten (SAP ALL ist die allumfassende Berechtigung in SAP ERP-Systemen (vgl. Hack, 2008). Mit der Sanierung konnte zudem eine Standardisierung von Rollen, teilweise auch von Prozessen umgesetzt werden. Ferner wurden systematisch SoD-Kontrollen, basierend auf einer *„von Experten freigegebenen SoD-Matrix"* eingeführt, womit eine Verringerung der operativen Risiken erreicht werden konnte. Organisatorische Maßnahmen, wie z.B. regelmäßige Analysen und Auswertungen, ermöglichen eine Überwachung der ERP-Zugriffsrechte und verhindern, *„dass das Berechtigungskonzept sofort wieder verwässert wird"*. Die Auswertungen können auch als Compliance-Nachweise für die externen Prüfer verwendet werden. Resümierend soll der Einsatz von SoD-Software *„eine Stabilität und Transparenz der ERP-Berechtigungskonzepte gewährleisten. ... Gleichzeitig wollen wir alles professionell umsetzen, mit einem Tool, ... die Nachhaltigkeit des Ganzen ist ein wichtiger Gedanke."* Tabelle 45 beinhaltet eine Übersicht der Assimilationskriterien und den mittels SoD-Software erzielten Benefits; letztere wurden gemäß Tabelle 32 bewertet.

Tabelle 45: Assimilationskriterien und Benefits (Unternehmen 4).

Indikator	Assimilationskriterien und erzielte Benefits	Bewertung
Reichweite	100% bei der untersuchten Division.	100%
Diversität	IT-Mitarbeiter, „Key User", Prozessverantwortliche der Fachbereiche, Compliance-Verantwortliche; die meisten Akteure sind nur „Empfänger" der generierten Compliance-Nachweise oder „betroffene" ERP-System-Nutzer.	G
Durchdringung	Es gibt (noch) keine institutionalisierten Vorgehensweisen.	G
Benefits	SoD-Compliance im Rahmen der internen IKS-Anforderungen (orientiert am Schweizer OR)	H
	Sanierung der vorhandenen SAP ERP Berechtigungskonzepte, inkl. der Eliminierung von „SAP ALL" und anderer weitreichender Rechte	H
	Systematische SoD-Kontrollen in den ERP-Systemen, basierend auf einer freigegebenen SoD-Matrix	H
	Erstellung von SoD-Compliance-Nachweisen f. d. ERP-Systeme	H
	Nachhaltiges Berechtigungskonzept, unterstützt durch organisatorische Maßnahmen	M
	Minimierung von operativen Risiken durch SoD-Kontrollen in ERP-Systemen.	M

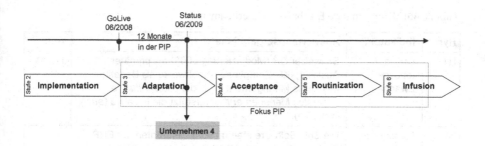

Abbildung 56: Assimilationsstatus (Unternehmen 4).

Zusammenfassend konnten die angestrebten Ziele zwar erreicht werden, Diversität und Durchdringung sind jedoch noch gering, die Verankerung in den Fachabteilungen und in der IT-Abteilung ist schwach und auf wenige Akteure begrenzt. Um die Stufe „Acceptance" zu erreichen müssen die als *„Nachjustierungen"* umschriebenen Maßnahmen, deren Umfang unklar blieb, umgesetzt werden. Zudem fehlt eine angemessene und breite Informations- und Lernkultur, welche die SoD-Software- und ERP-System-Nutzer einbindet. Somit wird, abgeleitet aus den situativen Einflüssen, der Indikatorenanalyse, den Assimilationskriterien und Benefits der Status der Assimilation im letzten Drittel der Stufe „Adaptation" festgesetzt. Abbildung 56 zeigt die Entwicklung der Assimilation ab Stufe Implementierung sowie den Status zum Zeitpunkt der Datenerhebung.

5.2.4.3.2 Modellabgleich

Zur Bestimmung der Relevanz des theoretischen Modells (vgl. Abb. 42) werden in Tabelle 46 die Hypothesen (Spalte 1) und zugehörigen Indikatoren (Spalte 2) den Auswertungsergebnissen (Spalte 3, 4) gegenübergestellt. Die Relevanz (Rel.) der Indikatoren (Spalte 4) wird durch die Bewertungskriterien in Tabelle 32 transparent.

Die Gegenüberstellung der Analyseergebnisse mit den Hypothesen des Forschungsmodells ergibt, dass die Hypothesen H1 bis H4 und H7 bis H9 mit hoher sowie die Hypothesen H5, H6 und H10 bis H12 mit mittlerer Relevanz gestützt werden; somit wird keine der Hypothesen nur gering unterstützt.

Abbildung 57 zeigt die bewerteten Indikatoren, Kriterien und erzielten Benefits anhand des theoretischen Modells; die Hypothesen (H1 bis H12, SH1 bis SH3) und ihre Relevanz (in Klammern) sind an den Beziehungspfeilen aufgetragen.

Tabelle 46: Komprimierte Ergebnisse (Unternehmen 4).

Hyp.	Indikator	Auswertungsergebnisse	Rel.
H1	Obliga-torische Zwänge	Schweizer OR (Modifizierung 2008) als primärer Auslöser; IKS-Compliance-Nachweise als Benefit; das lokale Management treibt die *„SoD-Initiative"*; *„Oberstes Management"* unterstützt die Initiative (*aus den USA*).	H
H2	Mimetische Zwänge	Die SoD-Software stammt vom Lieferanten der ERP-Systeme; Einsatz von Best Practices wird fokussiert (z.B. Best-Practice-SoD-Matrizen).	H
H3	Normative Zwänge	Orientierung an (Big4)-Beratern und ihren Anforderun-gen; Orientierung an externen Prüfern.	H
H4	Leitungs-organe	Mittleres Engagement des *„Obersten Management"* (Freigabe des Budgets und Überwachung von periodi-schen Fortschrittsberichten, auch in der PIP); Einrich-tung eines temporären SoD-Steering-Committees.	H
H5	Business-IT Alignment	Von mittlerer Bedeutung, Kontroversen zwischen Bu-siness und IT führen zu Verzögerungen und Proble-men; die Rollen der IT sind beim Business negativ be-setzt und umgekehrt; Einsatz eines SoD-Managers (auch) zum Beziehungsmanagement.	M
H6	Nutzer-zufriedenheit	Von mittlerer Bedeutung, die SoD-Software ist obliga-torisch; die Nutzerzufriedenheit wird allenfalls zufrie-denstellend eingestuft, dies wird zum aktuellen Zeit-punkt der PIP als ausreichend erachtet.	M
H7	Lern-chancen	Zahlreiche Lernchancen durch Know-how-Aufbau zur SoD-Thematik; Lernchancen für die im SoD-Projekt involvierten Mitarbeiter; weiteres internes Know-how soll mittelfristig aufgebaut werden.	H
H8	Internes Know-how	Durch Beauftragung von externen Beratern und ihrem Transfer von Know-how soll sukzessive ein Aufbau von internem Know-how erfolgen; internes Know-how ist nur sehr dediziert (vorwiegend bei den im SoD-Pro-jekt involvierten, wenigen Mitarbeitern) vorhanden; eine Unabhängigkeit von externen Beratern wurde bisher nicht erreicht.	H
H9	Externes Know-how	Die Implementierung und organisatorische Umsetzung war ohne externes Know-how nicht möglich, was aber auch nicht vorgesehen war; externes Know-how in der PIP erforderlich zum Problemlösen, zur Realisierung von Verbesserungsmaßnahmen und als zusätzliche Ressource.	H

Hyp.	Indikator	Auswertungsergebnisse	Rel.
H10	Informationen	Verwendung als SoD-Compliance-Nachweise, die Qualität der generierten Informationen ist unbefriedigend; sie wird jedoch akzeptiert, da der SoD-Status der einzelnen Units überwacht werden kann.	M
H11	System	Der Leistungs- und Funktionsumfang wird akzeptiert, die angestrebten Ziele werden damit erreicht; es gibt Verbesserungspotenziale, mittelfristig sollen funktionelle Erweiterungen realisiert werden.	M
H12	Services	Die Qualität des Anbieter- und Dienstleister-Services spielt eine untergeordnete Rolle, sie wird jedoch nicht positiv wahrgenommen.	M

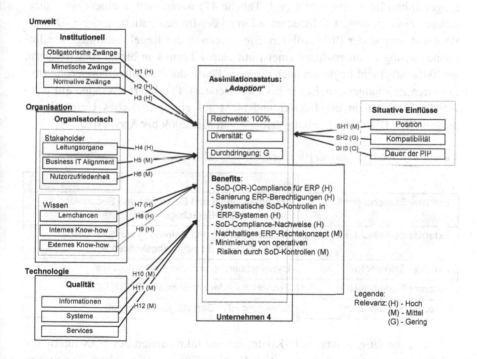

Abbildung 57: Modellabgleich für die Fallstudie 4.

5.3 Expertengruppen

In diesem Abschnitt werden die Fallstudien der Expertengruppen (Berater, Anbieter, Prüfer) nach dem Vorgehensmodell in Abbildung 49 analysiert und unter
Anwendung von definierten Kriterien (Abschnitt 5.1) bewertet. Anstatt eines unternehmensbezogenen Assimilationsstatus werden sog. Assimilationsmotivatoren
zur Erreichung des Status „Acceptance" aufgezeigt.

5.3.1   Berater

Die befragten Berater sind Experten für SAP ERP-Berechtigungen; sie sind spe-
zialisiert auf deren Einführung, Sanierung und Betreuung sowie auf die Anwendung von entsprechenden IT-Werkzeugen, wie z.B. SoD/GRC-Software. Die
ausgewählten Interviewpartner (vgl. Tabelle 47) waren/sind in einem der Unternehmen aus den obigen Fallstudien während der Implementierung der SoD-Software und/oder in der PIP involviert. Sie werden in der Regel beauftragt, die Implementierung zu unterstützen (meist mit einem Team von bis zu fünf Beratern,
zu 100% tätig) und begleiten auch die erste Phase der Postimplementierung (mit
kleineren Zeitbudgets, meist ein bis zwei Berater). Die Interviews sind auf prinzipielle Erfahrungen der Berater und nicht auf ein spezifisches Unternehmen
ausgerichtet. Die Datenerhebung erfolgte von Mai 2009 bis April 2010.

Tabelle 47:   Interviewpartner (Berater).

	Rolle
Externer Stakeholder 1	Implementierung und Betreuung von Securinfo; Sanierung ERP Berechtigungskonzepte.
Externer Stakeholder 2	Implementierung und Betreuung von SAP GRC; Sanierung ERP Berechtigungskonzepte.
Externer Stakeholder 3	Implementierung und Betreuung Approva.
Externer Stakeholder 4	Technische Administration von SAP GRC.
Externer Stakeholder 5	Sanierung ERP Berechtigungskonzepte.

Berater bestätigen, dass SoD-Kontrollen seit Inkrafttreten des SOX international beachtet werden und als essentiell für ein effektives IKS gelten. Zur Sicherstellung von SoD werden in großen Unternehmen seit einigen Jahren SoD-Softwareprodukte eingesetzt. Folglich besteht eine große Nachfrage nach Experten
bzw. Beraterleistungen zu SoD-Kontrollen, dies gilt besonders für Einführung
und Einsatz von SoD-Software.

5.3.1.1   Situative Einflüsse

Aus Sicht der Berater gibt es für die **Position** der Unternehmen im Kontext von
SoD und SoD-Software eine einfache „Formel": Je größer ein Unternehmen, je
erfolgreicher am internationalen bzw. globalen Markt und je anspruchsvoller die
zu erfüllenden Compliance-Anforderungen sind, desto höher ist die Priorität von
SoD-Software. Alle Berater bestätigen diese „Formel", wobei nicht ausgeschlossen wird, dass auch kleinere, weniger bedeutende Unternehmen von einer SoD-
Software profitieren können. Somit wird die Bedeutung der Position in Bezug
auf die Assimilation von SoD-Software als hoch (H) eingestuft (vgl. Tabelle 29).
  Auf Grundlage der Berateraussagen kann davon ausgegangen werden, dass
die Relevanz der **Kompatibilität** hoch (H) ist (vgl. Tabelle 30). Drei der befragten Berater verbinden eine hohe Kompatibilität von Unternehmen zuerst mit deren hohen Position (vgl. Kriterien in Tabelle 29), diese gilt als wichtige Voraussetzung für eine zügige Implementierung und Assimilation, wobei einschränkend
auf asiatische geprägte Unternehmen und auf eine „*hohe Outsourcing-Rate, vor
allem Offshoring-Beziehungen*" hingewiesen wird. In Bezug auf asiatische Unternehmen herrscht eine gewisse kulturelle Unsicherheit, dasselbe gilt für Offshoring-Beziehungen; bei letzteren wird davon ausgegangen, dass sich die PIP
erheblich verlängert, wenn „*viele Mitarbeiter*" von solchen Partnern, insbesondere in Kombination mit mangelndem bzw. nicht verfügbarem internen Know-
how, involviert sind.
  Für die **Dauer der PIP** wird zwischen „*Idealfall und der Realität in der Praxis*" unterschieden: Im Idealfall soll SoD-Software die Stufe „Acceptance" innerhalb eines Jahres erreichen (laut Aussage von Softwareanbietern). Während
diesem Jahr sollten die zugehörenden Prozesse „*stabilisiert*" und die Generierung von fehlerfreien, nachvollziehbaren Compliance-Nachweisen möglich sein.
In der Praxis erreichen jedoch nur die wenigsten Kunden innerhalb eines Jahres
die Stufe „Acceptance"; die meisten befinden sich auch nach zwei und mehr Jahren in der Stufe „Adaption" und „*versuchen, die Software zu stabilisieren und
wenigstens eine minimale Akzeptanz zu erreichen*"; manche Kunden stellen den
Einsatz von SoD-Software wieder ein. Eine durchschnittliche PIP, bis zur Erreichung der Stufe „Acceptance", dauert mindestens zwei Jahre und wird deshalb
als mittel (M) eingestuft (vgl. Tabelle 31). Die Stufe „Routinization" wird aus
Sicht der Berater in der Praxis (bisher) von den wenigsten Kunden erreicht.

5.3.1.2   Indikatorenanalyse

5.3.1.2.1   Umwelt

Die Wirkungen von **obligatorischen Zwängen** werden von allen befragten Beratern bestätigt und als hoch (H) eingestuft: Insbesondere löste das Inkrafttreten
des SOX eine hohe Nachfrage nach Beratungsleistungen aus. Inhaltliche
Schwerpunkte sind meist:

■   Neukonzeption und Sanierung von SAP ERP-Berechtigungskonzepten,

■   Bereitstellung von Informationen zu und Umsetzung von konfigurierbaren
    Kontrollen in den SAP ERP-Systemen,

■   Erstellung von Anforderungskatalogen und Pflichtenheften für die Selektion
    von Softwarewerkzeugen (z.B. zum „Identity Management", „Provision-
    ing", „Access Control/SoD", „GRC Software"),

■   Einführung und Training zu Softwarewerkzeugen,

■   „Troubleshooting" bei Einführungsprojekten, bei SoD-Software beinhaltet
    dies meist eine „Ad hoc-Sanierung" der Berechtigungskonzepte.

Aus der hohen Nachfrage an Beratungsleistung resultierte ein Mangel an Beratern; diese waren oft ungeplant für Monate an einen Kunden gebunden, obwohl
zu Beginn des Auftrages oft nur wenige Tage/Wochen vereinbart waren. Demzufolge wurden teilweise Berater mit noch wenig Erfahrung eingesetzt, was zu Unzufriedenheiten bei den Kunden führte. Zudem *„explodierten"* die Stundensätze.
Dies belegt die Aussage eines Interviewpartners: *„Der Preis spielt bei vielen
Kunden keine Rolle, Hauptsache man kann das Ding zum Fliegen bringen."* Die
Gründe für die große Nachfrage nach Beratungsleistungen werden fast ausschließlich auf die Anforderungen des SOX und den damit verbundenen Druck
auf die SOX-pflichtigen Unternehmen zurückgeführt: *„Weil [Unternehmen] es
tun müssen, weil sie den Druck haben durch den SOX, weil sie irgend ein Tochterunternehmen von einem amerikanischen Konzern sind und SOX umsetzen
müssen, also freiwillig machen sie das nicht. Also von wegen wir möchten mal
unsere Berechtigungen überwachen, weil wir glauben, wir haben Defizite; das
ist nie die Motivation. Sondern die Unternehmen haben Druck durch SOX, durch
Audits, etwas zu tun."*
     Die Wirkungen von **mimetischen Zwängen** werden bestätigt, aber nur als
mittel (M) eingestuft: Es wird ein Zusammenhang mit Inkrafttreten des SOX und

dem Aufkommen von IT-gestützte Lösungen erläutert; demnach „*schossen Softwarelösungen wie Pilze aus dem Boden*". Softwareanbieter entwickelten teilweise neue Produkte oder passten vorhandene an, um die Nachfrage zu erfüllten. Es findet sich sogar eine Marktübersicht zu Softwareprodukten mit der Überschrift „Sarbanes-Oxley Software" (Bagranoff, 2005). Die größtenteils schnell am Markt platzierten Produkte wurden von den Anbietern intensiv beworben, teilweise wurden Erwartungen geweckt, dass diese Produkte die Nachweispflichten von SOX automatisieren können und zudem „*ganz nebenbei die alten Berechtigungsfriedhöfe im SAP-System bereinigen*". Dies löste in den SOX-pflichtigen Unternehmen hohe Erwartungen aus, vor allem in den meist knapp bemessenen Zeitfenstern: „*... bis zum nächsten Audit muss immer alles funktionieren. Die SoD-Konflikte müssen bis zu diesem Zeitpunkt bereinigt sein.*"

Die Wirkungen von **normativen Zwängen** werden als hoch (H) eingestuft und ausschließlich auf „*die Macht der Prüfer*" reduziert; hierzu einige typische Aussagen:

- „*... weil [Unternehmen] Druck kriegen von den Auditoren*"

- „*... oft ist es, dass die Firmen Druck bekommen von Externen, von den Audits, da mehr zu tun*"

- „*Die Mehrheit der Unternehmen macht das meiner Meinung nach auf Anraten von Wirtschaftsprüfern*"

- „*... bei extern getriebenen Unternehmen ist erste Priorität die Auditoren zufrieden zu stellen und in einem weiteren Schritt Ordnung zu halten, damit auch die IT-Abteilung auf lange Sicht etwas davon hat*".

In Unternehmen ist es wichtig, dass die Best-Practice-SoD-Matrizen mit Unterstützung von Experten der Big4-Gesellschaften erstellt wurden, des gilt als „*wichtiges Entscheidungskriterium*" bei der Wahl einer SoD-Software. Bei allen SoD-Softwareimplementierungen (in denen die befragten Berater involviert waren) ist das wichtigste Ziel die Erfüllung der Anforderungen von externen Prüfern und diese werden mit „*keine SoD-Konflikte in den ERP-Systemen*" interpretiert. Unter dieser Prämisse steht typischerweise dann auch die Sanierung der ERP-Berechtigungskonzepte; erst „*viel viel später werden Fragen zur effektiven Umsetzung oder zur Verbesserung der Prozesse gestellt.*"

5.3.1.2.2 Organisation

Die Bedeutung der **Leitungsorgane** wird von allen befragten Beratern hervorgehoben und als hoch (H) eingestuft. Das Engagement der Leitungsorgane gilt als wichtige Voraussetzung für eine erfolgreiche Einführung einer SoD-Software. Die Begründungen sind immer ähnlich; hierzu einige exemplarische Aussagen:

- *„Ohne Druck von ganz oben hat man keine Chance, ein SoD-Projekt durchzuziehen … im Finance und Controlling sind fast immer SAP-ALL-Berechtigungen oder so was ähnliches vergeben und die wollen diese Rechte behalten"*

- *„… meine Erfahrung ist, dass es sehr wichtig ist, dass es wirklich von ganz oben getrieben wird"*

- *„Die Geschäftsführung muss das Projekt ganz hoch priorisieren und begleiten, vielleicht auch das interne Audit, wenn man es von unten versucht, aus der IT heraus das Business zu überzeugen, nach dem Motto wir haben ein Tool, das hilft uns, das klappt oft nicht. Da strampelt sich die IT tot. Sondern es muss wirklich vom Business und von der Geschäftsführung getrieben werden. Das interne und externe Audit muss dabei sein, die Finanzleute, die wissen, dass sie solche Themen absichern müssen"*

- *„… auch im laufenden Betrieb muss das oberste Management den Druck aufrechterhalten, ansonsten verwässert das Konzept innerhalb kürzester Zeit".*

Die Bedeutung eines *„gelebten"* **Business-IT Alignment** wird als hoch (H) eingestuft: Besonders zur Einführung einer SoD-Software ist eine Zusammenarbeit der Fachabteilungen mit der meist einführenden IT wichtig, jedoch wird darauf hingewiesen, dass „Alignment" meist nicht oder nicht in der gewünschten Ausprägung in den Unternehmen vorhanden ist: *„Fast immer werden die SoD-Projekte von der IT initiiert; die wissen, dass die vorhandenen, historisch gewachsenen Berechtigungen marode sind."* In den IT-Abteilungen ist meist lange vor einer SoD-Softwareimplementierung bekannt, dass die vorhandenen Berechtigungskonzepte nicht ausreichen, um die z.B. den SOX-Anforderungen zu genügen. Das Problem ist in der Regel nicht neu, in der Vergangenheit war für eine Sanierung jedoch kein Budget zu erwirken. Mitarbeiter der Fachabteilungen haben oft zu umfangreiche Rechte und möchten auf diese nicht verzichten. Daraus resultiert ein Spannungsfeld, in welchem den IT-Mitarbeitern, als umsetzende Stelle, eine eher negative Rolle zukommt. Im Rahmen von Compliance-Anforderungen werden SoD-Softwareprojekte zwar vom Business unterstützt (im Sinne der Freigabe des Budgets), aber die Verantwortung, *„der schwarze Peter"* bleibt typischerweise in der IT, da solche Projekte typischerweise, aber ungerechtfertigt als IT-Projekte wahrgenommen werden. Zusammenfassend stufen alle befragten Berater das Business-IT Alignment als äußerst wichtig für die Assimilation von SoD-Software ein, sie weisen aber auch darauf hin, dass in der Praxis sowohl bei der Implementierung einer SoD-Software als auch in der PIP das Business-IT Alignment kaum spürbar ist.

Die Bedeutung der **Nutzerzufriedenheit** wird als gering (G) und somit als unwichtig für die Assimilation eingestuft: Während der Testphasen, vor der Einführung, und in den ersten Monaten nach dem GoLive gibt es in der Regel zahlreiche Beschwerden der ERP-System-Nutzer, aber wenn die angezeigten Probleme behoben sind und die ERP-System-Nutzer *„beruhigt sind, weil sie feststellen, dass sie wider Erwarten arbeiten können"*, funktioniert die SoD-Software relativ reibungslos. Die meisten Probleme sind organisatorischer Natur, was bedeutet, dass Prozesse (z.B. Freigabeverfahren) nicht effizient implementiert sind oder dass sie *„überhaupt nicht zu dem Business passen, wo alles schnell gehen muss, weil es ein Projektgeschäft ist ... da kann man nicht wochenlang auf eine Berechtigung warten."*

Die **Lernchancen** in Zusammenhang mit der Einführung und dem Einsatz einer SoD-Software werden allenfalls als mittel (M) eingestuft: Mit Einführung einer SoD-Software müssen sich Prozessverantwortliche oft zum ersten Mal mit vermeintlichen Risiken in Zusammenhang mit den von ihnen verantworteten Prozessen und Aktivitäten beschäftigen; in vielen Unternehmen werden für diese Aufgabe erstmals Prozessverantwortliche festgelegt. Durch die erforderliche Identifizierung und Bewertung von prozessbezogenen Risiken wird ausgelöst, *„dass man sich mit dem Thema intensiv beschäftigt. Dass man weiß, okay, hier gibt es 200 Risiken, was ist ein Risiko, die Funktion, was steckt dahinter, warum ist es ein Risiko. Allein schon sich mit so einer SoD-Matrix zu beschäftigen, ... da habe ich oft erlebt, dass viele sagen, das habe ich ja nie bedacht, stimmt ja, wenn er das kann, dann kann er gleichzeitig jenes, und dann ist es ein Risiko. Also da kommt man oft auch auf Ideen. Von dem her ist man manchmal auch, ja, überrascht, was man alles machen könnte mit SAP."* Jedoch wird der nachhaltige Bestand der erlernten Kenntnisse angezweifelt, mit der Begründung, dass zum einen Know-how-Transfer von externen Beratern auf interne Mitarbeiter *„theoretische Wunschvorstellung"* ist und nicht praxisbezogen: *„In einem SoD-Projekt und auch nach dem GoLive ist dafür kein Spielraum vorgesehen ... ich habe keine Zeit, das groß zu dokumentieren und die Kunden möchten dafür nicht auch* *noch etwas bezahlen.*" Zum anderen lernen die internen Mitarbeiter meist nur durch ihre projektbezogenen Aufgaben und Verantwortungen, die Kenntnisse sind problembezogen und lösungsorientiert, aber *„das tiefere Verständnis fehlt".* Lernchancen werden auch durch häufig wechselnde Mitarbeiter vergeben, dadurch *„fängt man immer wieder von vorne an und für eine ordentliche Einarbeitung ist keine Zeit.*" Diese wohl häufig anzutreffenden Sachlagen demotivieren die externen Berater, aber auch für die internen Mitarbeiter ist es schwierig, *„den Anschluss zu finden".* Insgesamt wurde deutlich, dass *„SoD-Projekte"* zwar zahlreiche unternehmensinterne Lernchancen ermöglichen, dass aber organisatorische Schwächen die (systematische) Nutzung der Chancen häufig verhindern.

Das **interne Know-how** wird als hoch (H) eingestuft, obwohl es für die befragten Berater ein zwiespältiges Thema ist; diese werden meist beauftragt, weil im Unternehmen eben dieses Know-how fehlt: „ *... meist gibt es niemand mehr, der sich mit den Berechtigungen auskennt."* *„Das war vor meiner Zeit"* ist eine häufige Erklärung für das Fehlen von Dokumentationen oder sonstigen Informationen zu den ERP-Rechtevergaben. In einigen Unternehmen wurden vor oder mit der Einführung einer SoD-Software neue Mitarbeiter rekrutiert, diese waren zuvor meist bei Big4-Gesellschaften tätig und bringen ihre dort erworbene Expertise in das Unternehmen ein, jedoch fehlt, zumindest zu Beginn der Tätigkeit, das *„historische Know-how, das Wissen, wie zum Beispiel die Berechtigungen zusammengekommen sind, was der Hintergrund war und warum es sehr wohl Sinn macht, es in dieser Art und Weise zu machen.*" Es stellte sich heraus, dass mangelndes internes Know-how, insbesondere in Bezug auf das vorhandene Berechtigungswesen und damit zusammenhängende Entscheidungen, dazu führt, dass im SoD-Kontext die Verantwortungen *„hin und her geschoben"* werden. Dies führt letztlich zu langsamen Entscheidungswegen und auch teilweise wenig fundierten Entscheidungen.

Die Bedeutung des **externen Know-how** wird einhellig als hoch (H) eingestuft: Ohne ihre Beteiligung können Unternehmen IS-Innovationen wie eine SoD-Software nicht implementieren: *„Externe sind in den Projekten immer beteiligt, weil das auch ein relativ neues Feld ist und das Know-how intern nicht da ist ... Also für so ein so spezielles Tool brauchen die Firmen auf jeden Fall externe Unterstützung.*"

5.3.1.2.3 Technologie

Die Bedeutung der **Informationsqualität** wird als gering (G) eingestuft, da davon ausgegangen wird, dass die Software *„von Haus aus"* eine ausreichende Qualität liefert, ansonsten *„kann sich der Anbieter am Markt nicht behaupten ... das spricht sich in kürzester Zeit herum ... heute mit den vielen Foren ... nein, wirkliche Qualitätsprobleme,... solche werden schnell geoutet."* Insgesamt werde SoD-Softwareprodukten jedoch *„schlechte Noten"* gegeben, weil diese sehr begrenzte und teilweise unzureichende Auswertungsmöglichkeiten bieten; dies wird als *„qualitative Schwäche"* interpretiert: *„Es geht hauptsächlich um das Reporting, also mehr Auswertungsmöglichkeiten und andere Auswertungsmöglichkeiten. Da sind die Tools zu sehr begrenzt."* Andererseits wird auch betont, dass für plausible Auswertungen gepflegte und dokumentierte (Zugriffs- und Berechtigungs-)Stammdaten in den ERP-Systemen Voraussetzung sind; wurde dies in der Vergangenheit vernachlässigt, sind die generierbaren Informationen bzw. SoD-Compliance-Nachweise nur bedingt verwertbar. Auch der Umgang mit den Nachweisen wird als häufig nicht effizient beschrieben: *„ ... ich habe schon öfter gesehen, dass die Reports gefaxt werden. Ca. 40 Seiten sind das dann doch ... mit teilweise handschriftlichen Erklärungen."* Infolgedessen geht der Implementierung von SoD-Software in vielen Fällen ein Sanierungsprojekt voraus, in welchem die vorhandenen Berechtigungskonzepte überarbeitet oder neu konzeptioniert werden. Zusammenfassend zeigt sich, dass die häufig kritisierten Auswertungsmöglichkeiten meist durch schlechte Datenqualität ausgelöst werden; dies ist bekannt, aus diesem Grund wird eine gewisse Schwäche in der Informationsqualität nicht als Defizit von SoD-Software betrachtet.

Die Bedeutung der **Systemqualität** wird als gering (G) eingestuft: Die ersten Versionen der SoD-Softwareprodukte waren wohl *„qualitativ verbesserungswürdig"*. Zwischenzeitlich hat sich die Systemqualität wohl entscheidend verbessert: *„Am Anfang hatten wir Probleme in manchen Bereichen, vor allem wegen der Performance, aber diese wurden mit dem Support-Packages behoben und seither läuft das Produkt eigentlich stabil und zuverlässig."* Jedoch setzen nicht alle Kunden die aktuellen Versionen der Software ein. Zusammenfassend sei die folgende exemplarische Aussage angeführt: *„Die Systemqualität kann nicht unabhängig von [unternehmensinternen] organisatorischen und technischen Rahmenbedingungen betrachtet werden. Erst das Zusammenspiel aller Faktoren ermöglicht eine effiziente und effektive Nutzung der Software."*

Die **Servicequalität** spielt eine untergeordnete Rolle bei den Kunden der Berater und wird somit als gering (G) eingestuft. Eine gute Servicequalität seitens der Softwareanbieter gilt als selbstverständlich und in den meisten Fällen sind die Kunden zufrieden. Der Service der Anbieter ist zudem abhängig von vertraglichen Vereinbarungen. Die Qualität des Services der internen IT-Dienstleister wird häufig bemängelt und als wenig transparent wahrgenommen; jedoch kann dies meist nicht auf SoD-Software und die damit verknüpften Anforderungen begrenzt werden.

5.3.1.3   Ergebnisse

Aus Sicht der Berater sollte im Idealfall der Assimilationsstatus „Acceptance" nach einem Jahr erreicht werden. Nach diesem Jahr sollte eine SoD-Software störungsfrei arbeiten und automatisiert fehlerfreie und nachvollziehbare Compliance-Nachweise generieren. In der Praxis wird dies jedoch kaum erreicht, Unternehmen benötigen mindestens zwei Jahre bis zur Stufe „Acceptance", die Stufe „Routinization" wird (bisher) kaum erreicht.

5.3.1.3.1   Assimilationsmotivation

Den meisten Compliance-Initiativen im IT-Umfeld geht eine Analyse des Ist-Zustandes der SoD-Kontrollen in den ERP-Systemen (und der zugehörigen Prozesse) voraus. Die Entscheidung für eine SoD-Software basiert meist auf einer *„katastrophalen Ist-Analyse"*, d.h. es wurden tausende SoD-Konflikte festgestellt. Solche Ergebnisse verdeutlichen, dass die vorhandenen Standardfunktionen der ERP-Systeme die Anforderungen in komplexen Umfeldern nicht ausreichend unterstützen. Häufig ist das Ergebnis der Ist-Analyse, dass die Zugriffsberechtigungen in ERP-Systemen in der Vergangenheit nicht oder nicht systematisch und nachweisbar sichergestellt sowie überwacht wurden. In SAP-ERP Systemen wird dies unter andern dadurch erkannt, dass (viele) ERP-System-Nutzer mit vollumfänglichen (SAP ALL) oder annähernd umfänglichen Zugriffsberechtigungen arbeiten. Aus diesem Grund ist eine Sanierung oder Neukonzeption der Berechtigungskonzepte häufig Voraussetzung für eine SoD-Software-Implementierung. Die meist unvorhergesehene Sanierung der Berechtigungskonzepte kann die Einführung eine SoD-Software erheblich verzögern (vgl. Abschnitt 2.3.4.3). Zudem dürfen in vielen Fällen die Veränderungen das Tagesgeschäft nicht beeinträchtigen, was häufig kaum möglich ist. Aus Sicht der Berater sind die jeweils in den Unternehmen erzielbaren Benefits vergleichbar: Als Primärziele von SoD-Softwareimplementierungen werden die Erfüllung von gesetzlichen Compliance-Anforderungen und damit verknüpft die Akzeptanz der SoD-Compliance-Nachweise durch die externen Prüfer genannt. Weitere Benefits sind z.B. eine automatisierte Abwicklung von SoD-Kontrollen, eine automatisierte Erstellung von Compliance-Nachweisen oder effiziente und gepflegte ERP-Berechtigungskonzepte. Diese sind jedoch den primären Benefits untergeordnet und werden deshalb als „Sekundär Benefits" bezeichnet. Wenn diese die Erreichung der primären Ziele bedingen, werden sie in Analogie zu den primären Benefits ebenfalls mit einer hohen Priorität bewertet. Tabelle 48 beinhaltet eine komprimierte Zusammenfassung von generischen Assimilationskriterien, differenziert nach primären und sekundären Benefits; die jeweilige Bedeutung der Benefits wurde gemäß Tabelle 32 festgelegt.

Tabelle 48: Assimilationsmotivatoren (Berater).

Indikator	Benefits	Bewertung
Primäre Benefits	Erfüllung von extern ausgelösten Compliance-Anforderungen, häufig SOX-Compliance, selten IKS-Compliance für OR.	H
	Akzeptanz der Software generierten Compliance-Nachweise für SoD oder Zugriffsberechtigungen durch die externen Prüfer.	H
Sekundare Benefits	Automatisierte Erstellung von Compliance-Nachweisen (eine manuelle Erstellung wird aus Komplexitätsüberlegungen verworfen).	H
	Effiziente und gepflegte ERP-Berechtigungskonzepte.	H

5.3.1.3.2 Modellabgleich

Zur Bestimmung der Relevanz des theoretischen Modells (vgl. Abb. 42) werden in Tabelle 49 die Hypothesen (Spalte 1) und zugehörigen Indikatoren (Spalte 2) den Auswertungsergebnissen (Spalte 3, 4) gegenübergestellt. Die Relevanz (Rel.) der Indikatoren (Spalte 4) wird durch die Bewertungskriterien in Tabelle 32 transparent.

Die Gegenüberstellung der Analyseergebnisse mit den Hypothesen des Forschungsmodells ergibt, dass die Hypothesen H1, H3 bis H5 und H8, H9 mit hoher und die Hypothesen H2 und H7 mit mittlerer Relevanz gestützt werden. Hingegen werden die Hypothesen H6 sowie H10 bis H12 nur gering unterstützt.

Tabelle 49: Komprimierte Ergebnisse (Berater).

Hyp.	Indikator	Auswertungsergebnisse	Rel.
H1	Obligatorische Zwänge	Extern ausgelöste Compliance-Anforderungen, primär SOX.	H
H2	Mimetische Zwänge	Inkrafttreten des SOX löste starke Nachfragen nach Beraterleistungen aus; Schwerpunkte waren u.a. Identifizierung von Risiken und Implementierung von Kontrollen, auch automatisiert mit (SoD-)Softwarelösungen.	M
H3	Normative Zwänge	Orientierung an externen Prüfern und ihren Anforderungen.	H
H4	Leitungsorgane	Spürbares Engagement des *„Top Management"* als Voraussetzung für eine erfolgreiche Implementierung und den Einsatz von SoD-Software.	H
H5	Business-IT Alignment	Von übergeordneter Bedeutung, insbesondere während der Einführung von SoD-Software und in den ersten Monaten der PIP.	H
H6	Nutzerzufriedenheit	Von hoher Bedeutung, aber stark abhängig von unternehmenssituativen Einflüssen.	G
H7	Lernchancen	Zahlreiche Lernchancen durch die Involvierung der Mitarbeiter in der SoD-Softwareimplementierung und in der PIP; ein Wissenstransfer auf breiter Ebene findet selten statt.	M
H8	Internes Know-how	Intern in den Unternehmen meist nur wenig Know-how vorhanden; wegen unzureichendem Know-how werden viele *„Entscheidungsschleifen"* durchlaufen, die zu Verzögerungen führt; interne Mitarbeiter haben oft eine zu große *„Know-how-Distanz"*; gelegentlich erfolgt ein Aufbau von internem Know-how durch Rekrutierung neuer Mitarbeiter (oft mit CISA-Zertifizierung); Personalwechsel mindern das aufgebaute Know-how in der PIP.	H
H9	Externes Know-how	Implementierung der SoD-Software ohne externe Experten nicht möglich; in der PIP vorwiegend zum *„Incident Management"*, zum Ausgleich von Ressourcenengpässen, häufig auch bei Mitarbeiterwechsel; neben dem fachlichen oft auch *„emotionales Coaching"* der Mitarbeiter.	H
H10	Informationen	Die Qualität der generierbaren Informationen ist für die Kunden unbedeutend, sofern diese ausreicht, um den Status der SoD-Kontrollen in den ERP-Systemen zu überwachen und Compliance-Nachweise (zur Diskussion mit den externen Prüfern) zu erstellen.	G

Hyp.	Indikator	Auswertungsergebnisse	Rel.
H11	System	Der Leistungs- und Funktionsumfang ist ausreichend, damit die Kunden ihre Ziele, den Nachweis der SoD-Compliance, erreichen können; manche Kunden erwarten zwar mehr, scheuen jedoch die damit verbundenen zusätzlichen Aufwände und organisatorischen Anpassungen.	G
H12	Services	Die Qualität des Anbieter- und Dienstleister-Services spielt eine untergeordnete Rolle, sie wird als selbstverständlich vorausgesetzt.	G

Abbildung 58 zeigt die bewerteten Indikatoren, Kriterien und „generische" Benefits anhand des theoretischen Modells; die Hypothesen (H1 bis H12, SH1 bis SH3) und ihre Relevanz (in Klammern) sind an den Beziehungspfeilen aufgetragen.

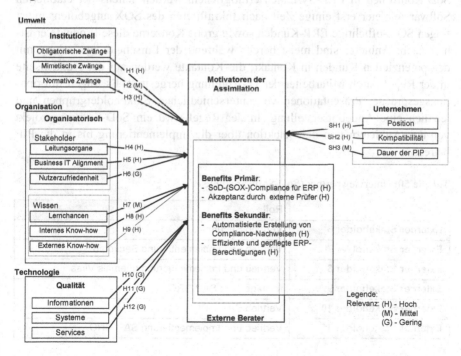

Abbildung 58: Modellabgleich für die Expertengruppe der Berater.

5.3.2   Anbieter

Die befragten Experten sind bei Anbietern von SoD-Softwareprodukten beschäftigt und Spezialisten für SoD-Software (vgl. Tabelle 50); sie waren und/oder sind bei einem der in den Fallstudien beschriebenen Unternehmen während der Selektions- und Implementierungsphase und teilweise auch in der PIP involviert. Im Hinblick auf die Assimilation von SoD-Software kann die Expertengruppe der Anbieter von zahlreichen erfolgreichen Implementierungsprojekten berichten (es wurden auch direkte Kundenkontakte für die Durchführung von weiteren Interviews ermöglicht). Die Interviews mit den Experten wurden in deutscher, teilweise in englischer Sprache geführt; sie sind auf prinzipielle Erfahrungen der SoD-Softwareanbieter ausgerichtet und nicht auf unternehmensspezifische Einzelfälle. Die Datenerhebung erfolgte von Februar 2009 bis Mai 2010.

Softwarelösungen, die eine komplexe Abwicklung und Überwachung von SoD-Kontrollen in ERP-Systemen ermöglichen, wurden seitens der etablierten Softwareanbieter erst einige Zeit nach Inkrafttreten des SOX angeboten; meist fragen SOX-pflichtige ERP-Kunden sowie große Konzerne diese Produkte ernsthaft nach. Anbieter sind meist bereits während der Entscheidungsfindung mit den potenziellen Kunden in Kontakt; die Kontakte werden auf der Kundenseite in der Regel durch Mitarbeiter der IT-Abteilung hergestellt. Es folgen Informationsgespräche, Präsentationen vor unterschiedlichen Stakeholdergruppen und letztlich eine Angebotserstellung. In der Regel wird ein SoD-Softwareprojekt von den Anbietern von der Selektion über die Implementierung bis in die PIP betreut.

Tabelle 50: Interviewpartner (SoD-Softwareanbieter).

	Rolle
Externer Stakeholder 6	Vertrieb Securinfo.
Externer Stakeholder 7	Vertrieb und Implementierung Securinfo.
Externer Stakeholder 8	Vertrieb und Implementierung ehemals Virsa.
Externer Stakeholder 9	Management SAP GRC.
Externer Stakeholder 10	Vertrieb SAP GRC.
Externer Stakeholder 11	Vertrieb und Implementierung SAP GRC.

5.3.2.1   Situative Einflüsse

Aus Sicht der Anbieter gibt es bezüglich der **Position** von Unternehmen, sofern diese eine gewisse Größe besitzen, wenige Merkmale, die eine Nutzung ausschließen. Prinzipiell können SoD-Softwareprodukte in allen Unternehmen eingesetzt werden, die ein (SAP) ERP-System betreiben, die Größe der Unternehmen reicht vom globalen Konzern bis hin zu kleineren KMU. Demgemäß ist die (Markt-)Position kaum ausschlaggebend und wird von den Befragten, als gering (G) eingestuft (vgl. Tabelle 29).

Dahingegen wird die Bedeutung der **Kompatibilität** als sehr hoch (H) eingestuft (vgl. Tabelle 30). Diese ist in den Unternehmen, die SoD-Software einsetzen, sehr unterschiedlich: *„Wir haben einen ganz unterschiedlichen Reifegrad bei Unternehmen im schweizerischen Markt. Es gibt Unternehmen, die sind schon lange mit dem Thema beschäftigt und dann gibt es solche, die waren nie gefordert, sich mit internen Kontrollen zu beschäftigen und für die ist dieses Gebiet jetzt neu. Davon abhängig ist natürlich auch deren Wissen und die Anforderungen, die sie stellen."* Insgesamt lassen sich aus den Aussagen der Anbieter Kompatibilitätskriterien ableiten, welche sicher auch die Assimilation positiv beeinflussen; demgemäß sollten in Unternehmen folgende Strukturen etabliert sein (in Klammern die Anzahl der Nennungen):

- Key User bzw. „Process Owner", welche Prozesse und Aktivitäten verantworten und inhärente Risiken kennen und verwalten (6),

- Key User bzw. „Process Owner", welche die verwendeten ERP-Berechtigungen kennen und vertieftes Know-how dazu besitzen (6),

- Leitungsorgane, welche ein dokumentiertes und effektives Berechtigungskonzept verantworten, das Vorhandensein eines solchen Konzeptes wird vorausgesetzt (5),

- ein *„compliance-sensibles"* Management, welches die Compliance-Anforderungen ernst nimmt und damit assoziierte Maßnahmen fördert (4),

- definierte und dokumentierte Organisationsstrukturen und Verantwortungen (3),

- ein IT-Management welches mit den Fachabteilungen eng zusammenarbeitet (3),

- eine etablierte Projektkultur, mit klaren Entscheidungs- und Verantwortungsstrukturen auf deren Grundlage ein SoD-Projekt implementiert und in der PIP begleitet werden kann (2),

- stabile „Change-Management-Prozesse" (2).

Bis zur Stufe „Acceptance" wird seitens der Anbieter maximal ein Jahr veranschlagt; diese relativ kurze **Dauer der PIP** wird als realistisch angesehen und wohl auch den Unternehmen so in Aussicht gestellt. Während dieser Zeit sollten fehlerhafte Daten in den ERP-Systemen bereinigt, SoD-konfliktbelastete Prozesse verändert und SoD-Matrizen im Detail „*justiert*" worden sein. Eher selten erreichen Unternehmen bereits nach einem Jahr die Stufe „Routinization", für diese Stufe kalkulieren Anbieter durchschnittlich zwei Jahre, abhängig von der „*organisatorischen und strukturellen Situation des Kunden*". Somit wird die Dauer der PIP bis zum Erreichen der Stufe „Acceptance" als gering (G) eingestuft (vgl. Tabelle 31).

5.3.2.2 Indikatorenanalyse

5.3.2.2.1 Umwelt

Die Wirkungen von **obligatorischen Zwängen** werden von den Anbietern übereinstimmend akzentuiert und als sehr hoch (H) eingestuft. Das Inkrafttreten des SOX löste u.a. eine hohe Nachfrage nach Software zur Steuerung und Kontrolle von SoD in ERP-Systemen aus. Bis zum Jahr 2003 war SoD-Software ein eher „*unbedeutendes Nischenprodukt mit nur geringem Funktionsumfang*". „*Die plötzliche Nachfrage*" überraschte die Softwareanbieter: " … *wenn ein Unternehmen SOX-regelkonform sein muss, dann hat es einen starken Anreiz, diese Software einzuführen; für die im europäische Datenschutzrecht erforderliche Regelkonformität würde kein Unternehmen ein derartiges Werkzeug einführen.*" Einige Anbieter weisen darauf hin, dass es neuerdings auch gehäuft Fälle gibt, „*in denen es einen signifikanten, folgenreichen Verstoß gegen die Sicherheitsauflagen gegeben hat, mit einem Vermögensschaden für das Unternehmen.*" Aus solchen Vorkommnissen entwickeln sich in letzter Zeit stärker kundenseitige Nachfragen nach „*Softwarelösungen für Sicherheits- und Compliance-Produkte*". Insgesamt löste die gestiegene Nachfrage seitens der ERP-System-Kunden einen Entwicklungsschub bei den vorhandenen SoD- und compliance-unterstützenden Produkten aus.

Die Wirkungen von **mimetischen Zwängen** werden als hoch (H) eingestuft und insofern bestätigt, als sich auch Softwareanbieter an dem anfänglichen Medien-Hype um den SOX beteiligten und zahlreiche Informationsveranstaltungen und Tagungen initiierten, um den SOX-pflichtigen Unternehmen ihre Lösungsvorschläge bekannt zu machen: " *… das machen ja unsere Konkurrenten auch so, dass unternehmens- oder industriespezifische Events organisiert werden, wo Unternehmen von einer Branche zusammenkommen und dann einen Fachbeitrag hören, wie man was macht. Und das wird oft auch kombiniert, der Softwareanbieter kombiniert gerne mit einem Beratungshaus oder Revisorenhaus, die unabhängig voneinander dann Fachbeiträge liefern, dass die Unternehmen sehen, aha, das sind die Requirements, die ein Revisor hat und das sind die Lösungen, die von verschiedenen Anbietern auf dem Markt angeboten werden.* "

Auch das verstärkte Interesse an IT Governance und das Engagement einiger Berufsverbände hinsichtlich dieser Thematik verstärkt den Druck auf Unternehmen, in diesem Bereich aktiver zu werden: „*Über die Governance-Schiene und IT-Governance bleiben Access Controls die nächsten Jahre ein akutes Thema, es wird auch immer mehr reintransportiert durch die Weiter- und Ausbildungen, …. ISACA ist ja in der Schweiz ziemlich aktiv. ISACA-Produkte kennt in der Szene jeder, es ist sehr stark verbreite; IT-fokussiert, aber sehr stark verbreitet. Und kann auf verschiedenste auch Nicht-Gesetzgebungsanforderungen, die diskutiert werden, angewandt werden, wo man einfach weiß, das sind Standards, die sollte man befolgen.* "

Die Wirkungen von **normativen Zwängen** werden als hoch (H) eingestuft und hauptsächlich mit „*dem Druck der Prüfungsgesellschaften*" erklärt. Anbieter orientieren sich an Prüfungsgesellschaften und arbeiten teilweise eng mit diesen zusammen; begründet wird dies u.a. mit solchen Aussagen: „*Das Top Management wird mit allem einverstanden sein, wenn die Wirtschaftsprüfung signalisiert, damit können wir leben.* " Der Einfluss von Wirtschaftsprüfungsgesellschaften wird besonders betont: „ *… weil es die Wirtschaftsprüfung gibt, macht man es, und deswegen ist es am sichersten, gleich von der Wirtschaftsprüfung die Risikodefinition zu bekommen und die liebste Diskussion ist, was tun wir, wenn die [Big4-Gesellschaft] … oder was weiß ich für Prüfer kommen und mit irgend einer Risikodefinition hier einsteigen.* " Die folgende exemplarische Beschreibung veranschaulicht die Zusammenarbeit zwischen Kunden, Anbietern und (Big4-)Wirtschaftsprüfungsgesellschaften: „ *… es kommen Unternehmen zu uns, die sagen, wir haben Anforderungen von z.B. [eine Big4-Gesellschaft] und wenn wir dann Kontakt mit dieser [Big4-Gesellschaft] aufnehmen und fragen, was ist denn genau dahinter, ist die Antwort, dass die und die und die Require-*

ments nicht erfüllt sind, ja es kommt wirklich von der Revision. Also der Druck,
von der Revision nimmt zu."

5.3.2.2.2 Organisation

Die Bedeutung des Engagements der **Leitungsorgane** und zwar des „*Top Management*" wird übereinstimmend von den befragten Experten hervorgehoben
und als hoch (H) eingestuft: Es gilt als „*Grundvoraussetzung*" für die erfolgreiche Implementierung und den Einsatz von SoD-Software. Begründet wird dies
damit, dass SoD-Software ein „*besonders erklärungsbedürftiges Produkt*" ist
und „*die Mitarbeiter Angst vor Kontrollen haben*". Aus diesem Grund sollte „*ein
SoD-Projekt immer top-down initiiert werden und das Management sollte es eng
überwachen*". Der folgende Hinweis auf Mikropolitik verdeutlicht nochmals die
mit der Rechtevergabe und des -entzugs zusammenhängende „Macht", die Bedeutung der Leitungsorgane und ihres Einflusses, wenn es darum geht, mittels
SoD-Software die Rechtestrukturen zu verändern: „*Berechtigungen sind Macht-
spiele. Berechtigungen haben sehr, sehr viel mit Mikropolitik zu tun. Es gibt in
jedem größerem Unternehmen Tausende von Zugriffsrechten, die eher auf Grund
von Machtpositionen vergeben worden sind, als auf Grund von rationalen Überlegungen. Und es ist eine Managementaufgabe zu sagen, ich habe dich als
Pförtner eingestellt und als Pförtner kriegst du das und das. Wie in einem sehr
formal gedachten Modell, einem formalen Modell der Organisation.*"

Die Bedeutung des **Business-IT Alignment** wird als hoch (H) eingestuft. Das
Konstrukt gilt als wichtige Voraussetzung für die Implementierung von SoD-
Software, aber auch für die erste Zeit nach dem GoLive. Es wird hervorgehoben,
dass eine Implementierung von SoD-Software keinesfalls ein „*IT-Projekt*", sondern immer ein „*Business-Projekt*" sein sollte*: „ ... oft wird das sofort an die IT
delegiert, der Bedarf entsteht zwar im Business aber von dort wird es oftmals
weiter in die IT-Abteilung delegiert ... es muss aber dann wieder nach oben
delegiert werden und dies findet häufig nicht statt.*" In nicht wenigen Unternehmen wird die Rolle der IT als "*kompliziert*" wahrgenommen: „ *... role of IT ... in
most companies this means 'just do it for me, and don't let it cost too much.
Enable something, make it happen`.*" Insgesamt wird deutlich, dass IT-Verant-
wortliche in Zusammenhang mit der Automatisierung von SoD-Kontrollen eine
komplexe Situation mit mikropolitischen Einflüssen und meist unklaren Auf-
gaben- und Verantwortungsstrukturen handhaben müssen; das Konstrukt Business-IT Alignment könnte geeignet sein, um die potenziellen Spannungsfelder

zwischen Fachabteilungen und IT zu klären und eine definierte Aufgaben- und Verantwortungsteilung zu erreichen.

Die **Nutzerzufriedenheit** wird von den Anbietern als äußerst wichtig eingestuft und hat demgemäß eine hohe (H) Bedeutung. Bei ihren Kunden sind in Zusammenhang mit der Einführung von SoD-Software häufig gewisse *„Anlaufschwierigkeiten"* festzustellen. Aus Sicht der Anbieter werden diese durch *„organisatorische Inkompatibilitäten seitens der Kunden"* ausgelöst. Aus den Aussagen der Anbieter lassen sich Kriterien ableiten, die positiv auf die Nutzerzufriedenheit wirken; im Umkehrschluss kann diese kaum erreicht werden, wenn die Kriterien nicht erfüllt sind. Die Kriterien (in Klammern die Anzahl der Nennungen) beziehen sich primär auf Ressourcen und organisationale Prozesse:

- Verfügbares Know-how zur internen Kontrollthematik und besonders zu SoD (5).

- Sehr gute Datenqualität in den ERP-Systemen (keine *„Datenleichen"*) (5).

- Transparente Organisations- und Aufgabenstrukturen, um Funktionstrennung systematisch durchführen zu können (4).

- Periodische Hinweise an ERP-System-Nutzer zu Risiken und SoD-Kontrollen (4).

- Nicht zu schnelle SoD-Softwareeinführung, mit angemessenen Investitionen in die Vorarbeiten (z.B. Sanierung der vorhandenen Berechtigungskonzepte) (2).

- Nicht zu hohe Erwartungen seitens der Kunden in Bezug auf die Möglichkeiten von SoD-Software (2).

Die angeführten Kriterien verdeutlichen, dass aus Sicht der Anbieter die Zufriedenheit der Nutzer in erster Linie von kundenseitigen Rahmenbedingungen und weniger vom SoD-Softwareprodukt abhängig ist.

Die **Lernchancen**, welche den Mitarbeitern eines Unternehmens durch Einführung und Einsatz einer SoD-Software ermöglicht werden, werden von den Anbietern besonders hervorgehoben und als hoch (H) eingestuft: Durch Einführung einer SoD-Software werden zahlreiche sowohl individuelle als auch organisationsbezogene Lernprozesse ausgelöst. Zu den individuellen Lernprozessen zählen insbesondere vertiefte Fachkenntnisse, z.B. im Hinblick auf:

- operationelle, prozessbezogene Risiken, deren Identifizierung und Minimierung durch (SoD-)Kontrollen oder sonstige kompensierende Maßnahmen,

- in ERP-Systemen abgebildete compliance-relevante Prozessen und Aktivitäten,

- interne Strukturen, Rollen und Verantwortlichkeiten der Mitarbeiter, und

- technische und funktionelle Möglichkeiten und Grenzen einer SoD-Software.

Als organisationales Lernen kann die unternehmensweite, vertiefte Auseinandersetzung mit operationalen Risiken und mit SoD-Kontrollen interpretiert werden: In Zusammenhang mit der Einführung von SoD-Software finden in der Regel viele *„Risiko-Workshops"* statt, in diesen kann das relevante Wissen *„breit gestreut werden"*. Fast immer werden mit Einführung von SoD-Software u.a. *„Businessprozesse"* verändert und *„stärker auf die Risiken in den Prozessen und auf die Trennung der Funktionen ausgerichtet, dies ist teilweise eine völlig neue Sichtweise, mit der sich Unternehmen auseinandersetzen müssen."*

Die Änderungen betreffen oft viele der ERP-System-Nutzer, das bedeutet viele Mitarbeiter die *„zwangsläufig mit der Risiko- und SoD-Thematik konfrontiert werden"*. Damit verknüpft sind auch strukturelle Veränderungen: *„Nach alter Schule war das ganz banal mit den Berechtigungen, da war die IT dafür verantwortlich, was sie heute eigentlich nicht mehr sein sollte, nach Best Practice, nach Compliance-Anforderungen, dann ist das ein großer Schritt und das fordert ein Umdenken und das kommt nicht von heute auf morgen. Aber die Unternehmen sind dabei – am Umdenken und Sich-neu-aufstellen."*

Das **interne Know-how** ist aus Sicht der Anbieter ein erfolgsrelevantes Kriterium, welches stark mit der Nutzerzufriedenheit korreliert und als hoch (H) eingestuft werden muss. Die Bedeutung des internen Know-how lässt sich einfach erklären: Je höher es ist, desto besser gelingt die Implementierung und der Einsatz einer SoD-Software. Anbieter unterscheiden zwischen Business und IT: *„Auf der betriebswirtschaftlichen Seite ist das Know-how definitiv nicht vorhanden, das notwendig ist, um Organisation und Prozesse technisch regelkonform updaten zu können."* Dahingegen zur IT: *„In meinen Augen und nach meiner Erfahrung ist es sehr oft so, dass die IT eigentlich der Owner der Prozesse ist, weil nur sie das Know-how hat."* Die Erfahrung der Anbieter zeigt jedoch auch, dass in Unternehmen inzwischen verstärkt Anstrengungen unternommen werden, um internes Know-how zu SoD aufzubauen und zwar vor allem bei den Mitarbeitern der Fachbereiche.

Der Einbezug von **externem Know-how**, insbesondere zur Einführung von SoD-Software gilt als Voraussetzung und wird demgemäß als hoch (H) eingestuft: Ohne externe Experten, insbesondere seitens der Softwareanbieter oder von diesen zertifizierten Partnern, ist es aus Sicht der Anbieter nicht möglich, eine SoD-Software zu implementieren. Im Rahmen der PIP ist der Einbezug von Experten stark von situativen Rahmenbedingungen abhängig, wie z.B. dem Zustand des Berechtigungskonzeptes des ERP-Systems.

5.3.2.2.3 Technologie

Die **Informationsqualität** wird von den Anbietern nach *„anfänglichen Anlaufschwierigkeiten als prinzipiell konsistent und stabil"* beschrieben, deren Bedeutung wird als mittel (M) eingestuft. Die Informationsqualität ist abhängig von unternehmensindividuellen Daten und Konfigurationen und unterliegt somit nur bedingt den Einflussmöglichkeiten der Softwarelieferanten. Probleme seitens der Kunden sind bei Anbietern bekannt; jedoch sehen diese *„ungeeignete Strukturen"* und eine *„unzureichende Datenqualität"* auf Kundenseite als Hauptursachen. Zudem widmen wohl viele Kunden den Anforderungen und der Konfigurierung der Auswertungsergebnisse zu wenig Aufmerksamkeit mit der Folge, dass die Standardberichte letztlich nicht ausreichen. In den meisten Fällen sind zusätzliche technologische und funktionelle Optionen vorhanden, jedoch sind die Kunden nicht immer bereit, die Angebote zu nutzen, da es mit zusätzlichen Aufwendungen verbunden ist.

Die Bedeutung der **Systemqualität** von SoD-Softwareprodukten wird als mittel (M) eingestuft. Anfangsprobleme mit den ersten Versionen der Software sind weitgehend behoben und die Produkte besitzen inzwischen einen akzeptablen Reifegrad, jedoch *„was der Kunde damit macht, steht auf einer ganz anderen Karte"*. Die oft große Lücke zwischen Erwartungen und (negativen) Wahrnehmungen seitens der Kunden wird damit begründet, dass *„sie [...]nicht sind bereit, den Aufwand aufzubringen und die Komplexität unterschätzen"*.

Die Bedeutung der **Servicequalität** wird als mittel (M) eingestuft. Die Anbieter beschreiben das Serviceangebot und die -qualität als umfänglich und weisen auf viele positive Rückmeldungen hin. Es ist bekannt, dass einige Kunden, meist aus Kostengründen, nicht alle Serviceangebote nutzen (z.B. telefonische Hotline (First- und Second Level Support), Online-Hilfsprogramme, Online Communities); der Grad der Unterstützung seitens der Anbieter ist vom Servicevertrag des Kunden abhängig. Neben dem laufenden *„Helpdesk"* erwarten die meisten Kunden eine *"umfassende Maintenance und später auch Upgrade-Betreuung ... und*

natürlich, dass der Lieferant zuverlässig ist; die Kleinen, die werden vielleicht
mittel- oder langfristig gar nicht mehr existieren. Sie werden entweder aufge-
kauft werden und die Software wird abgelöst ... Da muss man sich überlegen,
wenn man ein Projekt lanciert, wenn man investiert, investiere ich in etwas, wo
ich genau weiß, das kann über die nächsten Jahre hinweg funktionieren oder wo
ich plötzlich meine Software nicht mehr technisch unterhalten kann, auf Grund
des Lieferanten. "

5.3.2.3   Ergebnisse

Aus Sicht der Anbieter wird im Idealfall der Assimilationsstatus „Acceptance" in
einem Jahr und „Routinization" nach spätestens zwei Jahren erreicht. Eine längere Dauer der PIP deutet darauf hin, dass keine *„intelligente Implementierung",*
stattgefunden hat und/oder unternehmensinterne Strukturen, vergleichbar mit der
Kompatibilität (vgl. Tabelle 30) nicht den erforderlichen Reifegrad besitzen.

5.3.2.3.1   Assimilationsmotivation

Die erzielbaren Benefits werden mit der Position des Unternehmens verbunden:
Große, global agierende Unternehmen orientieren sich an gesetzlichen Anforderungen und erwarten eine Akzeptanz der generierten (SOX-)Compliance-Nach-
weise durch externe Prüfer. KMU orientieren sich zwar auch an gesetzlichen Anforderungen, da diese aber bezüglich SoD-Kontrollen als weniger anspruchsvoll
gelten, wird ein SoD-Softwareeinsatz häufig mit einer Effektivitätssteigerung der
Zugriffsprozesse (nach einer vorausgegangenen Sanierung der ERP-Berechtigungen) begründet. Tabelle 51 beinhaltet eine Zusammenfassung der potenziellen, am häufigsten genannten Benefits, differenziert nach großen Unternehmen
und KMU; die Bewertung wurde gemäß Tabelle 32 durchgeführt.

Zur Erreichung der genannten Benefits werden der Reifegrad des SoD-Pro-
duktes sowie eine *„intelligente Implementierung"* als wichtige Voraussetzungen
genannt: Da die Nachfrage nach SoD-Software erst in Zusammenhang mit Anforderungen des SOX relevante Größenordnungen erreichte, ist die investierte
Entwicklungszeit relativ kurz und die Erfahrungen mit der Software beziehen
sich in den meisten Fällen auf wenige Jahre. Dies kann sich negativ auswirken,
wenn Unternehmen mit hochkomplexen und weitverzweigten ERP-Systemen
und -Prozessen SoD-Software einsetzen. Wichtig ist, dass Anbieter frühzeitig die
internen Strukturen und Prozesse, aber auch besondere Problemstellungen der
potenziellen Kunden in Bezug auf die Compliance- und SoD-Anforderungen

Tabelle 51: Assimilationsmotivatoren (SoD-Softwareanbieter).

Indikator	Benefits	Bewertung
Benefits Große	Erfüllung von extern ausgelösten Compliance-Anforderungen häufig SOX-Compliance oder ähnliche gesetzliche Anforderungen	H
Konzerne und Unternehmen	Automatisierte Erstellung von Compliance-Nachweisen (eine manuelle Erstellung wird aus Komplexitätsüberlegungen verworfen)	H
	Akzeptanz der Software-generierten Compliance-Nachweise durch die externen Prüfer.	H
Benefits KMU	Effektive Prozesse im Zugriffsmanagement	H
	Sanierung der Berechtigungskonzepte in ERP-Systemen	H
	Effektive ERP-Berechtigungskonzepte.	H

kennen. Kommt es zu einem Vertragsabschluss, begleiten Experten der Anbieterfirma in der Regel die Implementierung. In der Implementierungsphase werden die Weichen für die künftige Assimilation gestellt. Eine *„intelligente Implementierung"* zeichnet sich aus Sicht der Anbieter durch das Vorhandensein folgender Elemente aus (in Klammern die Anzahl der Nennungen):

- ein projektbegleitendes Steering Committee, welches bei Bedarf eingreift (4),

- eine angemessene Projektlaufzeit, was bedeutet, dass vorhandene Strukturen und der Reifegrad der Rechtekonzepte berücksichtigt werden (ein effektives, nachvollziehbares Berechtigungskonzept, definierte Rollen und Verantwortungen der Mitarbeiter, insbesondere der ERP-System-Nutzer sind vorhanden, ggf. ist ein vorgängiges Rechtesanierungs- und Organisationsprojekt erforderlich) (4),

- erfahrene Prozessverantwortliche, *„Key User"* mit verfügbaren Ressourcen sowie Know-how zu den verantworteten Prozessen, Risiken und SoD-Kontrollen (3),

- erfahrene IT-Mitarbeiter oder externe Dienstleister, welche umfassendes Know-how in Bezug auf ERP-Berechtigungskonzepte besitzen (3),

- erfahrene/ausgebildete SoD-Software-Experten und -Administratoren (2),

- definierte Anforderungen seitens des Unternehmens in Bezug auf die technische und funktionelle Leistungsfähigkeit der Software, mit besonderem Augenmerk auf die Erfordernisse der Auswertungen (2).

5.3.2.3.2 Modellabgleich

Zur Bestimmung der Relevanz des theoretischen Modells (vgl. Abb. 42) werden in Tabelle 52 die Hypothesen (Spalte 1) und zugehörigen Indikatoren (Spalte 2) den Auswertungsergebnissen (Spalte 3, 4) gegenübergestellt. Die Relevanz (Rel.) der Indikatoren (Spalte 4) wird durch die Bewertungskriterien in Tabelle 32 transparent.

Die Gegenüberstellung der Analyseergebnisse mit den Hypothesen des Forschungsmodells ergibt, dass die Hypothesen H1 bis H9 mit hoher sowie die Hypothesen H10 bis H12 mit mittlerer Relevanz gestützt werden. Keine der Hypothesen wird nur gering unterstützt.

Tabelle 52: Komprimierte Ergebnisse (SoD-Softwareanbieter).

Hyp.	Indikator	Auswertungsergebnisse	Rel.
H1	Obligatorische Zwänge	Extern ausgelöste Compliance-Anforderungen, primär SOX, oder ähnliche gesetzliche Anforderungen.	H
H2	Mimetische Zwänge	Inkrafttreten des SOX löste hohe Nachfragen nach Softwarelösungen aus; SoD-Lösungen wurden aus bestehenden Produkten entwickelt und schnell am Markt angeboten.	H
H3	Normative Zwänge	Orientierung an externen Prüfern und ihren Anforderungen.	H
H4	Leitungs-organe	Engagement des Top Management als „Grundvoraussetzung" für eine erfolgreiche Implementierung und den Einsatz von SoD-Software.	H
H5	Business-IT Alignment	Von übergeordneter Bedeutung, insbesondere während der Einführung von SoD-Software und in den ersten Monaten der PIP.	H
H6	Nutzer-zufriedenheit	Von hoher Bedeutung, aber stark abhängig von unternehmenssituativen Einflüssen.	H
H7	Lernchancen	Individuelles und auch organisationales Lernen wird angestoßen; besonders zu ERP-Berechtigungen, zu operationalen Risiken und zu internen Kontrollen im Kontext von ERP-Systemen.	H

Hyp.	Indikator	Auswertungsergebnisse	Rel.
H8	Internes Know-how	Je höher das interne Know-how, desto einfacher ist die Umsetzung und Sicherstellung von SoD-Kontrollen in ERP-Systemen; mangelndes Know-how verzögert die Implementierung und die Assimilation.	H
H9	Externes Know-how	Implementierung der SoD-Software ohne externes SoD-spezifisches Software-Know-how nicht empfehlenswert, zudem ist die Einbeziehung von Experten des Softwarelieferanten ratsam.	H
H10	Informationen	Analyse- und Auswertungsmöglichkeiten werden ständig weiterentwickelt; die Qualität der Auswertungen wird durch die kundenseitige Qualität der Daten bedingt, diese ist jedoch häufig unzureichend; die Darstellung der generierbaren Auswertungen (in Form von Listen) ist teilweise für Kunden unbefriedigend, es sind jedoch zahlreiche individuelle Konfigurationen möglich, viele Kunden sind nicht bereit, zusätzlich in die Informationsqualität und die Qualität der Auswertungen zu investieren.	M
H11	System	Der Leistungs- und Funktionsumfang erfüllt die Kundenanforderungen; es sind ergänzend zahlreiche Konfigurationsoptionen vorhanden; es wird kontinuierlich an Weiterentwicklungen gearbeitet.	M
H12	Services	Die Rückmeldungen der Kunden sind überwiegend positiv; mit den meisten Kunden werden „maßgeschneiderte" Serviceverträge vereinbart.	M

Abbildung 59 zeigt die bewerteten Indikatoren, Kriterien und generische Benefits anhand des theoretischen Modells; die Hypothesen (H1 bis H12, SH1 bis SH3) und ihre Relevanz (in Klammern) sind an den Beziehungspfeilen aufgetragen.

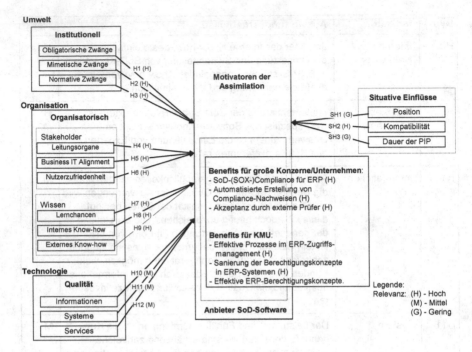

Abbildung 59:   Modellabgleich für die Expertengruppe der Softwareanbieter.

5.3.3 Prüfer

Die befragten Experten sind in Big4-Gesellschaften in verantwortlichen Positionen tätig (vgl. Tabelle 53); einige ihrer Kunden setzen eine SoD- bzw. GRC-Software ein. Die Besonderheiten und Auswirkungen von SoD-Software kennen die Experten hauptsächlich durch ihre Kunden: So können sie ihre Erfahrungen aus zahlreichen Unternehmen einbringen, welche eine SoD-Software einsetzen. Meist handelt es sich um große Unternehmen, die anspruchsvollen gesetzlichen Anforderungen, wie z.B. SOX, aber auch branchenbezogenen Richtlinien, wie denen des FDA unterliegen. Die Software ist in diesen Unternehmen immer obligatorischer Bestandteil der ERP-Systeme und wird u.a. zur Überwachung der SoD-Kontrollen eingesetzt. Die geführten Interviews sind auf prinzipielle Erfahrungen der Experten von Wirtschaftsprüfungsgesellschaften und nicht auf ein spezifisches Unternehmen ausgerichtet. Die Datenerhebung erfolgte von Juni 2009 bis Mai 2010.

Tabelle 53: Interviewpartner (Prüfer).

	Rolle
Externer Stakeholder 12	Wirtschaftsprüfer (Partner)
Externer Stakeholder 13	Wirtschaftsprüfer (Manager)
Externer Stakeholder 14	Spezialisierter IT Prüfer (CISA, CISM) (Senior Manager)
Externer Stakeholder 15	Spezialisierter IT Prüfer (CISA, CISM, CGEIT) (Senior Manager)
Externer Stakeholder 16	Advisory Riskmanagement (Manager)

5.3.3.1 Situative Einflüsse

Die Bedeutung der **Position** der Unternehmen wird von den Prüfern als gering (G) eingestuft (vgl. Tabelle 29): Im Prinzip können alle Unternehmen, welche ERP-Systeme einsetzen, vom Einsatz einer SoD-Software profitieren: Große, global agierende Konzerne mit anspruchsvollen Compliance-Anforderungen, insbesondere SOX und ähnliche Vorschriften können durch den Einsatz von SoD-Software mittels *„Automatisierung von gewissen Prozessschritten schnell einen Return on Invest realisieren"*. Der Einsatz einer SoD-Software *„amortisiert sich schnell"*, da in vielen Fällen Personal reduziert bzw. für andere Aufgaben eingesetzt werden kann, zumal *„Berechtigungs-Know-how in Unternehmen eine knappe Ressource ist"*. Zudem sind stabil konfigurierte automatisierte Abläufe meist weniger fehleranfällig. KMU können ähnliche Vorteile erzielen, sofern die Komplexität der ERP-Systeme den Einsatz von SoD-Software rechtfertigt.

Die Bedeutung der **Kompatibilität** wird als hoch (H) eingestuft (vgl. Tabelle 30). Zwei grundlegende Kriterien für eine hohe Kompatibilität werden hervorgehoben (in Klammern die Anzahl der Nennungen): Zum einen der Reifegrad des Unternehmens bezüglich seiner organisatorischen Strukturen, Prozesse und definierten Verantwortlichkeiten (4) und zum anderen der Reifegrad der Berechtigungskonzepte in ERP-Systemen (3). Damit verknüpft ist auch ein verfügbares, fachliches Wissen zu diesen Themen (3).

Aus Sicht der Prüfer beträgt im Idealfall die **Dauer der PIP** bis zur Stufe „Routinization" ca. ein Jahr; demgemäß wird sie als gering (G) eingestuft (vgl. Tabelle 31). Während diesem Jahr sollen Unternehmen die Assimilationsstufe „Acceptance" durchschreiten und die Stufe „Routinization" erreichen. Für das Erreichen der Stufe „Infusion" rechnen Prüfer mit zwei bis drei Jahren. Voraussetzung für eine solche, relativ kurze Dauer der PIP (bis zur Stufe „Routinization") ist eine „SoD-spezifische Kompatibilität"; diese wird mit folgenden Kriterien umschrieben:

■   „tragfähige IKS-Strukturen",

■   „definierte Strukturen, Prozesse und Verantwortlichkeiten im IT-Umfeld",

■   „konsistente Daten in den ERP-Systemen",

■   „gute Vorbereitung des Projektes und Wahl des passenden Produktes".

Eine kurze Dauer der PIP gilt zudem als Indiz für eine „reife IT Governance und ein effizientes IKS".

5.3.3.2   Indikatorenanalyse

5.3.3.2.1   Umwelt

Die Wirkungen von **obligatorischen Zwängen**, insbesondere des SOX, werden bestätigt: Das Inkrafttreten des US-amerikanischen Gesetzes löste bei SOX-pflichtigen Unternehmen eine Überprüfung der vorhandenen Kontrollen aus und in den meisten Fällen musste ein SOX-effizientes IKS mit zahlreichen zusätzlichen Kontrollen implementiert werden. Der SOX wird als „Initialzündung" für eine Reihe von ähnlichen Vorschriften wahrgenommen, die in der Folgezeit in vielen Ländern rechtswirksam wurden. Heutzutage werden über nationale Grenzen hinaus agierende Unternehmen häufig mit neuen oder sich ändernden Vorschriften konfrontiert, so dass es für viele Unternehmen zweckmäßig ist, zur Sicherstellung der Anforderungen spezifische Softwareprodukte einzusetzen: *„Aktuell sind es regulatorische Anforderungen, die beispielsweise aus dem Ausland kommen, ... es müssen Government Kodizes umgesetzt werden zum Beispiel bei Muttergesellschaften, da kommen auf die Töchter teilweise neue, anspruchsvolle Anforderungen zu; Softwarewerkzeuge bieten vielleicht in gewisser Weise etwas Unterstützung – um das Rad nicht immer wieder neu erfinden zu müssen."* Insgesamt wird die Bedeutung der obligatorischen Zwänge jedoch allenfalls als mittel (M) eingestuft.

Die Wirkungen von **mimetischen Zwängen** werden aus der Sicht der Prüfer dadurch deutlich, dass (internationale) Standards, Referenzmodelle, Best Practices und sonstige Vorgehensmodelle von immer mehr Unternehmen eingesetzt (vgl. Abschnitt 2.2.3.3). Zahllose Publikationen zur Interpretation des SOX, dessen hohen Anforderungen und der in diesen Publikationen oft empfohlene Einsatz von Referenzmodellen fördern die Verwendung von generischen Referenzen. Einflussreich werden auch Berater wahrgenommen: *„Die Externen spiele eine wichtige Rolle, da sie Methoden mitbringen ... und die Kompetenz und Erfahrung auch aus anderen Projekten, wir reden ja nicht nur über Berechtigungskonzepte oder das neue Organisationsmodelle strukturiert werden, sondern das endet ja meist in einem 'People Change System'."* Insgesamt wird die Bedeutung der mimetischen Zwänge als hoch (H) eingestuft.

Die Wirkung von **normativen Zwängen** wird primär auf gesetzliche Anforderungen fokussiert, an denen sich Prüfungsgesellschaften und somit auch deren Prüfer ausrichten müssen. Ihre Arbeitsweise basiert auf saturierten, relativ einheitlichen Grundsätzen des Berufsstandes und den fachlichen Verlautbarungen des zugehörigen Berufsverbandes (für die Schweiz ist dies die Schweizer Treuhandkammer, in Deutschland das Institut der Wirtschaftsprüfer in Deutschland e.V.). Abhängig vom Prüfungsauftrag sind SoD-Kontrollen meist im Rahmen einer IKS-Prüfung oder der Jahresabschlussprüfung relevant. Im Zusammenhang mit der Jahresabschlussprüfung und den „Financial Reporting Risks" spielen sie jedoch eine eher untergeordnete Rolle: *„Da erwarten wir andere Kontrollen. Diese sind auf der Ebene Verwaltungs-Komitee, auf der Ebene CFO, auf der Ebene aller Financial Reports, auf der Ebene des Controlling, bei Business Ownern, da erwarten wir die Kontrollen."* Die Verwendung einer SoD-Software wird nach Ansicht der Prüfer überbewertet und zu stark auf vermeintliche Anforderungen seitens der Prüfer reduziert: *„Access Controls sind aus unserer Sicht [IT-Prüfer] notwendig und werden immer wichtiger, aber nicht so sehr aus Sicht* *der Abschlussprüfer.* " Der Eindruck der Kunden, dass Prüfer die Nutzung einer SoD-Software *„vorschreiben"* oder zumindest *„positiv beurteilen"* wird zurückgewiesen: *„Ich denke, was manchmal mitspielt, sind zum Beispiel die Vendors [Anm.: Softwareanbieter], die da gerne aufspringen und diese Message 'SoD-Software ist ein Muss', im Markt stärken und vielleicht auch ein bisschen übertreiben, was die Prüfer tatsächlich verlangen."* Insgesamt wird die Bedeutung der normativen Zwänge allenfalls als mittel (M) eingestuft.

5.3.3.2.2   Organisation

Das Engagement der **Leitungsorgane** wird als hoch (H) eingestuft und besonders auf das *„Top Management"* bzw. die *„oberste Geschäftsführung"* fokussiert. Das Verhalten dieser Organe wird von den Mitarbeitern sehr genau registriert: *„Jeder beobachtet die Chefs und wenn dort Wasser gepredigt, aber Wein getrunken wird, ... das merken die Mitarbeiter und sie übertragen das, zumindest unbewusst auch auf ihr Verhalten."* Das Verhalten der Leitungsorgane, kann besonders bei kontrollorientierten Maßnahmen eine wichtige Rolle spielen. So kann während der Implementierung und auch in der PIP von SoD-Software ein verlässliches und vertrauenswürdiges Engagement der Leitungsorgane äußerst hilfreich sein; handkehrum, wenn diese kein Interesse zeigen, sind „SoD-Projekte" nur schwer zum Erfolg zu führen: *„ ... solange das Top Management oder der Vorstand, die Geschäftsführung die Notwendigkeit von [einer SoD-Software] nicht sieht oder es am gelebten Interesse scheitert, können noch so viele sonstige Fürsprecher da sein. In einem aktuellen Projekt, es ging um eine Unterschlagung, da hat das Top Management argumentiert, wenn man den Betrag umlegt auf die 50 Jahre Bestehen des Unternehmens, dann darf das ruhig noch einmal vorkommen in den nächsten 50 Jahren und damit verschließt es sich im Prinzip einer solchen Thematik wie GRC, Compliance oder Segregation-of-Duties."* Das Gewicht und die Rolle der Leitungsorgane werden durch folgende exemplarische Aussagen verdeutlicht:

- *„Es sind die Sponsoren, das Top- oder zumindest das Senior-Management, die müssen im Driving Seat sitzen und alles andere ist im Endeffekt nur Beiwerk ... "*

- *„, ... per Definition ist die IT ein Unterstützer für fachliche Anforderungen, das Top Management ist für die Durchsetzung gefordert. "*

■ *„Die [das Top Management] sollten die Grundsatzentscheidung treffen, wie sicher wollen wir sein. Ich denke, das Top Management zu interessieren und zu verknüpfen mit solchen Tools ist eine riesengroße Herausforderung."*

■ *„Die Grundaussagen ... sollte das Top Management insbesondere den Steuerungskomitees vorgeben. Das Linien-Management sollte dann entscheiden, wie machen wir das jetzt, wie setzen wir das um, was darf es kosten, wie passt es in unsere strategische Ausrichtung."*

Das **Business-IT Alignment** ist aus Sicht der Prüfer ein *„bedeutungsvolles, aber häufig unterschätztes Konstrukt"*; es sollte in jedem Fall als hoch (H) eingestuft werden: Der Einsatz von IT-gestützten Lösungen erfordert die Identifizierung und ggf. Kompensierung von Risiken und *„dies funktioniert nur in Zusammenarbeit zwischen allen Beteiligten"*. Die Verwaltung und Steuerung von ERP-Zugriffsberechtigungen gilt als risikorelevant und sollte ebenfalls nur in Zusammenarbeit der beiden Parteien durchgeführt werden: *„Im Kontext von IT-Prüfungen wird die Einhaltung des Funktionstrennungsgrundsatzes und der minimalen Rechtevergabe [Least Privilege] in den meisten Fällen überprüft. ... Es wird sowohl in den Fachabteilungen als auch in der IT geprüft."* Ungenügende oder unvollständige Kontrollmaßnahmen oder konkret Schwächen in den Zugriffsprozessen veranlassen Prüfer zu erhöhter Aufmerksamkeit und umfassenderen Prüfungen. Situationsabhängig wird ein kaum/nicht feststellbares Business-IT Alignment als IKS-Defizit interpretiert und kann im Zusammenspiel mit anderen Kriterien, z.B. einer neu eingeführten SoD-Software, zu intensiveren Prüfungshandlungen führen (so sind z.B. die Verantwortungen (der Fachbereiche) für die Risikobewertungen und Freigabeverfahren zu prüfen). Die Rolle der IT im Kontext von ERP-Zugriffsrechten sollte aus Prüfersicht *„in jedem Fall eine Umsetzerrolle und auch eine Empfehlungsrolle sein, zum Beispiel wenn es in die Tiefen hineingeht bezüglich der Möglichkeiten der Umsetzungen in Berechtigungskonzepten"*, keinesfalls sollte die IT die Verantwortung für die ERP-Zugriffsrechte übernehmen. Dahingegen sollten die Verantwortungen in den Fachabteilungen liegen, diese sollten wissen, dass die IT nur *„Unterstützer für fachliche Anforderungen sein kann"* sowie die *„leistungsbezogenen Services zur Verfügung stellt"*.

Die Nutzerzufriedenheit ist aus Sicht der Prüfer nur relevant, sofern für die „Erlangung von Prüfungsnachweisen vom Prüfer direkt Prüfungshandlungen unter Anwendung von SoD-Software durchgeführt werden", d.h. wenn der Prüfer als Nutzer der Software arbeitet; dies ist wohl eher selten der Fall. In der Regel werden vom Prüfer die mittels SoD-Software generierten Auswertungsergebnisse analysiert; hierfür muss im Vorfeld sichergestellt worden sein, dass diese keine Fehler enthalten (z.B. durch Fehler bei der Selektion der Daten) und (für den Prüfer) verständlich und nachvollziehbar sind. Im Grunde wird die Bedeutung der Nutzerzufriedenheit von den Prüfern als nicht relevant eingestuft; die meisten Interviewpartner machten dazu keine Aussage.

Mit Einführung und Einsatz einer SoD-Software ergeben sich für Mitarbeiter zahllose individuelle **Lernchancen,** aus diesem Grund wird ihre Bedeutung als hoch (H) eingestuft. Es wird davon ausgegangen, dass in den meisten Fällen große Anteile der SoD-Kenntnisse wieder verloren gehen, spätestens, wenn SoD-Software im Hintergrund arbeitet. Dennoch sind die Lernchancen, die sich insbesondere während der Implementierung einer SoD-Software ergeben, wichtig, um eine *„Basis für die SoD-Thematik, auch bei Mitarbeitern vor Ort"* zu haben; diese sind wiederum wichtige Auskunftspersonen in Prüfungssituationen. Aus den individuellen Lernzuwächsen kann sich zudem ein organisationales Lernen herausbilden, z.B. wenn die Software unternehmensweit ausgerollt wird. Zusammenfassend tragen alle SoD-spezifischen Aktivitäten dazu bei, dass in Unternehmen eine gewisse *„Compliance-Sensibilisierung"* stattfindet.

Die Bedeutung des **internen Know-how** in Bezug auf Compliance- und spezifisch auf SoD-Anforderungen wird als äußert hoch (H) eingestuft: Je höher dieses Know-how ist, desto effektiver und auch effizienter können Kontrollen und im konkreten Fall SoD-Kontrollen eingesetzt werden – *„und zwar mit und ohne Tool"*. Internes Know-how bedeutet unter anderem, dass es im Unternehmen Ansprechpersonen gibt, welche die Prozesse zur Umsetzung und Sicherstellung von SoD-Kontrollen beherrschen und in Prüfungssituationen darlegen können. Dies kann das Prüfungsgeschehen, sofern SoD-Kontrollen prüfungsrelevant sind, erheblich verkürzen.

Die Bedeutung des **externen Know-how** ist von der Situation des Unternehmens abhängig: Falls keine oder nur unzureichende interne Expertisen zu compliance-relevanten Themen und erforderlichen Maßnahmen vorhanden sind, müssen Unternehmen externe Experten hinzuziehen, um zumindest die gesetzlichen Vorschriften zu erfüllen. In der Vergangenheit arbeiteten viele Unternehmen mit externen Beratern zusammen, nicht zuletzt zur Kompensation interner Ressourcenengpässe. Externe Berater tragen in der Regel ihr Know-how in Unternehmen und können einen *„Transfer von Risikodenken"* auslösen. Die Bedeutung des externen Know-how ist ausschließlich von unternehmenssituativen Bedingungen und (teilweise auch strategischen) Entscheidungen abhängig, aus diesem Grund wurde sie von den Prüfern nicht bewertet.

5.3.3.2.3 Technologie

Die **Informationsqualität** ist bei jeder Software-Applikation ein entscheidendes Kriterium und wird folglich als hoch (H) eingestuft: *„Wichtig ist, dass alle Daten vollständig vorhanden sind und deren Entstehung nachvollziehbar ist.* ... *Das Zugriffsmanagement muss funktionieren und die zugehörigen Dokumentationen, einschließlich Guidelines und Exceptions, müssen lückenlos vorhanden sein, dazu gehören auch das Logfile und die Zugriffsberechtigungen auf alle diese Dokumente.*" SoD-Software kann als zusätzliches Instrument eingesetzt werden, unter anderem um Auswertungen zu generieren, mittels denen ERP-Zugriffsberechtigungen und deren Verwendung kontrolliert werden können. Sollen die Auswertungen als Compliance-Nachweise zur Verwendung bei der externen Prüfung dienen, dann sind zusätzliche Kriterien zu erfüllen: *„Wie für jede andere Anwendungskomponente auch, muss die Rigorosität der Anwendung nachgewiesen werden, zum Beispiel das Change-Management oder das Release-Management.*"

Die Bedeutung der **Systemqualität** wird als mittel (M) eingestuft und ist insofern relevant, als dass die technische Leistungsfähigkeit und die verfügbaren funktionalen Möglichkeiten den Anforderungen des jeweiligen Unternehmens gerecht werden müssen. Werden diese qualitativen Anforderungen nicht erfüllt, wird sich dies, zumindest langfristig, negativ auf eine Assimilation auswirken. In der Praxis sollten deshalb etablierte Selektions- und Testprozesse vorhanden sein. (Große) Differenzen zwischen Erwartungen und den Möglichkeiten eines Softwareprodukts weisen auf unzureichende Selektions- und Testprozesse hin. Insofern ist es wiederum eine Frage des Reifegrades der IT Governance und kann nicht getrennt betrachtet werden.

Die Bedeutung der **Servicequalität** wird ebenfalls als mittel (M) eingestuft. Es muss zumindest sichergestellt werden, dass eine eingesetzte Software regelmäßig gewartet und entsprechend den Anforderungen des Unternehmens weiterentwickelt wird, aus diesem Grund kann die Servicequalität des Lieferanten nicht vernachlässigt werden. Die Bewertung einer Servicequalität ist jedoch wiederum stark unternehmenssituativ, da Erwartungen an die Servicequalität und die erbrachten Serviceleistungen mit Leistungsverträgen verknüpft sind und sich entsprechend stark unterscheiden können.

5.3.3.3 Ergebnisse

Aus Sicht der Prüfer sollte im Idealfall der Assimilationsstatus „Routinization" nach einem Jahr erreicht sein; bis zur Stufe „Infusion" werden zwei bis drei

Jahre kalkuliert. Im ersten Jahr nach dem GoLive sollte die Stufe „Acceptance"
abgeschlossen werden. Eine längere Dauer der PIP deutet auf unternehmensinterne Inkompatibilitäten hin, die meist vom Reifegrad der IT-Governance abhän-
gen, welche u.a. repräsentiert wird durch *„klare organisatorische Strukturen,
Prozesse und definierte Verantwortlichkeiten im IT-Umfeld"*.

5.3.3.3.1 Assimilationsmotivation

Motivatoren die auf den Fortschritt der Assimilation von SoD-Software wirken
sind vornehmlich die angestrebten Ziele bzw. erreichten Benefits: Als Hauptnut-
zen einer SoD- bzw. GRC-Software wird das Vorhandensein eines *„automatisierten Kontrollinstrumentes zur Unterstützung von Compliance- und Gover-
nance-Anforderungen"* genannt. Hervorgehoben werden die Möglichkeiten einer
kontinuierlichen Überwachung der ERP-Zugriffsrechte – im Sinne eines *„Continuous Controls Monitoring"* (vgl. hierzu Abschnitt 2.3.4.4). Der effektive Einsatz einer SoD-/GRC-Software kann mittelfristig zur Erhöhung des Reifegrades
des unternehmensweiten IKS führen. Automatisiert generierbare Auswertungen
offenbaren den Status des ERP-Berechtigungswesens, auch zu SoD-Kontrollen
und können unter bestimmten Voraussetzungen als Prüfungsnachweise dienen;
dies kann unter Umständen eine Prüfung verkürzen. Ein weiterer Nutzen sind die
individuellen Lernchancen, aber auch in gewisser Weise das *„nicht zu vermei-
dende Lernen aller Beteiligten als Ganzes"* rund um die Anforderungen und Erwartungen zu Compliance und spezifisch zu SoD. Tabelle 54 beinhaltet eine
Zusammenfassung der Benefits, die aus Sicht der Prüfer den Fortschritt der Assimilation beeinflussen; die Bewertung wurde gemäß Tabelle 32 festgelegt.

Tabelle 54: Assimilationsmotivatoren (Prüfer).

Indikator	Benefits	Bewertung
Benefits	„Continuous Controls Monitoring" als internes Kontroll-instrument zur Unterstützung von Compliance- und Gover-nance-Anforderungen; kann zur Erhöhung des Reifegrades des IKS beitragen	H
	Individuelles und organisationales Lernen zu Compliance-Themen und insbesondere zu SoD und SoD-Kontrollen	H
	Nachweis der Erfüllung von Compliance-Anforderungen (z.B. SOX-Compliance, oder ähnliche Anforderungen).	M

5.3.3.3.2 Modellabgleich

Zur Bestimmung der Relevanz des theoretischen Modells (vgl. Abb. 42) werden in Tabelle 55 die Hypothesen (Spalte 1) und zugehörigen Indikatoren (Spalte 2) den Auswertungsergebnissen (Spalte 3, 4) gegenübergestellt. Die Relevanz (Rel.) der Indikatoren (Spalte 4) wird durch die Bewertungskriterien in Tabelle 32 transparent.

Die Gegenüberstellung der Analyseergebnisse mit den Hypothesen des Forschungsmodells ergibt, dass die Hypothesen H2, H4, H5, H7, H8 und H10 mit hoher sowie die Hypothesen H1, H3, H11 und H12 mit mittlerer Relevanz gestützt werden. Zu den Hypothesen H6 und H9 konnte die Prüfergruppe keine Aussagen treffen.

Tabelle 55: Komprimierte Ergebnisse (Prüfer).

Hyp.	Indikator	Auswertungsergebnisse	Rel.
H1	Obligatorische Zwänge	SOX löste ein Art *„Compliance-Software-Hype"* aus, der Einsatz von SoD-Software wird als sinnvoll, aber nicht als zwingend angesehen; eine nachvollziehbare Risikoidentifizierung, -bewertung und der Umgang mit den Risiken ist essentiell, während eine SoD-Software *„Kür"* ist.	M
H2	Mimetische Zwänge	Feststellbar ist eine verstärkte Anwendung von Referenzmodellen und Best Practices, als Reaktion auf Compliance-Anforderungen, sowie eine hohe Präsenz der Compliance-Thematik in den Medien, auf Konferenzen; zudem ein starker Einfluss von externen Beratern und Softwareanbietern.	H
H3	Normative Zwänge	Orientierung an gesetzlichen Vorschriften, daraus resultieren Prüfaufträge; Orientierung an den Empfehlungen der berufständischen Verbände; SoD-Software ist für die Prüfung, bzw. für das Prüfungstestat nicht wichtig.	M
H4	Leitungs-organe	Spürbares Engagement der obersten Leitungsorgane als Voraussetzung für eine erfolgreiche Implementierung und den Einsatz von SoD-Software.	H
H5	Business-IT Alignment	Von übergeordneter Bedeutung, insbesondere während der Einführung von SoD-Software und in den ersten Monaten der PIP; Indikator für den Reifegrad der IT-Governance im Unternehmen; Verantwortung sollte bei den Fachabteilungen und nicht bei der IT liegen; die IT hat nur die Rollen als *„Enabler"* und *„Business Coach"*.	H

Hyp.	Indikator	Auswertungsergebnisse	Rel.
H6	Nutzer-zufriedenheit	Kann nicht beurteilt werden; in den seltensten Fällen nutzen Prüfer die SoD-Software selbst.	k.A.
H7	Lernchancen	Individuelles und auch organisationales Lernen wird angestoßen; eine unternehmensweite „Compliance-Sensibilisierung" wird unterstützt.	H
H8	Internes Know-how	Je höher das interne Know-how, desto wahrscheinlicher ist ein effektiver und effizienter Umgang mit operationalen Risiken und SoD-Kontrollen.	H
H9	Externes Know-how	Unternehmenssituativ; aber in der Regel notwendig, da Fachwissen zur Interpretation und Sicherstellung der gesetzlichen Anforderungen (zu SoD) meist fehlt, empfehlenswert auch zum „Transfer von Risikodenken".	k.A.
H10	Informationen	Sollen die generierten Informationen als Prüfungs- und Compliance-Nachweise dienen, müssen auch effektive Applikationskontrollen nachgewiesen werden; die Compliance-Nachweise müssen nachvollziehbar und verständlich sein (für Mitarbeiter der Unternehmen aber auch für Prüfer).	H
H11	System	Der Leistungs- und Funktionsumfang muss „unternehmensfit" sein; eine Zusammenarbeit zwischen Business und IT ist sinnvoll; reife Selektions- und Testprozesse sind Voraussetzung.	M
H12	Services	Serviceverträge müssen an die Leistungsanforderungen angepasst sein; zur Sicherstellung der Nachhaltigkeit von SoD-Software sind Wartungs- und Release-Management von besonderer Bedeutung.	M

Abbildung 60 zeigt die Indikatoren und situativen Kriterien sowie generische Benefits anhand des theoretischen Modells; die Hypothesen (H1 bis H12, SH1 bis SH3) und ihre Relevanz (in Klammern) sind an den Beziehungspfeilen aufgetragen.

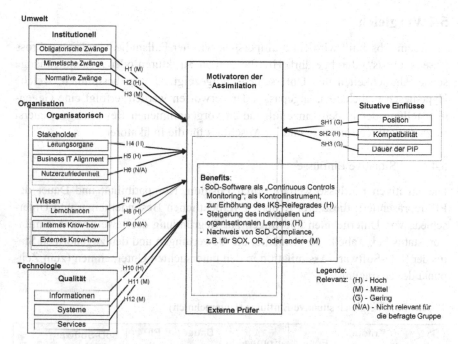

Abbildung 60: Modellabgleich für die Expertengruppe der Prüfer.

5.4 Vergleich

In diesem Abschnitt wird ein multiperspektivischer Fallstudienvergleich („Cross Case Analysis") durchgeführt. Hierfür werden Strukturen oder Zusammenhänge sowie Ähnlichkeiten und Unterschiede aufgezeigt. Um zu bestimmen, welche Hypothesen beibehalten, angepasst oder verworfen werden, erfolgt eine Gegenüberstellung der in den Einzelfallstudien vorgenommenen Bewertungen, zuerst für die situativen Einflüsse und im Anschluss für die Indikatoren.

5.4.1   Situative Einflüsse

Die situativen Einflüsse werden durch Position, Kompatibilität und Dauer der PIP repräsentiert; diese drei Kriterien verdeutlichen Besonderheiten und Unterschiede von Unternehmen und tragen zur Begründung des jeweiligen Assimilationsstatus bei. Tabelle 56 beinhaltet die Bewertungen und den zugehörigen Status der SoD-Software-Assimilation in den untersuchten Unternehmen (zum Zeitpunkt der Befragung).

Tabelle 56:   Vergleich situative Einflüsse (Unternehmen).

Kriterien Fallstudie	Posi-tion	Kompa-tibilität	Dauer der PIP		SoD-Software Assimilations-status
			Kategorie	in Jahren	
Unternehmen 1 (U1)	H	H	H	>3	Acceptance (Mitte)
Unternehmen 2 (U2)	H	H	M	2- ≤3	Acceptance (Beginn)
Unternehmen 3 (U3)	M	H	M	2- ≤3	Acceptance (Ende)
Unternehmen 4 (U4)	M	G	G	≤1	Adaption (Ende)

Tabelle 57 beinhaltet die Einschätzungen der Expertengruppen zur grundsätzlichen Bedeutung von Position, Kompatibilität und Dauer der PIP im Kontext von SoD- bzw. compliance-bezogenen Softwareprodukten. Die Einschätzungen zur PIP orientieren sich am Erreichen der Assimilationsstufe „Acceptance" und sind kategorisiert nach dem Bewertungsschema zur Dauer der PIP (vgl. Tabelle 31) sowie in Jahren angegeben.

Tabelle 57: Vergleich situative Einflüsse (Expertengruppen).

Kriterien Fallstudie	Posi- tion	Kompa- tibilität	Dauer der PIP		Zum Erreichen des SoD-Software Assimilationsstatus
			Kategorie	in Jahren	
Berater	H	H	M	2 – ≤3	Acceptance
Anbieter	G	H	G	≤1	Acceptance
Prüfer	G	H	G	≤1	Acceptance

Die Gegenüberstellung der situativen Einflüsse in den untersuchten Unternehmen (Tabelle 56) zeigt, dass U1 und U2 bis auf die Dauer der PIP vergleichbar sind, während U3 sich in Position von U1 und U2 sowie in der Dauer der PIP nur von U1 unterscheidet. U4, welches als Kontrastunternehmen gewählt wurde (vgl. Abschnitt 4.2), ist infolgedessen nicht mit den anderen vergleichbar: Sowohl in Position, Kompatibilität, als auch in der Dauer der PIP gibt es Unterschiede, zumindest zu einem der drei Unternehmen. Die Assimilationsstufen sind in U1, U2 und U3 ähnlich, wenn auch mit unterschiedlichen Reifegraden, während in U4 die Stufe „Adaption" noch nicht abgeschlossen ist.

Die Gegenüberstellung der situativen Einflüsse aus den Expertengruppen (Tabelle 57) zeigt, dass diese die situativen Einflüsse differenziert beurteilen: Berater stufen die Bedeutung der Position und Kompatibilität hoch (H) ein und veranschlagen als *„realistische"* Dauer der PIP, bis zum Erreichen der Stufe „Acceptance", zwei bis drei Jahre, also eine mittlere (M) Einstufung gemäß den Kriterien in Tabelle 31. Anbieter und Prüfer bewerten die Bedeutung der situativen Einflüsse identisch: Die Position wird als gering (G) und die Kompatibilität als hoch (H) eingestuft; für die durchschnittliche Dauer der PIP wird ein Jahr veranschlagt; bis dahin sollte in Unternehmen die Stufe „Acceptance" für die SoD-Software abgeschlossen sein.

Replikationslogik

Bei der Festlegung der Untersuchungsobjekte wurden die Auswahlkriterien für die Unternehmen in Abhängigkeit von unterschiedlichen Replikationslogiken getroffen (vgl. Abschnitt 4.1, Tabelle 22). In Tabelle 58 sind die Resultate für die einzelnen Unternehmen dargestellt, die nicht durchgestrichenen Zellen sind bestätigt; für U4 konnten zum Zeitpunkt der Datenerhebung bezüglich des Replikationsverhaltens noch keine abschließenden Aussagen getroffen werden, da die Dauer der PIP noch zu kurz war; die Zellen sind deshalb durchgestrichen.

Tabelle 58: Bestätigte Replikationslogiken.

	U1 (Konzern)	U2 (Konzern)	U3 (Division)	U4 (Division)
U1 (Konzern)		Literal Replication	Eingeschränkte Literal Replication	Theoretical Replication
U2 (Konzern)	Literal Replication		Eingeschränkte Literal Replication	Theoretical Replication
U3 (Division)	Eingeschränkte Literal Replication	Eingeschränkte Literal Replication		Theoretical Replication
U4 (Division)	Theoretical Replication	Theoretical Replication	Theoretical Replication	

U1 und U2 unterscheiden sich in der Dauer der PIP und beim Fortschritt der Assimilation, wobei beide sich in der Assimilationsstufe „Acceptance" befinden. Die bereits länger andauernde PIP in U1 kann den dort fortgeschritteneren Assimilationsstatus erklären. Die in der Fallstudienselektion prognostizierte „Literal Replication" für U1 und U2 (vgl. Tab. 22) trifft somit bezüglich des Assimilationsstatus zu.

U3 unterscheidet sich von U1 und U2 durch eine mittlere (M) Position: U3 ist zwar ebenfalls ein global agierender Konzern, aber im Vergleich zu den beiden anderen wesentlich kleiner, folglich gelten andere situative Bedingungen (vgl. Tabelle 29). Vergleichbar mit U1 und U2 ist die hohe (H) Kompatibilität in U3. Im Vergleich zu U1 und U2 werden IT-Entscheidungen größtenteils dezentral getroffen und die mittels SoD-Software angestrebten Ziele sind nicht nur compliance-, sondern auch effektivitäts-orientiert. Die Dauer der PIP ist vergleichbar mit U2, allerdings wurde in einem ähnlichen Zeitraum das Ende der Stufe „Acceptance" erreicht, womit die Assimilation im Vergleich zu U2, aber auch zu U1, fortgeschrittener ist. Die in der Fallstudienselektion prognostizierte „Limited Literal Replication" (vgl. Tabelle 22) für U3 im Vergleich zu U1 und U2 trifft somit bezüglich des Assimilationsstatus zu.

U4 wurde als Kontrastunternehmen ausgewählt und unterscheidet sich von den anderen drei Unternehmen: Es ist eine global agierende KMU, was durch die als mittel (M) eingestufte Position verdeutlicht wird. Somit gelten in diesem Unternehmen, vergleichbar mit U3, andere situative Bedingungen im Vergleich zu U1 und U2 (vgl. Tabelle 29). Im Unterschied zu U1, U2 und U3 ist die Kompatibilität als gering (G) eingestuft; dies bedeutet, dass U4, gemäß Tabelle 30, wenig oder nur teilweise ausgeprägte Prozesse besitzt, um eine SoD-Software zu integrieren. Interessant ist, dass U4 mit dem Einsatz einer SoD-Software, analog zu U3, neben compliance- auch effektivitäts-orientierte Ziele verfolgt. Der Einfluss der (geringeren) Kompatibilität kann jedoch nicht abschließend beurteilt werden, da die Dauer der PIP zum Zeitpunkt der Datenerhebung noch zu kurz ist. Das Unternehmen befindet sich nach knapp einem Jahr am Ende der Assimilationsstufe „Adaption". Es kann davon ausgegangen werden, dass der Beginn der Stufe „Acceptance" in einigen Monaten erreicht wird. Die in der Fallstudienselektion für U4 prognostizierte „Theoretical Replication" (vgl. Tabelle 22) ist bezüglich des Assimilationsstatus zwar erkennbar, aber wegen der kurzen Dauer der PIP, im Vergleich zu den anderen Unternehmen, kann die Prognose nicht abschließend bewertet werden.

Im Folgenden werden unter Einbezug von Details aus den Abschnitten 5.2 und 5.3 erkennbare Strukturen und Zusammenhänge sowie Ähnlichkeiten und Unterschiede in Bezug auf die situativen Einflüsse aufgezeigt.

U1 im Vergleich zu U2

Die Resultate in Tabelle 58 bestätigen die bei der Auswahl der Unternehmen vermuteten Zusammenhänge: Die zwischen U1 und U2 erkennbare „Literal Replication" ist nachvollziehbar, da beide Unternehmen große, global agierende Konzerne mit anspruchsvollen Compliance-Anforderungen sind; infolgedessen agieren sie unter vergleichbaren externen Einflüssen, auch bezüglich compliance-relevanter Anforderungen und Ziele. Beide Unternehmen haben SoD-Software relativ früh, im Jahr 2006 bzw. 2007, zu implementieren begonnen und bei beiden ist der Assimilationsfortschritt verzögert (zumindest nach den Erwartungen der Anbieter und Prüfer). Kurioserweise ist sowohl in U1 als auch U2 die Assimilation durch einen geplanten Wechsel der SoD-Software blockiert.

U3 im Vergleich zu U1 und U2

Zwischen U3 und U1, U2 ist, wie prognostiziert, eine „Limited Literal Replication" erkennbar: U3 ist zwar wesentlich kleiner und einer anderen Branche zugehörig, die Compliance-Anforderungen sind jedoch, zumindest in Bezug auf SOX, vergleichbar. Somit lassen sich auch ähnliche compliance-orientierte Anforderungen und Ziele vermuten. Auch in U3 wurde relativ früh, im Jahr 2007, begonnen, SoD-Software zu implementieren. U3 ist bezüglich der Assimilation weiter fortgeschritten, jedoch ist diese auch verzögert (nach den Erwartungen der

Anbieter und Prüfer). Die hoch (H) eingestufte Position von U1 und U2, im Vergleich zur mittleren (M) von U3, könnte unter Bezug auf die Kriterien in Tabelle 29 zur Annahme verleiten, dass U3 in der Assimilation zurückgeblieben ist. Dies wurde jedoch nicht bestätigt, hier gilt im Gegenteil, die Assimilation ist am weitesten fortgeschritten. Daraus lässt sich schließen, dass unterschiedliche situative Einflüsse zwischen U3 und U1, U2 die Assimilation eher positiv beeinflussen; folgende Ungleichheiten sind besonders deutlich:

- Kleiner Konzern,

- andere Branche; weniger branchenspezifische Regulierungen und damit unter Umständen weniger (SoD-)Kontrollen,

- IT-Management ist stärker dezentral organisiert; bezüglich SoD-Software häufig dezentrale Entscheidungen,

- der „Umstieg" von der SoD-Software Virsa (nach dem Verkauf) auf SAP GRC AC erfolgte schnell, „fast im Change-Management-Modus",

- neben compliance-, werden effektivitäts-orientierte Ziele (Benefits) verfolgt (bereits seit der Entscheidung für eine SoD-Software).

U4 im Vergleich zu U1, U2 und U3

Für U4 konnte die prognostizierte „Theoretical Replication" wegen der kurzen Dauer der PIP (noch) nicht abschließend beurteilt werden; der im Vergleich zu U1, U2 und U3 jedoch zügige Fortschritt der Assimilation (in knapp einem Jahr am Ende der Stufe „Adaption") kann als Indiz gewertet werden, dass die Prognose gestützt wird und U4 im Vergleich zu den drei anderen eine zügigere Assimilation ihrer SoD-Software erreicht. Auch hier kann, analog zu U3, angenommen werden, dass die Unterschiede insbesondere zu U1 und U2 die Assimilation eher positiv beeinflussen.

Bedeutung der Position aus Sicht der Expertengruppen

Berater stufen als Einzige den Einfluss der Position hoch (H) ein, während Anbieter und Prüfer diesen nur als gering (G) ansehen (vgl. Tabelle 57). Die abweichende Bewertung der Berater kann mit deren Erfahrungen begründet werden, dass große und/oder stark regulierte Unternehmen im Vergleich zu Kleineren meist über höhere Ressourcen und auch mehr „Masse" verfügen (z.B. Prozesse, Kontrollen; Mitarbeiter, (SoD-Software-)Nutzer). Aufgrund der größeren

Dimensionen kann eine (Teil-)Automatisierung von Kontrollen z.B. mittels SoD-Software, eklatante Vorteile bringen; in kleineren Unternehmen sind die Vorteile entsprechend weniger spürbar. Die frühe Implementierung von SoD-Software in den drei großen Unternehmen unterstützt diese Annahme.

Die geringe (G) Bewertung der Position durch Anbieter ist ebenfalls nachvollziehbar, da diese aufgrund ihrer Interessenslage keine potenziellen Zielgruppen einer SoD-Software ausschließen und den Nutzerkreis möglichst weit fassen möchten, zudem können unter bestimmten Voraussetzungen auch kleinere Unternehmen von einer SoD-Software profitieren. Aus Sicht der Prüfer rechtfertigt sich eine geringe (G) Einstufung deshalb, weil *„andere Kriterien eine wichtigere Rolle spielen"*; SoD-Software gilt als *„beliebiges Instrument"*, von dessen Einsatz solche Unternehmen profitieren können, die ERP-Systeme einsetzen und compliance-relevante Prozesse darin abbilden.

Bedeutung der Kompatibilität aus Sicht der Expertengruppen

Die Bedeutung der Kompatibilität wird in den Expertengruppen übereinstimmend hoch (H) eingestuft (vgl. Tabelle 57): Experten verbinden mit einer hohen Kompatibilität eine zügige Implementierung und Assimilation von SoD-Software. Tabelle 59 beinhaltet häufig genannte affirmativ wirkende Kompatibilitätskriterien (in der Spalte „Nennung" ist vermerkt, welche der Expertengruppen das Kriterium einbrachte).

Bedeutung der Dauer der PIP aus Sicht der Expertengruppen

Zur Dauer der PIP herrschen unterschiedliche Auffassungen vor: Berater geben als „realistische" Dauer zwei bis drei Jahre an, während Anbieter- und Prüfer *„im Idealfall"* ein Jahr veranschlagen; nach einem Jahr sollte die Assimilation den Status „Acceptance" erreicht haben. Die längere Zeitangabe der Berater kann mit ihren (negativen) Erfahrungen zusammenhängen, welche zeigen, dass in der Praxis ein Jahr bis zum Erreichen der Stufe „Acceptance" unrealistisch ist (dies wurde im Übrigen auch von keinem der untersuchten Unternehmen erreicht). Bei Anbietern ist davon auszugehen, dass deren Interessenslage die Festlegung der relativ kurzen Dauer der PIP leitet; ihre Kunden werden typischerweise eine kurze Assimilationsphase bevorzugen, indiziert dies doch eine reibungslose Integration der SoD-Software. Aus Sicht der Prüfer sollte die Dauer der PIP höchstens ein Jahr betragen; eine kurze Dauer wird als Indiz für eine hohe Kompatibilität (vgl. Tabelle 30, vgl. auch Tabelle 59) und reife IT-

Tabelle 59: Affirmativ wirkende Kompatibilitätskriterien.

#	Kompatibilitätskriterien	Nennung
1	Hohe Position von Unternehmen.	Berater
2	Hoher Reifegrad des Unternehmens bezüglich der organisatorischen Strukturen, Prozesse und definierten Verantwortlichkeiten. Beispiele: – Key User bzw. Process Owner, welche Prozesse und Aktivitäten verantworten, inhärente Risiken kennen und verwalten; – „*Compliance-sensibles*" Management, welches Compliance-Anforderungen ernst nimmt und damit assoziierte Maßnahmen fördert; – tragfähige IKS-Strukturen; – IT-Management, welches mit Fachabteilungen eng zusammenarbeitet; – definierte Strukturen, Prozesse und Verantwortlichkeiten im IT-Umfeld; – konsistente Daten in den ERP-Systemen; – etablierte Projektkultur, mit transparenten Entscheidungs- und Verantwortungsstrukturen – auch in der PIP; – Stabile Change-Management-Prozesse; – gute Vorbereitung des SoD-Projektes und Wahl des passenden Produktes.	Berater Anbieter Prüfer
3	Verfügbares Know-how zu den Kriterien aus #2; explizit auch zu SoD-Kontrollen und SoD-Software.	Berater Anbieter Prüfer
4	Geringe Outsourcing-Rate, vor allem Offshoring-Beziehungen (und Beteiligung am SoD-Projekt und in der PIP).	Berater

Governance-Prozesse gewertet; im Umkehrschluss bedeutet eine lange/längere Dauer der PIP, dass die Kompatibilität und/oder die IT-Governance-Prozesse eines Unternehmens zum Einsatz von SoD-Software unzureichend sind.

Tabelle 60 beinhaltet eine Zusammenfassung der Expertenmeinungen zur Dauer der PIP für die Stufen „Acceptance" bis „Infusion" (zu den Stufen vgl. Abschnitt 3.2.1). Für jede Stufe sind zwei Zeitangaben vorhanden (wobei k.A. bedeutet, dass keine Aussagen erhoben werden konnten): Zum einen für den Idealfall, innerhalb dessen die jeweils nächste Stufe erreicht werden sollte und zum anderen für die typischerweise in der „Praxis" benötigte Dauer. Im Ver-

Tabelle 60: Dauer der PIP – Idealfall und Praxis (Expertengruppen).

Kriterium Fallstudie	Dauer der PIP (in Jahren) bis zum Erreichen der Assimilationsstufe							
	Adaption		Acceptance		Routinization		Infusion	
	Ideal	Praxis	Ideal	Praxis	Ideal	Praxis	Ideal	Praxis
Berater	≤1	>1-nie	1	>2-nie	2	nie	3	nie
Anbieter	≤1	<2	≤1	<2	≤2	<3	≤3	k.A.
Prüfer	≤1	k.A.	≤1	k.A.	≤1	k.A.	≤2	k.A.

gleich zum „Ideal" ist die Dauer der PIP in der „Praxis" erheblich länger bzw. sehr offen, teilweise werden fortgeschrittene Stufen auch nicht erreicht. Interessanterweise unterscheiden besonders Berater bezüglich der PIP-Dauer zwischen *„Realität in der Praxis und Ideal"*.

Die Unterschiede zwischen Ideal und Praxis in Tabelle 60 spiegeln die unterschiedlichen Erfahrungen der Experten: Berater kennen die ideale Dauer der PIP, von Informationen der Anbieter und auch den Erwartungen ihrer Kunden, wissen aber aus ihrer Praxis, dass diese Zeitangaben für die meisten ihrer Kunden unrealistisch sind, da die Voraussetzungen für eine zügige Assimilation nicht vorhanden sind. Anbieter gehen vom Idealfall, einer hohen Kompatibilität seitens ihrer Kunden aus und leiten daraus die Dauer der PIP ab. Auch Prüfer orientieren sich am Idealfall und verweisen auf Kriterien bzw. Voraussetzungen, wie sie in Tabelle 59 zusammengefasst sind sowie auf den Reifegrad der IT-Governance.

Die Gegenüberstellung in Abbildung 61 zeigt die Dauer der PIP in den untersuchten Unternehmen und in Relation den jeweiligen Status der Assimilation.

Abbildung 61 zeigt, dass in U1 und U2 auch nach mehr als zwei bzw. drei Jahren die Stufe „Acceptance" nicht überschritten ist; zudem wird der Assimilationsfortschritt in beiden Unternehmen blockiert, weil der Einsatz einer neuen SoD-Software ansteht; folglich werden beide mit der eingesetzten Software nicht die Stufe „Routinization" erreichen. Hinzu kommt, dass sowohl in U1 als auch in U2 der aktuelle Status der Assimilation wohl als ausreichend erachtet wird, da das Hauptziel, der Nachweis der SoD-Compliance, erreicht wird.

In U3 ist die Assimilation im Vergleich zu U1 und U2 in einer kürzeren Zeitspanne weiter fortgeschritten und demnächst wird wohl die Stufe „Routinization" erreicht; der Assimilationsfortschritt ist durch keinen Softwarewechsel blockiert und weiterführende Aktivitäten, etwa weitere Rollouts, sind geplant.

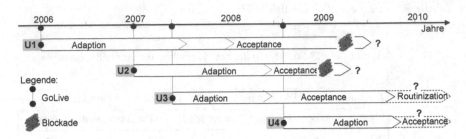

Abbildung 61: Assimilationsstatus in Relation zur Dauer der PIP.

In U4 ist die SoD-Software zu kurz im Einsatz, um bereits Aussagen treffen zu können, inwieweit die Dauer der PIP den Assimilationsfortschritt beeinflusst; die Stufe „Acceptance" wird wohl in absehbarer Zeit erreicht.

Insgesamt wird deutlich, dass die Dauer der PIP nicht wirklich entscheidend für den Assimilationsfortschritt ist. So können etwa, wie in U1 und U2, neue Entscheidungen die Assimilation blockieren, während sich in U3 und U4 der Assimilationsfortschritt stetig zum zeitlichen Fortschritt der PIP entwickelt.

Erkenntnis

Die Unternehmen U1 und U2, beide bezüglich ihrer Position als hoch (H) bewertet, profitieren vermutlich vom SoD-Softwareeinsatz stärker als die mittel (M) eingestuften Unternehmen U3 und U4. Jedoch tragen die höheren zu erwartenden Profite nicht zu einem zügigen Assimilationsfortschritt bei: U3, ein wesentlich kleineres Unternehmen mit einer nur mittel (M) eingestuften Position, ist in der Assimilation innerhalb kürzerer Zeit weiter fortgeschritten. Mit U4 wurde deutlich, dass auch KMU von einem SoD-Softwareeinsatz profitieren; das Unternehmen befindet sich nach knapp einem Jahr am Ende der Stufe „Adaption"; es zeichnet sich ab, dass die Assimilation schneller vorankommt, als bei den größeren Unternehmen. Schlussfolgernd wird davon ausgegangen, dass die Position gemäß den Kriterien in Tabelle 29 wenig Einfluss auf den Fortschritt der Assimilation von SoD-Software hat; diese Annahme wird auch durch die geringe (G) Bewertung seitens der Anbieter und Prüfer gestützt. Die zugrundeliegende Hypothese (SH1) wird deshalb verworfen:

Hyp.	Hypothesenabgleich	Erkenntnis
SH1	Eine starke (Markt-)Position eines Unternehmens wirkt sich positiv auf die Assimilation von SoD-Software aus.	Verworfen

Dahingegen wird der Kompatibilität gemäß den Kriterien in Tabelle 30 eine hohe Wirkung auf den Fortschritt der Assimilation beigemessen; dies wird durch die durchgängig hohen Bewertungen seitens der untersuchten Unternehmen als auch der Expertengruppen gestützt. Die zugrunde liegende Hypothese (SH2) wird deshalb beibehalten:

Hyp.	Hypothesenabgleich	Erkenntnis
SH2	Eine hohe Kompatibilität des Unternehmens wirkt sich positiv auf die Assimilation von SoD-Software aus.	Beibehalten

Für die Dauer der PIP besteht zwar ein Zusammenhang mit dem Assimilationsfortschritt, aber situative Besonderheiten, etwa neue (strategische) Entscheidungen oder ein frühzeitig akzeptierter, niedriger Assimilationsstatus, können die Assimilation blockieren und letztlich beenden. Folglich wird die zugrunde liegende Hypothese nicht verworfen, sondern unter Berücksichtigung situativer Besonderheiten angepasst:

Hyp.	Hypothesenabgleich	Erkenntnis
SH3	Die Dauer der PIP wirkt sich auf die Assimilation von SoD-Software aus.	Anpassung erforderlich
SH3 (Neu)	Die Dauer der PIP wirkt sich auf die Assimilation von SoD-Software aus, jedoch können situative Besonderheiten die Assimilation vorzeitig beenden.	Angepasst

5.4.2   Indikatoren

Die Indikatoren des theoretischen Modells (vgl. Abb. 42) werden nach der Systematik des TOE-Assimilationsmodells (vgl. Abb. 35) strukturiert und verglichen: Die Bewertungen zu den untersuchten Unternehmen, deren Assimilationsstatus bezüglich SoD-Software sowie die Einschätzungen der befragten Expertengruppen werden einander tabellarisch gegenübergestellt (vgl. als Beispiel Tabelle 61). Darauf aufbauend werden Ähnlichkeiten und Unterschiede aufgezeigt und wenn möglich plausible Begründungen abgeleitet.

5.4.2.1   Umwelt

Unternehmensexterne Einflüsse werden durch obligatorische, mimetische und normative Zwänge repräsentiert. Tabelle 61 beinhaltet die Bewertungen zu den untersuchten Unternehmen und ihren Assimilationsstatus sowie die Einschätzungen der Expertengruppen zur Bedeutung der Indikatoren.

Tabelle 61: Vergleich unternehmensexterne Einflüsse.

Indikatoren Fallstudie	Obligato- rische Zwänge	Mimeti- sche Zwänge	Norma- tive Zwänge	SoD-Software Assimilationsstatus
Unternehmen 1 (U1)	H	H	H	Acceptance
Unternehmen 2 (U2)	H	H	H	Acceptance (Beginn)
Unternehmen 3 (U3)	H	H	H	Acceptance (Ende)
Unternehmen 4 (U4)	H	H	H	Adaption

Berater	H	M	H
Anbieter	H	H	H
Prüfer	M	H	M

Der Vergleich der einzelnen Bewertungen zeigt ein homogenes Bild für die untersuchten Unternehmen: Ohne Ausnahmen werden die drei Indikatoren für unternehmensexterne Einflüsse als hoch (H) eingestuft; dies wird als Indiz gewertet, dass sie eine hohe Wirkung auf die Assimilation haben und zwar unabhängig von der Position eines Unternehmens und anderen situativen Einflüssen. Die Einstufungen der Expertengruppen sind etwas differenzierter; die Abweichungen werden im folgenden Vergleich der einzelnen Indikatoren detailliert betrachtet.

5.4.2.1.1 Obligatorische Zwänge

Die in Tabelle 62 komprimierten Auswertungsergebnisse zeigen ein relativ eindeutiges Meinungsbild; mit Ausnahme der Prüfer bewerten alle befragten Akteure die Wirkung der obligatorischen Zwänge als hoch (H).

Ein Vergleich der SOX-pflichtigen Unternehmen U1, U2 und U3 verdeutlicht, dass SOX-Anforderungen primäre Auslöser für den Einsatz einer SoD-Software sind, auch in der PIP sind sie als Begründungsmuster präsent. Das Top Management wird als treibende Instanz hervorgehoben, die Etablierung der SoD-Software bzw. der -Kontrollen wird von diesen auch in der PIP verfolgt. Dieses engagierte Verhalten ist für ein „Software-Werkzeug" ungewöhnlich und kann zum einen mit der Individualhaftung und den hohen Strafen zusammenhängen, welche bei Nichteinhaltung des SOX vorgesehen sind (vgl. Abschnitt 2.2.2; auch Bertschinger/Schaad, 2002). Zum anderen hängt es sicher auch mit den zu ver-

Tabelle 62: Obligatorische Zwänge – Komprimierte Ergebnisse.

Fallstudie/ Experten	Auswertungsergebnisse	Rel.
U1	SOX als primärer Auslöser; SOX-Compliance-Nachweise als wichtigster Benefit; Treiber ist das „*Top Management*".	H
U2	SOX als primärer Auslöser; SOX-Compliance-Nachweise als wichtigster Benefit; Treiber ist das „*Top Management*", in der Umsetzungs-Verantwortung stehen Führungskräfte des Bereichs „*Finance*".	H
U3	SOX als primärer Auslöser; SOX-Compliance-Nachweise als Benefit; das „*Top Management*" unterstützt die SoD-Initiative der Division.	H
U4	Schweizer OR (Modifizierung 2008) als primärer Auslöser; IKS-Compliance-Nachweise als Benefit; das lokale Management treibt die „*SoD-Initiative*"; „*Oberstes Management*" unterstützt die Initiative (*aus den USA*).	H
Berater	Extern ausgelöste Compliance-Anforderungen, primär SOX.	H
Anbieter	Extern ausgelöste Compliance-Anforderungen, primär SOX, oder ähnliche gesetzliche Anforderungen.	H
Prüfer	SOX löste ein Art „*Compliance-Software-Hype*" aus, der Einsatz von SoD-Software wird als sinnvoll, aber nicht als zwingend angesehen; eine nachvollziehbare Risikoidentifizierung, -bewertung und der Umgang mit den Risiken ist essentiell, während eine SoD-Software „*Kür*" ist.	M

hindernden, potenziellen Reputationsschäden zusammen, falls die Jahresabschlussprüfung gemäß den SOX-Regularien eine „Significant Deficiency" oder "Material Weakness" zum Ergebnis hat (vgl. Abschnitt 2.2.2.1).

In U4 ist ein nationales Gesetz, das modifizierte Schweizer OR, primärer Auslöser für den SoD-Softwareeinsatz. Dieses Gesetz verlangt seit dem 01. Januar 2008 von Unternehmen die Durchführung einer dokumentierten Risikobeurteilung (Art. 663b Ziffer 12 OR) und den Ausweis eines IKS (Art. 728a Ziffer 3 OR). Die Schweizer Units des Unternehmens, welche den Anforderungen des OR unterliegen, setzen SoD-Software zum einen zur Sanierung von SoD-Defiziten in den ERP-Systemen und zum anderen zur Überwachung von SoD-Kontrollen ein. Mittelfristig ist geplant, die Software auch in nicht OR-pflichtigen Units einzusetzen, da der Einsatz von SoD-Software durch das „*lokale Management*" forciert und vom „*obersten Management*" ausdrücklich unterstützt wird.

In den Expertengruppen führen Berater und Anbieter als wichtigsten Auslöser für den Einsatz von SoD-Software das Inkrafttreten des SOX an; die Strahlkraft des SOX wirkt auch auf nicht-SOX-pflichtige Unternehmen, auch wenn dort nationale oder andere Gesetze auslösende Größen sind. Prüfer stufen die Bedeutung von Gesetzen, auch SOX, allenfalls als mittel (M) ein; ihrer Ansicht nach erfordern Gesetze und daraus abgeleitete Compliance-Anforderungen keinen Einsatz von SoD-Software. Im Hinblick auf ihre Prüfungstätigkeit ist ein solches Werkzeug ebenfalls unnötig, das Ziel einer Prüfung kann auch ohne SoD-Software erreicht werden. In besonderen Fällen können SoD-Prüfungen auch mit spezifischer „Auditoren-Software" durchgeführt werden; diese Software erfüllt dann zudem die Rigorositätskriterien der Prüfer. Es wird von den Prüfern jedoch eingeräumt, dass es für Unternehmen mit komplexen ERP-Systemen zweckmäßig sein kann, SoD-Software als Instrument zum *„kontinuierlichen Montoring"* zu nutzen.

Erkenntnis

Mehrheitlich werden von den befragten Akteuren in den Unternehmen und Expertengruppen obligatorische Zwänge als primäre Auslöser für das Interesse an SoD-Software genannt; besonders SOX und dessen Strahlkraft gelten als Treiber. Durch den SOX und ähnliche Regularien sehen sich Leitungsorgane gezwungen, effektive SoD-Kontrollen nachzuweisen und engagieren sich deshalb für die Implementierung von SoD-Software. Die zugrunde liegende Hypothese (H1) gilt somit als unterstützt und wird beibehalten.

Hyp.	Hypothesenabgleich	Erkenntnis
H1	Obligatorische, institutionelle Anforderungen wirken sich positiv auf die Assimilation von SoD-Software aus.	Beibehalten

5.4.2.1.2 Mimetische Zwänge

Die in Tabelle 63 komprimierten Auswertungsergebnisse zeigen ein relativ eindeutiges Meinungsbild; mit Ausnahme der Berater bewerten alle befragten Akteure die Wirkung der mimetischen Zwänge als hoch (H).

Die Wirkung von mimetischen Zwängen wird in den untersuchten Unternehmen u.a. durch die Wahl des SoD-Softwareanbieters deutlich: In U1 und U2 wurden bei der ersten Softwarewahl Nischenanbieter (Approva, Securinfo) gewählt, diese Entscheidung wurde jedoch revidiert, nachdem SAP, als Markt-

Tabelle 63: Mimetische Zwänge – Komprimierte Ergebnisse.

Fallstudie/ Experten	Auswertungsergebnisse	Rel.
U1	Der Wechsel der SoD-Software basiert auf einer unternehmens-weit verbindlichen strategischen Entscheidung; die neue SoD-Software stammt vom Lieferanten der ERP-Systeme; starke Orientierung an externen Experten, dies löst (evtl. unbeab-sichtigte) Imitationsprozesse aus (Erfüllung der Big4-Anforderun-gen/Erwartungen).	H
U2	Der Wechsel der SoD-Software wird auf eine unternehmensweit verbindliche, strategische Entscheidung gestützt; die neue SoD-Software stammt vom Lieferanten der ERP-Syste-me; starke Orientierung an externen Experten, dies löst (evtl. un-beabsichtigte) Imitationsprozesse aus (Erfüllung der Big4-Anfor-derungen/Erwartungen).	H
U3	Die SoD-Software stammt vom Lieferanten der ERP-Systeme; starke Orientierung an externen Experten, dies löst (evtl. unbeab-sichtigte) Imitationsprozesse aus (Erfüllung der Big4-Anforderun-gen/Erwartungen); Einsatz von Best Practices wird fokussiert (z.B. Best-Practice-SoD-Matrizen).	H
U4	Die SoD-Software stammt vom Lieferanten der ERP-Systeme; Einsatz von Best Practices wird fokussiert (z.B. Best-Practice-SoD-Matrizen).	H
Berater	Inkrafttreten des SOX löste starke Nachfragen nach Berater-leistungen aus; Schwerpunkte waren u.a. Identifizierung von Risi-ken und Implementierung von Kontrollen, auch automatisiert mit (SoD-)Softwarelösungen.	M
Anbieter	Inkrafttreten des SOX löste hohe Nachfragen nach Softwarelösun-gen aus; SoD-Lösungen wurden aus bestehenden Produkten entwickelt und schnell am Markt angeboten.	H
Prüfer	Feststellbar ist eine verstärkte Anwendung von Referenzmodellen und Best Practices, als Reaktion auf Compliance-Anforderungen, sowie eine hohe Präsenz der Compliance-Thematik in den Medi-en, auf Konferenzen, zudem ein starker Einfluss von externen Beratern und Softwareanbietern.	H

führer für ERP-Systeme und Lieferant der eingesetzten Systeme, ein entspre-chendes Produkt (SAP GRC AC) am Markt lanciert hatte. Die Hinwendung zum Marktführer ist den Unternehmen wichtig und kann als Indiz für die mimetische Wirksamkeit angesehen werden, auch wenn der Wechsel in erster Linie damit begründet wurde, dass damit Integrations- und Synergieeffekte realisiert werden sollen.

In U3 wurde ursprünglich auch ein Nischenanbieter (Virsa) gewählt, das Unternehmen profitierte aber von der Akquisition von Virsa durch SAP; der Vorgang wurde positiv aufgenommen und die Umstellung von Virsa auf SAP GRC AC konnte kurzfristig und relativ problemlos „fast im Change-Management-Modus" realisiert werden. Dies war möglich, weil SAP GRC AC überwiegend aus den ehemals von Virsa angebotenen Komponenten besteht; so konnten z.B. die SoD-Matrizen und alle damit verknüpften Tabellen beibehalten werden. Auch in U4 wurde SAP GRC AC wegen der erwarteten Integrations- und Synergievorteile begrüßt, SoD-Produkte von anderen Anbietern wurden nicht ernsthaft in Betracht gezogen. Zusammenfassend wählten die untersuchten Unternehmen letztlich die SoD-Software ihres ERP-System-Anbieters; neben (potenziellen) Integrations- und Synergievorteilen, werden vom Marktführer auch innovative Entwicklungsfortschritte und besondere Supportleistungen erwartet.

Ein weiteres Indiz für die Wirkung von mimetischen Einflüssen ist die starke Orientierung der unternehmensinternen Akteure an externen Beratern, besonders an solchen der Big4-Gesellschaften. Die Bedeutung der Berater wird mit deren Expertentum begründet, vor allem hinsichtlich der Identifizierung von Risiken und Umsetzung von internen Kontrollen sowie mit ihren Best-Practice-Erfahrungen. Ein Interviewpartner von U3 argumentiert, dass Berater helfen, „das Rad nicht neu zu erfinden". Die Übernahme und Anpassung von etablierten Best Practices, auch von SoD-Matrizen, wird im Vergleich zu Eigenentwicklungen als effizienter und kostengünstiger eingeschätzt. Die Gefahr, dass damit wenig praktikable Konzepte imitiert werden, wird zwar wahrgenommen, aber mit Hinweis auf eine potenziell beschleunigte Realisierung von Projekten nicht hoch bewertet. Zudem wird davon ausgegangen, dass die auf diversen Veranstaltungen vorgestellten Lösungen, seien es Vorgehensmodelle, Konzepte oder Softwareprodukte, eine gewisse Marktreife besitzen und „von Anderen bereits vielfach überprüft wurden".

In den Expertengruppen stufen Berater als Einzige mimetische Einflüsse als mittel (M) ein und begründen dies u.a. damit, dass auch starke Medien- und Marketingaktivitäten, z.B. von Softwareanbietern und diversen Experten, nur dann wirken, wenn in den Unternehmen bereits ein „starker Druck wie durch SOX vorhanden ist". Sie sind der Ansicht, dass mimetische Wirkungen hauptsächlich durch obligatorische Zwänge, sozusagen in deren „Windschatten" entstehen.

Anbieter beurteilen die Bedeutung von mimetischen Einflüssen als hoch (H) und weisen auf das inzwischen große und stark gewachsene Angebot von Softwarelösungen zum Management von Compliance hin. Dieses wurde aus ihrer Sicht hauptsächlich durch die Nachfrage von SOX-pflichtigen Unternehmen sowie von ihren Beratern und verantwortlichen Mitarbeitern ausgelöst. Die Nachfrage wiederum verursachte eine Art „Hype" in der Entwicklung und Bewerbung solcher Produkte.

Prüfer stufen die Bedeutung der mimetischen Einflüsse ebenfalls als hoch (H) ein und begründen dies mit dem Einfluss von Softwareanbietern, Beratern und sonstigen Experten, aber auch mit einer durch SOX ausgelösten Strömung, welche eine verstärkte Beachtung und Nutzung von Referenzmodellen und Best Practices beinhaltet (z.B. COSO Report und COBIT, vgl. Abschnitt 2.2.3.3). Durch die Anwendung von Referenzmodellen und Best Practices sind in vielen Unternehmen ähnliche Konzepte bezüglich des Umgangs mit Compliance-Anforderungen und internen Kontrollen zu finden; die Verbreitung wird zudem durch Berater- und teilweise auch wechselnde Mitarbeiter „*befeuert*".

Erkenntnis

Die befragten Akteure gestehen mimetischen Einflüssen auslösende oder zumindest unterstützende Effekte in Bezug auf die (gestiegene) Nachfrage nach SoD-Software zu: In den untersuchten Unternehmen sind mimetische Einflüsse erkennbar, exemplarisch ist die Orientierung an führenden Softwareanbietern (SAP, als Marktführer von ERP-Systemen), an Beratern (vor allem von Big4-Gesellschaften) sowie die teilweise fast zwanghafte Nutzung von Referenzmodellen und Best Practices. In den Expertengruppen sehen besonders Anbieter und Prüfer mimetische Einflüsse und verweisen auf die hohe mediale Präsenz, insbesondere von Softwareanbietern, aber auch von Beratern. Exemplarisch wird die teilweise unreflektierte, imitierende Anwendung von ähnlichen Softwareprodukten, gleichen Referenzmodellen und -prozessen sowie Best Practices genannt; dadurch werden die immer gleichen Konzepte und Vorgehensmuster multipliziert – ohne diese zu hinterfragen. Hinzukommt, dass mimetische häufig durch obligatorische Einflüsse verstärkt werden. Insgesamt wird die zugrunde liegende Hypothese (H2) als unterstützt angesehen und beibehalten.

Hyp.	Hypothesenabgleich	Erkenntnis
H2	Die Präsenz und Verbreitung von Softwarelösungen, Referenzmodellen, Best Practices, etc. wirkt sich positiv auf die Assimilation von SoD-Software aus.	Beibehalten

5.4.2.1.3 Normative Zwänge

Die in Tabelle 64 komprimierten Auswertungsergebnisse zeigen ein relativ eindeutiges Meinungsbild; mit Ausnahme der Prüfer bewerten alle befragten Akteure die Wirkung der obligatorischen Zwänge als hoch (H).

Tabelle 64: Normative Zwänge – Komprimierte Ergebnisse.

Fallstudie/ Experten	Auswertungsergebnisse	Rel.
U1	Orientierung an externen Prüfern und ihren Anforderungen; Anwendung von COBIT und ITIL als Rahmenwerke für das IT-IKS.	H
U2	Orientierung an externen Prüfern und ihren Anforderungen.	H
U3	Orientierung an externen Prüfern und ihren Anforderungen.	H
U4	Orientierung an (Big4)-Beratern und ihren Anforderungen; Orientierung an externen Prüfern.	H
Berater	Orientierung an externen Prüfern und ihren Anforderungen.	H
Anbieter	Orientierung an externen Prüfern und ihren Anforderungen.	H
Prüfer	Orientierung an gesetzlichen Vorschriften, daraus resultieren Prüfaufträge; Orientierung an den Empfehlungen der berufsständischen Verbände; SoD-Software ist für die Prüfung, bzw. für das Prüfungstestat nicht wichtig.	M

Die Wirkung der normativen Zwänge zeigt sich in den untersuchten Unternehmen vor allem in der starken Orientierung an den externen Prüfern bzw. ihren Beurteilungen und Empfehlungen; die Anforderungen der Prüfer stehen an vorderster Stelle als Begründung für den Einsatz von SoD-Software. Entscheidend für die Akzeptanz von SoD-Software ist die positive Beurteilung der genutzten SoD-Matrizen sowie der SoD-spezifischen Prozesse und Compliance-Nachweise durch externe Prüfer.

Von den Expertengruppen stufen Berater und Anbieter die Wirkung von normativen Zwängen als hoch (H) ein und nennen als Hauptgrund für einen SoD-Softwareeinsatz die Einhaltung von gesetzlichen Vorschriften und die Möglichkeit, SoD-Compliance nachzuweisen; in diesem Zusammenhang wird auch auf die besondere und einflussreiche Rolle der Prüfer hingewiesen. Dahingegen werten Prüfer die Bedeutung von mimetischen Zwängen als mittel (M), vor allem schließen sie ihren eigenen normativen Einfluss weitgehend aus. In Bezug auf SoD-Software gehen Prüfer davon aus, dass ein solches Produkt wenig zur (Jahresabschluss-)Prüfung beitragen kann. Ist eine Prüfung der ERP-Zugriffsrechte und der SoD-Kontrollen in Folge von identifizierten Risiken erforderlich, kann eine SoD-Software zwar hilfreich sein, sie bedingt aber keinesfalls den Prüfungserfolg. Diese abweichende Auffassung der Prüfer kann mit deren Rolle als außenstehende, unabhängige Instanz begründet werden, vielleicht unterschätzen sie auch ihren Einfluss bei den Mandaten.

„Die Macht der Prüfer" kann vielleicht auch damit begründet werden, dass in Unternehmen das Risiko eines negativen Testats (z.B. die Veröffentlichung von „Weaknesses" aufgrund von mangelhaften SoD-Kontrollen bei SOX, vgl. Abschnitt 2.2.2.3) hoch priorisiert wird und zu vermeiden gilt. Als Kompensation des Risikos wird u.a. SoD-Software eingesetzt – nicht zuletzt auch *„befeuert"* von den oben beschriebenen mimetischen Einflüssen. Sowohl bei Beratern als auch Softwareanbietern kann davon ausgegangen werden, dass ihre Hinweise auf die Anforderungen von Prüfern (zumindest unbewusst) interessengesteuert sind; jedenfalls eignen sie sich gut zur Argumentationsunterstützung zum Verkauf von Beratungsleistungen und/oder Softwareprodukten.

Erkenntnis

In den Unternehmen und in den Expertengruppen (mit Ausnahme der Prüfer) werden normative Einflüsse in Zusammenhang mit SoD-Software ausschließlich auf die Anforderungen von (Big4-)Gesellschaften bzw. deren Prüfer reduziert: Positive Prüfberichte sind für Unternehmen essentiell; die Aussagen und Empfehlungen von Prüfern besitzen deshalb einen normativen Charakter. Die Prüfer selbst schätzen ihren normativen Einfluss als allenfalls mittel (M) ein, wobei die geringere Bewertung mit der besonderen Interessenslage (Unternehmen sind die Mandanten) der Prüfer begründet werden kann und vielleicht auch damit, dass Prüfer ihren Einfluss ungern hervorgehoben sehen möchten. Wegen der insgesamt hohen Übereinstimmung bezüglich des normativen Einflusses von externen Prüfungsorganen (mit nachvollziehbarer Ausnahme der Prüfer) wird die zugrunde liegende Hypothese (H3) beibehalten, aber dahingehend angepasst, dass sie sich nun explizit auf externe Prüfungsorgane bezieht.

Hyp.	Hypothesenabgleich	Erkenntnis
H3	Anforderungen und Empfehlungen von einflussreichen Akteuren wirken sich positiv auf die Assimilation von SoD-Software aus.	Anpassung erforderlich
H3 (Neu)	Anforderungen und Empfehlungen von externen Prüfungsorganen besitzen einen normativen Charakter und wirken sich positiv auf die Assimilation von SoD-Software aus.	Angepasst

5.4.2.2   Organisation

Organisationsbezogene Einflüsse werden durch sechs Indikatoren repräsentiert. Tabelle 65 fasst die Bewertungen zu den untersuchten Unternehmen und ihren Assimilationsstatus sowie die Einschätzungen der Expertengruppen zur Bedeutung der Indikatoren zusammen.

Tabelle 65: Vergleich organisatorische Einflüsse.

Indikatoren Fallstudie	Leitungsorgane	Business-IT Alignment	Nutzerzufriedenheit	Lernchancen	Internes Know-how	Externes Know-how	SoD-Software Assimilationsstatus
Unternehmen 1 (U1)	H	G	M	H	H	H	Acceptance
Unternehmen 2 (U2)	H	M	M	H	H	H	Acceptance (Beginn)
Unternehmen 3 (U3)	H	M	M	H	H	H	Acceptance (Ende)
Unternehmen 4 (U4)	H	M	M	H	H	H	Adaption

Berater	H	H	G	M	H	H
Anbieter	H	H	H	H	H	H
Prüfer	H	H	k.A.	H	H	H

Der Vergleich der einzelnen Bewertungen der Unternehmen zeigt eine hohe (H) Bewertung der Leitungsorgane, Lernchancen sowie des internen und externen Know-how. Die Bedeutung der Nutzerzufriedenheit wird als mittel (M) eingestuft, während das Business-IT Alignment unterschiedlich bewertet wird: U1 betrachtet den Einfluss auf die Assimilation als eher gering (G), während U2, U3 und U4 diesen als mittel (M) wahrnehmen.

Die Expertengruppen bewerten analog zu den Unternehmen die Bedeutung des Engagements der Leitungsorgane, des internen und externen Know-how als hoch (H). Ansonsten sind die Bewertungen differenzierter: Business-IT Alignment wird übereinstimmend als hoch (H) eingestuft und somit höher bewertet als in den Unternehmen. Die Nutzerzufriedenheit wird von Beratern als gering (G) eingestuft und ist somit konträr zu Anbietern, welche diese hoch (H) bewerten;

die Prüfergruppe gibt zur Nutzerzufriedenheit keine Aussage ab. Die Lernchancen werden von Anbietern und Prüfern als hoch (H) eingestuft, was konträr zu Beratern ist, welche den Lernchancen nur geringe (G) Bedeutung zugestehen. Zusammenfassend sind die Bewertungen teilweise sehr unterschiedlich; die Abweichungen werden beim Vergleich der einzelnen Indikatoren detailliert betrachtet.

5.4.2.2.1 Leitungsorgane

Die in Tabelle 66 zusammengefassten Auswertungsergebnisse zeigen ein übereinstimmendes Meinungsbild; alle befragten Akteure stufen die Wirkung des Engagements der Leitungs- und Führungsorgane als hoch (H) ein.

Die affirmative Wirkung eines spürbaren Engagements von Top Management bzw. oberstem Management (je nach Struktur der Unternehmenshierarchie) wird von allen befragten Akteuren betont. In den Unternehmen findet die Involvierung des Top Management bzw. der obersten Führungsorgane hauptsächlich über Fortschritts- (während der Implementierungsphase) und über Statusberichte zu den vorhandenen SoD-Konflikten (in der PIP) statt; ggf. gibt es dazu Rückmeldungen.

Das Engagement der obersten Leitungsorgane zeigt sich vor allem an deren Teilnahme in den zuständigen Steering Committees und inwieweit die Fortschritts- und Statusberichte in den *„Führungsmeetings"* thematisiert werden, nach dem Motto *„das bleibt auf der Agenda"*. Die operativen Führungsaufgaben in Zusammenhang mit SoD werden je nach hierarchischer Struktur an das oberste oder mittlere Management delegiert; diese berichten dann meist an definierte Stellen wie etwa Steering Committees oder „Compliance Officers".

In den Expertengruppen weisen Berater auf die *„schwache Position der IT"* hin und betonen, dass IT-Verantwortliche und -Mitarbeiter ohne *„Unterstützung von ganz oben"* ein SoD-Projekt nicht erfolgreich begleiten/durchführen können. Insbesondere in der PIP muss der *„Druck aufrecht erhalten"* werden, ansonsten *„verwässert"* das Konzept und somit die SoD-Kontrollen *„innerhalb kürzester Zeit"*. Anbieter beschreiben SoD-Software als *„besonders erklärungsbedürftiges Produkt"* und empfehlen, SoD-Projekte immer *„top down"* zu initiieren und auch in der PIP mit Hilfe des Top Management zu unterstützen. Begründet wird dies mit den SoD-bedingten Restriktionen von ERP-Berechtigungen und dass diese mit *„Machtpositionen"* und *„Mikropolitik"* verknüpft sind. Prüfer weisen darauf hin, dass das Engagement der Leitungsorgane von den Mitarbeitern sehr genau

Tabelle 66: Leitungsorgane – Komprimierte Ergebnisse.

Fallstudie/ Experten	Auswertungsergebnisse	Rel.
U1	Besonderes Engagement des *„Top Management"*, auch in der PIP; Stichwort für die PIP: *„das bleibt auf der Agenda"*; Nutzung eines Steering Committees für Compliance-Aufgaben.	H
U2	Besonderes Engagement des *„Top Management"* und der Leitungsorgane, insb. des Bereichs *„Finance"* sowie von Compliance- und Risiko-Managern; Nutzung eines Steering Committees für Compliance-Aufgaben.	H
U3	Besonderes Engagement des *„Top Management"* und der Leitungsorgane; Einrichtung eines „Compliance Offices" mit einflussreichen Compliance Officers.	H
U4	Mittleres Engagement des *„Obersten Management"* (Freigabe des Budgets und Überwachung von periodischen Fortschrittsberichten, auch in der PIP); Einrichtung eines temporären SoD-Steering-Committees.	H
Berater	Spürbares Engagement des *„Top Management"* als Voraussetzung für eine erfolgreiche Implementierung und den Einsatz von SoD-Software.	H
Anbieter	Engagement der *„obersten Führungskräfte"* als *„Grundvoraussetzung"* für eine erfolgreiche Implementierung und den Einsatz von SoD-Software.	H
Prüfer	Spürbares Engagement der obersten Leitungsorgane als Voraussetzung für eine erfolgreiche Implementierung und den Einsatz von SoD-Software.	H

registriert wird und dass der *„Tone at the Top"* bei kontrollorientierten Maßnahmen wie SoD eine wichtige Rolle spielt. Die Vorbildfunktion wird auch am *„gelebten Interesse"* der Leitungsorgane gemessen, ohne dieses werden SoD-Kontrollen *„keine Chancen auf langfristiges Bestehen"* eingeräumt. Eine *„riesengroße Herausforderung"* wird auch darin gesehen, das Top Management für SoD-Software zu interessieren; diese Aufgabe könnte vom IT-Management, oder besser von den Compliance-Verantwortlichen übernommen werden.

Erkenntnis

Sowohl in den Unternehmen als auch Expertengruppen wird die Bedeutung des Engagements der Leitungs- und Führungsorgane übereinstimmend hervorgehoben. Warum deren Engagement für SoD-Software wichtig ist, wird mit der Besonderheit von kontrollorientierten Maßnahmen an sich begründet. Auch die *„schwache Position der IT"*, bezüglich der Durchsetzung von (SoD-)Kontrollen, bedarf einer ausdrücklichen Unterstützung, ansonsten *„verwässert"* das Konzept schnell. Nicht zuletzt wird dem *„Tone at the Top"*, dem Vorbild der Leitungsorgane, eine wichtige Rolle zugesprochen, da dieser von Mitarbeitern genau registriert wird und ihr Verhalten beeinflusst. Die eindeutige Bewertung der Befragten und ihre Begründungen unterstützen somit die zugrunde liegende Hypothese (H4).

Hyp.	Hypothesenabgleich	Erkenntnis
H4	Das Engagement der Leitungsorgane wirkt sich positiv auf die Assimilation von SoD-Software aus.	Beibehalten

5.4.2.2.2 Business-IT Alignment

Die in Tabelle 67 komprimierten Auswertungsergebnisse zeigen die unterschiedlichen Auffassungen der befragten Akteure zu Business-IT Alignment.

Die Bedeutung von Business-IT Alignment wird in den untersuchten Unternehmen als mittel (M) bis gering (G) eingestuft, obwohl die geschilderten Beziehungen zwischen Fachabteilungen und IT als eher schwierig und negativ geprägt dargestellt wurden und dies eine höhere Einstufung gerechtfertigt hätte: Probleme in Zusammenhang mit SoD-Software und insbesondere damit verknüpften Restriktionen werden auf ein mangelndes Beziehungsmanagement zwischen den beiden Parteien zurückgeführt. Dennoch scheint Business-IT Alignment eine untergeordnete Rolle zu spielen oder der Einfluss wurde nicht erkannt und folglich nicht hoch bewertet. Letzteres kann vermutet werden, da die Expertengruppen ein *„gelebtes"* Business-IT Alignment übereinstimmend als hoch (H) einstufen. Aus Sicht der Berater ist ein *„gelebtes"* Business-IT Alignment sehr wichtig, jedoch in den SoD-Projekten selten spürbar. Die Projekte werden meist federführend von der IT-Abteilung betrieben; dort ist typischerweise das Know-how zum Management von Softwareimplementierungen und zu den ERP-Berechtigungen vorhanden. Die Rolle der IT in Zusammenhang mit SoD-Projekten und dem anschließenden Softwarebetrieb wird als schwierig und das Image als negativ geschildert; dies wird mit den Restriktionen der Berechtigungen in Verbindung gebracht, welche IT-Mitarbeiter durchsetzen und meist auch überwachen müssen. Eng damit verknüpft ist auch häufig mangelndes Know-how seitens der ERP-System-Nutzer bezüglich des Berechtigungswesens.

Tabelle 67: Business-IT Alignment – Komprimierte Ergebnisse.

Fallstudie/ Experten	Auswertungsergebnisse	Rel.
U1	Von untergeordneter Bedeutung, SoD-(Software-)Projekte sind „Business-Projekte"; die (ausgelagerte) IT liefert nur entsprechende Services.	G
U2	Von untergeordneter Bedeutung, SoD-(Software-)Projekte sind IT-Projekte; Potenziale eines aktiven Business-IT Alignment sind erkannt; die Rolle der IT ist bezüglich SoD-Aktivitäten stark negativ besetzt.	M
U3	Von untergeordneter Bedeutung, bei Bedarf wird direktiv eingegriffen; die Rolle der IT ist eher negativ besetzt; Überforderung der IT durch „hohen Workload".	M
U4	Von mittlerer Bedeutung, Kontroversen zwischen Business und IT führen zu Verzögerungen und Problemen; die Rollen der IT sind beim Business negativ besetzt und umgekehrt; Einsatz eines SoD-Managers (auch) zum Beziehungsmanagement.	M
Berater	Von übergeordneter Bedeutung, insbesondere während der Einführung von SoD-Software und in den ersten Monaten der PIP.	H
Anbieter	Von übergeordneter Bedeutung, insbesondere während der Einführung von SoD-Software und in den ersten Monaten der PIP.	H
Prüfer	Von übergeordneter Bedeutung, insbesondere während der Einführung von SoD-Software und in den ersten Monaten der PIP; Indikator für den Reifegrad der IT-Governance im Unternehmen; Verantwortung sollte bei den Fachabteilungen und nicht bei der IT liegen; die IT hat nur die Rollen als „Enabler" und „Business Coach".	H

Aus Sicht der Anbieter ist Business-IT Alignment eine wichtige Voraussetzung für die Implementierung von SoD-Software, aber auch für die Zeit nach dem GoLive. Die (geeignete) Gestaltung des Business-IT Alignment bleibt jedoch diffus, außer dass in Zusammenhang mit den Verantwortlichkeiten zu klären ist, dass Implementierung und Einsatz von SoD-Software kein „IT-Projekt" sondern ein „Business-Projekt" sein sollte. Für Prüfer ist Business-IT Alignment ein „bedeutungsvolles, aber häufig unterschätztes Konstrukt". Jedoch bleibt auch hier eine (geeignete) Gestaltung diffus, es gibt lediglich Hinweise, dass ein wenig ausgeprägtes Alignment zu Problemen in der Prüfung führen kann, z.B. wenn SoD-Kontrollen nicht Prozessverantwortlichen zugeordnet sind.

Erkenntnis

Die Bedeutung von Business-IT Alignment für die Assimilation von SoD-Software wird von Experten außerhalb der Unternehmen hoch eingeschätzt. In den untersuchten Unternehmen wird die Bedeutung vermutlich unterschätzt; die erkannten Spannungsfelder zwischen den Fachabteilungen und der IT, in Verbindung mit den geschilderten, teilweise problembehafteten Situationen, lässt diese Vermutung zu. Die Einstufungen der Experten und ihre Akzentuierung der Verantwortung *„des Business"* verdeutlichen die affirmative Wirkung von Business-IT Alignment für die Assimilation. Aus den Schilderungen der Akteure der Unternehmen wird deutlich, dass sich ein wenig ausgeprägtes Business-IT Alignment negativ auf die Assimilation auswirkt. Demzufolge wird die zugrunde liegende Hypothese (H5), trotz der allenfalls mittleren Bewertung in den Unternehmen, als gestützt betrachtet und beibehalten.

Hyp.	Hypothesenabgleich	Erkenntnis
H5	Aktives Business-IT Alignment wirkt sich positiv auf die Assimilation von SoD-Software aus.	Beibehalten

5.4.2.2.3 Nutzerzufriedenheit

Die in Tabelle 68 komprimierten Auswertungsergebnisse zeigen die übereinstimmenden Auffassungen der befragten Akteure in den Unternehmen und die unterschiedlichen Auffassungen der Expertengruppen zur Bedeutung der Nutzerzufriedenheit.

Die Bedeutung der Nutzerzufriedenheit wird in den Unternehmen nur mittel (M) bewertet; in allen vier Unternehmen werden den mittels SoD-Software erreichten Zielen höhere Prioritäten eingeräumt als der Zufriedenheit der Software-Nutzer. In der Gruppe der Experten sind die Bewertungen differenzierter: Berater weisen darauf hin, dass ihre Kunden die Nutzerzufriedenheit immer den angestrebten Zielen unterordnen; aus diesem Grund stufen sie die Bedeutung in Bezug auf eine Assimilation nur gering (G) ein. Dahingegen bewerten Anbieter die Wirkung der Nutzerzufriedenheit als hoch (H), sie betonen jedoch, dass diese stark von den situativen Rahmenbedingungen der jeweiligen Unternehmen abhängt und nicht ausschließlich mit (SoD-)Software in Zusammenhang gebracht werden sollte. Prüfer geben keine Bewertung ab und verweisen auf unternehmensspezifische Abhängigkeiten.

Tabelle 68: Nutzerzufriedenheit – Komprimierte Ergebnisse.

Fallstudie/ Experten	Auswertungsergebnisse	Rel.
U1	Von untergeordneter Bedeutung, die Software ist obligatorisch; Entscheidungen erfolgen nicht auf Basis der Nutzerzufriedenheit; eine gewisse Unzufriedenheit der „Betroffenen" wird akzeptiert, insbesondere da die angestrebten Ziele erreicht wurden.	M
U2	Von untergeordneter Bedeutung, die Software ist obligatorisch; Entscheidungen erfolgen nicht auf Basis der Nutzerzufriedenheit; Unzufriedenheiten bei den „Betroffenen", insb. wegen zu langer Prozesslaufzeiten und der Komplexität der Compliance-Nachweise.	M
U3	Von untergeordneter Bedeutung, die SoD-Software ist obligatorisch; die Nutzerzufriedenheit wird insgesamt als gut eingestuft.	M
U4	Von mittlerer Bedeutung, die SoD-Software ist obligatorisch; die Nutzerzufriedenheit wird allenfalls zufriedenstellend eingestuft, dies wird zum aktuellen Zeitpunkt der PIP als ausreichend erachtet.	M
Berater	Von hoher Bedeutung, aber stark abhängig von unternehmenssituativen Einflüssen.	G
Anbieter	Von hoher Bedeutung, aber stark abhängig von unternehmenssituativen Einflüssen.	H
Prüfer	Kann nicht beurteilt werden; in den seltensten Fällen nutzen Prüfer die SoD-Software selbst.	k.A.

Erkenntnis

Die Nutzerzufriedenheit ist in den untersuchten Unternehmen nur von durchschnittlicher, mittlerer Bedeutung; demzufolge ist diese für die Assimilation von SoD-Software auch nur durchschnittlich wichtig. Für Berater ist die Nutzerzufriedenheit sogar unbedeutend, solange die angestrebten Ziele erreicht werden. Die hohe Bedeutung seitens der Anbieter lässt sich mit deren Interessenslage erklären, schließlich haben Nutzer, vor allem die negativ eingestellten Nutzer, eine hohe Multiplikatorenkraft. Insgesamt hat wohl die Nutzerzufriedenheit (in der PIP) nur eine untergeordnete Rolle, die erzielten Benefits sind weitaus wichtiger. Im Hinblick auf die eher langfristig ausgerichtete Assimilation sollte jedoch die Nutzerzufriedenheit nicht außer Acht gelassen werden, da es unwahrscheinlich ist, dass mit unzufriedenen Nutzern die Assimilation von SoD-Software (große) Fortschritte macht. Es wird angenommen, dass die Stufe „Acceptance" nicht überschritten werden kann, sofern eine Nutzerunzufriedenheit vorherrscht. Folglich wird die zugrunde liegende Hypothese (H6) angepasst, indem sie um einen zeitlichen Aspekt erweitert wird.

Hyp.	Hypothesenabgleich	Erkenntnis
H6	Die Zufriedenheit der Nutzer wirkt sich positiv auf die Assimilation von SoD-Software aus.	Anpassung erforderlich
H6 (Neu)	Die Zufriedenheit der Nutzer wirkt sich langfristig positiv auf die Assimilation von SoD-Software aus; um Compliance-Anforderungen zu erfüllen, ist kurzfristig eine mittlere Zufriedenheit akzeptabel.	Angepasst

5.4.2.2.4 Lernchancen

Die in Tabelle 69 komprimierten Auswertungsergebnisse zeigen eine übereinstimmend hohe (H) Bewertung der Akteure in den Unternehmen sowie von Anbietern und Prüfern, nur Berater weichen mit einer mittleren (M) Einstufung ab.

Die bis auf eine Ausnahme (Berater) übereinstimmend hohen Bewertungen zeigen die Bedeutung von Lernchancen für die Assimilation von SoD-Software. Während in den Unternehmen U1, U2 und U3 das Gelernte bereits in Entscheidungen und Aktivitäten transformiert werden konnte, arbeitet U4 noch am Aufbau von passenden Lernprozessen. Implementierung und Einsatz einer SoD-Software erfordern von Mitarbeitern Know-how zur SoD-Thematik, um etwa mit externen Beratern adäquat verhandeln und Aufgaben verteilen zu können, sowie letztlich die Verantwortung für deren Handeln zu übernehmen.

Durch den pervasiven Einsatz von SoD-Software wird die SoD-Thematik den Nutzern von ERP-Systemen bekannt. Diese sind vor allem zu Beginn der PIP meist von negativen Auswirkungen betroffen, da es zu Verzögerungen bei der Rechtevergabe und zu Restriktionen bei den Zugriffsrechten kommen kann. Negative Erfahrungen bieten jedoch auch Lernchancen und tragen zu einer Verbreiterung der SoD-Kenntnisse bei, besonders wenn diese durch entsprechende Informationen begleitet und die betroffenen ERP-System-Nutzer einbezogen werden. Ein professionell initiiertes organisationales Lernen ist daran zu erkennen, dass ERP-System-Nutzer eine SoD-Software und die damit verbundenen Verzögerungen bei der Rechtevergabe akzeptieren bzw. sich bei der Suche und Etablierung von Lösungen beteiligen. Von den Expertengruppen bewerten einzig Berater die Lernchancen nur als mittel (M) und begründen dies damit, dass nur die Mitarbeiter, welche direkt in eine SoD-Initiative involviert sind, an einem Lernprozess teilnehmen. Zudem werden die Begrenzungen eines Wissenstrans-

Tabelle 69: Lernchancen – Komprimierte Ergebnisse.

Fallstudie/ Experten	Auswertungsergebnisse	Rel.
U1	Zahlreiche Lernchancen durch Know-how-Aufbau zur SoD-Thematik, dieses wurde in Entscheidungen (neuer präventiver Ansatz, neue SoD-Software) transformiert; die mit der SoD-Software zusammenhängenden Prozesse werden von Nutzern der ERP-Systeme weitgehend akzeptiert.	H
U2	Zahlreiche Lernchancen durch Know-how-Aufbau zur SoD-Thematik, dies wurde in Entscheidungen (neue SoD-Software) transformiert; die mit der SoD-Software zusammenhängenden Prozesse werden von Nutzern der ERP-Systeme widerwillig akzeptiert.	H
U3	Zahlreiche Lernchancen durch Know-how-Aufbau zur SoD-Thematik, dieses wurde in Entscheidungen (harmonisierte SoD-Matrizen) transformiert; die SoD-Thematik ist zwischenzeitlich im Unternehmen gut bekannt; Lernangebote und Informationsveranstaltungen werden angeboten.	H
U4	Zahlreiche Lernchancen durch Know-how-Aufbau zur SoD-Thematik; Lernchancen für die im SoD-Projekt involvierten Mitarbeiter; weiteres internes Know-how soll mittelfristig aufgebaut werden.	H
Berater	Zahlreiche Lernchancen durch die Involvierung der Mitarbeiter in der SoD-Softwareimplementierung und in der PIP; ein Wissenstransfer auf breiter Ebene findet selten statt.	M
Anbieter	Individuelles und auch organisationales Lernen wird angestoßen; besonders zu ERP-Berechtigungen, zu operationalen Risiken und zu internen Kontrollen im Kontext von ERP-Systemen.	H
Prüfer	Individuelles und auch organisationales Lernen wird angestoßen; eine unternehmensweite „Compliance-Sensibilisierung" wird unterstützt.	H

fers an die Mitarbeiter, meist mangels ausreichenden Zeitbudgets, aufgezeigt. Anbieter und Prüfer beurteilen die Bedeutung der Lernchancen jedoch analog zu den Unternehmen als hoch (H), begrenzen diese jedoch auf Lernzuwächse, die sehr eng mit der SoD-Thematik verknüpft sind.

Erkenntnis

Lernchancen ergeben sich für im SoD-Projekt involvierte Mitarbeiter besonders während der Implementierung; diese können ihr Wissen zur Compliance- und SoD-Thematik erweitern und unter Umständen später, in der PIP, Aufgaben von (vormals) externen Beratern übernehmen. ERP-System-Nutzer lernen die SoD-

Thematik vor allem durch eher negative Erfahrungen (z.B. Verzögerungen, Restriktionen) die SoD-Thematik kennen; dies trägt zwar nicht zu einer hohen Nutzerzufriedenheit bei, aber nichtsdestotrotz finden Lernprozesse durch den pervasiven Einsatz von SoD-Software statt. Wegen der insgesamt hohen Übereinstimmung der Befragten und deren Begründungen wird die zugrunde liegende Hypothese (H7) beibehalten.

Hyp.	Hypothesenabgleich	Erkenntnis
H7	Implementierung und Einsatz von SoD-Software ermöglichen zahlreiche Lernchancen zur Compliance- und SoD-Thematik; dies wirkt sich positiv auf die Assimilation von SoD-Software aus.	Beibehalten

5.4.2.2.5 Internes Know-how

Die in Tabelle 70 komprimierten Auswertungsergebnisse zeigen einheitlich hohe (H) Bewertungen der befragten Akteure in den Unternehmen und Expertengruppen.

Die übereinstimmend hohen Bewertungen zeigen die Bedeutung des internen Know-how für die Assimilation von SoD-Software: Jedes der untersuchten Unternehmen muss(te) zur Unterstützung der Implementierung und auch für die PIP externe Experten beauftragen. Die Notwendigkeit des Einsatzes dieser Experten wird mit der Neuartigkeit und nicht zuletzt mit dem (noch) unterentwickelten Reifegrad von SoD-Software begründet. Das vor allem zu Beginn der Implementierung geringe interne Know-how zu SoD-Kontrollen wird damit erklärt, dass die SoD-Thematik erst mit Inkrafttreten des SOX (und in U4 mit Inkrafttreten des modifizierten OR) „belebt" wurde und zuvor dieses sehr spezifische Wissen (von den externen Prüfern) nicht gefragt war. Da es wohl keinen Bedarf an SoD-spezifischem Know-how gab (in Zusammenhang mit den Zugriffsmechanismen in ERP-Systemen), wurde auch dahingehend weder rekrutiert noch ausgebildet. Diese Situation trifft im Übrigen nicht nur auf die untersuchten, sondern auch die Unternehmen der befragten Berater, Anbieter und Prüfer zu.

Das intern erforderliche Know-how sollte differenziert werden: Zum einen nach einmalig Erforderlichem, z.B. zur Implementierung und Konfigurierung einer SoD-Software, zum anderen nach kontinuierlich Benötigtem. Letzteres ist eher grundsätzlicher Natur und zielt auf unternehmensindividuelle Prozesse sowie laufend durchzuführende Aktivitäten in Zusammenhang mit (SoD-)Kontrol-

Tabelle 70: Internes Know-how – Komprimierte Ergebnisse.

Fallstudie/ Experten	Auswertungsergebnisse	Rel.
U1	Durch Beauftragung von externen Beratern und Rekrutierung neuer Mitarbeiter mit Expertenwissen erfolgt(e) ein Aufbau von internem Know-how; eine Unabhängigkeit von externen Beratern wurde weitgehend erreicht.	H
U2	Durch Beauftragung von externen Beratern und *„vorsichtiger"* Rekrutierung neuer Mitarbeiter mit Expertenwissen erfolgt(e) ein Aufbau von internem Know-how; eine Unabhängigkeit von externen Beratern wurde bisher nicht erreicht.	H
U3	Durch Beauftragung von externen Beratern und Rekrutierung neuer Mitarbeiter mit Expertenwissen erfolgt(e) ein Aufbau von internem Know-how; gezielte Beauftragung von Beratern zum Aufbau von Compliance- und SoD-Know-how sowie zum *„Auffrischen des internen Know-how"*; eine Unabhängigkeit von externen Beratern wurde weitgehend erreicht.	H
U4	Durch Beauftragung von externen Beratern und ihrem Transfer von Know-how soll sukzessive ein Aufbau von internem Know-how erfolgen; internes Know-how ist nur sehr dediziert (vorwiegend bei den im SoD-Projekt involvierten, wenigen Mitarbeitern) vorhanden; eine Unabhängigkeit von externen Beratern wurde bisher nicht erreicht.	H
Berater	Intern in den Unternehmen meist nur wenig Know-how vorhanden; wegen unzureichendem Know-how werden viele *„Entscheidungsschleifen"* durchlaufen, was zu Verzögerungen führt; interne Mitarbeiter haben oft eine zu große *„Know-how-Distanz"*; gelegentlich erfolgt ein Aufbau von internem Know-how durch Rekrutierung neuer Mitarbeiter (oft mit CISA-Zertifizierung); Personalwechsel mindern das aufgebaute Know-how in der PIP.	H
Anbieter	Je höher das interne Know-how, desto einfacher ist die Umsetzung und Sicherstellung von SoD-Kontrollen in ERP-Systemen; mangelndes Know-how verzögert die Implementierung und die Assimilation.	H
Prüfer	Je höher das interne Know-how, desto wahrscheinlicher ist ein effektiver und effizienter Umgang mit operationalen Risiken und SoD-Kontrollen.	H

len ab (z.B. Entwicklung und Vergabe von konfliktfreien Rollen in ERP-Systemen); die Unternehmen U1, U2 und U3 konnten zwischenzeitlich dieses eher grundsätzliche Know-how aufbauen, während U4 sich noch am Anfang befindet. U1 und U3 rekrutierten zum Aufbau neue, bereits ausgebildete Mitarbeiter; somit sind diese Unternehmen mit dem normativen Isomorphismus konfrontiert, da die neuen Mitarbeiter zuvor fast ausschließlich in Big4-Gesellschaften beschäftigt waren und davon auszugehen ist, dass diese die dort vorherrschenden Interpretationen zum Umgang mit SoD-Kontrollen einbringen. U2 setzt stärker auf das Know-how von externen Beratern und ist somit eventuell stärker vom mimetischen Isomorphismus beeinflusst. U4 arbeitet in der frühen PIP stark mit externen Beratern (primär aus Big4-Gesellschaften) zusammen und wird wahrscheinlich vom normativen Isomorphismus beeinflusst. In U4 wird daran gearbeitet, die Zusammenarbeit mit externen Beratern mittelfristig zu reduzieren (z.B. auch durch den Einsatz eines SoD-Managers).

Die Expertengruppe stuft übereinstimmend verfügbares internes Know-how zur SoD-Thematik als bedeutend für die Assimilation ein und begründet dies damit, dass zumindest langfristig nur internes Know-how zu einem effektiven und effizienten Umgang mit operationalen Risiken und SoD-Kontrollen führt. Weitere Argumente für den Aufbau von internem SoD-bezogenem Know-how sind:

- Fundierte, mit Fachwissen unterlegte Entscheidungen können herbeigeführt werden.

- Verzögerungen und *„schwierige Prozesse"* können reduziert werden.

- Übernahmen von Verantwortungen sind einfacher zu regeln.

- SoD-bezogenes Problembewusstsein der Mitarbeiter wächst und kann besser im Unternehmen verteilt werden (z.B. auch an ERP-System-Nutzer).

Berücksichtigt werden sollt auch, dass durch Mitarbeiterwechsel internes Knowhow schnell wieder verloren gehen kann, es ist deshalb erforderlich, kontinuierliche Lernprozesse zu etablieren. Hinsichtlich Know-how-Transfer von externen Beratern zu internen Mitarbeitern weisen Berater darauf hin, dass dieser relativ selten stattfindet (auch wenn dies von den Unternehmen erwartet wird); die *„Know-how-Distanz"* zwischen den Akteuren wird teilweise als unüberbrückbar beschrieben. Zudem sind im Rahmen eines Beratungsauftrages in der Regel solche Transfers nicht (explizit) vorgesehen; über das Erreichen der Ergebnisse hinaus ist hierfür danach meist keine Gelegenheit mehr vorhanden.

Erkenntnis

Übereinstimmend wird von den befragten Akteuren vorhandenes und auch verfügbares internes Know-how als wichtig für die Assimilation angesehen. Meist wird internes Know-how parallel, während der Implementierung von SoD-Soft-

ware, aufgebaut. Nur eingeschränkt kann der Know-how-Transfer durch externe
Berater erfolgen, häufig werden neue Mitarbeiter rekrutiert; letztere stammen
oftmals von Big4-Gesellschaften, wurden dort ausgebildet und bringen die dort
vorherrschenden Interpretationen zum Umgang mit SoD-Kontrollen in die Unternehmen. Durch den erforderlichen Know-how-Aufbau, sei es über einen
Transfer von externem Berater-Know-how auf interne Mitarbeiter oder durch
Rekrutierung neuer Mitarbeiter, können mimetische und normative Einflüsse
verstärkt werden. Wegen der hohen Übereinstimmung bezüglich der Bedeutung
von Lernchancen wird die zugrunde liegende Hypothese (H8) beibehalten.

Hyp.	Hypothesenabgleich	Erkenntnis
H8	Internes Know-how zur Compliance- und SoD-Thematik wirkt sich positiv auf die Assimilation von SoD-Software aus.	Beibehalten

5.4.2.2.6 Externes Know-how

Die in Tabelle 71 komprimierten Auswertungsergebnisse beinhalten einheitlich
hohe (H) Bewertungen seitens der befragten Akteure in den Unternehmen und
Expertengruppen.

Die Bedeutung von externem Know-how wird sowohl in den Unternehmen
als auch von zwei Expertengruppen hervorgehoben; die übereinstimmend hohe
Bewertung akzentuiert die wichtige Rolle der externen Experten während der
Implementierung, aber auch in der PIP. Dies zeigte auch bereits die Analyse des
internen Know-how, welche ergab, dass externes Know-how zum Aufbau des internen Know-how eine gewisse Rolle spielt. Folglich beeinflussen sich die beiden Indikatoren: Ohne verfügbares internes Know-how muss auf externes Know-
how zurückgegriffen werden, dies kann jedoch mit zunehmendem internen
Know-how reduziert werden. In diesem Zusammenhang sind auch die aus Sicht
der Experten zusammengefassten Argumente zu internem Know-how relevant
(vgl. Abschnitt 5.4.2.2.5).

In den Unternehmen waren U1, U2 und U3 während der Implementierung der
SoD-Software und zu Beginn der PIP stark auf externe Beratungsleistungen an-
gewiesen, sie konnten den Umfang jedoch in der fortgeschrittenen PIP reduzieren. Zum Problemlösen, zur Realisierung von Maßnahmen zu Verbesserungen
und zum Ausgleich von Ressourcenengpässen werden auch in der PIP externe
Experten beauftragt. In U3 spielen externe Experten auch zum *„Auffrischen des
internen Know-how"* eine wichtige Rolle. Die Gruppe der Berater und Anbieter

Tabelle 71: Externes Know-how – Komprimierte Ergebnisse.

Fallstudie/ Experten	Auswertungsergebnisse	Rel.
U1	Die Implementierung und organisatorische Umsetzung war ohne externes Know-how nicht möglich, was aber auch nicht vorgesehen war; externes Know-how in der PIP erforderlich zum Problemlösen, zur Realisierung von Verbesserungsmaßnahmen und als zusätzliche Ressource.	H
U2	Die Implementierung und organisatorische Umsetzung war ohne externes Know-how nicht möglich, was aber auch nicht vorgesehen war; externes Know-how in der PIP erforderlich zum Problemlösen, zur Realisierung von Verbesserungsmaßnahmen und als zusätzliche Ressource.	H
U3	Die Implementierung und organisatorische Umsetzung war ohne externes Know-how nicht möglich, was aber auch nicht vorgesehen war; externes Know-how wird in der PIP gezielt eingesetzt, vorwiegend zur Realisierung von Verbesserungsmaßnahmen und zum *„Auffrischen des internen Know-how"*, relativ selten als zusätzliche Ressource.	H
U4	Die Implementierung und organisatorische Umsetzung war ohne externes Know-how nicht möglich, was aber auch nicht vorgesehen war; externes Know-how in der PIP erforderlich zum Problemlösen, zur Realisierung von Verbesserungsmaßnahmen und als zusätzliche Ressource.	H
Berater	Implementierung der SoD-Software ohne externe Experten nicht möglich; in der PIP vorwiegend zum *„Incident Management"*, zum Ausgleich von Ressourcenengpässen, häufig auch bei Mitarbeiterwechsel; neben dem fachlichen oft auch *„emotionales Coaching"* der Mitarbeiter.	H
Anbieter	Implementierung der SoD-Software ohne externes SoD-spezifisches Software-Know-how nicht empfehlenswert, zudem ist die Einbeziehung von Experten des Softwarelieferanten ratsam.	H
Prüfer	Unternehmenssituativ; aber in der Regel notwendig, da Fachwissen zur Interpretation und Sicherstellung der gesetzlichen Anforderungen (zu SoD) meist fehlt, empfehlenswert auch zum *„Transfer von Risikodenken"*.	k.A.

stuft die Bedeutung des externen Know-how analog zu den Unternehmen als hoch (H) ein: Ohne externe Unterstützung kann eine SoD-Software wohl nicht implementiert werden und auch in der PIP sind externe Experten erforderlich. Begründet wird dies damit, dass die fachbezogene Expertise sehr speziell ist und es in den meisten Fällen nicht sinnvoll ist, das (oft nur einmalig) benötigte Know-how in der erforderlichen Tiefe in Unternehmen vorzuhalten, zumal dieses mit Personalwechseln schnell verloren geht. Prüfer geben keine Bewertung ab, weisen jedoch darauf hin, dass es in vielen Fällen sinnvoll ist, auf externes Know-how zurückzugreifen.

Erkenntnis

Die Bedeutung des externen Know-how ist sowohl in den Unternehmen als auch Expertengruppen unbestritten. Zum einen zur Umsetzung von einmaligen Aktivitäten, etwa der Implementierung von SoD-Software oder der (erstmaligen) Konfigurierung von SoD-Matrizen; zum anderen, während der PIP, etwa zum Problemlösen, zur Realisierung von Verbesserungsmaßnahmen und zur Kompensation von Ressourcenengpässen. Die durchgängig hohe Bewertung des Indikators unterstützt die zugrunde liegende Hypothese (H9).

Hyp.	Hypothesenabgleich	Erkenntnis
H9	Externes Know-how zur Compliance- und SoD-Thematik wirkt sich positiv auf die Assimilation von SoD-Software aus.	Beibehalten

5.4.2.3   Technologie

Die technologie-orientierten Einflüsse auf die Assimilation von SoD-Software werden durch drei Indikatoren repräsentiert. Tabelle 72 zeigt die Bewertungen zu den untersuchten Unternehmen, deren Assimilationsstatus sowie die Einschätzungen der befragten Expertengruppen.

Der Vergleich der Bewertungen zu den untersuchten Unternehmen zeigt eine Übereinstimmung für die Informations- und Systemqualität auf mittlerem (M) Niveau; die Bedeutung der Servicequalität wird in U1, U2 und U3 als gering (G) und in U4 als mittel (M) eingestuft. Die Einschätzungen der Expertengruppen fallen etwas differenzierter aus, wobei innerhalb der Gruppe der Berater und Anbieter insoweit eine Übereinstimmung vorherrscht, als dass die drei Indikatoren durchgängig entweder als gering (G) oder mittel (M) eingestuft werden; die Abweichungen werden im Folgenden beim Vergleich der einzelnen Indikatoren detailliert betrachtet.

Tabelle 72: Vergleich der technologie-orientierten Einflüsse.

Indikatoren / Fallstudie	Informationsqualität	Systemqualität	Servicequalität	SoD-Software Assimilationsstatus
Unternehmen 1 (U1)	M	M	G	Acceptance
Unternehmen 2 (U2)	M	M	G	Acceptance (Beginn)
Unternehmen 3 (U3)	M	M	G	Acceptance (Ende)
Unternehmen 4 (U4)	M	M	M	Adaption
Berater	G	G	G	
Anbieter	M	M	M	
Prüfer	H	H	M	

5.4.2.3.1 Informationsqualität

Die in Tabelle 73 komprimierten Auswertungsergebnisse zeigen eine übereinstimmend mittlere (M) Bewertung in den Unternehmen und eine große Bandbreite, von gering (G) bis hoch (H), in den Expertengruppen.

Die Bedeutung der Informationsqualität wird in den Unternehmen übereinstimmend als mittel (M) eingestuft: Die Qualität der mit SoD-Software generierbaren Compliance-Nachweise wird akzeptiert, sofern der Status der SoD-Konflikte in den jeweiligen Units und Divisionen überwacht werden kann. Zudem sollen die generierbaren Auswertungen („Reports") als Compliance-Nachweise für interne und möglichst auch für externe Prüfer verwendbar sein. Die *„unterdurchschnittliche Qualität"* der Reports kann in den untersuchten Unternehmen an vielen Beispielen demonstriert werden und wird teilweise heftig kritisiert; dennoch wird sie *„in Kauf genommen"*, da es mit Hilfe der Software möglich ist, SoD-Kontrollen umzusetzen und zu überwachen. Die Reports werden als schwierig zu interpretieren und manchmal auch als fehlerhaft wahrgenommen; in den meisten Fällen können diese „Qualitätsmängel" jedoch auf schwer lesbare, formale Darstellungen reduziert werden, oder auf „Fehler", die aufgrund von *„gewachsenen Datenstrukturen und Bezeichnungen"* innerhalb der Unternehmen zustande kommen. Die Mängel können theoretisch behoben werden: Zur Verbesserung der formalen Darstellung sind nach Aussagen der Anbieter zahlreiche, teilweise kostenpflichtige und über den Standard hinausgehende Optionen verfügbar. Um Mängel aufgrund von gewachsenen Strukturen und Bezeichnungen

Tabelle 73: Informationsqualität – Komprimierte Ergebnisse.

Fallstudie/ Experten	Auswertungsergebnisse	Rel.
U1	Verwendung als SoD-Compliance-Nachweise; die Qualität der generierten Informationen ist teilweise unbefriedigend; sie wird jedoch akzeptiert, da der SoD-Status der einzelnen Units überwacht werden kann.	M
U2	Verwendung als SoD-Compliance-Nachweise; die Qualität der generierten Informationen ist größtenteils unbefriedigend; sie wird jedoch akzeptiert (obwohl die Informationen ohne besondere Kenntnisse und Erfahrung kaum verständlich und nachvollziehbar sind), da der SoD-Status der einzelnen Units überwacht werden kann.	M
U3	Verwendung als SoD-Compliance-Nachweise; die Qualität der generierten Informationen ist ausreichend bis gut; die Auswertungen werden in der PIP laufend erweitert und verbessert die Auswertungen werden von mehreren Stakeholdergruppen verwendet; der SoD-Status der einzelnen Units kann überwacht werden.	M
U4	Verwendung als SoD-Compliance-Nachweise, die Qualität der generierten Informationen ist unbefriedigend; sie wird jedoch akzeptiert, da der SoD-Status der einzelnen Units überwacht werden kann.	M
Berater	Die Qualität der generierbaren Informationen ist für die Kunden unbedeutend, sofern diese ausreicht, um den Status der SoD-Kontrollen in den ERP-Systemen zu überwachen und Compliance-Nachweise (zur Diskussion mit den externen Prüfern) zu erstellen.	G
Anbieter	Analyse- und Auswertungsmöglichkeiten werden ständig weiterentwickelt; die Qualität der Auswertungen wird durch die kundenseitige Qualität der Daten bedingt, diese ist jedoch häufig unzureichend; die Darstellung der generierbaren Auswertungen (in Form von Listen) ist teilweise für Kunden unbefriedigend, es sind jedoch zahlreiche individuelle Konfigurationen möglich, viele Kunden sind nicht bereit, zusätzlich in die Informationsqualität und die Qualität der Auswertungen zu investieren.	M
Prüfer	Sollen die generierten Informationen als Prüfungs- und Compliance-Nachweise dienen, müssen auch effektive Applikationskontrollen nachgewiesen werden; die Compliance-Nachweise müssen nachvollziehbar und verständlich sein (für Mitarbeiter der Unternehmen aber auch für Prüfer).	H

zu beseitigen, ist meist eine Sanierung des ERP-Berechtigungswesens erforderlich. Beide Möglichkeiten erfordern zusätzliche, unter Umständen hohe Investitionen und Personalressourcen; es ist nachvollziehbar, dass Unternehmen dies vermeiden möchten, nicht zuletzt auch wegen des schwer kalkulierbaren Aufwandes und den damit verbundenen Risiken. Aus diesen Gründen werden in allen vier Unternehmen Defizite der Informationsqualität *„in Kauf genommen"*, zumal die angestrebten Ziele erreicht werden. Somit verwundert nicht, dass die Bedeutung der Informationsqualität als mittel (M) eingestuft wird. Ein Experte der Beratergruppe formuliert dies treffend: *„Hauptsache im Ziel, egal mit welcher Rappelkiste"*. Ob diese Einstellung langfristig der Assimilation von SoD-Software dienlich ist, kann bezweifelt werden. Indizien, dass eine Geringschätzung der Informationsqualität, zumindest langfristig, kontraproduktiv sein kann, gibt es: U1 und U2 befinden sich noch immer in der Akzeptanzphase der Assimilation, obwohl die Software bereits über zwei bzw. drei Jahre in der PIP ist. Auch der geplante Wechsel der SoD-Software könnte als Reaktion auf die Unzufriedenheit mit der Qualität der Auswertungen oder deren Anwendung gewertet werden (auch wenn dies nicht als Begründung angeführt wird).

Die Bewertungen der Expertengruppen sind differenzierter: Berater gehen davon aus, dass für ihre Kunden die Qualität der generierten Reports unbedeutend ist, solange diese ausreichen, um die erforderlichen SoD-Kontrollen und Compliance-Nachweise zu erhalten. Diese Einschätzung deckt sich weitgehend mit jenen der Unternehmen, hier wird die Bedeutung der Informationsqualität noch geringer eingestuft, als wenn es die Unternehmen selbst tun. Anbieter stufen die Bedeutung als mittel (M) ein und spiegeln damit die vermeintlichen Erwartungen ihrer Kunden. Insgesamt ist die „potenzielle" Informationsqualität wohl hoch, jedoch ist eine hohe Qualität nur dann erreichbar, wenn eine entsprechend gute Datenqualität vorhanden ist. Zudem sind zu den Softwareprodukten vielfältige optionale Auswertungen verfügbar, so bietet z.B. SAP GRC AC im Rahmen der Komponente „Business Objects" zahlreiche Möglichkeiten (vgl. Abschnitt 2.3.4.4.1, zu SAP GRC AC). Die Erfahrungen der Anbieter zeigen jedoch, dass ihre Kunden häufig den Status quo ihrer Auswertungen akzeptieren, da sie wissen, dass die schwierige Interpretation der Informationen mit der teilweise *„nicht kompatiblen"* Datenqualität zusammenhängt und nur verbessert werden kann, wenn umfangreiche Sanierungsmaßnahmen durchgeführt werden (z.B. eine Neugestaltung der Namenskonventionen bei Rollen und Benutzern). Auch ist zur Interpretation der Auswertungen fach- und unternehmensspezifisches Know-how erforderlich; dies ist in vielen Fällen nicht ausreichend vorhanden. Im Grunde lautet die Kernaussage der Anbieter, dass „Qualitätsprobleme" auf eine mangelnde Datenqualität des ERP-Berechtigungswesens ihrer Kunden, zurückzuführen sind; überdies verweisen sie auf Seiten der Unternehmen auf (zu) geringes oder nicht ausreichend verfügbares internes Know-how und mangelnde Bereitschaft zusätzliche Investitionen zu tätigen, um z.B. die Auswertungsoptionen zu erweitern. Prüfer stufen die Bedeutung der Informationsqualität als einzige Gruppe als hoch (H) ein und begründen dies damit, dass nur verständliche und nachvollziehbare Informationen verwertbare Compliance-Nachweise liefern können, aus denen bei Bedarf wiederum die nötigen Aktivitäten (z.B. weitere kompensierende Kontrollen) abgeleitet werden können. Andernfalls seien die Kontrollaktivitäten im Grunde nutzlos und nur „Scheinkontrollen, die ausschließlich der Beruhigung des Managements dienen". Zudem wird betont, dass der Aufwand zur Sicherstellung der Applikationskontrollen für SoD-Software nicht zu unterschätzen ist, auch an dieser Stelle ist eine hohe Datenqualität gefragt, damit generierte Compliance-Nachweise (seitens der Prüfer) akzeptiert werden.

Erkenntnis

Die Einschätzungen aus den Unternehmen zeigen Analogien: Sowohl bei der Informationsqualität als auch bei der Nutzerzufriedenheit stehen die Erreichung der Ziele im Vordergrund. Eine Begründung könnte sein, dass Unternehmen die hohen Aufwendungen für zusätzliche Konfigurationen oder Softwarekomponenten sowie für die Sanierung der Daten und Berechtigungskonzepte scheuen, solange die Informationsqualität, als auch die Nutzerzufriedenheit ausreichend sind, um die erforderlichen Compliance-Nachweise zu erhalten. Ob diese Haltung langfristig dem Fortschritt der Assimilation dient, ist jedoch fraglich, kurzfristig ist sie jedoch nachvollziehbar. Die Einstufungen durch die Expertengruppen spiegeln deren Stakeholderrollen: Die Berater beschreiben die Entscheider in den Unternehmen als „pragmatisch" und „zielorientiert" und umschreiben damit, dass es diesen genügt, die mit SoD-Software angestrebten Ziele zu erreichen – und dies mit möglichst geringen Aufwendungen. Anbieter passen ihr Angebot den Bedürfnissen ihrer Kunden an und bieten zumindest bei den Standardauswertungen keine Besonderheiten, individuelle Anforderungen der Kunden können aber (kostenpflichtig) realisiert werden, wobei dadurch nicht mangelndes Know-how seitens der Kunden oder Datenqualitätsmängel ausgeglichen werden können. Prüfer stellen als einzige Stakeholder hohe Anforderungen an die Informationsqualität und begründen dies mit einem „latenten Risiko", wenn unverständliche Informationen zur Überwachung der Compliance verwendet werden und sprechen von wirkungslosen „Scheinkontrollen".

Zusammenfassend wird die zugrunde liegende Hypothese (H10) zwar beibehalten, jedoch angepasst und um eine langfristige Perspektive erweitert: Es wird davon ausgegangen, dass die Assimilation die Stufe „Routinization" nur erreicht, wenn die Informationsqualität hoch ist (auch wenn dies von den Unternehmen nicht priorisiert wird). Die Argumentation der Prüfergruppe im Hinblick auf „*Scheinkontrollen*" und der Fortschritt der Assimilation in U3, welches als einziges Unternehmen aktiv an der Verbesserung der Informationsqualität arbeitet, stützen diese Entscheidung.

Hyp.	Hypothesenabgleich	Erkenntnis
H10	Die Informationsqualität wirkt sich positiv auf die Assimilation von SoD-Software aus.	Anpassung erforderlich
H10 (Neu)	Die Informationsqualität wirkt sich langfristig positiv auf die Assimilation von SoD-Software aus; um Compliance-Anforderungen zu erfüllen, ist kurzfristig eine mittlere Qualität akzeptabel.	Angepasst

5.4.2.3.2 Systemqualität

Die in Tabelle 74 komprimierten Auswertungsergebnisse zeigen eine übereinstimmend mittlere (M) Bewertung in den Unternehmen sowie von Anbietern und Prüfern, nur Berater weichen mit einer geringen (G) Einstufung ab.

In den untersuchten Unternehmen wird die Bedeutung der Systemqualität, in Analogie zur Informationsqualität, nur mittel (M) eingestuft; es herrscht bezüglich der SoD-Software eine unterschwellige, nicht wirklich fassbare Unzufriedenheit vor: In U1 wird die Systemqualität zwar eher kritisch beschrieben, aber akzeptiert, da sie zum Nachweis der SoD-Compliance ausreichend ist. Mit dem Produktwechsel auf SAP GRC AC sollen bisher nicht vorhandene funktionelle Erweiterungen realisiert werden, diese sind nicht wirklich von hoher Priorität. In U2 wird die Systemqualität besonders negativ wahrgenommen; dies wird jedoch auf interne, organisatorische Inkompatibilitäten zurückgeführt, somit weitgehend akzeptiert, zumal die Qualität zum Nachweis der SoD-Compliance genügt. Mit dem Produktwechsel auf SAP GRC AC werden Verbesserungen der Funktionalität und in der Performance angestrebt. Im Unternehmensvergleich wird in U3 die Systemqualität zwar auch unterschwellig, aber dennoch am wenigsten kritisiert, ein Grund könnte sein, dass in diesem Unternehmen kontinuierlich an (organisatorischen) Verbesserungen gearbeitet wird, um die SoD-Software (noch) effektiver zu nutzen. In U4 wird die Systemqualität weitgehend akzeptiert, mittelfristig

Tabelle 74: Systemqualität – Komprimierte Ergebnisse.

Fallstudie/ Experten	Auswertungsergebnisse	Rel.
U1	Der Leistungs- und Funktionsumfang wird akzeptiert, die angestrebten Ziele werden damit erreicht; mit dem Wechsel zu einem neuen SoD-Produkt stehen zusätzliche Funktionen zur Verfügung, die schnellstmöglich eingesetzt werden sollen (z.B. „Firefighter" von SAP GRC Access Controls).	M
U2	Der Leistungs- und Funktionsumfang wird bemängelt, die angestrebten Ziele werden zwar erreicht, aber wenig effizient und kompliziert; die Unzufriedenheit mit dem Funktionsumfang wird mit (zu) hohen Erwartungen und teilweise mit organisatorischen Inkompatibilitäten begründet; mit dem geplanten Produktwechsel sollen neue Funktionen eingeführt werden (z.B. „Firefighter" von SAP GRC Access Controls).	M
U3	Der Leistungs- und Funktionsumfang wird akzeptiert, die angestrebten Ziele können damit erreicht werden; organisatorische Inkompatibilitäten verhindern die optimale Nutzung; an einer Verbesserung der Systemqualität wird ständig gearbeitet.	M
U4	Der Leistungs- und Funktionsumfang wird akzeptiert, die angestrebten Ziele werden damit erreicht; es gibt Verbesserungspotenziale, mittelfristig sollen funktionelle Erweiterungen realisiert werden.	M
Berater	Der Leistungs- und Funktionsumfang der gängigen Produkte ist ausreichend, die Kunden können ihr Hauptziel, den Nachweis der SoD-Compliance erreichen; manche Kunden erwarten zwar mehr, scheuen jedoch die damit verbundenen zusätzlichen Aufwände und organisatorischen Anpassungen.	G
Anbieter	Der Leistungs- und Funktionsumfang erfüllt die Kundenanforderungen; es sind ergänzend zahlreiche Konfigurationsoptionen vorhanden; es wird kontinuierlich an Weiterentwicklungen gearbeitet.	M
Prüfer	Der Leistungs- und Funktionsumfang muss „unternehmensfit" sein; eine Zusammenarbeit zwischen Business und IT ist sinnvoll; reife Selektions- und Testprozesse sind Voraussetzung.	M

werden jedoch leistungsbezogene Verbesserungen, vor allem in der Performance, erwartet.

Insgesamt wird in allen untersuchten Unternehmen auch eine als gering wahrgenommene Systemqualität akzeptiert; sie ist ausreichend, um SoD-Compliance in ERP-Systemen zu überwachen und nachzuweisen. Demzufolge genügt eine mittlere Systemqualität der SoD-Software zum Erreichen der SoD-Compliance.

Analog zur Informationsqualität werden die Ansprüche an die Systemqualität geringer priorisiert als die Erreichung der angestrebten compliance-orientierten Ziele. Es stellt sich die Frage, ob die Unternehmen nicht aktiver an einer Verbesserung der Systemqualität arbeiten sollten, z.B. durch eine intensivere Kooperation mit den Anbietern. U1 und U2, welche bereits den Produktwechsel planen, investieren für die vorhandene SoD-Lösung nur noch, sofern es für die Aufrechterhaltung des Betriebes erforderlich ist. Der bevorstehende Wechsel kann auch als Reaktion und damit Indiz auf eine zu geringe Systemqualität gewertet werden (auch wenn dies nicht als Begründung angeführt wurde). U3 ist das einzige Unternehmen, welches wenig Kritik an der Systemqualität äußert; dies kann mit den kontinuierlich im Unternehmen durchgeführten Verbesserungsmaßnahmen zusammenhängen. U4 ist im frühen Stadium der PIP noch in erster Linie an leistungsfunktionalen Verbesserungen interessiert, konkrete Anforderungen sind jedoch nicht vorhanden.

Die Expertengruppen beurteilen die Systemqualität analog zu den Unternehmen mittel (M), mit Ausnahme der Berater, welche ihr nur eine geringe (G) Bedeutung bemessen und dies damit begründen, dass die Qualität nebensächlich ist, solange eine SoD-Software ihren Zweck erfüllt, bis ein verbessertes Produkt erhältlich ist, oder andere Gründe für einen Wechsel sprechen. Anbieter bewerten die Systemqualität als mittel (M) und weisen darauf hin, dass sie sich an den Zielen ihrer Kunden orientieren; diese sind an der Überwachung und Erstellung von SoD-Compliance interessiert und nur wenige sind bereit, in weiterreichende qualitative Maßnahmen zu investieren. Im Grunde sind die Kundenbedürfnisse in Bezug auf die SoD-Kontrollen erfüllt; teilweise werden verfügbare Optionen von den Kunden nicht genutzt. Prüfer bewerten die Systemqualität als mittel (M) und betonen, dass diese nicht losgelöst vom Reifegrad der IT Governance betrachtet werden kann.

Erkenntnis

Argumente und Bewertungen zur Systemqualität zeigen deutliche Parallelen zur Informationsqualität, aber auch zur Nutzerzufriedenheit: Ihre Bedeutung wird allenfalls als mittel (M) eingestuft, sofern Überwachung und Nachweis von SoD-Compliance sichergestellt werden können. Zudem scheuen Unternehmen häufig die hohen Aufwendungen für qualitätsverbessernde Maßnahmen. Die Bewertungen der Expertengruppen spiegeln ihre Stakeholderrollen: Berater sehen Entscheider in den Unternehmen pragmatisch und zielorientiert agieren, diese möchten nicht in qualitätsverbessernde Maßnahmen investieren, solange die wichtigen compliance-orientierten Ziele erreicht werden. Anbieter passen ihr Angebot ihren Kunden an und bieten für zusätzliche Anforderungen auch Lösungen an, sofern ihre Kunden investitionsbereit sind. Prüfer weisen auf einen Zusammenhang zwischen Systemqualität und Reifegrad der IT-Governance hin.

Zusammenfassend wird die zugrunde liegende Hypothese (H11) beibehalten, jedoch angepasst und um eine längerfristige Perspektive erweitert: Es wird angenommen, dass die Assimilation nur fortschreiten kann, wenn die Systemqualität über den Status „Acceptance" hinausreicht, auch wenn dies in Unternehmen nicht priorisiert wird. Begründet wird dies mit U3, welches als einziges Unternehmen systematisch Verbesserungen durchführt und zudem den höchsten Assimilationsstatus der vier Unternehmen innehat. Des Weiteren spiegeln die Argumente der Berater und Anbieter primär das aktuelle Verhalten ihrer Kunden und zielen weniger auf eine längerfristige Perspektive ab. Wohingegen Prüfer, welche die Systemqualität in engem Zusammenhang mit einer reifen IT-Governance sehen, wohl eher auf eine langfristigere Perspektive abzielen.

Hyp.	Hypothesenabgleich	Erkenntnis
H11	Die Systemqualität wirkt sich positiv auf die Assimilation von SoD-Software aus.	Anpassung erforderlich
H11 (neu)	Die Systemqualität wirkt sich langfristig positiv auf die Assimilation von SoD-Software aus; um Compliance-Anforderungen zu erfüllen, ist kurzfristig eine mittlere Qualität akzeptabel.	Angepasst

5.4.2.3.3 Servicequalität

Die in Tabelle 75 komprimierten Auswertungsergebnisse zeigen die Bedeutung der Servicequalität: In den untersuchten Unternehmen wird diese mit Ausnahme von U4 als gering (G) eingestuft. In den Expertengruppen geht die Einstufung von mittel (M) bis gering (G).

In U1, U2 und U3 wird die Servicequalität, sowohl der internen und externen Dienstleister, als auch der Softwarelieferanten, bis auf wenige Ausnahmefälle äußerst positiv bewertet. Die Servicequalität wird in diesen Unternehmen als so selbstverständlich angesehen, dass ihr nur eine geringe Bedeutung beigemessen wird. Für U1 und U2 wird wegen ihrer als hoch (H) bewerteten Position (vgl. Tabelle 56) angenommen, dass sie wichtige Kunden ihrer Dienstleistungspartner und Softwarelieferanten sind, deshalb bevorzugt bedient werden und folglich der Servicequalität wenig Bedeutung beimessen (müssen). Ähnlich kann für U4 ar-

Tabelle 75: Servicequalität – Komprimierte Ergebnisse.

Fallstudie/ Experten	Auswertungsergebnisse	Rel.
U1	Die Qualität des Anbieter- und Dienstleister-Services spielt eine untergeordnete Rolle und wird als selbstverständlich vorausgesetzt, aber explizit positiv bewertet.	G
U2	Die Qualität des Anbieter- und Dienstleister-Services spielt eine untergeordnete Rolle, wird als selbstverständlich vorausgesetzt, aber explizit positiv bewertet.	G
U3	Die Qualität des Anbieter- und Dienstleister-Services ist nebensächlich, sie wird als selbstverständlich vorausgesetzt und explizit positiv bewertet.	G
U4	Die Qualität des Anbieter- und Dienstleister-Services spielt eine untergeordnete Rolle, sie wird jedoch nicht positiv wahrgenommen.	M
Berater	Die Qualität des Anbieter- und Dienstleister-Services spielt eine untergeordnete Rolle, sie wird als selbstverständlich vorausgesetzt.	G
Anbieter	Die Rückmeldungen der Kunden sind überwiegend positiv; mit den meisten Kunden werden „maßgeschneiderte" Serviceverträge vereinbart.	M
Prüfer	Serviceverträge müssen an die Leistungsanforderungen angepasst sein; zur Sicherstellung der Nachhaltigkeit von SoD-Software sind Wartungs- und Release-Management von besonderer Bedeutung.	M

gumentiert werden deren Position ist zwar nur mittel (M) eingestuft, aber dennoch hat das Unternehmen konzernartige Dimensionen und somit wohl eine vergleichbar gute Position bei seinen Dienstleistern und Lieferanten. In U4 wird die Servicequalität im Vergleich zu den anderen Unternehmen als mittel (M) eingestuft und damit höher bewertet; diese Einstufung könnte mit der kurzen Dauer der PIP und mit nicht gelösten (Start-)Problemen zusammenhängen, aber vielleicht auch mit einer geringeren Aufmerksamkeit der Dienstleister und Softwarelieferanten gegenüber diesem (weniger bedeutenden) Kunden; unter Umständen sind auch die Serviceverträge nicht angemessen dimensioniert.

In den Expertengruppen bewerten Berater als Einzige die Bedeutung der Servicequalität als gering (G); dies kann damit zusammenhängen, dass Berater unter Umständen bevorzugt bedient werden und/oder bessere Netzwerke und Zugriffsmöglichkeiten zu Serviceleistungen besitzen. Anbieter bewerten die Servicequalität für die PIP als mittel (M) und begründen dies u.a. damit, dass SoD-Software in der PIP schon eine gewisse Zeit im Einsatz ist und die Serviceerbringer genügend Erfahrung besitzen, um die vereinbarten Leistungen zu liefern. Außerdem betonen Anbieter, dass ihre Kunden in den meisten Fällen mit den Services zufrieden sind; dies wird an positiven Kundenrückmeldungen und nicht zuletzt an den Verkaufszahlen von SoD-Software abgelesen. Ihre Kunden haben zudem immer die Option, individuelle Serviceverträge abzuschließen. Prüfer bewerten die Bedeutung der mit SoD-Software zusammenhängenden Servicequalität auch nur als mittel (M) und weisen darauf hin, dass die Qualität von der Ausgestaltung der Serviceverträge abhängig ist.

Erkenntnis

Die allenfalls als mittel eingestufte Bedeutung der Servicequalität in den Unternehmen lässt vermuten, dass in diesen die benötigten Serviceleistungen entweder „gut eingestellt" sind, oder dass, in Analogie zur Informations- und Servicequalität, aber auch zur Nutzerzufriedenheit, der Fokus sehr gezielt auf der Erreichung der SoD-Compliance liegt. Wird diese erreicht, sind Qualitäts- und Zufriedenheitsaspekte zweit- bzw. drittrangig. Die Bewertungen der Expertengruppen spiegeln wiederum ihre Stakeholderrollen: Berater weisen auf ihre Erfahrungen hin und stufen die Servicequalität analog zu ihren Kunden gering (G) ein, während Anbieter und Prüfer dieser zumindest eine mittlere (M) Bedeutung zumessen. Letztere betonen den Zusammenhang zwischen individuell zu vereinbarenden Serviceleistungen und der Qualität. Zusammenfassend können Unternehmen die Qualität der Serviceleistungen gut steuern und folglich kann der Servicegrad bedarfsgerecht erhöht werden, z.B. wenn die Assimilation beschleunigt werden soll (und festgestellt wurde, dass mangelnde Serviceleistungen dies verursachen). In den untersuchten Unternehmen scheint die Servicequalität die Assimilation jedenfalls nicht zu beeinflussen, da diese als ausreichend bis hin zu sehr positiv bewertet wird. Somit wird die zugrunde liegende Hypothese (H12) verworfen.

Hyp.	Hypothesenabgleich	Erkenntnis
H12	Die Qualität der Services wirkt sich positiv auf die Assimilation von SoD-Software aus.	Verworfen

5.4.3   Erklärungsmodell

In diesem Abschnitt werden die Ergebnisse der empirischen Untersuchung in ein gemeinsames Erklärungsmodell überführt. Hierfür werden die wesentlichen Erkenntnisse der Vergleiche zu den situativen Einflüssen und Indikatoren zusammengefasst. Falls notwendig, werden die dazu gehörenden Hypothesen nochmals modifiziert. Zudem wird das zugrundeliegende theoretische Modell (vgl. Abb. 42) an die veränderten Hypothesen und neuen Erkenntnisse angepasst.

Situative Einflüsse

Die **Position** eines Unternehmens wirkt sich nicht auf die Assimilation von SoD-Software aus, eine starke (Markt-)Position kann zwar eine zügige Assimilation beeinflussen, aber die Ergebnisse zu den untersuchten Unternehmen und auch die Bewertungen der Anbieter und Prüfer widerlegen dies. Als Referenz zur Einstufung der (Markt-)Position dienten die in Tabelle 29 angeführten Bewertungskriterien. Die Hypothese SH1 wird somit verworfen (vgl. Tabelle 1).

Eine hohe **Kompatibilität** wirkt sich äußerst positiv auf die Assimilation von SoD-Software aus und kann den Fortschritt beschleunigen. Als Referenz zur Bestimmung der Kompatibilität können die spezifischen Bewertungskriterien in Tabelle 30 dienen, zudem sind in Tabelle 59 affirmativ wirkende Kompatibilitätskriterien zusammengestellt. Die Hypothese SH2 gilt somit als bestätigt (vgl. Tabelle 18).

Die **Dauer der PIP** ist von Interesse, um den Status der Assimilation von SoD-Software, etwa im Verhältnis zu anderen Unternehmen, beurteilen zu können. Eine lange Dauer der PIP ist kein Garant für den (linearen) Fortschritt der Assimilation. Als Beispiele können U1 und U2 herangezogen werden, deren PIP bereits länger als zwei bzw. drei Jahre andauert und deren Assimilationsstatus dennoch nicht über „Acceptance" hinausreicht; aus einer (zu) langen Dauer der PIP ergibt sich die Gefahr, dass Neuerungen auf dem Softwaremarkt die bereits eingeführten, aber unter Umständen noch wenig akzeptierten Lösungen „schwächen" und dies letztlich zu ihrer (vorzeitigen) Ablösung führt. Abbildung 61 veranschaulicht am Beispiel der untersuchten Unternehmen, dass die Dauer der PIP nicht linear mit dem Fortschritt der Assimilation verläuft. Von den Expertengruppen stammen Kennzahlen für die Dauer der PIP: Prüfer betrachten eine Dauer von allenfalls einem Jahr als angemessen, in diesem Zeitraum sollte die Stufe „Acceptance" erreicht sein; folglich kann das Erreichen der Stufe „Acceptance" innerhalb eines Jahres als Indiz für die Kompatibilität des Unternehmens gemäß den in Tabelle 59 definierten Kriterien gewertet werden. Im Umkehrschluss bedeutet eine längere Dauer, dass die Kompatibilität und damit meist auch der Reifegrad der IT-Governance-Prozesse (zu) gering sind. Folglich wirkt der zeitliche Fortschritt der PIP zwar einerseits positiv auf die Assimilation von SoD-Software, kann aber auch andererseits ein Indiz für eine mangelnde Kompatibilität der Unternehmen sein. Es gilt somit die Hypothese SH3, jedoch hat diese nur eine mittlere Relevanz (Kompatibilität) (vgl. Tabelle 18). Die daraus resultierende Empfehlung lautet, dass in Zusammenhang mit SoD-Software der Fortschritt der Assimilation in der PIP mit messbaren Meilensteinen (Zeitdauer) und Kriterien (zu erreichender Assimilationsstatus und Kriterien für Reichweite, Diversität, Durchdringung und Benefits) versehen und periodisch überwacht werden sollte.

Indikatoren der Umwelt

Den drei institutionellen Indikatoren kann durchweg eine positive Wirkung auf die Assimilation von SoD-Software zugesprochen werden; ihre Bedeutung wurde in den Unternehmen ohne Ausnahme und von fast allen Experten als hoch (H) eingestuft: Von insgesamt 21 komprimierten Einstufungen sind 19 hoch und nur zwei mittel (vgl. Tabelle 61).

Obligatorische Zwänge werden primär durch gesetzliche Anforderungen, etwa dem SOX ausgelöst, die hieraus interpretierten Verpflichtungen haben in den Unternehmen einen konstitutiven Charakter. Die Verpflichtungen veranlassen das Top Management bzw. die obersten Leitungsorgane den Einsatz von SoD-Software auszulösen, voranzutreiben und (in der PIP) zu überwachen, z.B. indem die generierten SoD-Reports regelmäßig *„auf der Agenda"* stehen. Den obligatorischen Zwängen wird eine affirmative Wirkung auf die Assimilation von SoD-Software zugesprochen, die entdeckten Zusammenhänge stützen somit mit hoher Relevanz die Hypothese H1 (vgl. Tabelle 18).

Die Wirkungen der **mimetischen Zwänge** sind weniger deutlich, dennoch konnte dargestellt werden, dass unternehmensexterne Experten und Softwareanbieter, aber auch neue Mitarbeiter das erforderliche „SoD-Know-how" in Unternehmen tragen: In Zusammenhang mit SoD-Software werden die Verwendung von Referenzmodellen und Best Practices empfohlen; von ihrer Nutzung versprechen sich Unternehmen z.B. eine Verringerung von Investitionskosten, eine Beschleunigung der Implementierung und/oder generell die Verbesserung von Prozessen. Eine starke mediale Präsenz, z.B. zu (SOX-)Compliance-Anforderungen, zu entdeckten Kontrolldefiziten bzw. *„Fraud"* oder auch zu potenziellen Softwarelösungen (gegen Fraud) erhöht die Aufmerksamkeit der Entscheider.

Demzufolge sind diese eher motiviert, den Einsatz von SoD-Software und die damit verbundenen Störungen zu unterstützen. Des Weiteren verstärken obligatorische Zwänge das mimetische Verhalten. Den mimetischen Zwängen wird eine affirmative Wirkung auf die Assimilation von SoD-Software zugesprochen, die entdeckten Zusammenhänge stützen somit mit hoher Relevanz die Hypothese H2 (vgl. Tabelle 18).

Die Wirkungen von **normativen Zwängen** zeigen sich an der Orientierung der Unternehmen sowie von Beratern und Anbietern an den (vermeintlichen) Anforderungen der Big4-Gesellschaften bzw. ihrer Prüfer: Zwei der untersuchten Unternehmen (U1, U2) rekrutierten für Compliance/SoD-Belange neue Mitarbeiter aus dem Big4-Umfeld; diese tragen das dort erworbene (SoD-)Know-how und, als Nebeneffekt, die dort geprägten Erwartungen in Bezug auf (SoD-)Kontrollen in Unternehmen. Der normative Charakter der Aussagen und Empfehlungen von Wirtschaftsprüfungsgesellschaften wird auch von Beratern und Anbietern bestätigt. Den normativen Zwängen wird eine affirmative Wirkung auf die Assimilation von SoD-Software zugesprochen, die entdeckten Zusammenhänge stützen somit mit hoher Relevanz die Hypothese H3 (die entdeckten Zusammenhänge stützen somit mit hoher Relevanz die Hypothese H2 (vgl. Tabelle 18).).

Indikatoren der Organisation

Den meisten organisationsbezogenen Indikatoren wird eine positive wenn auch unterschiedliche Wirkung auf die Assimilation von SoD-Software zugesprochen (vgl. Tabelle 65).

Für eine erfolgreiche Implementierung und Assimilation von SoD-Software sind Engagement und Unterstützung der **Leitungsorgane** zwingend erforderlich. Ohne dies ist eine kontrollorientierte (SoD-)Software, die zumindest zu Beginn hauptsächlich durch Konfliktmeldungen und Rechte-Restriktionen auf sich aufmerksam macht, in Unternehmen kaum durchzusetzen, geschweige denn zu assimilieren. Dem Engagement der Leitungsorgane wird eine affirmative Wirkung auf die Assimilation von SoD-Software zugesprochen, die entdeckten Zusammenhänge stützen somit mit hoher Relevanz die Hypothese H4 (vgl. Tabelle 18).

Aktives **Business-IT Alignment** wirkt sich positiv während der Implementierung aus und auf die Assimilation von SoD-Software in der PIP; die entdeckten Zusammenhänge stützen mit mittlerer Relevanz die Hypothese H5 (vgl. Tabelle 18): Es wurde deutlich, dass in Unternehmen ein bivalentes Spannungsfeld zwischen den Interessen des Business und der IT herrscht (vgl. auch Asprion, 2009); die Bedeutung des Business-IT Alignment wurde jedoch in den untersuchten Unternehmen noch nicht erkannt. In diesem Zusammenhang wurde auch deutlich, dass ein angemessener Reifegrad der IT Governance Voraussetzung für ein aktives Business-IT Alignment ist (vgl. auch COBIT, 2007, S. 30, dort wird Business-IT Alignment als Kontrollziel angeführt).

Die **Nutzerzufriedenheit** wirkt vor allem langfristig positiv auf die Assimilation von SoD-Software. Kurzfristig, auf einer niedrigen Assimilationsstufe, ist auch eine geringe oder nur durchschnittliche Nutzerzufriedenheit akzeptabel, sofern die mit einer SoD-Software verbundenen Ziele (z.B. Nachweis der SoD-Compliance in ERP-Systemen) erreicht werden; die entdeckten Zusammenhänge stützen mit mittlerer Relevanz die Hypothese H6 (vgl. Tabelle 18): Ein Vergleich mit der Informations- und Systemqualität zeigt gewisse Analogien; auch diese beiden Indikatoren spielen eher in der langfristigen Ausrichtung der Assimilation eine Rolle. Für den Assimilationsfortschritt bedeutet dies, dass die Nutzerzufriedenheit bis zum Erreichen der Stufe „Acceptance" allenfalls einen mittleren Wirkungsgrad besitzt. Es wird davon ausgegangen, dass sich der Wirkungsgrad erhöht, wenn die Stufe "Acceptance" weiter fortgeschritten ist und/ oder „Routinization" erreicht werden soll. Hierbei ist jedoch zu berücksichtigen, dass die Assimilationsstufe „Acceptance" den Anforderungen von Unternehmen genügt und diese keine weiteren Fortschritte anstreben, etwa weil hohe zusätzliche Investitionen notwendig wären oder eine Ablösung der Software bereits geplant ist (z.B. U1, U2).

Aus Implementierung und Einsatz von SoD-Software resultieren unternehmensinterne **Lernchancen**, welche sowohl individuelles und darauf aufbauend auch organisationales Lernen ermöglichen; beides wirkt sich positiv auf die Assimilation von SoD-Software aus; die entdeckten Zusammenhänge stützen mit hoher Relevanz die Hypothese H7 (vgl. Tabelle 18): Das Lernen erfolgt auf unterschiedlichsten, teilweise auch negativ besetzten Wegen (z.B. Involvierung im SoD-Projekt, in Gremien, Steering Committees, als eher passive Empfänger von Auswertungen, als von Restriktionen betroffene ERP-System-Nutzer); es besteht ein enger Zusammenhang mit dem (Aufbau von) internen Know-how. Das durch SoD-Software ausgelöste Lernen trägt zur Sensibilisierung von Mitarbeitern bezüglich compliance-relevanter Themen und im Besonderen SoD-Kontrollen bei.

Internes (SoD-spezifisches) Know-how wirkt sich positiv auf die Assimilation von SoD-Software aus; die entdeckten Zusammenhänge stützen mit hoher Relevanz die Hypothese H8 (vgl. Tabelle 18): Um die Assimilation voranzubringen muss in Unternehmen internes Know-how vorhanden und verfügbar sein bzw. schnellstmöglich aufgebaut werden, z.B. durch Rekrutierung neuer Mitarbeiter (wie in U1 und U3), ggf. auch (wie in U2) über Know-how-Transfer durch externe Experten (wobei zu berücksichtigen ist, dass dieser häufig nicht gelingt).

Externes (SoD-spezifisches) Know-how wirkt sich positiv auf die Assimilation von SoD-Software aus; die entdeckten Zusammenhänge stützen mit hoher Relevanz die Hypothese H9 (vgl. Tabelle 18): Zur Implementierung und in der PIP von SoD-Software ist externes Know-how, mit entsprechenden SoD-Kenntnissen erforderlich, z.b. zur Realisierung von einmaligen Aktivitäten, zum Lösen von besonderen Problemen, zum *„Auffrischen des internen Know-how"* und nicht zuletzt zur Kompensation von Ressourcenengpässen. Je nach Situation und internem Know-how-Aufbau kann dieses im Zeitablauf reduziert werden.

Technologieorientierte Indikatoren

Den drei technologie-orientierten Indikatoren kann nur bedingt eine Wirkung auf die Assimilation von SoD-Software zugesprochen werden (vgl. Tabelle 72): Die Informations- und Systemqualität haben allenfalls einen mittleren (M) Einfluss. Der Servicequalität wird nur eine geringe (G) Wirkung zugesprochen, infolgedessen wurde die Hypothese H12 (vgl. Tabelle 18) verworfen. In Unternehmen wird das Erreichen der mit einer SoD-Software verbundenen Ziele (z.B. Nachweis der SoD-Compliance in ERP-Systemen) höher priorisiert als die Qualität der Informationen und die funktionale und technische Leistungsfähigkeit von SoD-Software. Dies ist vergleichbar mit der Situation der Nutzerzufriedenheit.

Die Wirkungen von unzureichenden **Informations- und Systemqualitäten** zeigen sich zu Beginn der PIP meist in Form von *„diversen Startproblemen"*, diese werden aber *„in Kauf genommen"*, sofern das Erreichen der mit einer SoD-Software verbundenen Ziele (z.B. Nachweis der SoD-Compliance in ERP-Systemen) gelingt. Beide Indikatoren beeinflussen sich gegenseitig, müssen im Grunde aber nur durchschnittlichen Qualitätsanforderungen genügen. In Analogie zur Nutzerzufriedenheit bedeutet dies für den Assimilationsfortschritt, dass die beiden Indikatoren bis zum Erreichen der Stufe „Acceptance" einen geringen oder allenfalls einen mittleren Wirkungsgrad besitzen. Es wird auch hier wie bei der Nutzerzufriedenheit davon ausgegangen, dass sich der Wirkungsgrad erhöht, wenn die Stufe "Acceptance" weiter fortgeschritten ist und/oder „Routinization" erreicht werden soll. Falls die Assimilationsstufe „Acceptance" den Anforderungen von Unternehmen genügt und diese keine weiteren Fortschritte anstreben, ist die Qualität der Informationen und der Systeme auf niedrigem Niveau ausreichend. Die entdeckten Zusammenhänge zeigen und stützen mit mittlerer Relevanz die Hypothesen H10 und H11 (vgl. Tabelle 18).

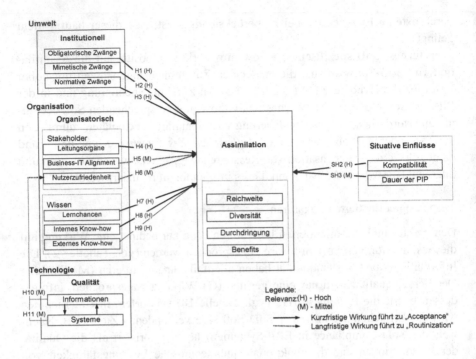

Abbildung 62:   Angepasstes theoretisches Modell.

Zusammenfassend ergaben sich aufgrund der entdeckten Zusammenhänge und Unterschiede einige Änderungen in den Hypothesen: Zwei wurden verworfen (SH1, H12), fünf angepasst (SH3, H3, H6, H10, H11) und acht (SH2, H1, H2, H4, H5, H7, H8, H9) beibehalten. Daraus resultieren auch Anpassungen am bisher zugrundeliegenden theoretischen Modell (vgl. Abb. 42), diese sind in Abbildung 62 nun veranschaulicht. Aus Gründen der Nachvollziehbarkeit wurden die Hypothesen nicht neu nummeriert, obwohl SH1 und H12 verworfen wurden.

Tabelle 76 zeigt die mit dem angepassten theoretischen Modell (Abb. 62) verknüpften Hypothesen. Die rechten Spalten indizieren, ob die jeweilige Hypothese beibehalten, angepasst oder verworfen wurde, sowie die Relevanz der Hypothese gemäß dem Bewertungsmodell zum Wirkungsgrad auf die Assimilation (vgl. Tabelle 28). Die verworfenen Hypothesen wurden zur Verdeutlichung explizit durchgestrichen.

Tabelle 76: Übersicht der unterstützten, angepassten und verworfenen Hypothesen.

#	Hypothesen	Beibehalten	Angepasst	Verworfen	Relevanz
SH1	Eine starke (Markt-)Position eines Unternehmens wirkt sich positiv auf die Assimilation von SoD-Software aus.			X	G
SH2	Eine hohe Kompatibilität des Unternehmens wirkt sich positiv auf die Assimilation von SoD-Software aus.	X			H
SH3	Die Dauer der PIP wirkt sich auf die Assimilation von SoD-Software aus, jedoch können situative Besonderheiten die Assimilation vorzeitig beenden.		X		M
H1	Obligatorische, institutionelle Anforderungen wirken sich positiv auf die Assimilation von SoD-Software aus.	X			H
H2	Die Präsenz und Verbreitung von Softwarelösungen, Referenzmodellen, Best Practices, etc. wirkt sich positiv auf die Assimilation von SoD-Software aus.	X			H
H3	Anforderungen und Empfehlungen von externen Prüfungsorganen besitzen normativen Charakter und wirken sich positiv auf die Assimilation von SoD-Software aus.		X		H
H4	Das Engagement der Leitungsorgane wirkt sich positiv auf die Assimilation von SoD-Software aus.	X			H
H5	Aktives Business-IT Alignment wirkt sich positiv auf die Assimilation von SoD-Software aus.	X			M
H6	Die Zufriedenheit der Nutzer wirkt sich langfristig positiv auf die Assimilation von SoD-Software aus; um Compliance-Anforderungen zu erfüllen, ist kurzfristig eine mittlere Zufriedenheit akzeptabel.		X		M
H7	Implementierung und Einsatz von SoD-Software ermöglichen zahlreiche Lernchancen zur Compliance- und SoD-Thematik; dies wirkt sich positiv auf die Assimilation von SoD-Software aus.	X			H
H8	Internes Know-how zur Compliance- und SoD-Thematik wirkt sich positiv auf die Assimilation von SoD-Software aus.	X			H
H9	Externes Know-how zur Compliance- und SoD-Thematik wirkt sich positiv auf die Assimilation von SoD-Software aus.	X			H

#	Hypothesen	Beibehalten	Angepasst	Verworfen	Relevanz
H10	Die Informationsqualität wirkt sich langfristig positiv auf die Assimilation von SoD-Software aus; um Compliance-Anforderungen zu erfüllen, ist kurzfristig eine mittlere Qualität akzeptabel.		X		M
H11	Die Systemqualität wirkt sich langfristig positiv auf die Assimilation von SoD-Software aus; um Compliance-Anforderungen zu erfüllen, ist kurzfristig eine mittlere Qualität akzeptabel.		X		M
H12	Die Qualität der Services wirkt sich positiv auf die Assimilation von SoD-Software aus.			X	G

6 Zusammenfassung und Ausblick

In diesem Kapitel werden wesentliche Erkenntnisse des Forschungsprojektes zusammengefasst und Vorschläge für künftige Forschungsvorhaben unterbreitet.

6.1 Zusammenfassung

Im Rahmen dieses Forschungsprojektes sollten Erklärungsmuster für die Assimilation von SoD-Software gefunden werden. Dies implizierte auch die Suche nach Indikatoren, welche eine Assimilation beeinträchtigen und infolgedessen den Einsatz einer SoD-Software als compliance-unterstützendes IKS-Element verhindern können.

Mit Hilfe der gewonnenen Erkenntnisse kann nun ex post erklärt werden, warum die Assimilation von SoD-Software in vergleichbaren Unternehmen unterschiedlich verläuft und welche Indikatoren für eine zügige Assimilation ausschlaggebend sind. Diese Erklärungsansätze können auch verwandt werden, um ex ante zu prognostizieren, ob ein Unternehmen günstige Voraussetzungen besitzt, um die Assimilation von SoD-Software zügig durchlaufen zu können. Es wird davon ausgegangen, dass die aufgedeckten Zusammenhänge und das daraus entwickelte Erklärungsmodell (vgl. Abschnitt 5.4.3) auch auf andere compliance-relevante Softwareprodukte und ihre unternehmensweite Assimilation übertragbar sind.

In Kapitel 2 führte das Forschungsprojekt zuerst zu einer Auseinandersetzung mit Prinzipien und grundlegenden Anforderungen zur Funktionstrennung. Extern motivierte Compliance-Anforderungen, daraus resultierende Konzepte zu Corporate Compliance sowie zum Teilgebiet der IT Compliance wurden im Hinblick auf ihre Bedeutung zur Sicherstellung von SoD-Compliance untersucht. In Zusammenhang mit der Erreichung von SoD-Compliance in ERP-Systemen wurden zudem Sanierungskonzepte analysiert, verglichen und zu einem integrativen Vorgehensmodell zusammengeführt (vgl. Abschnitt 1.2.4). Des Weiteren wurden die Marktsituation sowie die Funktionalitäten von SoD-Softwarelösungen untersucht, mit dem Ergebnis, dass nur wenige Anbieter den Markt bedienen und dass deren SoD-Produkte häufig nur dedizierte Funktionsmerkmale abdecken. Seit einigen Jahren ist zu beobachten, dass SoD-Software statt als spezialisiertes Nischenprodukt als integrierte Komponente einer umfassenden GRC-Software angeboten wird. Der Softwaremarkt für SoD-Lösungen befindet sich in einer Konsolidierungsphase, die daraus resultierenden Unsicherheiten und Risiken werden vermutlich die großen Anbieter mit den integrierten GRC-Lösungen stärken. Auch auf Grund der Proprietärität bzw. Ausrichtung auf spezifische ERP-Systeme ist das Einsatzgebiet von SoD-Software limitiert. Unternehmen, welche SoD-Software für komplexe ERP-Systeme und/oder plattform-übergreifend einsetzen möchten, werden vermutlich auf die SoD-Produkte ihrer ERP-Lieferanten zurückgreifen, um Integrationsprobleme zu vermeiden. Die Erkenntnisse der Fallstudien bestätigen dies bereits.

Kapitel 3 dokumentiert die Entwicklung eines theoretischen Bezugsrahmens zur Herausbildung relevanter Indikatoren, mithilfe derer die Assimilation von SoD-Software analysiert werden kann. Hierfür wurden Ansätze und Konstrukte der Assimilationsforschung, des institutionellen Isomorphismus, der Stakeholdertheorie, der Lerntheorie sowie der IS-Erfolgsfaktorenforschung verwendet (vgl. Abschnitt 3.1 und 3.2). Diese theoretischen Konstrukte wurden zu einem Forschungsmodell (vgl. Abb. 42) zusammengeführt.

Der vermutete Zusammenhang der theoriebasierten Konstrukte mit der Assimilation von SoD-Software wurde anhand von sieben Fallstudien empirisch geprüft. Das Design für die empirische Untersuchung wurde in Kapitel 4 entwickelt und war geleitet von der bereits in Abschnitt 1.3 getroffenen Entscheidung, eine qualitative empirische Forschung durchzuführen. Somit erfolgte die Auswahl der Fallstudien auf der Grundlage von qualitativen Methoden (vgl. Abschnitt 4.1 und 4.2). Für die Fallstudien wurden Daten von vier Unternehmen erhoben, welche SoD-Software in der PIP einsetzen. Die drei Fallstudien mit den Expertengruppen dienten der Berücksichtigung von unternehmensexternen Stakeholder-Perspektiven. Zur Datenanalyse wurden zum einen Vergleiche innerhalb der Fallstudien („Within Case Analysis") und zum anderen Quervergleiche (Cross Case Analysis) zwischen den Fallstudien durchgeführt.

Kapitel 5 dokumentiert die sieben durchgeführten Fallstudien. Die Untersuchung der Fallstudien war hypothesengeleitet (vgl. Abschnitt 3.3) und konzentrierte sich auf die ausgewählten Zusammenhänge. Die Berücksichtigung ausgewählter theoriebasierter Konstrukte limitiert einerseits die Gültigkeit der gewonnenen Erkenntnisse, weil es noch weitere theoretische fundierte oder völlig neu zu entdeckende Konstrukte und Phänomene geben könnte. Andererseits sind die gewonnenen Erkenntnisse durch die theoretischen Bezüge gut nachvollziehbar. Für die besondere Kategorie der SoD-Software konnten sich ergänzende Forschungstheorien und -modelle angewandt, validiert und erweitert werden. Dies gelang durch die Synthese der unterschiedlichen Ansätze zu einem multitheoretischen Modell (vgl. Abb. 42).

Die Auswertung der Fallstudien ergab, dass bestimmte unternehmenssituative Kriterien und aus theoretischen Ansätzen ableitbare Indikatoren auf Unternehmen, ihre Stakeholder und daraus resultierend auf die Assimilation von SoD-Software wirken. Das aus den Erkenntnissen der Fallstudien entwickelte Erklärungsmodell (vgl. Abschnitt 5.4.3) bestätigt den Einfluss von situativen Kriterien auf die Assimilation von SoD-Software. Insbesondere die Kompatibilität und die erreichbaren Benefits wirken sich positiv aus. Weniger wichtig scheint die (Markt)Position von Unternehmen zu sein; auch die Dauer der PIP hat nur eine begrenzte Aussagekraft, auch wenn vieles darauf hindeutet, dass Unternehmen von einer zügigen Assimilation profitieren und handkehrum, eine langsame Assimilation diese blockiert und letztlich sogar stoppt.

Die von der unternehmensexternen Umwelt stammenden institutionellen Zwänge wirken allesamt stark auf die Assimilation. Insbesondere die obligatorischen Verpflichtungen aus dem SOX oder vergleichbaren Gesetzen beeinflussen die Leitungsorgane in Unternehmen dahingehend, eine SoD-Software zu erwerben und deren effektiven Einsatz durchzusetzen. Es wurden sechs organisationsbezogene Indikatoren untersucht, von denen die meisten die Assimilation beeinflussen, wenn auch in unterschiedlicher Stärke. Von besonderer Bedeutung ist das Engagement und Vorbild der Leitungsorgane. Aufmerksamkeit sollte auch dem Beziehungsmanagement zwischen den Fachabteilungen und der IT-Abteilung gewidmet werden, da Umsetzung und Sicherstellung von automatisierten SoD-Kontrollen der Zusammenarbeit von beiden Parteien bedürfen. Der Bedarf eines aktiven „Business-IT Alignment" wird besonders von externen Stakeholdern betont, in den Unternehmen wird die Bedeutung dieser Beziehungsarbeit noch unterschätzt.

Einen wichtigen Einfluss auf die Assimilation besitzen auch die mit Lernen und Know-how verknüpften Indikatoren: Durch den Einsatz von SoD-Software ergeben sich individuelle und darauf aufbauend organisationale Lernchancen. Lernen erfolgt in unterschiedlichsten Kontexten und es besteht ein enger Zusammenhang zwischen internen Know-how-Aufbau und der Sensibilisierung von Mitarbeitern für Compliance-Belange, z.B. im Hinblick auf die Wahrnehmung von dolosen Handlungen. Deutlich wurde auch, dass internes Know-how eine wichtige Rolle spielt, wenn die Assimilation zügig fortschreiten soll. Kurzfristig, insbesondere zu Beginn der PIP, ist externes Berater-Know-how außerordentlich wichtig, der Fortschritt der Assimilation erfolgt aber primär durch internes Know-how. Von den organisationsbezogenen Indikatoren spielt die Nutzerzufriedenheit die geringste Rolle, diese wird den obligatorischen (SOX-)Compliance-Anforderungen sowie dem Erreichen der angestrebten Ziele untergeordnet. Für die Assimilation von SoD-Software sind die von der Erfolgsfaktorenforschung unterstützten, qualitätsbezogenen Indikatoren von durchschnittlicher bis geringer Bedeutung. Ausschlaggebend ist, dass die Qualität ausreicht, um den externen Prüfern den Nachweis der SoD-Compliance zu erbringen. Ähnlich wie die Nutzerzufriedenheit werden Anforderungen an die Informations-, System- und Servicequalität dem Erreichen der angestrebten Ziele untergeordnet.

Resümierend lösen im Wesentlichen unternehmensexterne Indikatoren, nämlich institutionelle Zwänge, die Kaufentscheidung für SoD-Software aus. Sie treiben auch den Einsatz von SoD-Software voran und lassen Unternehmensleitungen an der Software auch unter schwierigen Bedingungen festhalten. Organisationsbezogene Indikatoren, wie das Engagement der Leitungsorgane, die Beschaffung oder der interne Aufbau von entsprechendem Know-how sind von Bedeutung, damit die Software im Unternehmen einsatzfähig ist und die mit der Software verknüpften primär Compliance-relevanten Ziele erreicht werden können. Die Zufriedenheit der Nutzer und sonstige Qualitätsbedürfnisse werden den Zielen untergeordnet. Ob dies den Unternehmen langfristig nützt, ob sie mit dieser Einstellung langfristig von den hohen Investitionen für SoD-Software profitieren können, ist fraglich. Eine Unzufriedenheit mit der Qualität, auch wenn vordergründig ausreichend, und Nutzer, die eine Software zwar akzeptieren aber von der Nutzung nicht überzeugt sind, können die Assimilation nur bis zur Stufe „Acceptance" voranbringen (wie auch die Unternehmen U1 und U2 der Fallstudien zeigen). Soll eine höhere Assimilationsstufe erreicht werden, müssen Unternehmen in die Qualität der Informationen und Systeme sowie in die Nutzerzufriedenheit investieren (wie dies das Unternehmen U3 zeigt). Die Ergebnisse verdeutlichen, dass Unternehmen, welche SoD-Software einsetzen (möchten), verschiedene Möglichkeiten haben, die Assimilation voranzutreiben; sie können den (erreichbaren) Status der Assimilation durch entsprechende Maßnahmen selbst bestimmen. Die Assimilation von SoD-Software ist somit kein Selbstläufer, sondern eine planbare und beeinflussbare Aktivität, die möglichst periodisch überprüft werden sollte.

Insgesamt konnte das in Kapitel 3 entwickelte Forschungsmodell mit wenigen Anpassungen bestätigt und dahingehend verfeinert werden, dass eine Gewichtung der einzelnen Indikatoren erfolgte. Die Zielsetzung des Forschungsprojektes, Erklärungsmuster für die Assimilation von SoD-Software aufzudecken, wurde erreicht: 13 von 15 Indikatoren haben einen Einfluss auf die Assimilation; der jeweilige Einfluss ist jedoch von unterschiedlicher Relevanz.

In Bezug auf das im Forschungsprojekt angewandte Vorgehen, z.B. die Anwendung und Integration von Theorien, die Erstellung von Propositionen und

Hypothesen sowie die Nutzung von qualitativen Methoden und Gütekriterien, konnte eine Erweiterung von bereits validierten Theorien und Modellen für den spezifischen Fall von SoD-Software erzielt werden. Damit wird die Forderung nach der Rigorosität des Forschungsergebnisses erfüllt (vgl. Abschnitt 1.3). Aber auch dem Anspruch nach Relevanz konnte Rechnung getragen werden, da davon ausgegangen wird, dass die gewonnenen und in ein Erklärungsmodell eingeflossenen Erkenntnisse (Abschnitt 5.4.3) sowohl für SoD-Software als auch für andere compliance-orientierte Softwareprodukte anwendbar sind. Dies gilt größtenteils auch für die spezifischen Erkenntnisse, welche in den einzelnen Fallstudien dokumentiert sind.

6.2 Ausblick

Dieses Forschungsprojekt untersuchte SoD-Kontrollen und insbesondere die Assimilation von SoD-Software. Weiterer Erkenntnisgewinn könnte durch Forschungsarbeiten generiert werden, welche die Ergebnisse dieser Arbeit konkretisieren und weiterentwickeln. Die Anwendung eines theoriebasierten Forschungsmodells hat sich einerseits bewährt, weil die meisten der Hypothesen durch die Fallstudienergebnisse gestützt und interessante Zusammenhänge, Abhängigkeiten und Beziehungen aufgezeigt werden konnten. Andererseits wurde auf die Limitation dieses Lösungsansatzes bereits hingewiesen, woraus sich folgende ergänzende Forschungsvorhaben ergeben:

- Erweiterung der Indikatoren durch die Einbeziehung zusätzlicher Theorien. So ist es vorstellbar, dass z.B. Ansätze der neuen Institutionenökonomik, machttheoretische Modelle, Pfadabhängigkeiten oder auch vertrauensbezogene Konstrukte in einem erweiterten oder neuen theoretischen Modell untersucht werden. Dadurch können vermutlich weitere auf die Assimilation einwirkende Indikatoren eingebunden werden.

- Vertiefung der Indikatoren durch weitere, detaillierte Untersuchungen. So können die mit Hypothesen gestützten Indikatoren noch intensiver hinterfragt und auf weitere Zusammenhänge und Beziehungsmuster überprüft werden. Auch können die Indikatoren, denen nur eine mittlere oder geringe/keine Relevanz zugesprochen wurde, dahingehend untersucht werden, ob die Nichtbeachtung (langfristige) Auswirkungen hat.

- Grundsätzlich können andere Methoden der empirischen Untersuchung angewandt werden. So wäre es sicher aufschlussreich, ein quantitatives empirisches Forschungsdesign anzuwenden und beispielsweise eine Befragung aller ERP-Systemnutzer, welche durch Kontrollmaßnahmen eingeschränkt und überwacht werden, durchzuführen. Dies könnte unter Umständen die Gewichtung der Indikatoren, insbesondere der qualitativ-orientierten, verschieben. Des Weiteren könnte ein exploratives, etwa an die „Grounded Theory" angelehntes Forschungsdesign weitere, relevante Indikatoren ergeben, die eine Assimilation beeinflussen.

Weitergehende Forschungsvorhaben können auch folgende Themengebiete adressieren:

- Erweiterung des Branchenfokus: In diesem Forschungsprojekt standen eher große, global agierende Unternehmen mit anspruchsvollen Compliance-Anforderungen im Vordergrund. In weiteren Studien kann geprüft werden, inwieweit das entwickelte Erklärungsmodell auch für mittlere und kleinere Unternehmen anwendbar ist oder für diese angepasst werden muss. Ähnliche Untersuchungen können auch für die äußerst streng regulierte Finanzdienstleistungsbranche durchgeführt werden. In dieser Branche können institutionelle Zwänge einen noch stärkeren Einfluss haben, was wiederum eine Neugewichtung oder Neugenerierung von Indikatoren mit sich bringen kann.

- Erweiterung des Produktfokus: Die entwickelten Lösungsansätze können auch angewandt werden, um andere, weniger compliance-orientierte Softwareprodukte in ihrer Assimilationsphase zu untersuchen. Das Erklärungsmodell und die darin enthaltenen Indikatoren könnten dadurch unter Umständen eine ergänzende Validierung, Verwerfung oder Anpassung erfahren.

- Einfluss neuer Technologien: Die Entwicklungen im Bereich GRC-Software, eventuell auch im Bereich der CCM-Software, sind vermutlich noch nicht abgeschlossen und unterliegen durch fortwährend neue regulatorische Anforderungen einer hohen Dynamik. Der Markt für compliance-orientierte Software ist relativ jung und die Produkte entwickeln sich rasch. Inwieweit auch Outsourcing oder neue Modelle wie Cloud-Computing (vgl. Knolmayer/Asprion, 2011) und die damit verbundene Auslagerung von compliance-relevanten Daten und Zugriffsrechten die Assimilation von SoD-Software oder vergleichbaren Produkten beeinflussen, können künftige interessante Forschungsgebiete sein.

■ Entwicklung einer Methode: Das entwickelte Erklärungsmodell kann zu einem fundierten Vorgehensmodell weiterentwickelt werden, in welchem auch die Hinweise und Empfehlungen aus den Fallstudien berücksichtigt sind. Dieses kann beispielsweise konkrete Handlungsanweisungen zur PIP und der Assimilationsphase beinhalten. Das Vorgehensmodell könnte etwa auf den compliance-orientierten Prüfungsstandard IDW EPS 980 / PS 980 oder auf Referenzmodelle (vgl. Abschnitt 2.2.3.1) referenzieren.

Es könnten noch zahlreiche weitere interessante Möglichkeiten für Forschungsvorhaben kreiert werden. Das Forschungsfeld der compliance-orientierten IS-Innovationen wird sicherlich weiterhin hohe Aktualität genießen. Es kann gespannt in die Zukunft geblickt werden, ob der von Mertens (Mertens, 1995, S. 48ff) als langfristiges Ziel deklarierte Zustand des vollautomatisierten und damit institutionalisieren (IT-)Betriebs für compliance-orientierte Software je erreicht werden kann. Aus Sicht der Autorin wird dies immer eine Abwägung zwischen Transaktionskosten und den damit erreichbaren Zielen sein. Die Hinzuziehung von validen Erklärungsmodellen kann jedoch erheblich zur Anleitung, Verbesserung und Überprüfung von Entscheidungen beitragen.

7 Literaturverzeichnis

Abbott, A. (1998): The System of Professions; An Essay on the Division of Expert Labor. In: University of Chicago Press, Chicago.

Abrahamson, E.: Management Fashion. In: Academy of Management Review 21 (1996) 1, S. 254-285.

Accountant Finder (2010): The Accountant Finder Ltd (Homepage). URL: www.account antfinder.co.uk/bigfour.php, Abruf: 2011-06-30.

Addison, S. (2001): Risk and Governance Issues for ERP Enterprise Applications. URL: www.isaca.org/Journal/Past-Issues/2001/Volume-4/Pages/Risk-and-Governance-Issues-for-ERP-Enterprise-Applications.aspx, Abruf: 2011-06-30.

Adolphson, M.; Greis, J. (2009): A Risk-based Approach to SoD. Partnering IT and the Business to Meet the Challenges of Global Regulatory Compliance. URL: www.isa ca.org/Journal/Past-Issues/2009/Volume-5/Documents/jpdf0905-a-risk-based.pdf, Abruf: 2011-06-30.

Agrawal, R.; Johnson, C.; Kiernan, J.; Leymann, F. (2006): Taming Compliance with Sarbanes-Oxley Internal Controls Using Database Technology. In: Proceedings of the 22nd International Conference on Data Engineering (ICDE'06).

AICPA (2005): Management Override of Internal Controls: The Achilles' Heel of Fraud Prevention. American Institute of Certified Public Accountants (AICPA) (Hrsg.), New York, NY 10036-8775. URL: www.aicpa.org/ForThePublic/AuditCommittee Effectiveness/DownloadableDocuments/achilles_heel.pdf, Abruf: 2011-06-30.

Amann, M. (2010): An der Leine der Saubermänner. In: Frankfurter Allgemeinen Zeitung (FAZ), Online-Ausgabe, 2010-01-26. (online nicht mehr verfügbar).

Amberg, M.; Mossanen, K.; Walser, M. (2010): Vorteile und Herausforderungen IT-gestützter Compliance-Erfüllung. Studie der Friedrich-Alexander-Universität Erlangen-Nürnberg und Novell, Inc.

Anand, S. (2007): The Why and How of Leveraging Synergies Across Sarbanes-Oxley and Other Regulations. URL: www.isaca.org/Journal/Past-Issues/2007/Volume-3/Pages/The-Why-and-How-of-Leveraging-Synergies-Across-Sarbanes-Oxley-and-Other-Regulations1.aspx, Abruf: 2011-06-30.

Approva (2011): IT & ERP Security (Online). URL: www.approva.net/solutions/itse curity/, Abruf: 2011-06-30.

Argyris, C. (1999): Organizational Learning. 2. Aufl., Blackwell Publishers, Oxford.

Argyris, C.; Schön, D.A. (1978): Organizational learning: A Theory of Action Perspective. Addison-Wesley, Reading, MA.

Armstrong C.P; Sambamurthy, V.: Information technology assimilation in firms: The influence of senior leadership and IT infrastructures. In: Information Systems Research, 10 (1999) 4, S. 304-327.

AS3806-2006 (2006): Australian Standard on Compliance Programs (AS 3806-2006). Standards Australia (Hrsg.).

Asprion, P.: Der SoD-Manager im Spannungsfeld zwischen Business und IT. In: Zeitschrift für Controlling 21 (2009) 12, S. 656-662.

Asprion, P.; Knolmayer, G.: Compliance und ERP-Systeme: Eine bivalente Beziehung. In: Zeitschrift für Controlling & Management 53 (2009) Sonderheft 3, S. 40-47.

Asprion, P.; Knolmayer, G.F.: Compliance-Software: Einsatzmöglichkeiten und Auswirkungen auf die Wirtschaftsprüfung. In: ERP Management 4 (2008) 2, S. 28-31.

Atluri, V.; Huang, W. (1996): An Authorization Model for Workflows. In: Bertino, E.; Kurth, H.; Martella, G.; Montolivo, E. (Hrsg.): Proceedings of the 4th European Symposium on Research in Computer Security (ESORICS), Rome 1996, S. 44-64.

Attewell, P.: Technology Diffusion and Organizational Learning: The Case of Business Computing. In: Organization Science 3 (1992) 1, S. 1-19.

Avison, D.E.; Lau, F.; Myers, M.D.; Nielsen, P.A. (1999): Action Research. In: Communication of the ACM 42 (1999) 1, S. 94-97.

Ba, S.; Stallaert, J.; Whinston. A.B.: Research commentary: Introducing a third dimension in the information systems design – The case for incentive alignment. In: Information Systems Research 12 (2001) 3, S. 225-239.

Bace, J.; Rozwell, C. (2006): Understanding the Components of Compliance. Gartner Research, G00137902.

Bace, J.; Rozwell, C.; Caldwell, F. (2005): Examine Sarbanes-Oxley Section 404 Weaknesses and Use IT as Your Solution, Gartner Research, G00126645.

Bacharach, S.B.: Organizational Theories: Some Criteria for Evaluation. In: Academy of Management Review 14 (1989) 4, S. 496-515.

Bagranoff, N.A.; Henry, L. (2005): Choosing and Using Sarbanes-Oxley Software. URL: www.isaca.org/Journal/Past-Issues/2005/Volume-2/Pages/Choosing-and-Using-Sarbanes-Oxley-Software1.aspx, Abruf: 2011-06-30.

Bai, R.J.; Lee, G.G.: Organizational factors influencing the quality of the IS/IT strategic planning process. In: Industrial Management and Data Systems 103 (2003) 8, S. 622-632.

Bajwa, D.; Lewis, L.; Pervan, G.; Lai, V.; Munkvold, B.; Schwabe, G.: Factors in the Global Assimilation of Collaborative Information Technologies: An Exploratory Investigation in Five Regions. In: Journal of Management Information Systems (2008) 1, S. 131-166.

Baldwin, R.W. (1990): Naming and grouping privileges to simplify security management in large databases. In: Proceedings of the IEEE Symposium on Research in Security and Privacy, S. 116-132.

Basel (1998): Basel Committee on Banking Supervision (Hrsg.), Framework for Internal Control Systems in Banking Organisations.

Bashiri, I.; Engels, C.; Heinzelmann, M. (2010): Strategic Alignment. Springer, Berlin et al..

Baumöl, U. (2008): Referenzmodellbasiertes Vorgehen. In: Kurbel, K.; Becker, J.; Gronau, N.; Sinz, E.; Suhl, L. (Hrsg.): Enzyklopädie der Wirtschaftsinformatik, Online-Lexikon, 4. Aufl. URL: www.enzyklopaedie-der-wirtschaftsinformatik.de/wi-enzy klopaedie/lexikon/daten-wissen/Grundlagen-der-Informationsversorgung/Analyse-des-Informationsbedarfs/Referenzmodellbasiertes-Vorgehen, Abruf: 2011-06-30.

Baumöl, U.: Compliance. In: Zeitschrift für Controlling 21 (2009) 2, S. 106-108.

Beatty, R.C.; Shim, J.P.; Jones, M.C.: Factors influencing corporate web site adoption: a time based assessment. In: Information and Management 38 (2001), S. 337-354.

Becker, J.; Niehaves, B.; Olbrich, S.; Pfeiffer, D. (2009): Forschungsmethodik einer Integrationsdisziplin – Eine Fortführung und Ergänzung zu Lutz Heinrichs „Beitrag zur Geschichte der Wirtschaftsinformatik" aus gestaltorientierter Perspektive". In: Becker, J.; Becker, J.; Krcmar, H.; Niehaves, B. (Hrsg.): Wissenschaftstheorie und gestaltungsorientierte Wirtschaftsinformatik. Springer, Dordrecht et al., S. 1-22.

Becker, J.; Pfeiffer, D. (2006): Beziehungen zwischen behavioristischer und konstruktionsorientierter Forschung in der Wirtschaftsinformatik. In: Zelewski, S.; Akca, N. (Hrsg.): Fortschritt in den Wirtschaftswissenschaften – Wissenschaftstheoretische Grundlagen und exemplarische Anwendungen. Deutscher Universitätsverlag, Wiesbaden, S. 39-57.

Behera, R. (2009): Cross-Enterprise Integration with SAP GRC Access Control. Galileo Press, Boston.

Bell, T.J.; Smith, T. (2011): The Assimilation of Marketing's Service Quality Principles and the IT Auditing Process. A Move Toward Quantifiable SAS 70 Auditing Service Quality, Part 1. In: ISACA Journal (Online), 3 (2011), S. 1-5.

Benbasat, I.; R. Weber (1996): Research Commentary: Rethinking 'diversity' in Information Systems Research. In: Information Systems Research, (7) 4, S. 389-399.

Benbasat, I.; Goldstein, D.K.; Mead, M.: The Case Research Strategy in Studies of Information Systems. In: MIS Quarterly 11 (1987) 3, S. 369-386.

Benders, J.; Batenburg, R.; van der Blonk, H.: Sticking to standards; technical and other isomorphic pressures in deploying ERP-systems. In: Journal Information and Management, 43 (2006) 2; S. 194-203.

Benders, J.; Batenburg, R.; van der Blonk, H.: Sticking to standards; technical and other isomorphic pressures in deploying ERP-systems. In: Journal Information and Management 43 (2006) 2; S. 194-203.

Benders, J.; Van Veen, K.: What's in a Fashion? Management Fashions and Interpretative Viability. In: Organization 8 (2001) 1, S. 33-53.

Berman, S.L.; Wicks, A.C.; Kotha, S.; Jones, T.M.: Does stakeholder orientation matter? The relationship between stakeholder management models and firm financial performance. In: Academy of Management Review 42 (1999) 5, S. 488-506.

Bernroider, E.W.N.: IT governance for enterprise resource planning supported by the De-Lone/McLean model of information systems success. In: Information & Management 45 (2008), S. 257-269.

Bertschinger, P.; Schaad, M.: Der amerikanische Sarbanes-Oxley Act of 2002. Mögliche Auswirkungen auf die amerikanische und internationale Wirtschaftsprüfung und Corporate Governance. In: Der Schweizer Treuhänder (2002) 10, S. 883-888.

Bertschinger, P.; Schaad, M.: Prüfung amerikanischer und internationaler Konzerngesellschaften in der Schweiz: In: Der Schweizer Treuhänder (2004) 5, S. 421-430.

Best, P.: Auditing SAP R/3 – Control Risk Assessment. In: Australian Accounting Review 10 (2000) 3, S. 31-42.

BHOLD (2009): Controlling User Authorizations in the Enterprise. ISACA After Hours Seminar, Zürich, 2009-01-27. URL: www.isaca.ch/ (online nicht mehr verfügbar).

Biddle, B.J.; Thomas, E.J. (1966): Role theory: concepts and research. John Wiley & Sons, New York.

Bigler, E.: Umsetzung von Sarbanes Oxley auf freiwilliger Basis. In: Der Schweizer Treuhänder (2004) 12, S. 1051-1056.

Bilandzic, H.; Koschel, F.; Scheufele, B. (2000): Gütesicherung in der qualitativen Inhaltsanalyse. URL: www.dgpuk.de/fg_meth/fg_tag00_abs05.htm, Abruf: 2011-06-30.

Bitterli, P. (2006): Praxishandbuch COBIT. IT-Prozesse steuern, bewerten und verbessern. Düsseldorf.

Bitterli, P.R.; Brun, J.; Bucher, T.; Christ, B.; Hamberger, B.; Huissoud, M.; Küng, D.; Toggwyler, A.; Wyniger, D. (2008): Vorgehensmodell Anwendungsprüfung. Schweizer Treuhandkammer (Hrsg.).

Blohm, H. (1977): Organisation, Information und Überwachung. Gabler, Wiesbaden.

Blossfeld, H.-P.; Müller, R.: Sozialstrukturanalyse, Rational Choice Theorie und die Rolle der Zeit. In: Soziale Welt 47 (1996), S. 382-410.

Blum, D. (2005): Pulling Up Your SOX: IT Impacts and Compliance. In-Depth Research Overview, Burton Group, Vers. 1.0.

BMI (2010): BMI (Hrsg.):Empfehlungen zur Korruptionsprävention in der Bundesverwaltung. Bundesministerium des Inneren (BMI) (Hrsg.), Deutschland, 2010-06-09.

Bone, J.: Managing IT Controls for SOX Compliance. URL: www.complianceweek.com/Article/5430, Abruf: 2011-06-30.

Bortz, J.; Döring, N. (2001): Forschungsmethoden und Evaluation für Human- und Sozialwissenschaftler. 3. Aufl., Springer, Heidelberg.

Boudreau, M.-C.; Robey, D.: Enacting Integrated Information Technology: A Human Agency Perspective. In: Organization Science 16 (2005) 1, S. 3-18.

Boudreau, M.-C.; Seligman, L. (2003): A learning-based model of quality of use: Insights from a case study of ERP implementation. In: Diffusion Interest Group in Information Technology Workshop, Seattle.

Braganza, A.; Desouza, K.C.: Implementing Section 404 of the Sarbanes Oxley Act: Recommendations for Information Systems Organizations. In: Communications of AIS 18 (2006) 09, S. 464-487.

Brauch, P.; Fritzsche, H.: Ist die Forderung nach Funktionstrennung und Vier-Augen-Prinzip heute noch sinnvoll? In: Zeitschrift für interne Revision (ZIR) (1992) 1, S. 59-63.

Brauchli, M.W.; Bray, N.; Sesit, M.: Barings PLC Officials May Have Been Aware of Trading Position. Wall Street Journal 1995-03-06, S. 6.

Brown, S.A.; Chervany, N.L.; Reinicke, B.A.: What matters when introducing new information technology. In: Communications of the ACM (2007), S. 91-96.

Brückle, J.: Corporate Compliance – Pflicht oder Kür für den Vorstand der AG? In: Betriebs-Berater (2005) 11, S. 565-570.

Bruinsma, C.; Wemmenhove, P.: Tone at the Top Is Vital! A Delphi Study. In: ISACA Journal (Online), 3 (2009), S. 1-4.

Büchel, B. (1995): Compliance als Instrument der Führungskontrolle. Publikation der Swiss Banking School, Bern et al..

Büchler, R.P.: Durchblick im Standard Dschungel der Informatiksicherheit. In: IT-Security 2 (2007), S. 52-54.

Bühler, P.; Schweizer, M.: Was bedeutet der Sarbanes-Oxley Act für die Swiss Corporate Governance? In: Der Schweizer Treuhänder (2002) 11, S. 997-1002.

Buff, H.G. (2000): Compliance. Führungskontrolle durch den Verwaltungsrat. Schulthess, Zürich.Buhleier, C. (2010): Aufsichtsrat und Prüfungsausschuss vor neuen Herausforderungen – Aufsicht und Kontrolle in der Praxis. Vortrag Hans Böckler Stiftung, 2010-04-29, Köln. URL: www.boeckler.de/pdf/v_2010_04_29_buhleier.pdf, Abruf: 2011-06-30.

Business Wire (2005): Automating Compliance and Control Environments Is a Priority in Year Two of Sarbanes-Oxley Compliance. URL: www.allbusiness.com/legal/ antitrust-trade-law-sarbanes-oxley-act/5048339-1.html, Abruf: 2011-06-30.

Caldeira M.M.; Ward, J.M.: Using resource-based theory to interpret the successful adoption and use of information systems and technology in manufacturing small and medium-sized enterprises. European Journal of Information Systems 12 (2003), S. 127-141.

Caldwell, F. (2010): Magic Quadrant for Enterprise Governance, Risk and Compliance Platforms, WhitePaper. Gartner G00206382.

Caldwell, F., et al. (2008): Hype Cycle for Regulations and Related Standards. Gartner Research, G00161080.

Caldwell, F.; Eid, T. (2006): Finance and Audit GRC Software Market Is Expanding. Gartner Research, G00144520.

Caldwell, F.; Eid, T. (2008): Magic Quadrant for Enterprise Governance, Risk and Compliance Platforms. Gartner Research, G00158295.

Caldwell, F.; Proctor, P.E. (2009): Continuous Controls Monitoring for Transactions: The Next Frontier for GRC Automation. Gartner Research, G00164382.

Caldwell, F.; Proctor, P.E. (2010): Magic Quadrant for Continuous Controls Monitoring. Gartner Research, G00174594.

Caldwell, F.; Van Decker, J.E. (2008): Sarbanes-Oxley Update: How to Best Support the CFO. Gartner Research, G00157234.

Campell, A.: Stakeholders: The case in favour. In: Long Range Planning 30 (1997) 3, S. 446-449.

Cannon, D.M.; Growe, G.A.: SOA Compliance: Will IT Sabotage your Efforts? In: Journal of Corporate Accounting & Finance (2004) 07/08, S. 31-37.

Carlson, C. (2009): Making the Most of ERP Systems for IT Control. URL: www.complianceweek.com/Article/5256, Abruf: 2011-06-30.

Carroll, A.; Näsi, J.: Understanding stakeholder thinking: Themes from a Finnish conference. In: Business Ethics – A European Review 6 (1997) 1, S. 46-51.

Carton, F.; Adam, F. (2003): Analysing the impact of ERP systems roll-outs in multi-national companies. In: Electronic Journal of Information Systems Evaluation 6 (2003) 2, S. 21-32.

Cavana, R.Y.; Delahaye, B.L.; Sekaran, U. (2001): Applied Business Research: Qualitative and Quantitative Methods. Milton.

Chan, E.; Reich, B.H.: IT alignment: what have we learned? In: Journal of Information Technology (2007) 22, S. 297-315.

Chan, S. (2004): Mapping COSO and CobiT for Sarbanes-Oxley Compliance. URL: http://www.isqa.unomaha.edu/dkhazanchi/Teaching/ISQA4590-8596/Readings/COSO%20Framework/Mapping%20COSO%20and%20CobiT%20for%20SOX%20THE%20IIA.pdf, Abruf: 2011-06-30.

Chan, Y.E. (1996): Business strategic orientation, information systems strategic orientation, and strategic alignment. Marketing Science Institute, Cambridge, Mass.

Chatterjee, D.; Sambamurthy, V. (1997): Leveraging the Web business potential: the influence of organizational and Web management characteristics. In: Proceedings of the eighteenth international conference on Information systems, 1997-12-14-17, Atlanta, Georgia, U.S., S. 490-491.

Chau, P.Y.K.; Tam, K.Y. (1997): Factors Affecting the Adoption of Open Systems: An Exploratory Study. In: MIS Quarterly 21 (1997) 1, S. 1-24.

Chenhall, R.: Management Control Systems Design Within its Organizational Context: Findings from Contingency-Based Research and Directions for the Future. In: Accounting, Organizations and Society 28 (2003) 2-3, S. 127-168.

Cho, S.; Mathiassen, L.; Gallivan, M.J. (2009): Crossing the Chasm: From Adoption to Diffusion of a Telehealth Innovation. In: Kautz, K. et al. (Hrsg.): Open IT-Based Innovation: Moving Towards Cooperative IT Transfer and Knowledge Diffusion. Springer, Boston, S. 361-378.

Chuprunov, M. (2011): Handbuch SAP-Revision. IKS, Audit Compliance. Galileo Press, Bonn.

Cichocki, A.; Helal, A.; Rusinkiewicz, M.; Woelk, D. (1997): Workflow and Process Automation. Kluwer Academic, Boston.

CISA (2010): Certified Information Systems Auditor. CISA Review Manual 2010. ISACA (Hrsg.). URL: www.isaca.org/cisabooks, Abruf: 2011-06-30.

Clark, D.; Wilson, D. (1987): A comparison of commercial and military computer security policies. In: Proceedings of the Symposium on Security and Privacy, IEEE, Los Alamitos, California, S. 184-194.

Clark, D.; Wilson, D. (1988): Evolution of a Model for Computer Integrity. Working Draft Paper distributed at the 11th National Computer Security Conference, Baltimore, October 1988.

Clarke, T.: The stakeholder corporation: A business philosophy for the information age. In: Long Range Planning 31 (1998) 2, S. 182-194.

Clarkson, M. (1994): A risk based model of stakeholder theory. In: Proceedings of the Second Toronto Conference on Stakeholder Theory, Centre for Corporate Social Performance & Ethics, University of Toronto, Toronto.

Clarkson, M.B.: A stakeholder framework for analyzing and evaluating corporate social performance. In: Academy of Management Review 20 (1995) 1, S. 92-117.

CM (2007): J-SOX-Initiative unterstützt japanische Firmen. URL: www.compliance-magazin.de/complianceservices/beratung/abeam280607.html, Abruf: 2011-06-30.

CM (2008): EuroSOX-Richtlinien gerecht werden. URL: www.compliancemagazin.de/plaintext/markt/studien/exagon110608.html, Abruf: 2011-06-30.

COBIT (2007): COBIT 4.1. Control Objectives for Information and Related Technology. Framework, Control Objectives, Management Guidelines, Maturity Models. IT Governance Institute (Hrsg.).

Coderre, D.G. (2009a): Computer Aided Fraud Prevention and Detection: A Step by Step Guide. Wiley & Sons, New York.

Coderre, D.G. (2009b): Internal audit. Efficiency through automation. Wiley & Sons, Hoboken.

Constantinescu, R.: V-Model Role Engineering. In: Informatica Economică 13 (2009) 1, S. 38-46.

CO-Online (2010): Compliance Categories. URL: www.complianceonline.com/, Abruf: 2011-06-30.

Cooper, R.B.; Zmud, R.W. (1990): Information technology implementation research: A technological diffusion approach. In: Management Science 36 (1990) 2, S. 123-139.

COSO (1994): Internal Control – Integrated Framework. Committee of Sponsoring Organizations of the Treadway Commission (Hrsg.).

COSO (2006a): Internal Control over Financial Reporting – Guidance for smaller Public Companies. Volume 1: Executive Summary. Committee of Sponsoring Organizations of the Treadway Commission (Hrsg.).

COSO (2006b): Internal Control over Financial Reporting – Guidance for Smaller Public Companies. Volume II: Guidance. Committee of Sponsoring Organizations of the Treadway Commission (Hrsg.).

COSO (2006c): Internal Control over Financial Reporting – Guidance for Smaller Public Companies. Volume III: Evaluation Tools. Committee of Sponsoring Organizations of the Treadway Commission (Hrsg.).

Coyne, E.J. (1995): Role engineering. Symposium on Access Control Models and Technologies. In: Proceedings of the first ACM Workshop on Role-based access control, ACM, New York, U.S., S. 15-16.

Coyne, E.J.; Davis, J.M. (2008): Role Engineering for Enterprise Security Management, Artech House.

Crook, C.W.; Kumar, R.L.: Electronic data interchange: a multidisciplinary investigation using grounded theory. In: Information and Management 34 (1998), S. 75-89.

CW (1992): SAP-Software ist „im Kern proprietär". Anwender beklagen die Abhängigkeit von SAP. URL: www.computerwoche.de/heftarchiv/1992/41/1136510/, Abruf: 2011-06-30.

Dachler, H.P.: Does the Distinction between Qualitative and Quantitative Methods Make Sense? In: Organization Studies 18 (1997), S. 709-724.

Davenport, T.H.: Putting the enterprise into the enterprise system. In: Harvard Business Review 76 (1998) 4, S. 121-131.

Davenport, T.H.; Harris, J.G.; Cantrell, S. (2004): Enterprise systems and ongoing process change. In: Business Process Management Journal 10 (2004) 1, S. 16-26.

de Lange, R.J.; Randall, E. (2005): Sarbanes-Oxley Software: Why Has a Simple Concept Been Made So Difficult? URL: sap.com/uk/solutions/business-suite/erp/pdf/SAP_Insider_Corp_Gov_Compliance.pdf, Abruf: 2011-06-30.

Debreceny, R.S. (2006): Re-Engineering IT Internal Controls: Applying capability Maturity Models to the Evaluation of IT Controls. In: Proceedings of the 39th Hawaii International Conference on Systems Science (HICSS´06), S. 82-93.

Deloitte (2010): Enterprise Risk Services – Controls. Deloitte AG Schweiz. URL: www. deloitte.com/view/en_CH/ch/services/audit/enterpriseriskservices/controls/index. htm, Abruf: 2011-06-30.

Deloitte; ISACA (2010): Security, Audit and Control Features Oracle E-Business Suite: A Technical and Risk Management Reference Guide. 3. Aufl. URL: www.isaca.org/ Knowledge-Center/Research/ResearchDeliverables/Pages/Security-Audit-and-Con trol-Features-Oracle-E-Business-Suite-3rdEdition.aspx, Abruf: 2011-06-30.

DeLone, W.H.; McLean, E.R. (2002): Information Systems Success Revisited. In: Procee-dings of the 35th Hawaii International Conference on System Sciences (HICSS'02).

DeLone, W.H.; McLean, E.R.: Information Systems Success: The Quest for the Depend-ent Variable. In: Information Systems Research 3 (1992) 1, S. 60-96.

DeLone, W.H.; McLean, E.R.: The DeLone and McLean Model of Information Systems Success: A Ten-Year Update. In: Journal of Management Information Systems 19 (2003) 4, S. 9-30.

Denzin, N.K.; Lincoln, Y.S. (1994): Handbook of Qualitative Research. Thousand Oaks, Sage, CA.

DiMaggio, P.J.; Powell, W.W. (1991). The iron cage revisited: Institutional isomorphism and collective rationality in organisational fields. In: DiMaggio, P.J.; Powell, W.W. (Hrsg.): The New Institutionalism in Organizational Analysis. The University of Chicago Press, Chicago, S. 63-82.

DiMaggio, P.J.; Powell, W.W. (2000): Das „stahlharte Gehäuse" neu betrachtet – Institu-tioneller Isomorphismus und kollektive Rationalität in organisationalen Feldern. In: Müller, H.-P.; Sigmund, S. (Hrsg.): Zeitgenössische amerikanische Soziologie, Op-laden, S. 147-173.

Dittmar, L.: First steps on a long journey. In: GRC 360 (2007) Spring Issue, S. 4.

Dodgson, M.: Organizational Learning: A Review of Some Literature. In: Organization Studies 14 (1993) 3, S. 375-394.

Donaldson, T.; Preston, L.E.: The stakeholder theory of the corporation: Concepts, evi-dence, and implications. In: Academy of Management Review 20 (1995) 1, S. 65-91.

Donnelly, M.; Wisniewski, M.; Dalrymple, J.F.; Curry, A.C.: Measuring Service Quality in Local Government: The SERVQUAL Approach. In: International Journal of Pu-blic Sector Management 8 (1995) 7.

Dörner, D.; Hense, B.; Gelhausen, F. (2007): WP 2008: Wirtschaftsprüfung, Rechnungs-legung, Beratung. Band 2. 13. Aufl., Institut der Wirtschaftsprüfer in Deutschland (Hrsg.).

DSAG (2009): Prüfleitfaden SAP ERP 6.0. Deutschsprachige SAP-Anwendergruppe (Hrsg.). URL: www.dsag.de/fileadmin/media/Leitfaeden/090511_Leitfaden_SAP_ ERP6_screen.pdf, Abruf: 2011-06-30.

Dubé, L.; Paré, G.: Rigor in Information Systems Positivist Case Research: Current Practices, Trends, and Recommendations. In: MIS Quarterly 27 (2003) 4, S. 597-635.

Dullinger, F. (2001): Compliance-abhängige Dienstleistungen. Konzeption und Anwendung am Beispiel der Gesundheitsleistungen. FGM, München.

Duncan, R.B.; Weiss, A.: Organizational Learning: Implications for Organizational Design. In: Staw, B. (Hrsg.): Research in Organizational Behavior 1 (1979), S. 75-123.

Dunn, C. (2007): Adding Compliance Solutions To ERP Systems. URL: www.com
plianceweek.com/article/3395/adding-compliance-solutions-to-erp-systems, Abruf: 2011-06-30.

Edmondson, A. C.: The Local and Variegated Nature of Learning in Organizations: A Group-Level Perspective. In: Organization Science 13 (2002) 2, S. 128-146.

Egger, A.; Schöler, S. (2008): IT Compliance. SAP IT General Controls. Euroforum, Düsseldorf.

Ehie, I.C.; Madsen, M.: Identifying critical issues in enterprise resource planning (ERP) implementation. In: Computers in Industry 56 (2005) 6, S. 545-557.

Eid, T. (2008): SAP's Enhanced GRC Offerings Expand Integration Options. Gartner Research, G00157234.

Eisenhardt, K.: Building Theories from Case Study Research. In: Academy of Management Review 14 (1989) 4, S. 532-550.

Elmes, M.; Strong, D.; Volkoff, O.: Panoptic empowerment and reflective conformity in enterprise systems-enabled organizations. In: Information and Organization 15 (2005) 1, S. 1-37.

EMC (2010): Sicher zum Erfolg. EMC Community Network. URL: switzer-land.emc.com/leadership/business-view/success-grc.htm, Abruf: 2011-06-30.

Esswein, W.: Das Rollenmodell der Organisation: Die Berücksichtigung aufbauorganisatorischer Regelungen in Unternehmensmodellen. In: Wirtschaftsinformatik 35 (1993) 6, S. 551-561.

Ettlie, J.E.: Adequacy of Stage Models for Decisions on Adoption of Innovation. In: Psychological Reports 46 (1980), S. 991-995.

Euler. K.A. (1992): Interne Kontrollen im Unternehmen: Konzepte zur Vermögenssicherung und Effizienzsteigerung. 2. Aufl., Berlin.

Fararo, T.J.; Skvoretz, J. (1993): Methods and problems of theoretical integration and the principle of adaptively rational action. In: Berger, J.; Zelditch, M. Jr. (Hrsg.): Theoretical research programs. Studies in the growth of theory. Stanford University Press, Stanford, CA, S. 416-450.

Ferraiolo, D.F.; Cuigini, J.A.; Kuhn, D.R. (1995). Role-based access control (RBAC): Features and motivations. In: Proceedings of the 11th Annual Computer Security Applications Conference (ACSAC 1995), New Orleans, Louisiana.

Ferraiolo, D.F.; Gilbert, D.M.; Lynch, N. (1992): Assessing federal and commercial information security needs. National Institute of Standards and Technology, United States.

Ferraiolo, D.F.; Kuhn, D.R (1992): Role-based access controls. In: Proceedings of the 15th Computer Security Conference. Baltimore, S. 554-563.

Ferraiolo, D.F.; Kuhn, D.R.; Chandramouli, R. (2007): Role-Based Access Control. 2. Aufl., Artech House, London/Boston.

Ferraiolo, D.F.; Sandhu, R.S.; Gavrila, S.; Kuhn, D.R.; Chandramouli, R.: Proposed NIST standard for role-based access control. ACM Transactions on Information and Systems Security 4 (2001) 3, S. 224-274.

Fettke, P.; Loos, P.: Referenzmodellierungsforschung. In: Wirtschaftsinformatik 46 (2004) 5, S. 331-340.

Fettke, P.; vom Brocke, J. (2008): Referenzmodell. In: Kurbel, K.; Becker, J.; Gronau, N.; Sinz, E.; Suhl, L. (Hrsg.): Enzyklopädie der Wirtschaftsinformatik, Online-Lexikon, 4. Aufl., URL: www.enzyklopaedie-der-wirtschaftsinformatik.de/wi-enzyklopaedie/lexikon/is-management/Systementwicklung/Softwarearchitektur/Wiederverwendung-von-Softwarebausteinen/Referenzmodell/index.html/?searchterm=Referenzmodell, Abruf: 2011-06-30.

Fichman, R.G. (2000): The Diffusion and Assimilation of Information Technology Innovations. In: Zmud, R.W. (Hrsg.): Framing the Domains of IT Management: Projecting the Future Through the Past. Pinnaflex Educational Resources, Cincinnati, OH.

Fichman, R.G.: Going beyond the dominant Paradigm for Information Technology Innovation Research: Emerging Concepts and Methods. In: Journal of the Association for Information Systems 5 (2004) 8, S. 314-355.

Fichman, R.G.; Kemerer, C.F.: The Assimilation of Software Process Innovations: An Organizational Learning Perspective. In: Management Science 43 (1997) 10, S. 1345-1363.

Fichman, R.G.; Kemerer, C.F.: The Illusory Diffusion of Innovation: An Examination of Assimilation Gaps. In: Information Systems Research 10 (1999) 3, S. 255-275.

Fischer, D.; Lander, G.P.: Erhöhung der Attraktivität des US-Kapitalmarktes für Europäische Emittenten. In: Der Schweizer Treuhänder (2009) 10, S. 739-743.

Fitz-Gerald, L.; Carroll, J. (2003): The Role of Governance in ERP Systems Implementation. In: Proceedings of the 14th Australasian Conference on Information Systems, Perth, Australia.

Flick, U. (2007): Triangulation. Eine Einführung. 2. Aufl.,VS, Wiesbaden.

Flick, U.; v. Kardorff, E.; Steinke, I. (2008): Qualitative Forschung: Ein Handbuch. 8. Aufl., Rowohlt, Reinbek bei Hamburg.

Fox, C. (2004): Sarbanes-Oxley – Considerations for a Framework for IT Financial Reporting Controls. URL: www.isaca.org/Journal/Past-Issues/2004/Volume-1/Pages/

Sarbanes-Oxley-Considerations-for-a-Framework-for-IT-Financial-Reporting-Con trols.aspx, Abruf: 2011-06-30.

Fox, K. (2005): Applimation Integra for Sarbanes-Oxley Compliance. URL: www. oracle.com/us/partnerships/solutions/033661.pdf, Abruf: 2011-06-30.

Frank, U. (2006): Towards a Pluralistic Conception of Research Methods in Information Systems Research. ICB Research Report, No. 7, Universität Duisburg-Essen.

Frank, U.; Klein, S.; Krcmar, H.; Teubner, A. (1999): Aktionsforschung in der Wirtschaftsinformatik – Einsatzpotentiale und Einsatzprobleme. In: Schütte, R.; Siedentopf, J.; Zelewski, S. (Hrsg.): Wirtschaftsinformatik und Wissenschaftstheorie – Grundpositionen und Theoriekerne, Arbeitsbericht Nr. 4 des Instituts für Produktion und industrielles Informationsmanagement, Universität Essen, S. 71-90.

Freeman, R.E. (1984): Strategic management: A stakeholder approach. Pittman Books Limited, Boston.

Freeman, R.E.: Strategic management: A stakeholder approach. In: Advances in Strategic Management 1 (1983), S. 31-60.

Freeman, R.E.; McVea, J. (2001): A stakeholder approach to strategic management. In: Hitt, M.A.; Freeman, R.E.; Harrison, J.S. (Hrsg.): The Blackwell handbook of strategic management. Blackwell Publishers, Malden, MA, S. 189-207.

Freeman, R.E.; Reed, D.L.: Stockholders and stakeholders: A new perspective on corporate governance. In: California Management Review 25 (1983) 3, S. 88-106.

Frick, D.; Gadatsch, A.; Schäffer-Külz, U.G. (2007): Grundkurs SAP, Vieweg + Teubner, Wiesbaden.

Gable, G.G.; Sedera, D.; Chan, T.: Re-conceptualizing Information System Success: The IS-Impact Measurement Model. In: Journal of the Association for Information Systems 9 (2008) 7, S. 377-408.

Gabriel, R. (2008): Informationssystem. In: Kurbel, K.; Becker, J.; Gronau, N.; Sinz, E.; Suhl, L. (Hrsg.): Enzyklopädie der Wirtschaftsinformatik, Online-Lexikon, 4. Aufl., URL: www.enzyklopaedie-der-wirtschaftsinformatik.de/wi-enzyklopaedie/lexikon/ uebergreifendes/Kontext-und-Grundlagen/Informationssystem/index.html/?search term=informationssystem, Abruf: 2011-06-30.

Gallaher, M.P.; O'Connor, A.C.; Kropp, B. (2002): The Economic Impact of Role Based Access Control. NIST Planning Report. URL: csrc.nist.gov/groups/SNS/rbac/ documents/cost_benefits/report02-1.pdf, Abruf: 2011-06-30.

Galliers, R.D. (1991): Choosing appropriate Information Systems research approaches: a revised taxonomy. In: Nissen, H. E.; Klein, H. K.; Hirschheim, R. (Hrsg.): Information Systems Research: Contemporary Approaches and Emergent Traditions, Elsevier, S. 327-345.

Gallivan, M.J.: Meaning to Change: How Diverse Stakeholders Interpret Organizational Communication About Change Initiatives. In: IEEE Transactions on Professional Communication 44 (2001b) 4, S. 243-266.

Gallivan, M.J.: Organizational Adoption and Assimilation of Complex Technological Innovations: Development and Application of a Network Framework. In: The Database for Advances in Information Systems 32 (2001a) 3, S. 51-85.

Gassmann, O.: Praxisnähe mit Fallstudienforschung. In: Wissenschaftsmanagement 6 (1999) 3, S. 11-16.

Gattiker, T.F.; Goodhue, D.L.: What Happens After ERP Implementation: Understanding the Impact of Interdependence and Differentiation on Plant-Level Outcomes. In: MIS Quarterly 29 (2005) 3, S. 559-585.

Ge, W.; McVay, S.E. (2005): On the disclosure of material weaknesses in Internal Control after the Sarbanes-Oxley Act. Working paper Ross School of Business, University of Michigan/Stern School of Business, New York University, 2005-02-16, URL: papers.ssrn.com/sol3/papers.cfm?abstract_id=724481, Abruf: 2011-06-30.

Gefen, D.; Ragowsky, A.: A multi-level approach to measuring the benefits of an ERP system in manufacturing firms. In: Information Systems Management 22 (2005) 1, S. 18-25.

Gehrke, N. (2009): Zur Automatisierung von Revisionsdienstleistungen zwecks Unternehmensüberwachung – Ein Überblick. In: Fischer, S.; Maehle, E.; Reischuk, R. (Hrsg.): Informatik 2009: Im Focus das Leben, Beiträge der 39. Jahrestagung der Gesellschaft für Informatik e.V. (GI), Lübeck.

Gehrke, N.: Reifegradmodelle für die Funktionstrennung in betriebswirtschaftlicher Standardsoftware. In: Zeitschrift Interne Revision (ZIR) (2010) 3; S. 120-130.

Gerring, J. (2007): Case study research: principles and practices. University Press, Cambridge.

Glaser, B.G. (1992): Emergence vs. Forcing: Basics of Grounded Theory Analysis. In: Sociology Press, Mill Valley, CA.

Gläser, J.; Laudel, G. (2009): Experteninterviews und qualitative Inhaltsanalyse. 3. Aufl., Wiesbaden.

Glass, R.L. (1998): Software Runaways. Prentice Hall, Upper Saddle River, NJ.

Goeken, M. (2003). Die Wirtschaftsinformatik als anwendungsorientierte Wissenschaft. Symptome, Diagnose und Therapievorschläge. Arbeitsbericht des Instituts für Wirtschaftsinformatik, Philipps-Universität Marburg, Marburg.

Goeken, M.; Johannsen, W. (2007): Referenzmodelle für IT-Governance. Strategische Effektivität und Effizienz mit COBIT, ITIL & Co. dpunkt, Heidelberg.

Goodpaster, K.: Business ethics and stakeholder analysis. In: Business Ethics Quarterly 1 (1991) 1, S. 53-73.

Görtz, M.; Hesseler, M. (2007): Basiswissen ERP-Systeme: Auswahl, Einführung & Einsatz betriebswirtschaftlicher Standardsoftware, W3l, Herdecke, Bochum.

Göthlich, S.E. (2003): Fallstudien als Forschungsmethode, Manuskripte aus den Instituten für Betriebswirtschaftslehre der Universität Kiel, Nr. 578, Kiel.

Granovetter, M. (2000): Ökonomische Institutionen als soziale Konstruktionen – Ein Analyserahmen. In: Bögenhold, D. (Hrsg.): Moderne amerikanische Soziologie. Stuttgart, S. 199 – 217.

Granovetter, M.: Economic Action and Social Structure – the Problem of Embeddedness. In: American Journal of Sociology 91 (1985) 6, S. 1360-1380.

Grefen, P.; Pernici, B.; Sanchez, G. (1999). Database Support for Workflow Management. Kluwer Academic, Boston MA.

Gronau, N.; Eggert, S. (2010): Referenzmodellbasiertes Vorgehen. In: Kurbel, K.; Becker, J.; Gronau, N.; Sinz, E.; Suhl, L. (Hrsg.): Enzyklopädie der Wirtschaftsinformatik, Online-Lexikon, 4. Aufl., URL: www.oldenbourg.de:8080/wi-enzyklopaedie/lexikon/informationssysteme/Sektorspezifische-Anwendungssysteme/Enterprise-Resource-Planning-System, Abruf: 2011-06-30.

Gross, C.: Unternehmensberatung – auf dem Weg zur Profession? In: Soziale Welt 54 (2003) 1, S. 93-116.

Gschrei, M. (2006): Organisationshandbuch Wirtschaftsprüfung. Band III, Risikoorientierte Abschlussprüfung.

Guiri, L. (1995): Role-based access control: a natural approach. In: Proceedings of the 1st ACM Workshop on Role-Based Access Control, New York, S. 33-38.

Guler, I..; Guillen, M.; Macpherson, J.: Global Competition Institutions, and the Diffusion of Organisational Practices: The international spread of ISO 9000 quality certificates. In: Administrative Science Quarterly 47 (2002) 2, S. 207-223.

Hack, D. (2008): Address Problem Users for Compliance. URL: www.grcexpert online.com/article.cfm?id=3505, Abruf: Abruf: 2011-06-30.

Haggard, C.; Smith, B. (2008): Moving Your Company towards Role-Based Access Security Controls. Protiviti Knowledge Leader, Whitepaper, URL: www.knowledge leader.com/KnowledgeLeader/Content.nsf/Web+Content/HIMovingYour CotowardsRoleBasedAccessSecurityControls!OpenDocument, Abruf: 2011-06-30.

Hamerman, P.D. (2006): Sarbanes-Oxley Compliance Software 2006: Momentum Will Shift To Controls Optimization, Forrester Research, URL: www.forrester.com/rb/Research/sarbanes-oxley_compliance_software_2006_momentum_will_shift/q/id/39049/t/2, Abruf: 2011-06-30.

Hammersley, J.S.; Myers, L.A.; Shakespeare, C. (2007): Market Reactions to the Disclosure of Internal Control Weaknesses and to the Characteristics of those Weaknesses under Section 302 of the Sarbanes Oxley Act of 2002. URL: ssrn.com/abstract=951085, Abruf: 2011-06-30.

Hare, J. (2005): Sub-Material Fraud Risk: The Elephant in the Room. URL: www.auditnet.org/articles/JTH200810.htm, Abruf: 2011-06-30.

Hare, J. (2009b): Beyond Segregation of Duties: Next-Generation Techniques in Evaluating User Access Control Risks. In: Tarantino, A.; Cernauskas, D. (Hrsg.): Risk Management in Finance. Six Sigma and other Next Generation Techniques. Wiley & Sons, S. 219-232.

Hare, J.T. (2009a): Beyond Segregation of Duties: IT Audit's Role in Assessing User Access Control Risks, ISACA Journal, 5 (2009), S. 45-49.

Harrison. J. (2007): Harness the Compliance Power of Your ERP Platform. In: Risk! Navigating an Uncertain World. AMR Research (Hrsg.), United States, S. 131-136.

Harvey, L.; Meyers, M.D.: Scholarship and practice: the contribution of ethnographic research methods to bridging the gap. In: Information Technology & People 8 (1995) 3, S. 13-27.

Hauschka, C. (2007): Corporate Compliance. Handbuch der Haftungsvermeidung im Unternehmen. Beck, München.

Hauschka, C.: Compliance, Compliance-Manager, Compliance-Programme: Eine geeignete Reaktion auf gestiegene Haftungsrisiken für Unternehmen und Management? In: Neue Juristische Wochenschrift (2004) 5, S. 257-261.

Hausmaninger, C.; Kretschmer, W.; Oppitz, M. (1995): Insiderrecht und Compliance. LexisNexis ARD ORAC Bank, Wien.

Heinzl, A. (2001): Zum Aktivitätsniveau empirischer Forschung in der Wirtschaftsinformatik – Erklärungsansatz und Handlungsoptionen. Arbeitspapier 7/2001. URL: www.econbiz.de/archiv/bt/ubt/winformatik/aktivitaetsniveau_winfo.pdf, Abruf: 2011-06-30.

Heinzl, A. (2008): Vortrag anlässlich eines Doktorandenseminars (2008-01-11) an der Universität Bern (unveröffentlicht).

Heinzl, A.; König, W.; Hack, J.: Erkenntnisziele der Wirtschaftsinformatik in den nächsten drei und zehn Jahren. In: Wirtschaftsinformatik 43 (2001) 3, S. 223-233.

Heiser, J. (2009): Hype Cycle for Governance, Risk and Compliance Technologies, 2009. Gartner Research, G00168610.

Heiser, J. (2010): Hype Cycle for Governance, Risk and Compliance Technologies, 2010. Gartner Research, G00205229.

Heiser, J., et al. (2008): Hype Cycle for Governance, Risk and Compliance Technologies, 2008. Gartner Research, G00157816.

Heiser, J.; MacDonald, N. (2005): Best Practices for Role-Based Separation of Duties in ERP. Gartner Research, G00129530.

Henderson, J.C.; Venkatraman, N. (1990): Strategic Alignment: A Framework for Research on the Strategic Management of Information Technology. In: MIT Behavioral and Political Sciences Conference on Organizational Change, MIT Sloan School of Management, Cambridge, MA.

Hendrawirawan, D.; Tanriverdi, H.; Zetterlund, C.; Hakam, H. (2007): ERP Security and Segregation of Duties Audit: A Framework for Building an Automated Solution.

URL: www.isaca.org/Template.cfm?Section=Home&CONT ENTID=35916&TEM PLATE=/ContentManagement/ContentDisplay.cfm, Abruf: 2011-06-30.

Hepsø, I.L.; Nilsen, S.K. (2002): A Journey Through Micro-Political Processes, The case of a BPR based SAP implementation in a Norwegian oil company. EGOS Colloquium, Barcelona.

Hermanson, D.R.; Ivancevich, D.M.; Ivancevich, S.H.: IT-Related Material Weaknesses. In: Internal Control: Initial Evidence From SOX Section 404 Reports. Review of Business Information Systems 11 (2007) 1, S. 17-24.

Herzig, A. (2008): Wieviel IT steckt in Compliance? URL: https://www.inform-you.de/Referentenbeitrag.aspx?search=&code=P1102641&id=215875, Abruf: 2011-06-30.

Herzog, H.: Herausforderungen an Compliance-Organisationen am Beispiel der Pharmaindustrie. In: Zeitschrift für Risk, Fraud & Compliance (ZRFC) 4 (2009) 1, S. 29-36.

Hevner, A.R.; March, S.T.; Park, J.; Ram, S.: Design Science in Information Systems Research. In: MIS Quarterly 28 (2004) 1, S. 75-105.

Hopf, C.: Die Pseudo-Exploration – Überlegungen zur Technik qualitativer Interviews in der Sozialforschung. In: Zeitschrift für Soziologie 7 (1978), S. 97-115.

Horvàth, P.: Anforderungen an ein modernes internes Kontrollsystem. In: WPg – Die Wirtschaftsprüfung (2003) Sonderheft, S. S211-S218.

Hu, Q.; Hart, P.; Cooke, D. (2006a): The role of external influences on organizational information security practices: an institutional perspective. In: Proceedings of the 39th Hawaii International Conference on Systems Science (HICSS´06), S. 1-10.

Hu, V.C.; Ferraiolo, D.F.; Kuhn, D.R. (2006b): Assessment of access control systems. Interagency Report 7316, September 2006. Computer Security Division, Information Technology Laboratory, National Institute of Standards and Technology.

Huber, W.: Ist die Forderung nach Funktionstrennung und Vier-Augen-Prinzip heute noch sinnvoll? In: Zeitschrift für interne Revision (ZIR) (1992) 1, S. 134-136.

Hurley, J. (2005): SOX Compliance and Automation. A Benchmark Report, März 2005. Aberdeen Group.

Iacovou, C.; Benbasat, I.; Dexer, A.S. (1995): Electronic Data Interchange and Small Organizations: Adoption and Impact of Technology. In: MIS Quarterly 19 (1995) 4, S. 465-486.

IDW EPS 980 (2010): Entwurf IDW Prüfungsstandard: Grundsätze ordnungsmäßiger Prüfung von Compliance Management Systemen (IDW EPS 980). Institut der Wirtschaftsprüfer (Hrsg.).

IDW FAIT1 (2002): IDW Stellungnahme zur Rechnungslegung: Grundsätze ordnungsmäßiger Buchführung bei Einsatz von Informationstechnologie (IDW RS FAIT 1). Institut der Wirtschaftsprüfer (Hrsg.).

IDW PS261 (2006): Feststellung und Beurteilung von Fehlerrisiken und Reaktionen des Abschlussprüfers auf die beurteilten Fehlerrisiken. (IDW PS 261). Institut der Wirtschaftsprüfer (Hrsg.).

Irion, R.: Risikofaktor ERP-Komplexität. In: E-3 Magazin (2007) 2, S. 54. .

ISACA (2011a): IT Professional Networking and Knowledge Center. (Online), URL: www.isaca.org/Knowledge-Center, Abruf: 2011-06-30.

ISACA (2011b): IT Audit. URL: www.isaca.org/CERTIFICATION/Pages/default.aspx, Abruf: 2011-06-30.

ISACA-CH (2011): Über uns – Switzerland Chapter. (Online), URL: www.isaca.ch, Abruf: 2011-06-30.

ISACA-DE (2011): ISACA – Germany Chapter. (Online), URL: www.cast-forum.de/ mitglieder/info/200, Abruf: 2011-06-30.

ITGI (2004): IT Control Objectives for Sarbanes-Oxley: The Importance of IT in the Design, Implementation and Sustainability of Internal Control over Disclosure and Financial Reporting. IT Governance Institute (Hrsg.).

ITGI (2006): IT Control Objectives for Sarbanes-Oxley: The Role of IT in the Design and Implementation of Internal Control Over Financial Reporting, 2. Ed.. IT Governance Institute (Hrsg.), URL: http://www.isaca.org/Knowledge-Center/cobit/ Documents/ITCO-Sarbanes-OxleyResearch.pdf, Abruf: 2011-06-30.

ITGI (2007b): COBIT Control Practices. Guidance to achieve Control Objectives for Successful IT Governance. IT Governance Institute (Hrsg.), URL: http://www.isaca. org/Knowledge-Center/Research/Documents/COBIT-ControlPractices.pdf, Abruf: 2011-06-30.

ITIC (2004): American National Standard for Information Technology – Role Based Access Control. ANSI INCITS 359-2004, Information Technology Industry Council.

Jaeger, J. (2008): Avoiding Segregation-of-Duties Woe in IT. URL: www.compliance week.com/article/5102/avoiding-segregation-of-duties-woe-in-it, Abruf: 2011-06-30.

Jäger, A.; Rödl, C.; Campos Nave, J.A. (2009): Praxishandbuch Corporate Compliance. Wiley & Sons, New York.

Jarvenpaa, S.L.; Ives, B.: Executive Involvement and Participation in the Management of Information Technology. In: MIS Quarterly 15 (1991) 2, S. 205-227.

Jiang, J.J.; Klein. G.; Carr, C.L.: Measuring information systems service quality: SERVQUAL from the other side. In: MIS Quarterly 26 (2002) 2, S. 145-166.

Joshi, J.; Ghafoor, A.; Walid G.; Aref, W.G.; Spafford, E.H.: Digital Government Security Infrastructure Design Challenges. In: Computer 34 (2001) 2, S. 66 – 72.

Kampman, K. (2007): Understanding Role Management Applications. Research Report, 2007-05-17, Version 1, Burton Group.

Kelle, U. (2008): Die Integration qualitativer und quantitativer Methoden in der empirischen Sozialforschung: Theoretische Grundlagen und methodologische Konzepte. VS, Wiesbaden.

Kempis, R.D.; Ringbeck, J.: Manufacturing's use and abuse of IT. In: The McKinsey Quarterly 1 (1998), S. 139-150.

Kern, A.; Kuhlmann, M.; Schaad, A.; Moffett, J.D. (2002): Observations on the Role Life-Cycle in the Context of Enterprise Security Management. In: Proceedings of the 7th ACM Symposium on Access Control Models and Technologies, ACM, Monterrey 2002-06-03-04, S. 43-51.

Kettinger, W.J.; Lee, C.C.: Perceived Service Quality and User Satisfaction with the information Services Function. In: Decision Sciences 25 (1995) 5-6, S. 737-765.

Kienbaum (2008): Ethik & Compliance, Kienbaum-Studie. URL: www.kienbaum.de/ desktopdefault.aspx/tabid-501/649_read-1194/, Abruf: 2011-06-30.

Kieser, A. (2006): Der situative Ansatz. In: Kieser, A.; Ebers, M. (Hrsg.): Organisationstheorien, Stuttgart, S. 215-246.

Kim, L.: Crisis Construction and Organizational Learning: Capability Building in Catching-up at Hyundai Motor. In: Organization Science (1998) 9, S. 506-521.

Kirn, S. (1996): Organisational intelligence and distributed artificial intelligence. In: Jennings, N.; O'Hare, G. (Hrsg.): Theoretical Foundations of Distributed Artificial Intelligence. Wiley & Sons, New York, S. 505-526.

Kissinger, B.C. (2010): Information Technology Compliance: Past, Present and Future. URL: www.isaca.org/Journal/Past-Issues/2010/Volume-1/Pages/Information-Technology-Compliance-Past-Present-and-Future1.aspx?Token=B1777A6B-FF49-4867-BE89-12856D68C24E, Abruf: 2011-06-30.

Klein Aguilar, M. (2009): 404 Study Shows Little Automation Yet. URL: www.complianceweek.com/article/5654/404-study-shows-little-automation-yet, Abruf: 2011-06-30.

Klotz, M. (2009): IT-Compliance. dpunkt, Heidelberg.

Knolmayer, G.; Asprion, P. (2011): Assuring Compliance in IT Outsourcing Relationships: Frameworks and Selected Applications. In: The Fifth Global Sourcing Workshop, Courchevel, France.

Knolmayer, G.F.; Wermelinger, T. (2006): Der Sarbanes-Oxley Act und seine Auswirkungen auf die Gestaltung von Informationssystemen. Arbeitsbericht Nr. 179 des Instituts für Wirtschaftsinformatik der Universität Bern. URL: www.iwi.unibe.ch/ content/publikationen/arbeitsberichte/2006/e6050/e6133/e6605/e6607/e7553/ AB179.pdf, Abruf: 2011-06-30.

Kochan, T.; Rubinstein, S.: Toward a stakeholder theory of the firm – The saturn partnership. In: Organization Science 11 (2000) 4, S. 367-386.

Kock, N.; Gray, P.; Hoving, R.; Klein, H.; Myers, M.; Rockart, J.: IS Research Relevance Revisited: Subtle Accomplishment, Unfulfilled Promise, or Serial Hypocrisy? In: Communication of the AIS 8 (2002), S. 330-346.

Kouki, R.; Pellerin, R.; Poulin, D. (2007). Going beyond ERP implementation: An ERP assimilation cross-case analysis. URL: www.cirrelt.ca/DocumentsTravail/CIR RELT-2007-59.pdf, Abruf: 2011-06-30.

Kouki, R.; Poulin, D.; Pellerin, R. (2006): ERP Assimilation Challenge: An Integrative Framework for a better Post-Implementation Assimilation. URL: www.cirrelt.ca/DocumentsTravail/2006/DT-2006-DP-1.pdf, Abruf: 2011-06-30.

Kouki, R.; Poulin, D.; Pellerin, R. (2009): Determining Factors of ERP Assimilation: Exploratory Findings from Developed and a Developing Country. URL: https://www.cirrelt.ca/DocumentsTravail/CIRRELT-2009-10.pdf, Abruf: 2011-06-30.

KPMG (2006): Audit Update. Berücksichtigung des internen Kontrollsystems in der Abschlussprüfung – Das Positionspapier der Treuhand-Kammer. KPMG Holding Schweiz (Hrsg.).

KPMG (2009): Maintaining Your Control Environment in Turbulent Times. Fifth Annual Benchmark Study. URL: www.kpmginstitutes.com/404-institute/insights/2009/2009-benchmark-study.aspx, Abruf: 2011-06-30.

Krcmar, H. (2009): Informationsmanagement, 5. Aufl., Springer, Berlin, Heidelberg.

Kregel, J.: Kontrollsysteme USA und Übertragbarkeit auf D. In: Zeitschrift für interne Revision (ZIR) (2005) 5, S. 205-205.

Kuckartz, U. (2007): Einführung in die computergestützte Analyse qualitativer Daten. 2. Aufl., Wiesbaden.

Kumar, V.; Pollanen, R.; Maheshwari, B. (2008): ERP Systems Effectiveness in Implementing Internal Controls in Global Organizations. In: Ferran, C.; Salim, R.; Enterprise resource planning for Global Economics. Hershey, New York.

Kurzidim, M. (2010): ERP: Unerträglich hohe Support-Margen. URL: www.computerworld.ch/aktuell/news/50330/index.html, Abruf: 2011-06-30.

Lai, K-h.; Wong, C.W.Y.; Cheng, E.: Institutional isomorphism and the adoption of information technology for supply chain management. In: Computers in Industry 57 (2006), S. 93-98.

Lamnek, S. (2005): Qualitative Sozialforschung, 4. Aufl., Beltz, Weinheim/Basel.

Lampert, T. (2007): Compliance-Organisation. In: Hauschka, C. (Hrsg.), Corporate Compliance. München.

Lanfermann, G.; Maul, S.: SEC-Ausführungsbestimmungen zum Sarbanes-Oxley Act – Auswirkungen auf Rechnungslegung und Abschlussprüfung europäischer Unternehmen. In: Der Betrieb 56 (2003) 7, S. 349-355.

Lange, C. (2006). Entwicklung und Stand der Disziplinen Wirtschaftsinformatik und Information Systems – Interpretative Auswertung von Interviews: Teil III, Ergebnisse zur Wirtschaftsinformatik. ICB-Research Report No. 4, Universität Duisburg-Essen, Essen.

Larsen P.; Mai C. (2008): Betrüger schockt Société Générale. URL: www.ftd.de/unter nehmen/finanzdienstleister/307488.html?mode=print, Abruf: 2011-06-30

Laursen, E. (2005): Automation and Sarbanes-Oxley Compliance. URL: www.cfo.com/ article.cfm/4393020, Abruf: 2011-06-30.

Law, C.C.H.; Ngai, E.W.T.: ERP systems adoption: An exploratory study of the organizational factors and impacts of ERP success. In: Information & Management 44 (2007) 4, S. 418-432.

Lee, A.S.; Hubona, G.S.: A Scientific Basis for Rigor in Information Systems Research. In: MIS Quarterly 28 (2009) 1, S. 75-105.

Leech, T. (2003): Basel II vs. Sarbanes-Oxley: Which Wins? Global Risk Navigator, (2003) 10.

Lehnert, V.; Bonitz, K. (2009): SAP-Berechtigungswesen, Galileo Press, Bonn.

Leonard-Barton, D.: Implementation Characteristics of Organizational Innovations. In: Communication Research 15 (1988) 5, S. 603-631.

Leone, M. (2005): How Markets Punish Material Weaknesses. URL: www.cfo.com/ article.cfm/4197475, Abruf: 2011-06-30.

Lerner, L.D.; Fryxell, G.E.: CEO stakeholder attitudes and corporate social activity in the Fortune 500. In: Business and Society 33 (1994) 1, S. 58-81.

Levitt, B.; March, J.: Organizational Learning. In: Annual Review of Sociology 14 (1988), S. 319-340.

Lewins, A.; Silver, C. (2007): Using Software in Qualitative Research: A Step-by-Step Guide. London.

Li, N.; Tripunitara, M.V.; Bizri, Z.: On Mutually Exclusive Roles and Separation-of-Duty. In: ACM Transactions on Information and System Security 10 (2007) 2, S. 1-36.

Liang, H.; Saraf, N.; Hu, Q.; Xue, Y.: Assimilation of Enterprise systems: The Effect of Institutional Pressures and the Mediating Role of Top Management. In: MIS Quarterly 31 (2007) 1, S. 59-87.

Lickel, C.W.: Introduction. In: IBM Systems Journal 46 (2007) 2, S. 202.

Liebenau, J.; Kärrberg, P. (2006): International Perspectives on Information Security Practices. London School of Economics and Political Science.

Liebold, R.; Trinczek, R. (2002): Experteninterview. In: Kühl, S.; Strodtholz, P. (Hrsg.): Methoden der Organisationsforschung. Ein Handbuch. Reinbek, Rowohlt, S. 33-71.

Light, B. (2005): Potential pitfalls in packaged software adoption. In: Communications of the ACM 48 (2005) 5, S. 119-121.

Linkes, M.; Off, F. (2006): Sicherheit und Berechtigungen in SAP-Systemen. Galileo Press, Bonn.

Little, A.; Best, P.J. (2003): A framework for separation of duties in an SAP R/3 environment. In: Managerial Auditing Journal 18 (2003) 5, S. 419-430.

Loebbecke, C.; Wareham, J.: The Impact of eBusiness and the Information Society on 'STRATEGY' and 'STRATEGIC PLANNING': An Assessment of New Concepts and Challenges. In: Information Technology and Management 4 (2003) 2, S.165-182.

Lück, W.; Jahns, C. (1998): Funktionstrennung. In: Lück, W. (Hrsg.): Lexikon der Rechnungslegung und Abschlußprüfung, 4. Aufl., Oldenbourg, München/Wien, S. 287.

Luftman, J.N.; Lewis, P.R.; Oldach, S.H.: Transforming the Enterprise: The Alignment of Business and Information Technology Strategies. In: IBM Systems Journal 32 (1993) 1, S. 4-16.

Lyytinen, K.; Damsgaard, J. (2001): What's Wrong with the Diffusion of Innovation Theory: The Case of a Complex and Networked Technology. In: Ardis, M.A.; Marcolin, B.L. (Hrsg.): Diffusing Software Product and Process Innovations. Kluwer Academic Press, Boston, MA, S. 1-20.

MacDonald, N.; Genovese, Y.; Caldwell, F.; Proctor, P.E. (2006): SAP Fills Its Compliance Gap With Virsa Acquisition Deal. Gartner Research, G00139183.

Macharzina, K.; Oesterle, M.J. (2002): Handbuch internationales Management: Grundlagen – Instrumente. Gabler, Wiesbaden.

Macharzina, K.; Wolf, J. (2010): Unternehmensführung: Das internationale Managementwissen – Konzepte – Methoden – Praxis. 6. Aufl., Gabler, Wiesbaden.

Markham, R.; Hamerman, P.D. (2005): The Forrester Wave™: Sarbanes-Oxley Compliance Software, Q1 2005. Forrester Research.

Marks, N. (2010): Companies Share Success Stories After Implementing Solutions for GRC. URL: www.theiia.org/blogs/marks/index.cfm/post/Companies%20Share%-20Success%20Stories%20After%20Implementing%20Solutions%20for%20GRC, Abruf: 2011-06-30.

Markus, M.L.; Robey, D.: Information technology and organizational change: causal structure in theory and research. In: Management Science 34 (1988) 5, S. 583-598.

Martin, P.Y.; Turner, B.A.: Grounded theory and Organizational Research. In: Journal of Applied Behavioral Science 22 (1986) 2, S. 141-157.

MAXQDA (2010): Was ist MAXQDA? URL: www.maxqda.de/produkte/maxqdaplus, Abruf: 2011-06-30.

Mayring, P. (2002): Einführung in die Qualitative Sozialforschung. 5. Aufl., Beltz, Weinheim/Basel.

Mayring, P. (2008): Qualitative Inhaltsanalyse. Grundlagen und Techniken. 10. Aufl., Beltz, Weinheim/Basel.

McClean, C.; Rasmussen, M. (2007): The Forrester Wave™: Enterprise Governance, Risk, And Compliance Platforms, Q4 2007, Forrester Research.

McLean, E.R.; Soden, J.V. (1977): Strategic Planning for MIS. John Wiley & Sons, New York.

Menzies, C. (2004): Sarbanes-Oxley Act. Professionelles Management interner Kontrollen. Schäffer-Poeschel, Stuttgart.

Menzies, C. (2006): Sarbanes-Oxley und Corporate Compliance, Schäffer-Poeschel, Stuttgart.

Menzies, C.; Schülein, P.; Trebuth, C. (2008): Risikoorientiertes Management von Funktionstrennung. Praktische Umsetzung präventiver Maßnahmen in deutschen Unternehmen. PricewaterhouseCoopers AG (Hrsg.), Frankfurt am Main.

Mertens P. (1995): Wirtschaftsinformatik – Von den Moden zum Trend. In: König, W. (Hrsg.): Wirtschaftsinformatik `95, Wettbewerbsfähigkeit, Innovation, Wirtschaftlichkeit. Physica, Heidelberg, S. 25-64.

Meyer, A.D.; Goes, J.B.: Organizational Assimilation of Innovations: A Multilevel Contextual Analysis. In: Academy of Management Journal 31 (1988) 4, S. 897-923.

Meyer, J.W.; Rowan, B. (1977): Institutionalized organizations; formal structure as myth and ceremony. In: American Sociological Review 83 (1977) 2, S. 340-363.

Miles, M.B.; Huberman, A.M. (1994): Qualitative Data Analysis: An Expanded Sourcebook. 2. Aufl., Sage Publications, Thousand Oaks.

Mintzberg, H.; Ahlstrand, B.; Lampel, J. (1999): Strategy Safari: Eine Reise durch die Wildnis des strategischen Managements. Ueberreuter, Wien.

Miras, A. (2010): Die Rolle von Compliance Audits zur Aufdeckung von Non-Compliance. In: Wieland, J.; Steinmeyer, R.; Grüninger, S. (Hrsg.): Handbuch Compliance-Management. Erich Schmidt, Berlin, S. 553-568.

Mitchell, R.K.; Agle, B.; Wood, D.: Toward a theory of stakeholder identification and salience: Defining the principle of who and what really counts. In: Academy of Management Review 22 (1997) 4, S. 853-886.

Mitchell, S. (2007): Automated Controls And Risk Management. URL: www.compliance week.com/article/3210/automated-controls-and-risk-management, Abruf: 2011-06-30.

Mitchell, S.L.: IT And GRC: A crucial partnership. GRC 360 (2007) Spring, S. 13-16.

Mittermair, K.; Löffler, H. (2000): Definition des Internen Kontrollsystems. In: Mittermair, K.; Löffler, H. (Hrsg.): Handbuch zum Internen Kontrollsystem. Linde, Wien.

Moore, G.A. (1999): Crossing the Chasm: Marketing and Selling High-Tech Products to Mainstream Customers. Harper Business, New York.

Moore, G.A.: Darwin and the Demon: Innovating within Established Enterprises. In: Harvard Business Review 82 (2004) 7/8, S. 86-92.

Mossanen, K.; Amberg, M.: IT-Compliance. Herausforderungen der Informationstechnologie. In: Zeitschrift für Risk, Fraud & Compliance (ZRFC) 4 (2009) 2, S. 64-69.

Motwani, J.; Subramanian, R.; Gopalakrishna, P.: Critical factors for successful ERP implementation: Exploratory findings from four case studies. In: Computers in Industry 56 (2005) 6, S. 524-544.

Musaji, Y. (2005): ERP Postimplementation Problems. URL: www.isaca.org/Journal/ Past-Issues/2005/Volume-4/Pages/JOnline-ERP-Postimplementation-Problems. aspx, Abruf: 2011-06-30.

Myers, M.D. (2011): Qualitative Research in Information Systems. URL: www.qual. auckland.ac.nz/, Abruf: 2011-06-30.

Nah, F.F.H; Delgado, S.: Critical Success Factors for Enterprise Resource Planning Implementation and Upgrade. In: Journal of Computer Information Systems 47 (2006) 3, S. 99-113.

Nash, M.; Poland, K. (1990): Some Conundrums Concerning Separation of Duty. In: IEEE Symposium on Security and Privacy. Oakland, CA.

Nicolai, A.: Der „trade-off" zwischen „rigor" und „relevance" und seine Konsequenzen für die Managementwissenschaften. In: Zeitschrift für Betriebswirtschaft 74 (2004) 2, S. 99-118.

Nicolaou, A.I.; Bhattacharya, S.: Organizational performance effects of ERP systems usage: The impact of post-implementation changes. In: International Journal of Accounting Information Systems 7 (2006) 1, S. 18-35.

Nonaka, I.; Takeuchi, H. (1995): The Knowledge-Creating Company, Oxford University Press, New York.

Novell (2007): Smart Implementation of Role-based Access Control. Technical White Paper, Security and Identity. URL: dbstrat.com/wp-includes/documents/Smart ImplemRBAC.pdf, Abruf: 2011-06-30.

Nyanchama, M.; Osborn, S.: The role graph model and conflict of interest. In: ACM Transactions on Information and System Security 2 (1991) 1, S. 3-33.

NZZ (2011): UBS-Händler mit «grosser krimineller Energie». URL: http://www.nzz.ch/ aktuell/wirtschaft/uebersicht/ubs_investmentbank_milliardenverlust_1.12505901. html, Abruf: 2012-02-20.

NZZ (2012): Ex-UBS-Händler Adoboli weist Schuld zurück. URL: http://www.nzz.ch/ aktuell/wirtschaft/uebersicht/frueherer_ubs-haendler_adoboli_plaediert_auf_nicht_ schuldig_1.14680541.html, Abruf: 2012-02-20.

O. Dean, D. (2008): ERP Governance. URL: www.industryweek.com/articles/erp_gover nance_15885.aspx?Page=2#, Abruf: 2011-06-30.

Olfman, L.; Pitsatorn, P. (2000): End-user training research: Status and models for the future. In: Zmud, R.W. (Hrsg.): Framing the Domains of IT Management – Projecting the Future through the Past. Pinnaflex Education Resources, Cincinnati, OH, S. 129-146.

OR (2011): Bundesgesetz betreffend die Ergänzung des Schweizerischen Zivilgesetzbuches (Fünfter Teil: Obligationenrecht). URL: www.admin.ch/ch/d/sr/220/index. html, Abruf: 2011-06-30.

Oracle (2007): Oracle Buys Automated Applications Controls Leader LogicalApps. URL: www.oracle.com/us/corporate/press/015329_EN, Abruf: 2011-06-30.

Oracle (2011): Application Access Controls Governor. URL: www.oracle.com/us/ solutions/corporate-governance/access-controls/index.html, Abruf: 2011-06-30.

Österle, H.; Winter, R.; Brenner, W. (2010): Gestaltungsorientierte Wirtschaftsinformatik: Ein Plädoyer für Rigor und Relevanz. Infowerk, Nürnberg.

Oud, E.J. (2005): The Value to IT of Using International Standards. URL: www.isaca.org/ Journal/Past-Issues/2005/Volume-3/Pages/The-Value-to-IT-of-Using-International-Standards1.aspx, Abruf: 2011-06-30.

Pan, S.L.; Newell, S.; Huang, J.C.; Wan, K.C. (2001): Knowledge Integration as a Key Problem in an ERP Implementation. In: Proceedings of the Twenty Second International Conference on Information Systems (ICIS), 2001-12-16-19, S. 321-328.

Panek, D. (2007): LogicalApps Acquires GRC Product Line from Applimation. URL: www.erpdirectory.com/index.php?option=com_content&view=article&id=327:logi calapps-acquires-grc-product-line-from-applimation&catid=19:erp-partnerships &Itemid=41, Abruf: 2011-06-30.

Panorama Consulting (2010): 2010 ERP Report. Vendor Analysis. URL: panorama-consulting.com/Documents/2010%20ERP%20Vendor%20Analysis%20Report.pdf, Abruf: 2011-06-30.

Parasuraman, A.; Zeithaml, V.A.; Berry, L.L.: SERVQUAL: A Multiple-item Scale for Measuring Consumer Perceptions of Service Quality. URL: areas.kenan-flagler. unc.edu/Marketing/FacultyStaff/zeithaml/Selected%20Publications/SERVQUAL-%20A%20Multiple-Item%20Scale%20for%20Measuring%20Consumer%20 Perceptions%20of%20Service%20Quality.pdf, Abruf: 2011-06-30.

Paré, G.; Elan, J.J. (1997): Using case Study research to Built Theories of IT Implemetation. In: Information Systems and Qualitative Research, Proceedings of the IFIP TC8 WG 8.2, International Conference on Information Systems and Qualitative Research, June 1997, Philadelphia, PA.

Pareek, M. (2007): Automating Controls. URL: www.financeoutlook.com/myfiles/ jpdf_controls_automation.pdf, Abruf: 2011-06-30.

PCAOB (2004): Auditing Standard No. 2 – An Audit of Internal Control Over Financial Reporting Performed in Conjunction with an Audit of Financial Statements. Public Company Accounting Oversight Board (PCAOB) (Hrsg.).

PCAOB (2007): Auditing Standard No. 5 – An Audit of Internal Control Over Financial Reporting That Is Integrated with An Audit of Financial Statements. Public Company Accounting Oversight Board (PCAOB) (Hrsg.).

PCAOB (2009): Report on the First-Year Implementation of Auditing Standard No. 5. PCAOB Release No. 2009-006, September 24, 2009, (PCAOB) (Hrsg.), URL: pcaobus.org/Inspections/Documents/09-24_AS5_4010_Report.pdf, Abruf: 2011-06-30.

PCAOB (2010a): Information for Auditors. Public Company Accounting Oversight Board (PCAOB) (Hrsg.), URL: pcaobus.org/Information/Pages/Auditors.aspx, Abruf: 2010-30-10.

PCAOB (2010b): Information for Public Companies. Public Company Accounting Oversight Board (PCAOB) (Hrsg.), URL: pcaobus.org/Information/Pages/Public Companies.aspx, Abruf: 2010-30-10.

Petter, S.; DeLone, W.; McLean, E.: Measuring information systems success: models, dimensions, measures, and interrelationships. In: European Journal of Information Systems 17 (2008) 3, S. 236-263.

Pettigrew, A.: Longitudinal Field Research on Change: Theory and Practice. In: Organizational Science 1 (1990) 3, S. 267-292.

Pfaff, D. (2008): IKS-Leitfaden. Schweizerischer Verband der dipl. Experten in Rechnungslegung und Controlling und der Inhaber des Eidg. Fachausweises im Finanz- und Rechnungswesen.

Pfeiffer, K. (2009): Raus aus der Schublade. Compliance ist in aller Munde. In: Liechtensteiner Volksblatt vom 2009-01-19.

Phelan, P. (2008): Ten Components of Effective ERP Governance. Gartner Research, G00158122.

Pitt, L.F.; Watson, R. T.; Kavan, C.B.: Service Quality: A Measure of Information Systems Effectiveness. MIS Quarterly 19 (1995) 2, S. 173-188.

Pollalis, Y.A.: Patterns of co-alignment in information-intensive organizations: business performance through integration strategies. In: International Journal of Information Management 23 (2003) 6, S. 469-492.

Proctor, P.E. (2008): Manage Segregation of Duties in ERP and Financial Systems to Address Audit Findings and Business Process Conflicts of Interest. Gartner Research, G00159979.

Proctor, P.E.; Caldwell, F.; Eid, T. (2008): A Comparison Model for the GRC Marketplace, 2008 to 2010. Gartner Research, G00158227.

Proctor, P.E.; Heiser, J.; MacDonald, N. (2007): MarketScope for Segregation of Duties Controls Within ERP, 2007. Gartner Research, G00145412.

PS890 (2007): Schweizer Prüfungsstandard: Prüfung der Existenz des Internen Kontrollsystems (PS890). Schweizer Treuhandkammer (Hrsg.).

Pugh, D.; Hickson, D. (1973): The comparative study of organizations. In: Salaman, G.; Thompson, K. (Hrsg.): People and Organizations. Longmans, London, S. 50-66.

Purvis, R.L.; Sambamurthy, V.; Zmud, R.W.: The Assimilation of Knowledge Platforms in Organizations: An Empirical Investigation. In: Organization Science 12 (2001) 2, S. 117-135.

PWC (2005a): Flexible Global Compliance Architecture – What Does it Mean to Chief Financial Officers? URL: www.pwc.de/fileserver/RepositoryItem/CFO-komplett %5B1%5D.pdf?itemId=313597, Abruf: 2011-06-30.

PWC (2005b): IT implications of Sarbanes-Oxley: challenge or opportunity? URL: www. pwc.co.uk/eng/publications/implications_of_sarbanes_oxley_opportunity.html, Abruf: 2011-06-30.

Quarase, L. (2006): A Big-picture Perspective. URL: www.theiia.org/download.cfm?file =22666, Abruf: 2011-06-30.

Raghunathan, T.S.: Impact of CEO's participation on information systems steering committees. In: Journal of Management Information Systems 8 (1992) 4, S. 83-96.

Rai, A.; Lang S.S.; Welker, R.B.: Assessing the Validity of IS Success Models: An Empirical Test and Theoretical Analysis. In: Information Systems Research 13 (2002) 1, S. 50-66.

Ramaswamy, C.; Sandhu, R. (1998): Role-based access control features in commercial database management systems. URL: csrc.nist.gov/groups/SNS/rbac/documents/-design_implementation/RBAC_DBMS_Comparison.pdf, Abruf: 2011-06-30.

Rambo, F. (2011): What's New in Version 10.0 of SAP BusinessObjects Access Control? In: GRC Expert (online), URL: www.grcexpertonline.com/article.cfm?id=5820, Abruf: 2011-06-30.

Rang, F.: Reagiert wird erst, wenn es zu spät ist. In: Bayerisch Schwäbische Wirtschaft (2001), S. 9.

Rapoport, R.N.: Three Dilemmas in Action Research. In: Human Relations 23 (1970) 6, S. 499-513.

Rasmussen, M. (2006a): The Forrester Wave: Governance, Risk, And Compliance Platforms. Forrester Research Report, 2006-03-16.

Rasmussen, M. (2006b): Overcoming Risk and Compliance Myopia, Forrester Research. Forrester Research Report, 2006-08-07.

Rasmussen, M. (2007): Big hitters target GRC. URL: www.riskmanagementmagazine. com.au/articles/19/0C04F219.asp?Type=124&Category=1240, Abruf: 2011-06-30.

Rasmussen, M. (2009): Who is the largest GRC vendor? URL: http://www.corp-integrity. com/grc-technology/who-is-the-largest-grc-vendor, Abruf: 2011-06-30.

Rath, M. (2007): Law and Order: Was ist IT-Compliance? URL: www.computerwoche. de/it_strategien/it_management/590497/, Abruf: 2011-06-30.

Rath, M.; Sponholz, R. (2009): IT-Compliance. Erfolgreiches Management regulatorischer Anforderungen. Erich Schmidt, Berlin.

Rechtman, Y. (2006): Comparing IT Auditing Frameworks. URL: www.nysscpa.org/ trustedprof/806/tp7.htm, Abruf: 2011-06-30.

Reich, B.H.; Benbasat I.: Factors that influence the social dimension of alignment between business and IT objectives. In: MIS Quarterly 24 (2000) 1, S. 81-113.

Reich, B.H.; Benbasat, I.: An Empirical Investigation of Factors Influencing the Success of Customer-Oriented Strategic Systems. In: Information Systems Research 1 (1990) 3, S. 325-347.

Reichart, E. (2006): Anforderungen an Interne Kontrollsysteme zur Verhinderung von „Fraud" – betrügerische Handlungen und Bilanzfälschungen. URL: www.kanzlei-reichart.at/html/img/pool/IKS.pdf, Abruf: 2011-06-30.

Reinhardt, R. (1993): Das Modell organisationaler Lernfähigkeit und die Gestaltung lernfähiger Organisationen. Peter Lang, Frankfurt a. M. et al..

Rendemann, K. (2010): 2010 SAP Authorization. Benchmark Survey. Survey Results and Executive Summary. URL: www.appliconsolutions.com/appliconsolutionscom/ downloads/2010-sap-authorization-benchmark-survey.html, Abruf: 2011-06-30.

Rikhardsson, P.; Best, P.; Claus Juhl-Christensen, C. (2006): Sarbanes-Oxley compliance, internal control and ERP systems: Automation and the case of mySAP ERP. Accounting Research Group working paper series, Aarhus School of Business, University, Aarhus, Denmark, Department of Finance, S. 1-20.

RiskIT (2009): The Risk IT Framework. URL: www.isaca.org/Knowledge-Center/ Research/ResearchDeliverables/Pages/The-Risk-IT-Framework.aspx, Abruf: 2011-06-30.

Ritzmann, E.; Bigle, E. (2005): SOX-light bei der SBB AG. Vortrag, ISACA After Hour, 2005-10-25, URL: www.isaca.ch/files/DO3_AHS_Praesentationen/AHS_2005/ AHS051025_SOX_SBB_light.pdf, Abruf: 2011-06-30.

Ritzmann, E.; Egger, A.: IKS-Prozesse auf dem richtigen Gleis – SOX auf freiwilliger Basis – Umsetzung mithilfe einer Standardsoftware bei den Schweizerischen Bundesbahnen (SBB AG). In: Zeitschrift für interne Revision (ZIR) (2007) 1, S. 18-21.

Robey, D.; Ross, J.W.; Boudreau, M.C.: Learning to Implement Enterprise Systems: An Exploratory Study of the Dialectics of Change. In: Journal of Management Information Systems 19 (2002) 1, S. 17-46.

Rodewald, J., Unger, U. (2007): Kommunikation und Krisenmanagement im Gefüge der Corporate Compliance-Organisation. In: Betriebs-Berater, (2007) 31, S. 1629-1635.

Rogers, E.M. (2003): Diffusion of Innovations. 5. Aufl. Free Press, New York.

Rosemann, M.; Vessey, I.: Toward improving the relevance of information systems research to practice: The role of applicability checks. In: Management Information Systems Quarterly 32 (2008) 1, S. 1-22.

Roth, M.: Compliance – Konzept und Umsetzung. Eine Standortbestimmung. In: Zeitschrift für Risk, Fraud & Compliance (ZRFC) (2009) 1, S. 5-10.

Rowland, L. (2007): When Provisioning Isn't Enough: Enterprise Application Controls Management. In-Depth Research Report, Burton Group.

Rupprecht, J.; Wortmann, F. (2006): Zugriffskontrolle in heterogenen Applikationsland-schaften. In: Schelp, J.; Winter, R. (Hrsg.): Integrationsmanagement. Springer, Berlin, Heidelberg, S. 123-168.

Ruud, F.; Jenal, L.: Licht im Internal-Control-Dschungel. Begriffsdefinitionen sind uner-lässlich. In: Der Schweizer Treuhänder (2005) 6-7, S. 455-460.

Ryser, A. (2010): GRC-Software: Vergleich ausgewählter Risikomanagement-Lösungen. Masterarbeit an der Universität Bern, Institut für Wirtschaftsinformatik.

Saga, V.; Zmud, R. (1994): The nature and determinants of information technology accep-tance, routinization and infusion. In: Levine, L. (Hrsg.): Diffusion, Transfer, and Implementation of Information Technology. Amsterdam, North-Holland, S. 67-86.

Saltzer, J.; Schroeder, M.: The protection of Information in Computer Systems. URL: www.acsac.org/secshelf/papers/protection_information.pdf, Abruf: 2011-06-30.

Samarati, P.; de Capitani di Vimercati, S. (2002): Access Control – Policies, Models and Mechanisms. In: Focardi, R.; Gorrieri, R. (Hrsg.): Foundations of Security Analysis and Design – Tutorial Lectures. Springer, Berlin, S. 137-196.

Sandhu, R.: Role-based access control. In: Advances in Computers 46 (1998) 1, S. 237-286.

Sandhu, R.; Coynek, E.; Feinsteink, H.; Youmank, C.: Role-based access control models. In: IEEE Computer 29 (1996) 2, S. 38-47.

Sandhu, R.; Ferraiolo, D. F.; Kuhn, D. R. (2000): The NIST Model for Role-Based Ac-cess Control: Towards A Unified Standard. In: Proceedings 5th ACM Workshop on Role Based Access Control, 2000-07-26-27, Berlin, S. 47-63.

SAP (2006): SAP Strengthens Leadership in Compliance Solutions with Acquisition of Virsa. URL: www.crm2day.com/content/t6_librarynews_1.php?news_id=118032, Abruf: 2011-06-30.

SAP (2007): SAP-Lösungen für Governance, Risk & Compliance. URL: download.sap. com/germany/solutions/sapbusinessobjects/large/governance-risk-compliance/ brochures/download.epd?context=502AC492774B6F142C127429A6995A65CA4 BE7987099DEFB80D7485CD0DC50504675DE0C5B5536DFB1638B952B9C198 D519850FD7F30C0A8, Abruf: 2011-06-30.

SAP (2008): SAP und Partner machen Unternehmen fit für neue Risikoanalyse von Stan-dard & Poor's. URL: www.sap.com/austria/about/press/press.epx?pressid=9996, Abruf: 2011-06-30.

SAP (2010): SAP BusinessObjects Governance, Risk, and compliance Solutions. SAP Solution Overview. URL: download.sap.com/download.epd?context=BBDD58CA 8FFDECD422F102026FB3B3CA545FCF2F5327E97A8C292D5452504E3E53EA 51A80C323E967E7F02EB510000C3F28CB0B5E13F8224, Abruf: 2011-06-30.

SAP (2011a): Sarbanes-Oxley Compliance. SAP Online. URL: www.sap.com/germany/ solutions/soa.epx, Abruf: 2011-06-30.

SAP (2011b): SAP-Berechtigungskonzept. SAP (Hrsg.), URL: help.sap.com/saphelp_web as620/helpdata/DE/52/671285439b11d1896f0000e8322d00/content.htm, Abruf: 2011-06-30.

SAP (2011c): Benutzer und Rollen (BC-CCM-USR). SAP (Hrsg.), URL: help.sap.com/ saphelp_banking463/helpdata/de/52/6714b6439b11d1896f0000e8322d00/frameset. htm, Abruf: 2011-06-30.

SAP (2011d): Rollenpflege. SAP (Hrsg.), URL: help.sap.com/saphelp_webas620/help data/DE/52/6714a9439b11d1896f0000e8322d00/content.htm, Abruf: 2011-06-30.

SAP (2011e): Profilgenerator: Profile automatisch erzeugen. SAP (Hrsg.), URL: help.sap. com/saphelp_45b/helpdata/de/52/6714a9439b11d1896f0000e8322d00/content.htm, Abruf: 2011-06-30.

SAP (2011f): SAP BusinessObjects Governance, Risk, and Compliance Solutions. SAP (Hrsg.), URL: download.sap.com/download.epd?context=BBDD58CA8FFDEC D422F102026FB3B3CA545FCF2F5327E97A8C292D5452504E3E53EA51A80C3 23E967E7F02EB510000C3F28CB0B5E13F8224, Abruf: 2011-06-30.

SAP (2011g): Access Risk Management. Confidently Manage Access Risk Across Your Enterprise. SAP (Hrsg.), URL: download.sap.com/download.epd?context=AE51 E86B665CF0EE0C798B85DE8C3CA610AEFCBD50BCB98737C172A720F5DF7 A8348A95ABA2FAD725FCCBE018E1430359F68AA1857A05208, Abruf: 2011-06-30.

SAP (2011h): SAP BusinessObjects GRC Solutions. Customer References. SAP (Hrsg.), URL: www.sap.com/solutions/sapbusinessobjects/large/governance-risk-com pliance/customers/index.epx, Abruf: 2011-06-30.

SAP (2011i): SAP BUSINESSOBJECTS GRC-LÖSUNGEN. Zugriffs- und Berechti-gungssteuerung. URL: www.sap.com/germany/solutions/sapbusinessobjects/large/ governance-risk-compliance/berechtigung/index.epx, Abruf: 2011-06-30.

SARC (2010): Sarbanes-Oxley Audit Resource Center. URL: www.auditnet.org/ Sarbox.htm, Abruf: 2011-06-30.

Sarker, A.; Lee, A.S.: Using a case study to test the role of three key social enablers in ERP implementation. URL: web.njit.edu/~jerry/OM/OM-ERP-Papers/ERP-Lee-I&M-2003.pdf, Abruf: 2011-06-30.

Savage, G.T.; Nix, T.W.; Whitehead, C.J.; Blair, J.D.: Strategies for assessing and manag-ing organizational stakeholders. In: Academy of Management Executive 5 (1991) 2, S. 61-75.

Savage, R. (2007): Common Ground on Segregation of Duties in Application Manage-ment. ISACA (Hrsg.), URL: www.isaca.org/Journal/Past-Issues/2007/Volume-4/Pages/JOnline-Common-Ground-on-Segregation-of-Duties-in-Application-Management.aspx, Abruf: 2011-06-30.

Savage, R. (2007): Common Ground on Segregation of Duties in Application Management. URL: www.isaca.org/Journal/Past-Issues/2007/Volume-4/Documents/jopdf 0704-common-ground.pdf, Abruf: 2011-06-30.

Schaad, A. (2003): A Framework for Organisational Control Principles, PhD Thesis. Department of Computer Science. University of York.

Schaad, A. (2003): A Framework for Organisational Control Principles. Department of Computer Science, University of York.

Scherrbacher, K.: User-Management in der neuen Generation. In: ITmanagement (2008) 01/02, S. 66-71.

Schimpf, G. (2000): Role-Engineering Critical Success Factors for Enterprise Security Administration. Position Paper for the 16th Annual Computer Security Application Conference, New Orleans, U.S..

Schmidt, G. (2007): Editorial: Nun also „Compliance". URL: www.elektronische-steuerpruefung.de/kommentare/ed0704.htm, Abruf: 2011-06-30.

Schneider, U.H.; Schneider, S.H.: Konzerncompliance als Aufgabe der Konzernleitung. In: Zeitschrift für Wirtschaftsrecht (ZIP) 44 (2007), S. 2061-2065.

Scott, W.R. (1995): Institutions and Organizations. Thousand Oaks.

Scott, W.R.: The Adolescence of Institutional Theory. In: Administrative Science Quarterly 32 (1987) 4, S. 493-511.

SEC (2003): Final Rule: Management's Report on Internal Control Over Financial Reporting and Certification of Disclosure in Exchange Act Periodic Reports. URL: www.sec.gov/rules/final/33-8238.htm, Abruf: 2011-06-30.

SEC (2004): Management's Report on Internal Control Over Financial Reporting and Certification of Disclosure in Exchange Act Periodic Reports. Frequently Asked Questions (revised October 6, 2004). URL: www.sec.gov/info/accountants/ controlfaq1004.htm#P2_244, Abruf: 2011-06-30.

SEC (2005): SEC votes to propose Changes in Filing Deadlines and Accelerated Filer Definition; Postpone 404 Compliance Date for Nonaccelerated Filers; Propose Issuing Section 28(e) Interpretive Guidance, 2005-134, 2005-09-21. URL: www. sec.gov/news/press/2005-134.htm, Abruf: 2011-06-30.

SEC (2007a): Commission Guidance Regarding Management's Report on Internal Control Over Financial Reporting Under Section 13(a) or 15(d) of the Securities Exchange Act of 1934. 17 CFR PART 241, Release No. 33-8810; 34-55929, FR-77, File No. S7-24-06. URL: www.sec.gov/rules/interp/2007/33-8810.pdf, Abruf: 2011-06-30.

SEC (2007b): Definition of the Term Significant Deficiency. Final rule. Securities and Exchange Commission, 17 CFR Parts 210 and 240 [Release Nos. 33-8829; 34-56203; File No. S7-24-06], RIN 3235-AJ58. FR 44924, 72, No. 153. URL: www. gpo.gov/fdsys/pkg/FR-2007-08-09/pdf/E7-15556.pdf, Abruf: 2011-06-30.

SEC (2008): International Registered and Reporting Companies. Geographic Listing by Country of Incorporation. U.S. Securities and Exchange Commission. URL: www.sec.gov/divisions/corpfin/internatl/foreigngeographic2008.pdf. Abruf: 2011-06-30.

SecurIntegration (2008): GRC in SAP-Umgebungen. Governance – Risk – Compliance. Redline, Heidelberg.

Seddon, P.B.: A Respecification and Extension of the DeLone and McLean Model of IS Success. In: Information Systems Research 8 (1997) 3, S. 204-253.

Seth, A.; Thomas, H.: Theories of the Firm: Implications for Strategy Research. In: Journal of Management Studies 31 (1994) 2, S. 165-191.

Shannon, C. (1948): A Mathematical Theory of Communication. URL: plan9.bell-labs.com/cm/ms/what/shannonday/shannon1948.pdf, Abruf: 2011-06-30.

Simmons, M.R. (1997): COSO based auditing. URL: www.facilitatedcontrols.com/internal-auditing/cosobasedauditing.shtml, Abruf: 2011-06-30.

SoD-Forum (2010): Separation of Duties (SoD). Free Templates – Guidelines, Checklist for SoD Compliance. URL: separationofduties.com, Abruf: 2011-06-30.

Soh, C.; Sia, S.K.; Tay-Yap, J.: Cultural Fits and Misfits: Is ERP a Universal Solution? In: Communications of the ACM 43 (2000) 4, April 2000, S. 47-51.

SOX (2002): An act to protect investors by improving the accuracy and reliability of corporate disclosures made pursuant to the securities laws, and for other purposes. Sarbanes-Oxley Act of 2002. Public Law 107-204. URL: www.gpo.gov/fdsys/pkg/PLAW-107publ204/content-detail.html, Abruf: 2011-06-30.

SOX-Forum (2010): SarbanesOxleyFocus.com. SOX Section 404 Download Resources. Segregation of Duties Matrix Template free download. URL: www.sarbanes oxleyfocus.com/files/SOD.xls, Abruf: 2011-06-30.

Spears, J.L. (2009): How Has Sarbanes-Oxley Compliance Affected Information Security? URL: www.isaca.org/Journal/Past-Issues/2009/Volume-6/Documents/jpdf0906-how-has-sarbanes-oxley.pdf, Abruf: 2011-06-30.

Stadtmann, G.; Wissmann, M.F. (2005): SOX Around the World – Corporate Transparency and Risk Management Disclosure of Foreign Issuers in the United States. URL: ssrn.com/abstract=858884, Abruf: 2011-06-30.

Staw, B.M.; Epstein, L.D.: What Bandwagons Bring – Effects of Popular Management Techniques on Corporate Performance, Reputation and CEO Pay. In: Administrative Science Quarterly 45 (2000) 3, S. 523-556.

Steinberg, R.M (2008): Why It's So Shocking Societe Generale Was Shocked. URL: www.complianceweek.com/article/3942/why-its-so-shocking-societe-generale-was-shocked, Abruf: 2011-06-30.

Steinmeyer, R.; Späth, P. (2010): Rechtliche Grundlagen und Rahmenbedingungen (Legal Compliance). In: Wieland, J.; Steinmeyer, R.; Grüninger, S. (Hrsg.): Handbuch Compliance-Management, Erich Schmidt, Berlin, S. 171-211.

Svejvig, P. (2009): Literature Review of Enterprise Systems Research Using Institutional Theory: Towards a Conceptual Model. Working Paper, 2009-01, Department of Management IS Research Group, Aarhus School of Business, University, Aarhus, Denmark.

Swanson, E.B.: Information Systems Innovation among Organizations. In: Management Science 40 (1994) 9, S. 1069-1092.

Tallon, P.P.; Kraemer, K.L.; Gurbaxani, V.: Executives' perceptions of the business value of information technology: a process oriented approach. In: Journal of Management Information Systems 16 (2000) 4, S. 145-173.

Tarantino, A. (2006): Manager's Guide to Compliance. Wiley & Sons, New York.

Taubenberger, S.: IT-Prüfungsplanung – COBIT der Standard für die Prüfungsplanung? In: Zeitschrift für interne Revision (ZIR) (2008) 5, S. 206-209.

Tchokogue, A.; Bareil, C.; Duguay, C.R.: Key lessons from the implementation of an ERP at Pratt & Whitney Canada. In: International Journal of Production Economics 95 (2005) 2, S. 151-163.

Tellis, W.: Introduction to case study. In: The Qualitative Report 3 (1997) 2, S. 1-11.

Teubner, A.: IT/Business Alignment. In: Wirtschaftsinformatik 48 (2006) 5, S. 368-371.

Teuteberg, F. (2009): Compliance. In: Kurbel, K.; Becker, J.; Gronau, N.; Sinz, E.; Suhl, L. (Hrsg.): Enzyklopädie der Wirtschaftsinformatik, Online-Lexikon, 4. Aufl., URL: www.enzyklopaedie-der-wirtschaftsinformatik.de/wi-enzyklopaedie/lexikon/daten-wissen/Grundlagen-der-Informationsversorgung/Compliance/index.html/?searchterm=Compliance, Abruf: 2011-06-30.

Thelesklaf, D.: Outsourcing von Compliance-Dienstleistungen. Compliance als Teil des Risk Managements. In: Der Schweizer Treuhänder (2001) 5, S. 447-452.

Ting, T.C. (1988): A user-role based data security approach. In: Database Security: Status and Prospects. Results of the IFIP WG 11.3 Initial Meeting, C. Landwehr (Hrsg.), North-Holland, Amsterdam, S. 187-208.

Tornatzky, L.G.; Fleischer (1990): The Processes of Technological Innovation, Lexington Books, Lexington.

Tornatzky, L.G.; Klein, K.: Innovation Characteristics and Innovation Adoption-Implementation: A Meta-Analysis of Findings. In: IEEE Transactions on Engineering Management 29 (1982) 1, S. 28-45.

Trites, G.: Director responsibility for IT governance. In: International Journal Account. In: Information Systems 5 (2004) 2, S. 89-99.

Tsan, T. (2009): When Is Role-Based Risk Control the Best Security Strategy? URL: www.grcexpertonline.com/article.cfm?id=3682, Abruf: 2011-06-30.

Tsolkas, A; Schmidt, K. (2010): Rollen und Berechtigungskonzepte. Vieweg+Teubner, Wiesbaden.

Umble, E.J; Haft, R.R.; Umble, M.M.: Enterprise resource planning: Implementation procedures and critical success factors. In: European Journal of Operational Research 146 (2003) 2, S. 241-257.

Van Dyke, T.P.; Kappelman, L.A.; Prybutok, V.R.: Measuring Information Systems Service Quality: Concerns on the Use of the SERVQUAL Questionnaire. In: MIS Quarterly 21 (1997) 2, S. 195-208.

Van Grembergen, W.; De Haes, S. (2009): Enterprise Governance of IT: Achieving Strategic Alignment and Value, Springer.

Vanamali, S. (2008): Role Engineering: The Cornerstone of RBAC. URL: www.isaca. org/Journal/Past-Issues/2008/Volume-3/Pages/JOnline-Role-Engineering-The-Co rnerstone-of-RBAC1.aspx, Abruf: 2011-06-30.

Virsa (2006): Compliance Calibrator. Determining roles. Whitepaper. Virsa Systems, Freemont, CA.

Vogel, M. (2006): Implementing role based access control – How we can do it better! In: Paulus, S.; Pohlmann, N.; Reimer, H. (Hrsg.): ISSE 2006 – Securing Electronic Business Processes. Vieweg, Wiesbaden, S. 176-185.

Volz, M. (2010): Zentrale rechtliche Felder von Compliance. Ein Überblick. In: Wieland, J.; Steinmeyer, R.; Grüninger, S. (Hrsg.): Handbuch Compliance-Management, Erich Schmidt, Berlin, S. 213-288.

von der Crone, C.H.; Roth, K.: Der Sarbanes-Oxley Act und seine extraterritoriale Bedeutung, In: Aktuelle Juristische Praxis 12 (2003) 2, S. 131-139.

Wagner, R.; Allan, A.; MacDonald, N.; Feiman, J.; Noakes-Fry, K.; Nicolett, M. (2007): Yesterday's Cool Vendors in Governance, Risk Management and Compliance: Where Are They Now? Gartner Research, G00147587.

Wallison, P. (2004): Sarbanes-Oxley As an Inside-the-Beltway Phenomenon. URL: www.aei.org/outlook/20582, Abruf: 2011-06-30.

Walther, I. (2005): Rollen- und Situationsmodellierung bei betrieblichen Dispositions- und Planungssystemen. Universität Erlangen-Nürnberg.

Wefers, M (2004): Unterstützung von SOA- und anderen IKS-Projekten durch SAP´s „Management of Internal Controls". In: Menzies, C. (Hrsg.): Sarbanes-Oxley Act. Professionelles Management interner Kontrollen. Schäffer-Poeschel, Stuttgart, S. 335-356.

Weill, P.; Ross, J. W. (2004): IT Governance – How Top Performers manage IT Decision Rights for Superior Results. Harvard Business School Press, Boston, MA.

Weinert, A.B. (2004): Organisations- und Personalpsychologie. 5. Auflage, Beltz, Weinheim, Basel.

Welge, M.K. (1980): Management in deutschen multinationalen Unternehmungen. Stutt-gart.

Westhausen, H.-U.: Das COSO-Modell: bisher nur eine Randerscheinung in Deutschland? In: Zeitschrift für interne Revision (ZIR) (2005) 3, S. 98-103.

Wilde, T.; Hess, T.: Forschungsmethoden der Wirtschaftsinformatik – Eine empirische Untersuchung. In: Wirtschaftsinformatik 49 (2007) 4, S. 280-287.

Wilkens, U.; Menzel, D.; Pawlowsky, P.: Inside the Black-box – Analysing the generation of core competencies and dynamic capabilities by exploring collective minds – An organisational learning perspective. In: management revue, Special Issue: Beyond the Resource Based View 15 (2004) 1, S. 8-26.

Willems, C.: Der Sarbanes-Oxley-Act. Anforderungen, praktische Umsetzung und Les-sons Learned. In: Zeitschrift für Risk, Fraud & Governance (2007) 2, S. 79-86.

Wolf, J. (2008): Organisation, Management, Unternehmensführung. 3. Aufl. Gabler, Wiesbaden.

Wolf, P.; Gehrke, N.:Continuous Compliance Monitoring in ERP Systems – A Method for Identifying Segregation of Duties Conflicts. In: Proceedings Konferenz Wirt-schaftsinformatik, Wien, 1 (2009), S. 347-356.

Wortmann, F.; Winter, R.: Vorgehensmodelle für die rollenbasierte Autorisierung in hete-rogenen Systemlandschaften. In: Wirtschaftsinformatik 49 (2007), S. 439-447.

Wu, J.-H.; Wang, Y.-M.: Measuring KMS success: A respecification of the DeLone and McLean's model. In: Information & Management 43 (2006) 6, S. 728-739.

Yamauchi, Y.; Swanson, E. B.: Local assimilation of an enterprise system: Situated learn-ing by means of familiarity pockets. In: Information and Organization 20 (2010), S. 187-206

Yin, R.K. (2009): Case Study Research: Design and Methods. 4. Aufl., Sage Publications, Thousand Oaks.

Zaugg, R. (2006): Fallstudien als Forschungsdesign der Betriebswirtschaftslehre – An-leitung zur Erarbeitung von Fallstudien. Diskussionspapier, Nr. 8, WHL – Wissen-schaftliche Hochschule Lahr.

Zeitler, N. (2009): Welcher ERP-Anbieter günstiger ist, hängt von vielen Faktoren ab. SAP und Oracle im Vergleich. URL: www.cio.de/knowledgecenter/erp/874025/, Abruf: 2011-06-30.

Zhu, K., Kraemer; K.L.; Xu, S. Dedrick, J.: Information Technology Payoff in E-Business Environments: An International Perspective on Value Creation of E-Business in the Financial Services Industry. In: Journal of Management Information Systems 21 (2004) 1, S. 17-54.

Zhu, K.; Kraemer, K.L.; Xu, S.: The Process of Innovation Assimilation by Firms in Different Countries: A Technology Diffusion Perspective on E-Business. In: Man-agement Science 52 (2006) 10, S. 1557-1576.

Zhu, K.; Kraemer, K.L; Xu, S. (2002): A cross-country Study of Electronic Business Adoption using the Technology-Organization-Environment Framework. Proceedings of the 23rd International Conference on Information Systems (ICIS), Barcelona.

Zucker, L.G.: Institutional Theories in Organizations. In: Annual review of Sociology 13 (1987) 3, S. 443-464.

Zucker, L.G.: The Role of Institutionalization in Cultural Persistance. In: American Sociological Review 42 (1977) 4, S. 726-743.

8 Anhang

8.1 Interviewleitfäden

Bemerkungen

Die Strukturierung der Interviews erfolgt in Anlehnung an Cavana et al. (2001) und ist in drei Bereiche eingeteilt: (1) Einführung, (2) Hauptteil und (3) Abschluss.

Vorgespräche

Die Interviewpartner sind aus den Vor- und Anbahnungsgesprächen über das Forschungsprojekt informiert. Die Interviewpartner wissen, dass sie wegen ihrer Rolle ausgewählt wurden (vgl. Abschnitt 4.2). Anonymisierung wurde allen Interviewpartnern zugesichert. Alle Interviewpartner sind einverstanden, dass die Informationen anonymisiert zu Forschungs- und Lehrzwecken verwendet werden.

Organisatorisches Umfeld und situative Einflüsse

Möglichst viele Informationen werden bereits im Verlauf der Vor- und Anbahnungsgespräche erläutert bzw. im Vorfeld recherchiert. Während des Interviews werden Abstimmungsfragen zu fehlenden Informationen gestellt, insbesondere zu den situativen Einflüssen (Marktposition, Dauer der PIP, Kompatibilität) und zu den Messkriterien zum Assimilationsstatus. Zu ihrer Rolle in Bezug auf den Einsatz von SoD-Software werden die Interviewpartner, je nach Vorgespräch und Vorinformation, gegebenenfalls nochmals befragt.

Hinweis zu den beiden Interviewleitfäden und zum Kodierungsschema

Das Interview ist in thematische Abschnitte gegliedert. Aus Gründen des logischen Zusammenhangs können die Fragen der Interviewleitfäden von der Reihenfolge des Kodierungsschemas abweichen. Das Kodierschema stellt ein „Mapping" zwischen Interviewfragen und den Indikatoren des Forschungsmodells her.

Die in den Interviewleitfäden grau markierten Stichworte dienen der Kontrolle der Einhaltung der thematischen Richtung, sozusagen „als roter Faden" bezüglich möglicher Antworten. Sie nicht für die das Interview durchführende Person gedacht, die Interviewpartner werden nicht mit diesen Stichworten konfrontiert.

Interviewleitfaden für Unternehmen (Fallstudie 1 bis 4):

Fragen in Bezug auf die eingesetzte SoD-Software:

1) Gründe und Anlässe, welche für den Einsatz ausschlaggebend sind, ihn rechtfertigen und interessant mach(t)en.
   Stichworte: Gesetzliche oder interne Anforderungen, Effektivität von Kontrollen, Effizienzverbesserungen, Probleme mit den ERP-Zugriffsrechten ...

2) Primäre Informationsquellen zur Selektionsphase / aktuell in der PIP.
   Stichworte: Presse, Konferenzen, Tagungen, Weiterbildungen, (neue) Mitarbeiter; ERP-Lieferanten, (externe) Prüfer, Referenzkunden von SoD-Software ...

3) Bedeutung von Informationsquellen zur Selektion / Implementierung / aktuell in der PIP.
   Stichworte: Internes vs. externes Know-how, Wissen zu (SoD-)Risiken und Kontrollen, Unterstützung durch externe Berater, Softwareanbieter, Prüfer ...

4) Entscheidungstreffende Organe und ihre Involvierung in der PIP.
   Stichworte: Treiber für SoD-Software, Rolle der Leitungs- und Führungsorgane, Rolle der IT (Enabler vs. Business Coach) ...

5) Zusammenarbeit der funktionellen und technisch-orientierten Akteure in der PIP.
   Stichworte: Beziehung zwischen Fachabteilungen und IT, als Lieferant/ Servicedienstleister; Rolle der IT (Enabler vs. Business Coach) ...

6) Rückmeldungen (positive/negative) seitens der Nutzer in der PIP.
   Stichworte: Aktive und passive Nutzer, „Helpdesk", Reaktion der (externen) Prüfer, Vorteile und Nachteile durch restriktive Rechtevergabe, -überwachung ...

7) Wahrgenommene Lernmöglichkeiten und Veränderungen in der PIP.
   Stichworte: (Erstmaliger) Kontakt mit der (SoD-) Thematik, Sensibilisierung, Awareness, Lernen zu SoD, Know-how, Lessons Learned ....

8) Entwicklung des internen Know-how zu SoD-bezogenen Themen in der PIP
   Stichworte: Ausbildungen, Weiterbildungen, neue Mitarbeiter mit entsprechendem Know-how, (neue) Kenntnisse zu interne Prozessen und deren Risiken ...

9) Konsultation von externen Beratern in der PIP.
   Stichworte: Phasenbezogen, bestimmte Themen(schwerpunkte), erforderliches Know-how, Profil der externen Akteure, Optionen des Know-how-Transfers ...

10) Nutzung von Resultaten in der PIP.
    Stichworte: Wahrgenommene funktionelle Leistungsfähigkeit, Verwendung als Compliance-Nachweise, Risikoanalysen, Simulationen, Flexibilität der Auswertungen ...

11) Technische Integration in der PIP.
    Stichworte: Wahrgenommene, systemnahe Leistungsfähigkeit, Performance der Analysen, sonstigen Aktivitäten, Integration in vorhandene Arbeitsprozesse ...

12) Unterstützungsmöglichkeiten in der PIP.
    Stichworte: Wahrgenommene Leistungsfähigkeit der Serviceorgane, interne IT, externe Servicedienstleister, auch Service des Softwareanbieters ...

13) Mittel-/Längerfristige Pläne/Ziele bezüglich der eingesetzten SoD-Software.
    Stichworte: Neue Anwender; neue Prozesse; neue Länder (Roll out); neue Software, neue, erweiterte Ziele, ...

14) Wahrgenommene Verbesserungen oder auch Verschlechterungen.
    Stichworte: Sensibilisierung, Awareness, Lernen, Reifegrad der (SoD-)Kontrollen, (verbesserte) Prozessabwicklung, Zugriffsmanagementabwicklung, Information an die (betroffenen) Mitarbeiter von SoD-Kontrollen ...

15) Sonstiges
    Stichworte: Besonderheiten in der PIP, neue Rollen, Aufgaben, ...

Technisch orientierte Zusatzfragen (technisch-orientiert)*

1) Wie kann die Validität der Daten sichergestellt und nachgewiesen werden?

2) Welche Möglichkeiten von individuellen Darstellungen und Auswertungen gibt es?

3) Erfahrungen mit der Systemverfügbarkeit? (ggf. Skala 1–5 (sehr gut))

4)   Erfahrungen mit Antwortzeiten? (ggf. Skala 1–5 (sehr gut))

5)   Erfahrungen mit Benutzerfreundlichkeit? (ggf. Skala 1–5 (sehr gut))

6)   Erfahrungen mit Anbieter-/Lieferantensupport (ggf. Skala 1–5 (sehr gut))

* Sofern der Interviewpartner diese beantworten kann.

Interviewleitfaden für die Expertengruppen (Fallstudien 5 bis 7):

1)   Gründe und Anlässe, welche für den Einsatz kunden-/klientenseitig aus-
     schlaggebend sind, ihn rechtfertigen und interessant mach(t)en.
     *Stichworte: Gesetzliche oder interne Anforderungen, Effektivität von Kon-
     trollen, Effizienzverbesserungen, Probleme mit den ERP-Zugriffsrechten ...*

2)   Primäre Informationsquellen zu SoD und SoD-Software als IS-Innovation.
     *Stichworte: Presse, Konferenzen, Tagungen, Weiterbildungen, (neue) Mit-
     arbeiter; ERP-Lieferanten, (externe) Prüfer, Referenzkunden von SoD-
     Software ...*

3)   Bedeutung von Informationsquellen zur Selektion / Implementierung / aktu-
     ell in der PIP.
     *Stichworte: Internes vs. externes Know-how, Wissen zu (SoD-)Risiken und
     Kontrollen, Unterstützung durch externe Berater, Softwareanbieter, Prüfer
     ...*

4)   Erfahrung mit entscheidungstreffenden Akteuren bei Kunden/Klienten und
     deren Involvierung in der PIP.
     *Stichworte: Treiber für SoD-Software, Rolle der Leitungs- und Führungsor-
     gane, Rolle der IT (Enabler vs. Business Coach) ...*

5)   Zusammenarbeit der funktionellen und technisch-orientierten Akteure kun-
     den- oder klientenseitig.
     *Stichworte: Beziehung zwischen Fachabteilungen und IT, als Liefe-
     rant/Servicedienstleister; Rolle der IT (Enabler vs. Business Coach) ...*

6)   Rückmeldungen (positive/negative) seitens der Nutzer kunden-/klienten-
     seitig.
     *Stichworte: Aktive und passive Nutzer, „Helpdesk", Reaktion der (externen)
     Prüfer, Vorteile und Nachteile durch restriktive Rechtevergabe, -über-
     wachung ...*

7) Wahrgenommene Lernmöglichkeiten und Veränderungen kunden-/klicnten-seitig.
Stichworte: (Erstmaliger) Kontakt mit der (SoD-) Thematik, Sensibilisierung, Awareness, Lernen zu SoD, Know-how, Lessons Learned ...

8) Entwicklung des internen Know-how zu SoD-bezogenen Themen kunden-/klientenseitig.
Stichworte: Ausbildungen, Weiterbildungen, neue Mitarbeiter mit entsprechendem Know-how, (neue) Kenntnisse zu internen Prozessen und deren Risiken ...

9) Bedeutung der Konsultation von externen Beratern kunden-/klientenseitig.
Stichworte: Phasenbezogen, bestimmte Themen(schwerpunkte), erforderliches Know-how, Profil der externen Akteure, Optionen des Know-how-Transfers ...

10) Nutzung von Resultaten in der PIP kunden-/klientenseitig.
Stichworte: Wahrgenommene, funktionelle Leistungsfähigkeit, Verwendung als Compliance-Nachweise, Risikoanalysen, Simulationen, Flexibilität der Auswertungen ...

11) Technische Integration in der PIP kunden-/klientenseitig.
Stichworte: Wahrgenommene, systemnahe Leistungsfähigkeit, Performance der Analysen, sonstigen Aktivitäten, Integration in vorhandene Arbeitsprozesse ...

12) Unterstützungsmöglichkeiten in der PIP kunden-/klientenseitig..
Stichworte: Wahrgenommene Leistungsfähigkeit der Serviceorgane, interne IT vs. externe Servicedienstleister, auch Service des Softwareanbieters ...

13) Mittel-/Längerfristige Pläne/Ziele bezüglich der eingesetzten SoD-Software kunden-/klientenseitig..
Stichworte: Neue Anwender; neue Prozesse; neue Länder (Roll out); neue Software, neue, erweiterte Ziele, ...

14) Wahrgenommene Verbesserungen oder auch Verschlechterungen kunden-/klientenseitig..
Stichworte: Sensibilisierung, Awareness, Lernen, Reifegrad der (SoD-)Kontrollen, Prozessabwicklung, Zugriffsmanagementabwicklung, Information der Mitarbeiter ...

15) Sonstiges
Stichworte: Besonderheiten in der PIP, neue Rollen, Aufgaben, ...

Technisch orientierte Zusatzfragen (technisch-orientiert)*

1) Wie kann die Validität der Daten sichergestellt und nachgewiesen werden?

2) Welche Möglichkeiten von individuellen Darstellungen und Auswertungen gibt es?

3) Erfahrungen mit der Systemverfügbarkeit? (ggf. Skala 1–5 (sehr gut))

4) Erfahrungen mit Antwortzeiten? (ggf. Skala 1–5 (sehr gut))

5) Erfahrungen mit Benutzerfreundlichkeit? (ggf. Skala 1–5 (sehr gut))

6) Erfahrungen mit Anbieter-/Lieferantensupport (ggf. Skala 1–5 (sehr gut))

* Sofern der Interviewpartner diese beantworten kann.

8.2 Exemplarisches Forschungsprotokoll

Protokoll – Interview 6, IT Compliance Manager

Generelles	
Ort, Datum, Dauer	(XXX), 2009-03-20, 9:30–12.00, gemeinsames Mittagessen
Person	IT Compliance Manager, seit über 8 Jahren im Unternehmen, Studium Betriebsökonomie, Weiterbildung Richtung IT, SAP
Zustandekommen	Persönliche Ansprache, Kontakt durch Big-4-Prüfer vermittelt

Atmosphäre	
Situation, Raum	schöner Besprechungsraum im untersuchten Unternehmen, Befragter gut vorbereitet, Unterlagen aus dem Projekt zur Auswertung und zur Durchsicht während des Interviews zusammengestellt, entspannte Atmosphäre
Gesprächsverlauf	zunächst Einleitung zum Forschungsprojekt, einiges Inhaltliches, Thema Anonymisierung und Vertraulichkeit der Informationen, während des Gesprächs zwei Unterbrechungen wegen Telefonaten
Stimmung des Befragten	gut, aber angespannt wegen „viel Arbeit", Prüfungen stehen an, sehr überlegte Antworten
Selbstwahr-nehmung	schwierig, den Interviewleitfaden einzuhalten, der Interviewpartner hat sein „eigenes Programm", was er erzählen möchte, Interviewleitfaden stört, besser, die Fragen auswendig zu stellen

Inhalte	
Themen ohne Tonbandaufnahme	„Small Talk" über das Unternehmen, geplante Projekte, Rückblicke zum eigentlichen SoD-Projekt, den besonderen Schwierigkeiten
Während der Tonbandaufnahme	Zu den Fragen des Interviewleitfadens konnten überwiegend Aussagen getroffen werden
Schwerpunkte	unflexible, schwer lesbare Auswertungen zu SoD-Konflikten, die Menge an Datenmenge überfordert das SoD-System, zu viele Ansprechpartner, wenig klare Verantwortungen, lange Entscheidungswege, das Top-Management verlangt periodisch die SoD-Nachweise und Erklärungen für offene SoD-Konflikte, aber im Grundsatz ist die SoD-Software notwenig und sinnvoll, wenn auch aufwändig zu bedienen und nicht wirklich den Bedürfnissen der Administratoren und Anwender entsprechend. Software ist „mandatory", wegen SOX. SOX-Anforderungen werden an vielen Stellen erwähnt, das Thema scheint allgegenwärtig, auch in Bezug auf hohe Investitionen
Neue Aspekte	Das Verhalten des Top-Managements wird sehr genau beobachtet, registriert und unter den Mitarbeitern diskutiert.

(XXX) Informationen wurden aus Gründen der Anonymisierung entfernt.

8.3 Kodierungsschema

#	Indikatoren/Kriterien	Bemerkung														
		1	2	3	4	5	6	7	8	9	10	11	12	13	14	15
H1	Obligatorische Zwänge	P	S	S	S											S
H2	Mimetische Zwänge	P	S	P	S											S
H3	Normative Zwänge	P	S	P	S											S
H4	Leitungsorgane	S	S	S	P	S										S
H5	Business-IT Alignment	S	S	S	S	P	S	S	S		S	S	S	S	S	S
H6	Nutzerzufriedenheit			S	S	S	P	S	S		S	S	S	S	s	S
H7	Lernchancen	S	S	S		S	S	P	S	S						S
H8	Internes Know-how		S	S		S	S	P	P	S						S
H9	Externes Know-how			S		S	S	P	S	P						S
H10	Informationsqualität			S			S	S	S	S	P					S
H11	Systemqualität	S						S	S	S	S	P				S
H12	Servicequalität	S					S	S	S	S	S		P			S
SH1	Position															Information durch Vorgespräche
SH2	Kompatibilität	S	S	S	S	S		S	S	S	S			S	S	S
SH3	Dauer der PIP				S			S						S	S	S
A1	Reichweite	S			S	S								S	S	Information durch Vorgespräche
A2	Diversität													S	S	Information durch Vorgespräche
A3	Durchdringung	S	S	S	S	S	S	S	S	S	S	S	S	S	S	S
A4	Benefits	S	S	S	S	S	S	S	S	S	S	S	S	P	P	
S1	Sonstiges	S	S	S	S	S	S	S	S	S	S	S	S	S	S	

Legende: P – Direkter Bezug zur Frage im Interviewleitfaden (Primär)
S – Indirekter Bezug zur Frage im Interviewleitfaden (Sekundär)